现代企业管理

主　审　程　云
主　编　李红艳　杨宇欣　陈晓波
副主编　王　清　王　丽　王菲菲　马芷郁
　　　　来　欣　陈晓峰　鲁　玉

北京理工大学出版社
BEIJING INSTITUTE OF TECHNOLOGY PRESS

内 容 提 要

本书以中国特色社会主义市场经济理论为依据，以现代管理的系统理论和方法为指导，以部分国内外知名企业的成功经验和失败原因分析为案例，阐述现代企业管理的基本思想、原理和未来的发展趋势。本书共有10个模块，即现代企业管理导论、企业战略管理、企业组织管理、生产运作与物流管理、企业质量管理、企业营销管理、企业人员与文化管理、企业财务管理与成本控制、企业创新战略、国际化战略管理与实施控制。

现代企业管理是辽宁生态工程职业学院工商企业管理、现代物流管理等专业的专业核心课程，是国家级教学资源库建设项目。本课程为院级优秀精品在线开放课程，配有大量线上资源，以企业行政管理工作岗位为依据设置任务，融入社会主义核心价值观、工匠精神等课程思政元素，是一门产教融合、校企协同、多校联动的岗课赛证融合的课程。

图书在版编目（CIP）数据

现代企业管理 / 李红艳，杨宇欣，陈晓波主编. --
北京：北京理工大学出版社，2023.6
　　ISBN 978-7-5763-2545-4

　　Ⅰ.①现…　Ⅱ.①李…②杨…③陈…　Ⅲ.①企业管理—中国　Ⅳ.①F279.23

中国国家版本馆CIP数据核字（2023）第117328号

责任编辑：吴　欣　　　　　文案编辑：吴　欣
责任校对：周瑞红　　　　　责任印制：施胜娟

出版发行 / 北京理工大学出版社有限责任公司	
社　　址 / 北京市丰台区四合庄路6号	
邮　　编 / 100070	
电　　话 / (010) 68914026（教材售后服务热线）	
(010) 68944437（课件资源服务热线）	
网　　址 / http://www.bitpress.com.cn	
版 印 次 / 2023年6月第1版第1次印刷	
印　　刷 / 河北鑫彩博图印刷有限公司	
开　　本 / 787 mm×1092 mm　1/16	
印　　张 / 20	
字　　数 / 410千字	
定　　价 / 95.00元	

　　本书以中国特色社会主义市场经济理论为依据，以党的二十大精神作为编写前提，编写内容具有很强的思想性、战略性、前瞻性、指导性，以现代管理的系统理论和方法为指导，以过去五年中国取得的重大成就和新时代十年的伟大变革为案例，阐述现代企业管理的基本思想、原理和未来的发展趋势。本书共有 10 个模块，即现代企业管理导论、企业战略管理、企业组织管理、生产运作与物流管理、企业质量管理、企业营销管理、企业人员与文化管理、企业财务管理与成本控制、企业创新战略、国际化战略管理与实施控制。在书中设置课外阅读——"二十大时光"模块，推动党的二十大精神进教材、进课堂、进头脑。

　　现代企业管理是辽宁生态工程职业学院工商企业管理、现代物流管理等专业的专业核心课程，是国家级教学资源库建设项目。本课程为院级优秀精品在线开放课程，采用线上线下混合式教学，结合 1 + X 快递运营职业技能等级证书，以企业行政管理工作岗位为依据设置任务，融入社会主义核心价值观、工匠精神等课程思政元素，是一门产教融合、校企协同、多校联动的岗课赛证融合的课程。

　　为了适应新技术、新环境、新形势下企业管理的迫切需求，适应院校进一步深化教学改革的需要，本书携手校企合作企业，从现代企业管理体系整体结构、基本内容和构建逻辑出发，主要学习人力资源管理、企业财务管理、物流管理、企业生产运作管理、企业营销管理等技能，以任务推进、岗位能力提升为核心，设计 10 个模块，每个模块都由 3 ～ 6 个学习单元组成，涉及企业管理前沿领域的诸多方面和话题，提供该学科较为完整的知识体系，不仅包括经典战略管理理论，更将视野扩展到前沿理论。同时，本书提供了企业案例，以反映国内外公司的战略管理行为，并设置企业内训资源模块，将社会主义核心价值观和工匠精神等课程思政融入育人全过程。

　　现代企业管理是一门理论学科，也是一门应用学科，学习企业管理最终应落实到实践中，本书的编写也正是基于这样的理念。具体来说，本书具有以下特点。

1. 案例化教学

　　本书将企业管理的理论知识融入实际案例中，通过真实的企业管理案例或模拟企业管理中的工作场景，让读者的学习更加高效。

2. 创新纸质教材设计实现数字资源共享

本书体现新形态一体化教材的特点，教材内容同步"超星学习通"平台，学生只需扫描书中的二维码就可以看到相应的教学微视频、教学大纲、案例资料、练习题、在线测试题、多媒体课件等数字资源，更有利于教师开展个性化教学，新形态教材资源使得线上线下混合式教学、翻转式课堂、讨论式学习能够更有效地实施。

3. 融入思政元素

本书融入了思想政治教育的元素，落实国家对专业课程体现"课程思政"的要求。本书在案例的选材上，多选用我国优秀企业的创新管理成果和管理经验，以培养读者的管理素养和人文素养。

4. 配套资源丰富

本书还提供了相关背景资料、拓展知识和学习资料，读者扫描书中的二维码即可获取。同时，本书配有丰富的资源，包括企业管理常用制度和办法模板、财务报表分析模板等，编写团队已经完成 300 个在线素材资源的上传，其中有 150 个动态素材，包括动画、微课、教学视频、音频等，后续还会对资源进行持续更新。

本书由校企共同开发。辽宁经济职业技术学院教授程云担任主审；辽宁生态工程职业学院副教授李红艳、辽宁生态工程职业学院杨宇欣、辽宁格林豪森服务集团有限公司董事长陈晓波进行统稿。各模块的具体分工为：陈晓波（辽宁格林豪森服务集团有限公司）编写模块一；李红艳（辽宁生态工程职业学院）编写模块二；来欣（辽宁生态工程职业学院）编写模块三；王清（辽宁生态工程职业学院）编写模块四、模块十；王丽（辽宁生态工程职业学院）编写模块五、模块六；马芷郁（辽宁生态工程职业学院）编写模块七；杨宇欣（辽宁生态工程职业学院）编写模块八；王菲菲（辽宁生态工程职业学院）编写模块九。辽宁交通高等专科学校副教授陈晓峰对本书编写体例和数字资源提供了宝贵的建议，辽宁安吉联合物流有限公司人事经理鲁玉负责本书企业案例的收集。此外，本书在编写过程中参考和使用了一些资料，在此谨向这些资料的作者致以诚挚的谢意。

为适应企业管理实践的不断变化和企业管理理论的持续发展，本书针对企业战略管理前沿的内容和形式进行了更新与扩展。本书内容涵盖广泛，适合经济管理类专业的高职高专学生及相关专业学位人员使用，并可作为企业管理人员，尤其是高层管理人员在职学习和培训的参考用书。

由于编者水平有限，书中难免存在不足之处，欢迎广大读者批评指正。

编　者

教材同步课程资源

目 录

现代企业管理导论

每一个人都是责、权、利的中心，"人人是经理，人人是老板"，将每个人的潜能释放出来。

——张瑞敏

【能力目标】

通过本模块的学习，学生应能够对企业管理思想有一定的认识，并能够利用企业管理的相关理论知识来分析企业不同时期的演变，从而理解现代企业管理的意义。

【素质目标】

能够对不同时期的企业有较为清楚的认识，理解企业发展的重要性；能够为企业发展作出合理的规划，培养学生具备正确的世界观和价值观。

【知识结构】

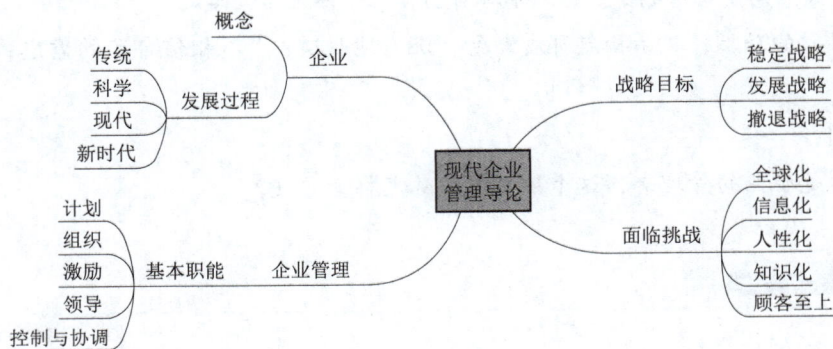

学习单元一　现代企业管理

【学习目标】

1. 掌握企业管理概述与企业不同时期的发展变革。
2. 熟悉现代企业的前沿思想。

【学情分析】

1. 学生分析案例时不够细心。
2. 学生在讨论过程中团队意识薄弱。
3. 学生对企业前沿思想认识不够。

【单元导入】

　　春秋战国时代，一位父亲和他的儿子出征打仗。父亲已做了将军，儿子还只是小军官。又一次号角吹响，战鼓雷鸣之际，父亲庄严地托起一个箭囊，其中插着一支箭。父亲郑重地对儿子说："这是家传宝箭，佩戴在身边，力量无穷，但千万不可抽出来。"

　　那是一个极其精美的箭囊，厚牛皮所制，镶着幽幽泛光的铜边儿，再看露出的箭尾，一眼便能认定是用上等的孔雀羽毛制作的。儿子喜上眉梢，贪婪地推想箭杆、箭头的模样，耳旁仿佛有嗖嗖的箭声掠过，敌方的主帅应声而毙。

　　果然，佩戴宝箭的儿子英勇非凡，所向披靡。激战中，儿子再也禁不住得胜的豪气，完全背弃了父亲的叮嘱，强烈的欲望驱使着他"呼"的一声拔出宝箭，试图看个究竟，骤然间他惊呆了，一支断箭，箭囊里装着一支断的箭。儿子吓出了一身冷汗，仿佛顷刻间失去支柱的房子，轰然间意志坍塌了。结果不言自明，儿子惨死于乱军之中。

　　拂开蒙蒙的硝烟，父亲捡起那支断箭，沉重地说道："不相信自己的意志，永远也做不成将军。"

　　问一问：

　　如果你是企业的管理者，这个故事带给你怎样的启发？

【应知应会】

一、现代企业管理介绍

　　纵观企业管理学科的发展历史，它经历了古典管理理论阶段、行为科学阶段和现代管理理论阶段，形成了庞大的企业管理学知识体系。从企业管理学的学科分类角度而言，战略管理、人力资源管理、生产管理、营销管理、组织管理、质量管理等部门构成了企业管理的经典内容，这些学科还在不断地丰富、细化和交叉发展，管理学的新学科、新分支还在不断地产生。

20 世纪 90 年代以来，随着世界经济环境的发展变化，科学技术尤其是信息技术的突破性进展和广泛应用，市场竞争的日趋激烈和日益国际化，企业管理学在管理思想、方法、手段和组织等诸多方面都有新的进展。其中具有相当影响的主要包括：战略管理领域的核心能力理论、动态能力理论、战略联盟、知识管理、企业资源理论、嵌入理论、社会资本理论等；组织管理领域的学习型组织、危机管理、流程再造、虚拟企业等；人力资源管理领域的心理契约、EVA 法、平衡计分卡、职业生涯设计、人本管理、团队管理、员工持股计划、股票期权计划等；生产管理领域的供应链管理、企业资源计划、六西格玛管理、敏捷制造、精益生产、计算机集成制造、大规模定制、界面管理、标杆管理、清洁生产等；营销管理领域的顾客价值管理、客户关系管理、网络营销、绿色营销、关系营销、整合营销、服务营销、直复营销、渠道管理、顾客忠诚管理、顾客满意度管理、连锁经营等；企业文化领域的跨文化管理、企业形象设计等。

面对全球化、信息化和各项技术的快速发展，企业管理学科的发展既处于这一环境变革当中，同时又是环境变革的产物。企业管理理论与方法的发展，更加呈现出多学科综合性的特点，心理学、社会学、运筹学、计算机等学科的研究成果也不断融入企业管理学的发展中。同时，企业管理的研究对象也日益丰富，知识、顾客价值、心理契约等不断进入研究视野。这些新进展正构筑起企业管理学科发展中一道道亮丽的风景线，体现出企业管理学科发展全球化、信息化、人性化、知识化、顾客至上等特点。

（1）全球化的趋势：世界经济一体化进程的加快使竞争日趋国际化，企业的战略布局、产品开发、生产和营销等经营管理活动都将在全球范围内展开。跨国企业管理、跨文化管理、全球研发管理、全球供应链管理、国际市场营销管理等都将成为未来研究的主题。

（2）信息化的趋势：信息革命的到来、互联网的冲击对企业管理带来的变化是革命性的。信息化的影响涉及企业生产、营销等管理活动方式，以及经营管理职能、机制的变革，"柔性""虚拟""灵捷""集成""一体化"等将成为未来企业管理研究的特色，并渗透在企业管理的各个研究领域。

（3）人性化的趋势：随着科学技术的发展、人类文明程度的提高、民主化的普及，"人"在企业管理活动中的地位和作用进一步凸显。企业管理活动中"人性化""人本管理"的特色将更加明显。它要求理解人、尊重人、充分发挥人的主动性和积极性，并从情感管理、民主管理、自主管理、人才管理和文化管理等层面来展开企业管理的研究工作。

（4）知识化的趋势：随着知识经济的到来，知识的地位和作用日益突出，并逐渐成为企业管理的重心所在。知识既可以转化为有形资产，同时还可以是无形资产。实际上，近年来无形资产管理，尤其是知识产权管理问题已经成为我国企业管理过程中不容回避的问题。其中，知识产权的授权、转让管理，知识产权管理的组织设计、模式选择等都将成为未来研究的主题。另外，围绕企业组织内部知识形成、共享与扩散的管理活动和研究工作也在广泛展开。

（5）顾客至上的趋势：顾客至上不仅是企业的战略取向和企业经营必须遵守的准则，由此产生的对顾客满意度、顾客忠诚、顾客终身价值、内部顾客、顾客关系、顾客服务价值链的管理，已经构成了企业管理研究工作的主题。

二、现代企业管理的前沿思想

企业正处在一个经济大转型、社会大变革、观念大冲击、管理大促进的时代。时代呼唤着企业家冲浪前进，时代也考验着企业家的应变方式。有人说，企业家目前是"在新旧经济转换的复杂条件下跋涉，在尚无定论的经济理论中探索，在更加险峻的竞争环境中生存"。正因为如此，企业家一定要头脑清醒。

要管理好自己的企业，当前企业家们应当冷静思考并要特别注意以下几点。第一，管理需要正确的思想来指导。企业家首先要搞清楚，在知识经济时代，经济管理活动应当树立什么样的理念、观点、意识、原则。第二，管理需要科学的方法来运作。企业家应知道如何规避管理雷区、如何克服管理盲点、如何消除管理真空、如何实现有效控制。第三，管理需要不断创新，才能使企业永葆活力。

实践证明，许多企业经营成功与否的关键在于是否制定了适合企业发展的战略，涉及战略管理的前沿理论主要有企业核心竞争力理论、企业再造理论、顾客价值理论等。

（一）企业核心竞争力理论

美国学者哈默尔与普哈拉拉德在 1990 年提出企业核心竞争力理论，这一理论解释了成功的企业竞争优势得以长期存在的原因，也指明了企业发展的成功之路，该理论在 20 世纪 90 年代以来风靡全球。企业核心竞争力是企业通过对资源的充分利用和有效整合而形成的独有的、支撑企业持续保持核心竞争力的能力。

随着市场竞争日趋激烈，优胜劣汰适者生存，企业要想求得生存并得以发展就必须培育或提升企业核心竞争力。20 世纪 90 年代以来，企业核心竞争力理论得到长足的发展，该理论实际上是一系列具有密切联系的理论的集合体，主要包括"企业资源基础论"和"企业能力基础论"两大分支，这些理论的共同之处是更加强调企业内部条件对企业核心竞争力的决定性作用，认为企业内部资源、能力和知识的积累是企业获得超额利润和保持企业核心竞争力的关键。

（二）企业再造理论

企业再造理论是在 1993 年由美国企业管理家迈克尔·哈默和詹姆斯·钱皮提出的，其核心领域是业务流程再造。企业再造（Reengineering the Corporation），即对企业原有的工作流程进行全面的改造以适应企业外部环境的变化，适应顾客的变化，适应企业制度、技术、分工及管理者的变化，使企业生产运作、经营管理有更高的效率、节约更多的成本，使产品和服务更能取得顾客的认可，从而提高企业的核心竞争力。

企业再造的最终目标是使企业具有能够适应外界环境变化、不断再造的能力。企业再造就是培养企业对新的业务流程、新的管理模式和新资源的控制能力，培养资源共享、自我决策、团队协调的能力，改变过去纵向控制职能部门中工作及思维的习惯，养成善于面向流程的创新工作能力。

（三）顾客价值理论

早在 1954 年杜拉克就指出，顾客购买和消费的绝不是产品而是价值。泽瑟摩尔于 1988 年首先从顾客角度提出了顾客感知价值理论；伍德鲁夫提出的顾客价值是顾客对特定使用情景下有助于（或有碍于）实现自己目标的产品属性、属性的实效及使用的结果所感知的偏好与评价；科特勒则把顾客价值定义为总顾客价值与总顾客成本之差。虽然对顾客价值的定义不同，但定义有以下几个共同的特点：首先，顾客价值与产品或服务的使用紧密关联，不仅仅在于产品和服务本身；其次，顾客价值是顾客感知的价值，它由顾客决定，而并非由企业决定；最后，这些感知价值是顾客权衡的结果，即顾客所得与所失的一种比较。

【测一测】

现代企业的思想是什么？

【教学视频】

企业管理前沿导论

学习单元二　企业战略目标与社会责任

【学习目标】

1. 了解企业与企业管理的关系。
2. 掌握企业的战略目标与企业的社会责任。
3. 熟悉企业管理的价值导向。

【学情分析】

1. 学生分析案例时不够细心。
2. 学生在讨论过程中团队意识薄弱。
3. 学生对企业前沿思想认识不够。

【单元导入】

　　工业品牌能够形成工业产品强大的分销能力；工业品牌能够鼓舞员工士气，形成更高的员工忠诚度；工业品牌能够帮助工业企业在逆境中生存；工业品牌能够让工业企业跨越市场界限，进行快速的渗透。工业企业进行品牌营销带来的利益还不止这些，品牌还能形成真正的资产，在企业被兼并和重组时发挥关键的作用，形成超过账面净资产数倍的溢价。例如，R&C 公司曾经耗资 1.65 亿英镑从汽巴－嘉基手中买下了 Airwick 集团，其中有 5 500 万英镑是为了 Airwick 的品牌价值而额外支付的。

　　现在，市场营销组合被看作各种"战术性武器"的"兵工厂"，其中品牌便是"王牌武器"。实践证明，拥有了强大的品牌，企业就能获得巨大的回报。在某种意义上，品牌就是企业，企业就是品牌。品牌是企业战略中举足轻重的部分。

问一问：

随着经济的发展和环境的变化，企业管理者应如何确立企业战略目标？

【应知应会】

一、企业与企业管理

（一）企业的组织形式

　　企业是以营利为目的，为满足社会需要，运用土地、人力、资本、技术等生产要素依法从事生产、流通和服务等经济活动，实行自主经营、自负盈亏、自我发展、自我约束、独立核算的法人实体和市场竞争主体。企业素质是指企业各要素的质量及其相互结合的本质特征，它是企业生产经营活动必须具备的基本要素的有机结合所产生的整体功能。企业能力是企业素质的表现形式，包括企业的产品竞争力、管理者能力、生产经营能力、基础能力等。

　　企业按企业的投资主体可分为国有企业、集体所有制企业、股份制企业和民营企业；按企业产权的组织形式可分为单个业主制企业、合伙制企业、公司制企业；按实体的集约程度可分为单一企业、多元企业、经济联合体、企业集团；按企业从属的行业可分为工业企业、商业企业、金融企业、其他类型企业；按企业规模可分为特大型企业、大型企业、中型企业、小型企业；按生产要素密集程度可分为劳动密集型企业、资金密集型企业、知识密集型企业；按企业同外国资本的联合方式可分为合资经营企业与合作经营企业。

（二）企业管理

　　企业管理是对企业的生产经营及经营活动进行计划，且有组织、有纪律地指挥、协调和控制所产出的一系列职能的总称。对于大多数管理者而言，管理员工始终是个棘手的问题。员工的知识水平不一、地域文化各异，对于企业管理理念和管理方式的接受能力不一样。加上时代的迅速发展使员工不断吸纳新事物，员工的思想状态始终处于变化之中，这就要求管理的手段必须跟得上各种变化。高效地管理员工有难度，但也并非做不到，关键是要找到规律、遵循规律。按照规律管理员工，经常违纪的员工会变得遵守规章，低效的团队会变得生机勃勃。

另外，一个企业的持续经营发展需要企业中的每个人有根植于心的理想信念，需要企业中的每个人在实践中培育和形成共同理念并将其深深地融入血液和骨髓里。经过探索与实践，辽宁格林豪森服务集团有限公司作为非公物业企业，在发展过程中坚持党建引领、加强党组织建设，积极探索用党建红色文化塑造企业文化，把党性教育与企业文化活动有机结合，将党的路线方针政策和经营工作任务落实到集团党建工作的"毛细血管"和"神经末梢"，通过开展党建工作塑造员工根植于心的政治信念，筑牢企业发展的"根"和"魂"。集团党组织参与到把握企业发展方向的制定和决策的过程中，充分发挥企业党组织的组织动员优势，把握战略方向，推动改革创新，将党的政治建设融入集团建设发展总体规划体系中，推动党的建设与企业经营深度融合，保障企业健康发展。通过高质量党建打造非公企业发展的"动力因子"，通过坚持党建引领增强非公企业发展的竞争力，在实践发展中将党建与企业管理机制相融合并以党建引领助力推进国有企业改革。

（三）企业管理观念

1. 人本管理观念

人本管理观念是一种以人为本的管理观念，该观念认为人是管理的主要对象及重要资源，因此企业管理要确立以人为本的指导思想，激发、调动并充分发挥人的积极性和创造性，从而达到提高企业工作效率的目的。

2. 系统管理观念

企业自身是一个一体化系统，由人、物资、设备和其他资源组成，企业的发展受系统内所有组成要素的影响，其中，人是主要影响要素。企业作为一个由许多子系统组成的、开放的社会技术系统，是社会大系统中的一个子系统，受社会中各因素（企业外部的消费者、竞争者、供应商、政府、公众等）的影响。运用系统观点来考察管理的基本职能，可以使管理人员明确自身在组织中的地位和作用，避免只重视某些与自己有关的特殊职能而忽视了大目标的情况，从而有效提高企业的整体效率。

3. 权变管理观念

权变管理观念是指管理没有固定的模式，企业要随着管理条件和管理环境的变化，因地制宜地采取相应的管理方法和管理模式。权变管理观念认为不存在一成不变的最佳领导和管理方式，强调管理环境的变化性、管理活动的应变性和有效性，以及权宜应变的科学性，这就要求企业管理应适应环境、选择环境、改善环境，从而作出适用于具体环境的组织设计和管理行为。

4. 效益管理观念

效益管理观念即企业在管理的过程中，要通过一系列管理活动创造效益。其中，效益包括经济效益、社会效益、生态效益等方面。经济效益是指通过经济活动取得的产出大于投入的这一部分价值；社会效益是指经济活动对社会进步、经济发展、生产力提高等产生的影响；生态效益是指经济活动对生态环境产生的影响。

5. 文化管理观念

文化管理观念是指在现代企业管理中，要重视企业文化的建设。企业文化是 20 世纪 80 年代从管理科学中分化出的新学科，中外许多学者都对企业文化的概念和意义进行了阐述。企业文化是一种无形的管理方式，对规范企业人员行为、提高企业人员素质、团结企业人员具有重要意义。通过文化管理，企业可以引导、激励、控制、优化、协调企业人员的行为和企业内部的关系，营造健康、积极的工作氛围，塑造鲜明的企业形象。

6. 创新管理观念

1912 年，经济学家熊彼特在《经济发展理论》中首次提出"创新"的概念，他认为创新就是对生产要素、生产条件的重新组合，包括引进新产品、引进新技术、开辟新市场、控制原材料的新供应来源、实现企业的新组织等，强调了生产技术的革新和生产方法的变革在经济发展过程中的重要作用。

二、企业战略目标

（一）企业战略

企业战略的制定要从战略方向、战略目标、实现战略的手段三大方面着手，有点有面、层层深入。战略方向：纵横的战略方向有两个层次。第一个层次，要围绕专业知识去拓宽和发展，这是发展的大方向；第二个层次，业务主体要牢牢占领战略经营制高点，不能从低端往上做。在牢牢占领战略经营制高点的同时，还要侧重人力资源、组织结构的调整，建立财务管理制度，并积极推进信息化和企业文化的建设。企业的战略目标要从企业实际出发，按照长期、中期、短期依次制定。企业实现战略的手段有应急的方法（应急战略）和理性的方法（常规战略）。应急战略的最终目标不明确，其构成要素是在战略的执行过程中逐渐形成的，这种方法侧重于战略的管理流程。常规战略是指企业先确定目标，然后设计战略来实现目标，战略的规划在前实施在后。

（二）企业战略目标

在决定怎么做的时候实际上已经决定了企业的成败，这就是战略决定成败的由来。下面就每个因素分析一下企业战略的组成部分。

（1）企业定位：定位决定了一个企业的发展方向，一个企业想发展首先要找准定位，才能往前推进。别看是一个小小的定位，它却必须要排在战略的第一位。定位错了，等于所有的努力都是在做无用功。有些企业总是抱怨：别的企业做同样一个项目能成功，为什么自己就失败了？很简单，很大程度上是因为一开始企业的定位就错了。

（2）企业目标：目标是一个人前进的动力，没有目标就没有方向。当一艘船在大海中航行的时候，如果没有目标，则往哪里走都是逆风，可见目标有多么重要。当然，目标包括很多种，如销售目标、管理目标、利润目标、文化目标、服务目标等。此外，目标必须是长期目标和短期目标的结合。

（3）目标完成时间：有了目标，必须设定目标完成时间，即目标在什么时间完成。有人说完成时间无法确定，这是典型的懒人思维。没有时间的限制，目标就失去了存在的意义，二者是相辅相成的。时间要分解，把目标分解为每天的行动，就是时间的合理安排，所以一定要给目标完成设定时间限制。

（4）目标责任人：有了以上因素，另外一个战略因素就是责任人。每个项目、每个时间段、每个目标必须有专门的责任人来承担风险和利益，没有责任人则无法推进实施。责任人必须做到责、权、利清晰，要为企业目标承担责任。总结为一句话就是：千斤重担万人挑，人人头上有指标。

（5）目标完成的方法和措施：完成目标的方法和措施就是准备用哪些方法来实现，这些方法可行吗？用什么措施来保证？这些都是企业发展要解决的问题，也是企业在发展之初就需要明确的，否则所有的东西都是一场空。

（6）目标评估标准：制定企业战略要建立一个评估标准，例如，由谁来评估企业战略是否完成，以及完成的效果如何，这应该有一整套评估标准。有了评估标准，企业在发展的过程中才有标杆和尺度，这样大家在做事时才不会偏离轨道。

三、企业的社会责任

《中华人民共和国公司法》（以下简称《公司法》）第五条第一款："公司从事经营活动，必须遵守法律、行政法规，遵守社会公德、商业道德，诚实守信，接受政府和社会公众的监督，承担社会责任。"从中不难看出，公司作为社会经济活动的基本单位，作为民事主体，必须履行一定的义务。

首先，公司必须遵守法律、行政法规，其各项经营活动都必须依法进行，这是公司最重要的义务。

其次，公司应当遵守社会公德和商业道德。社会公德是指各个社会主体在其交往过程中应当遵循的公共道德规范；商业道德是指从事商业活动应遵循的道德规范。这两种规范在市场主体的活动中相互交融，对法律起着较好的补充作用。公司作为一种与社会经济各个方面有广泛联系的实体，应当遵守社会公德和商业道德，使其成为一种法律规范，这有利于促使公司形成良好的经营作风，树立商业信誉，维护社会公众利益和经济秩序。公司从事经营活动，必须诚实守信，这是民事主体从事民事活动的基本原则。在实际生活中，许多公司能够诚实经营，并有良好的效益，但也有相当一部分公司，采用虚假出资、虚报业绩、做假账等欺骗手段非法经营，丧失了诚实守信的原则，严重损害了有关交易中其他人的合法利益。针对这一现象，在最近一次修改的《公司法》总则中强调，公司从事经营活动要诚实守信，并在有关章节中明确了具体制度。

再次，公司的经营活动要接受政府和社会公众的监督。公司的经营行为是否符合法律和行政法规，是否符合社会公德和商业道德，是否诚实守信，应由政府和社会公众来监督。通过监督促使公司的行为规范化，更有效地维护国家利益、社会公众利益和公司自身的合法权益，维护市场秩序，促进公司的健康发展。

最后，公司应当承担社会责任。公司作为在现在社会占有重要地位的商事主体，其运作不仅关系到股东、董监事及高管人员、职工等内部利害关系人的利益，也关系到公司债权人的利益和公司所在社区、地区、社会的公共利益，故公司在追逐利益最大化的同时，也必须承担一定的社会责任、履行相应的法律义务，如避免造成环境污染、支持慈善事业、捐助社会公益、保护弱势群体等。

【教学视频】

企业战略目标与社会责任

学习单元三　企业管理面临的挑战

【学习目标】

1. 了解企业与企业管理的关系。
2. 了解企业管理面临的挑战。
3. 熟悉企业管理的价值导向。

【学情分析】

1. 学生分析案例时不够细心。
2. 学生在讨论过程中团队意识薄弱。
3. 学生对企业前沿思想认识不够。

【单元导入】

无论多强大的个人，其命运往往会随时代浮沉。企业也是如此，其成败也时时受到环境的影响，从某种意义上来说，企业只是环境的产物。没有成功的企业，只有顺应时代的企业。企业应顺应时代发展趋势和商业环境的变动，不错失战略性发展机遇，主动拥抱时代，在变革中成长。对不确定性环境的洞察和在不确定性中找到确定性是企业生存的必修课。在可预见的未来，中国企业的经营环境将受到以下几个方面的影响：首先在国际环境方面，战略竞争与对抗状态将成为新常态；其次在中国宏观经济方面，在经济结构调整中"提质缓速"，开启"双循环"新发展格局将成为新常态；最后在全球科学技术方面，数字化、智能化将成为常态。

问一问：

现代企业发展都面临哪些挑战？

【应知应会】

一、现今企业面临的挑战

面对新趋势、新常态、新格局，中国企业该如何面对？如何在不确定中找到确定的方向？如何提升抗经济逆周期的生存能力？如何坚持活下去并实现持续成功？解决问题的关键是经营理念的转变，应秉持长期价值主义，追求企业持续增长，持续增长是企业坚持长期价值主义的核心命题，而当前各企业面临的挑战主要有以下几个方面。

（一）对信息化认识不足

信息化时代背景下，对企业领导的管理水平提出了更高要求，只有不断提高信息化管理水平，才能提高企业自身竞争力。而部分企业领导年龄较大，接受新事物较慢，对信息化企业管理等新事物存有抵触情绪，造成企业信息化管理浅尝辄止，导致企业实现信息化管理的效率不高，经济效益差。而这种偏差又会进一步导致企业领导不愿改变传统的管理模式，造成恶性循环，不利于企业长期的良性发展。

（二）难以转变经营理念

一方面，从企业内生动力来看，转变经营理念是企业持续增长的根本动力源泉；另一方面，从时代发展和技术进步等外部环境影响来看，数字化、智能化新时代倒逼企业经营理念不得不转变。

（三）企业管理组织混乱

企业在信息化时代的要求下，必然会对组织管理方式进行更新，否则无法满足信息化时代的要求。部分企业没有搭建起有效沟通的信息平台，企业各部门之间各自为政，遇到事情又互相推诿，自然无法实现有效的信息化管理。此外，企业部门之间权力分散，造成不必要的重复工作和争权夺利、钩心斗角，并且信息的不互通造成信息化的沟通效率低下，使得实际工作极难进行。还有对信息化管理设备关注度太低，更新状态落后，软件硬件都缺乏专人负责，造成信息化管理应用操作困难，耗费时间长。

二、现代企业职能的运用

（一）计划职能

计划是指通过调查研究，预测与分析企业未来的发展趋势，确定企业生产经营活动的目标和方针，制定并选择生产经营活动的方案，对其进行综合权衡，最后作出决策。计划的正确与否将直接决定企业的成败，因此计划是企业管理的首要职能。

（二）决策职能

决策是为了实现企业的特定目标，基于一定的信息和经验，借助合理的工具、技巧和方法，分析、计算、判断和筛选影响目标实现的因素，并作出决定的过程。决策的制定建立在环境分析、市场调研的基础上，同时要根据所要解决的问题来制定。

（三）组织职能

组织职能的执行需要从企业生产经营的特点出发，并服从于企业的经营方针与决策。企业应建立并完善管理体制、管理规章制度和管理机构，合理挑选和配备各类人员并适时调整，在此基础上科学地组织生产经营活动。

（四）指挥职能

企业应充分施展领导才能，满足员工需求、激发员工潜力，消除企业内部矛盾，培养和谐的工作关系，改善信息沟通方式，提升企业经营效果。

（五）控制职能

控制职能是指根据企业生产经营活动的实际情况，分析实际情况与原定计划的差异及出现差异的原因，并采取必要的纠偏对策。企业应建立有明确责任制和奖惩办法的规章制度，建立完善的标准，进行系统检查和严格核算，比较实际工作绩效与控制标准，分析偏差并给予纠正。

（六）协调职能

协调是指企业为有效实现自身目标，调节企业各方面工作与各项生产经营活动，使其相互配合、互补叠加。协调包括纵向协调与横向协调、内部协调与外部协调。纵向协调是指上下级领导人员和职能部门之间活动的协调，横向协调是指同级各单位、各部门之间活动的协调；内部协调是指企业内部的协调，外部协调是指企业与其他单位之间的协调。

（七）激励职能

激励可以推动员工向着期望目标前进，企业想要鼓励员工为实现组织目标而努力，需要满足员工需要，尽可能把企业生产经营活动目标与员工的个人利益结合起来。为此，企业内部必须采用多种形式来实现激励职能。例如，实行全员培训，以提高员工的文化、技术和业务水平；实行按劳分配，建立合理的奖惩制度等，把员工的个人收入与其对国家、企业的贡献挂钩。

三、新时代企业管理的对策

（一）加强信息化管理理念培训

信息化时代来临后，企业必须加强信息化培训，才能跟上时代的要求。企业可定期组织信息化培训交流会，用各种心得交流互相促进，教学相长，实现各级管理人员信息化管理理念的全面更新、素质的全面提高，从而促进管理方式的改变，使计算机网络技术、大数据应用到企业的实际管理中，促进企业的持续良性发展，提高企业的竞争力。

（二）吸纳高素质人才，提高信息化管理人员素质

在大数据信息时代的紧迫需求下，必然造成企业管理人员的更新换代，而吸纳新鲜血液就成了迫在眉睫的要求。企业可招聘高素质、高学历专业人才，使其为企业信息化管理作出专业高效的规划，将信息化大数据应用在企业各部门管理的方方面面，使企业信息化管理效率迅速提升。

（三）创新企业管理方法

当企业面临组织管理混乱的状况时，首先应进行目标管理，明确企业自上而下层级的目标，把一个大目标层层分解为小目标，定出具体和长远的计划，提高各级人员工作的效率，增强企业员工的主动参与意识。其次搭建信息管理平台，要求各部门必须严格如实上报信息，提高信息分享度，实现企业内信息共享无障碍化，提高工作效率和信息化管理程度。最后提高对现代信息技术设备的重视程度，分派专人管理，提高设备更新频率，便于信息化管理效率提升。

（四）从生产导向转型升级为客户导向

传统的经营管理理念与活动更多停留在"先思考我们生产什么，再思考我们卖给谁"的逻辑里，将企业和市场客户之间切割成了内外部的关系，割裂了价值创造的链条，导致企业过分关注自己的战略、生产、长板和诉求，客观上忽视了客户的需求及用户场景与市场变化。从生产导向转型升级为客户导向，要求企业重新审视从用户出发的价值创造链条，从用户的角度重新思考企业一直以来的工作，并且定义未来的工作。从客户导向出发更贴近需求场景，也更贴近真实需求，它将带来真正"以客户为中心"的研产供销的改变。

（五）从销售导向转型升级为数据导向

迈入数字化、智能化时代，数字化必将成为企业的一个核心战略。企业要从销售导向转变为数据导向，使数据资产成为企业的最大资产，海量的数据、算力、算法将成为企业的核心能力。数字化应用的核心是实现生产和消费者的精准对接，以提高整个运营系统的效率。而且，不光是系统效率的提升，消费者的体验感也要提升。在满足消费者个性化需求的同时，提升消费者的体验感。

以数据为导向，要求企业的整个业务流程体系实现智慧化升级，由过去生产导向的业务

流程，转向以用户为核心的智慧化流程。这其中尤为重要的是要关注客户数据的价值、挖掘客户数据的价值，有两个关键：一是建立用户链接；二是经营数据，使数据真正成为企业的最大资产。实现数据导向，第一，要认识到数据是企业最大的资产，要关注数据资产的价值。第二，要经营数据，挖掘数据的价值，要与客户进行深度的链接，认识到企业跟客户之间的关系不再是简单的一次性的交易关系，而是多次交易关系，是客户的终身价值，是对客户全生命周期的经营。第三，实现生产与消费者的精准匹配，以消费者为中心，先销售后生产，可以实现生产和消费的精准配置，提高系统效率。

（六）从企业导向转型升级为产业生态导向

任何一个产业发展的历史性机遇都源于产业供给端与产业需求端匹配方式的重新配置，以及社会化分工体系的重构。产业生态时代的核心主题词是去中心化、链接交互、平台赋能、自主经营体、利他趋势、生态体系、颠覆创新、数据驱动。要抓住产业生态时代的机遇，企业需要升级经营理念，从经营企业升级为去中心化思想、利他主义、长板效应的开放式产业生态经营理念，在构建或参与产业生态中寻找到自己的新繁荣之道。

在数字化、智能化时代发展潮流中，未来的企业发展趋势是以互联网和去中心化为核心思想，以平台＋分布式为模式，以合伙人为机制，以产业生态为组织形态的供给侧集群与需求侧差异偏好在细分领域的重新匹配。

企业要顺应时代潮流、跨越经济周期和成长陷阱，保持长期主义，追求企业持续增长和成长转型，首要的是进行认知革命与思维创新，进行三大经营之变：从生产导向转型升级为客户导向；从销售导向转型升级为数据导向；从企业导向转型升级为产业生态导向。

【测一测】

新时代企业管理的对策有哪些？

【教学视频】

企业社会责任

【模块小结】

通过本模块的学习，我们对企业与企业管理有了更清晰的认知，掌握了企业的社会责任与当代企业面临的挑战，在清楚企业组织的基础上制定战略目标，能够运用企业理论知识为企业自身发展和适应社会发展提供理论依据。

【课外阅读——"二十大时光"】

贯彻党的二十大精神　金蝶信科以数字信用服务实体经济

【思考与练习】

一、案例分析

回味十年"幸福时光"

从 2009 年起，中国金属加工机床产值由 153 亿美元增长到 2010 年的 209 亿美元、2011 年的 282.7 亿美元，增幅分别为 36.6% 和 35.3%，而同期的进口额增幅分别为 59.7% 和 40.6%。同时，尽管中国金属加工机床的单台价值在逐年提高，但相关数据表明，2011 年中国出口机床单价为 3.3 万美元/台，而同期进口机床单价为 21.9 万美元/台，出口单价仅为进口单价的 15%。

可以得出这样的结论：中国机床行业高增长和进口额同步增长（趋势），折射出行业的高增长在很大程度上依赖于持续强劲的国内需求拉动，尽管有体制机制变革释放的发展动能和国家产业政策的支持，但技术进步和管理升级的作用发挥有限。

中国金属加工机床进口额和同期年产值的比例（2009—2011 年分别为 38.6%、45.1% 和 46.8%）呈上升趋势，这表明（金属加工）机床行业还不能完全满足国民经济发展对基础装备的高端化需求，特别是在航空发动机、汽车发动机、船用柴油机和核电机组制造等重点行业的核心制造领域，依然以进口为主。

上一个十年，市场给了我们最大的机遇。未来，顺势谋变，从速度到质量，从规模到效益，需要一场脱胎换骨的跨越。在当今互联网时代企业面临的挑战有哪些？应如何面对？

二、模块测试

（一）单选题

1. 最早产生的也是最简单的一种企业形式是（　　）。

　　A. 个人业主制企业　　B. 合伙制企业　　C. 公司制企业　　D. 农业企业

2. 下列对管理层次影响最大的是（　　）。

　　A. 组织规模　　B. 组织性质　　C. 管理幅度　　D. 集权程度

3. 随着互联网商业应用的发展，大量平台型的企业组织出现了，下列不属于平台组织主要特点的是（　　）。

　　A. 机构精干

B. 组织边界相对模糊

C. 产品和服务可随环境变化而作出调整

D. 组织的凝聚力一定程度上取决于沟通

4. 中层管理者是指（   ）。

A. 负责制订具体的计划，对某一部门或某一方面负有责任的管理人员

B. 负责管理整个组织或组织中某个事业部全部活动的管理者

C. 对整个组织负有全面责任的管理人员

D. 负责管理组织中某一类活动或某一阶段（或职能）的管理者

5. 企业管理的一般方法不包含（   ）。

A. 行政方法   B. 法律方法   C. 政治方法   D. 经济方法

（二）简答题

1. 企业的职能是什么？

2. 当代企业面临哪些挑战？

企业战略管理

知彼知己，百战不殆；不知彼而知己，一胜一负；不知彼，不知己，每战必殆。

——《孙子兵法》

【能力目标】

通过学习本模块内容，提升企业战略管理能力，能够总结企业内部环境中存在的优势与机会以及外部环境中所蕴含的机遇与威胁。

【素质目标】

能够对不同时期的企业有较为清楚的认识，理解企业发展的重要性；能够为企业战略管理作出合理的规划，培育并践行社会主义核心价值观、企业价值观、个人价值观；成为一名具有使命感和社会责任感的应用型经营管理人才。

【知识结构】

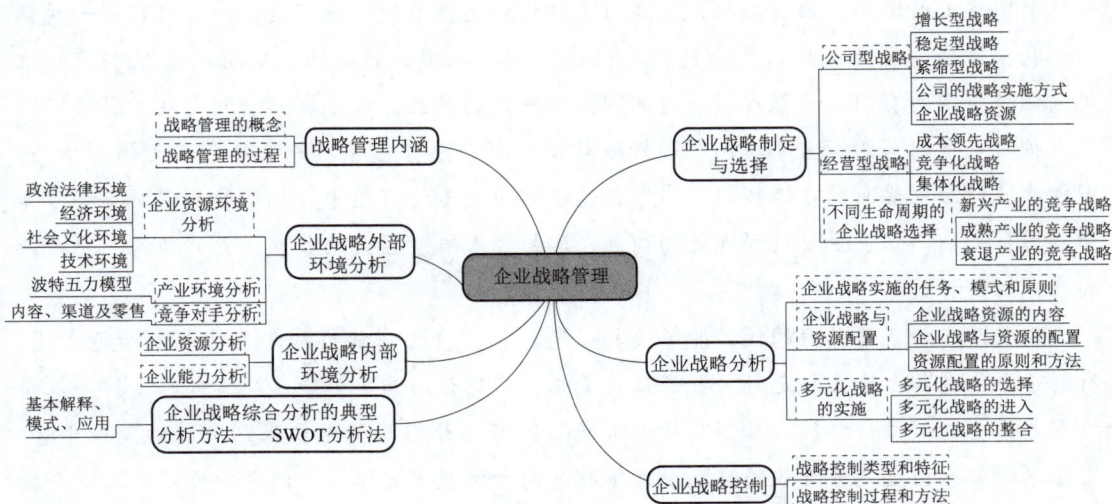

学习单元一　现代企业战略管理

【学习目标】

1. 掌握企业战略管理的内涵。
2. 熟悉企业战略管理的过程。

【学情分析】

1. 学生分析案例时不够细心。
2. 学生在讨论过程中团队意识薄弱。
3. 学生对企业前沿思想认识不够。

【单元导入】

蜜雪冰城是一家以新式茶饮、冰淇淋为主的全国连锁企业。从开业就确立了蜜雪冰城的经营使命："让全球每个人享受高质平价的美味。"截至2021年，是全国门店数量最多的茶饮品牌，已突破上万家店。

蜜雪冰城采用连锁加盟的经营模式。这种经营模式意味着蜜雪冰城能够分工明确、相互协调，形成覆盖面很广的大规模销售体系。经营模式的统一能够更好地让品牌进行迅速的扩张复制，这也是蜜雪冰城能够在全国各大中小城市均有门店的重要前提，也是其能够成为全国门店数量最多的奶茶店的主要原因。

蜜雪冰城所有的原材料均为总部提供，统一采购，统一发货。连锁加盟的经营模式能够为蜜雪冰城建立一个统一的企业形象，包括门店内的装修及产品展示、店招的统一。能够让消费者更好地识别出该品牌，提高自身的认识度并且能够更好地让消费者产生一种认同感和信任感。茶饮行业的产品更新换代速度快，连锁加盟能够让所有的店铺实行标准化，保证全国所有门店均能在第一时间内提供一致的产品，让顾客享受到一致的服务。

拥有众多门店的蜜雪冰城能够很好地对目标市场进行占领，并且具有强大的影响力。蜜雪冰城门店主要布局在二线以下城市，这类城市大多没有被中高端茶饮品牌所重视，市场潜力巨大。门店也主要设置在大型商圈、学校等人流量巨大的位置，更好地符合自身薄利多销的销售策略。

直营店与加盟店并存的模式能够使其迅速扩张，直营店能够给加盟店起到示范作用，有利于企业在各个地区指定针对性的销售策略，能够让门店更好地获得总部的支持，人员培训方面也能够做得到位。加盟店的形式能够更好地让门店迅速扩张到全国的大街小巷。蜜雪冰城曾推出过免费贷款的政策来鼓励有意向者加盟蜜雪冰城，以解决开店初期资金紧张的问题，快速实现市场覆盖的同时也节省了自身的管理费用，并且降低了开店风险。

连锁经营的内部化优势让蜜雪冰城实现对加盟合作商的有效管理和控制，通过智能贸易分析来推进与加盟商的深度合作。优化发货流程，进行智能贸易分析来处理收发货分析、客诉分析等数据，推进与加盟商的深度合作。

问一问：

1. 根据蜜雪冰城在选址上的条件，谈谈你对企业战略的认识。
2. 根据上述资料谈谈你对战略实施的认识。

【应知应会】

一、战略管理的概念

"战略管理"这一概念最早由安索夫提出。1972年，安索夫发表了《战略管理概念》一文，正式提出了"战略管理"的概念。迄今为止，许多战略管理学者与企业家对什么是战略管理提出了不同的见解，以下是具有代表性的观点：企业战略管理是决定企业长期表现的一系列重大管理决策和行动，包括战略的制定、实施、评价和控制。

为了更深入地理解战略管理的内涵，需要把握以下几点。

（1）战略管理是管理理论中顶级的和整合性的管理理论。

（2）战略管理是企业高层管理人员最重要的活动和技能。

（3）战略管理的目的在于使企业持续而有效地适应变化，实现可持续发展。

二、战略管理的过程

战略管理主要可分为战略分析、战略制定、战略实施三个基本过程（图2-1）。

就企业组织来讲，战略分析过程主要做的工作包括如下两方面内容：一方面确立公司使命、愿景和目标，它们是确立战略的依据；另一方面找到那些能对企业未来发展起决定性作用的环境要素，包括企业外部环境要素和内部环境要素。

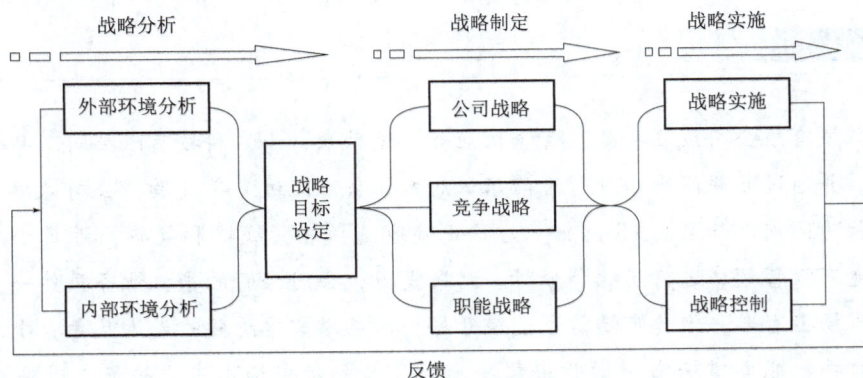

图2-1　战略管理的过程

战略制定阶段主要做的工作是对公司战略、竞争战略、职能战略进行选择及制定。

战略实施一般由中层和基层管理者来领导和施行，高层管理者主要负责战略决策并对战略执行情况进行督查。一个企业战略实施的好坏将直接影响其整个战略推行的成功与否。

【测一测】

请通过观看教学视频，说说企业战略管理的过程。

【教学视频】

企业战略管理前沿

学习单元二　企业战略管理环境分析

【学习目标】

1. 掌握战略管理的概念及过程、内外部分析的内容、SWOT 分析法。
2. 熟悉波特五力模型。
3. 理解内外部环境战略分析的意义。

【学情分析】

1. 学生分析案例时不够细心。
2. 学生在讨论过程中团队意识薄弱。
3. 学生对企业战略管理环境认识不够。

【单元导入】

小米科技有限公司成立初期主营手机业务。近年来，小米科技有限公司不断推出高性价比手机，并通过互联网平台进行无门店低成本销售。经过多年发展，公司从单一的手机生产商成长为国内外知名的 IT 企业。为了正确地选择经营战略和策略，近日小米科技有限公司对现有经营领域进行了综合分析。结果发现，公司经营的手机业务虽然一直具有较高的相对市场占有率，但其市场需求已经开始进入低增长率阶段；最近几年，小米科技有限公司的非手机业务市场需求增长率较高，但是其相对市场占有率较低。进一步调查发现，非手机业务的市场需求潜力很大，且小米科技有限公司有实力与竞争对手抗衡。

问一问：

结合案例材料，分析小米科技有限公司与竞争对手竞争的能力。

【应知应会】

一、企业外部环境分析

任何企业都是在一定环境中从事活动的，环境因素及其变化必然会影响组织活动的方向、内容及方式的选择。所有间接或直接影响企业经营的外部因素，构成企业的外部环境。企业外部环境分析要回答的问题就是企业应该做什么，具体来说，企业外部环境分析主要包括以下三部分内容。

（一）企业宏观环境分析

企业宏观环境分析主要包括以下四个方面的内容。

（1）政治法律环境分析。包括政治体制、政治事件、法律法规等因素分析。

（2）经济环境分析。包括经济发展水平、经济结构、经济体制、经济政策等因素分析。

（3）社会文化环境分析。包括价值观与文化传统、宗教信仰、社会结构、教育水平等因素分析。

（4）技术环境分析。包括技术创新速度、新技术的影响、产品寿命周期等因素分析。

（二）产业环境分析

不同的产业在其特征和结构方面有着很大的差别，所以产业环境分析往往首先从整体上把握产业中最主要的经济特性。

针对产业环境中的竞争状况分析，一般采用波特的五力模型（图 2-2）。这五种决定竞争规模和程度的力量分别是潜在进入者的威胁、现有企业之间的竞争、替代品的压力、供方的讨价还价能力、买方的讨价还价能力。

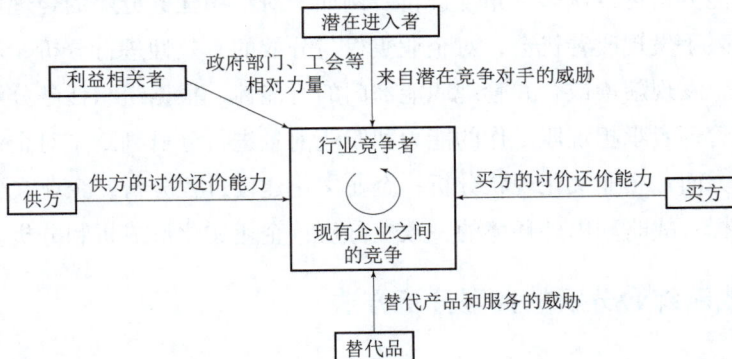

图 2-2 波特的五力模型

其中，所谓潜在进入者，是指产业外随时可能进入某行业的成为竞争者的企业。现有企业之间的竞争是指产业内各个企业之间的竞争关系和程度。替代品是指那些与本企业产品具有相同功能或类似功能的产品。供方是指企业从事生产经营活动所需要的各种资源、配件等的供应单位。作为买方（顾客、用户），必然希望所购产品物美价廉、服务周到。

（三）竞争对手分析

一旦确定了竞争对手，那么从战略制定来讲，需要对竞争对手作以下四个方面的分析：竞争对手的各期目标和战略；经营状况和财务状况；技术经济实力；领导者和管理者背景。

二、企业内部环境分析

（一）企业内部环境分析——企业资源分析

企业内部环境分析的内容主要是企业资源分析及企业能力分析。企业资源是指企业可以全部或部分利用的、能为企业创造价值的一切要素的集合。企业资源主要包括管理者和管理组织资源、企业员工资源、市场和营销资源、财务资源、生产资源、设备和设施资源、组织资源和企业形象资源，企业资源分析即是对上述内容的分析。

（二）企业内部环境分析——企业能力分析

企业能力是指企业对各种资源进行有效的整合以发挥最大潜在价值的技能。企业的竞争优势源于企业的核心竞争力，核心竞争力又源于企业能力，而企业能力源于企业资源。在识别、判定一个企业的核心竞争力之前，首先要弄清楚一个企业的能力状况。要分析、判断一个企业的经营能力，首先必须分析企业的财务状况，因为企业的财务报表和资料记录了企业经营的整个过程和绩效水平。

其次分析企业营销能力，营销能力分析通常从以下几个方面来进行：市场环境分析、产品竞争能力分析、销售活动能力分析、新产品开发能力分析、市场决策能力分析。此外，还要对企业的生产管理能力从生产过程、生产能力、库存、劳动力、质量这五个方面展开分析。

进行组织效能分析可以从多个角度进行。例如，对组织任务分解的合理性作出判断，从分析岗位责任制入手发现改善机会，对企业集权与分权的有效性进行分析，从分析管理层次和管理幅度入手，发现新增或合并管理职能部门的可能性，根据组织任务分解、职位标准等对企业所有现职管理者承担现职工作的能力和职业前景进行分析判断。对企业文化进行分析应注意把握以下方面：企业文化现状分析；企业文化建设过程分析；企业文化特色分析；企业文化与战略目标、战略和内外环境的一致性分析；企业文化形成机制分析。

三、企业战略综合分析的典型分析方法

（一）SWOT 分析法基本原理

SWOT 分析法是指根据企业拥有的资源和能力，分析企业内部优势与劣势，以及企业外

部环境的机会与威胁，进而选择适当的战略。其中，S 表示优势，W 表示劣势，O 表示机会，T 表示威胁。运用 SWOT 分析法，可以对研究对象所处的情景进行全面、系统、准确的研究，从而根据研究结果制定相应的发展战略及对策等。

（二）SWOT 分析法典型案例

以一家知名企业为例来学习 SWOT 分析法的具体应用。

星巴克是全球最大的咖啡连锁企业，以其独特的经营模式和品牌核心价值在同行业中获得了巨大的成功。由于市场在竞争中是不断变化的，在激烈的竞争中星巴克需要明确自身最强大的优势是什么、如何克服自身弱点、如何利用机会，以及如何消除来自外部的威胁，从而选择合适的战略，使得企业在未来继续保持市场领先地位。

借助 SWOT 分析法，星巴克识别出的企业优势主要有超强的盈利能力、声誉良好的产品和服务等；劣势主要有市场过于单一、风险集中等；机会主要有新的合作伙伴、特色产品和服务、全球业务扩大化战略的推广等；威胁主要有市场的不确定性、产品成本上升等。通过对星巴克的 SWOT 分析，表明该品牌有能力承受竞争并克服最棘手的障碍，相信公司令人印象深刻的管理和持续增长的能力能够掩盖自身弱点、消除威胁，使企业立于不败之地。

测一测

星巴克是怎样运用 SWOT 分析法的？

【教学视频】

企业战略目标

学习单元三　企业战略管理制定及选择

【学习目标】

1. 掌握公司层战略的类型及适用条件、经营层战略的类型及适用条件。
2. 了解不同生命周期企业竞争战略的选择。

【学情分析】

1. 学生分析案例时不够细心。
2. 学生在讨论过程中团队意识薄弱。

3. 学生对企业战略管理制度及选择认识不够。

【单元导入】

星巴克是美国一家连锁咖啡公司，1971 年成立，为全球最大的咖啡连锁店，其总部坐落于美国华盛顿州西雅图市，是世界领先的 TITLE 特种咖啡的零售商烘焙者和星巴克品牌拥有者。星巴克旗下，零售商品包括三十多款全球顶级的咖啡豆、手工制作的浓缩咖啡和多款咖啡冷热饮料、新鲜美味的各式糕点食品，以及丰富多样的咖啡机、咖啡杯等商品。1992 年 6 月，星巴克作为第一家专业咖啡公司成功上市，迅速推动了公司业务增长和品牌发展。当前公司已在 37 个国家拥有 12 000 多家咖啡店，拥有员工超过 117 000 人。

问一问：

谈一谈你对星巴克的了解。

【应知应会】

一、公司层战略

公司层战略即企业总体的、最高层次的战略，是公司最高层指导企业在今后一定时期总体发展的战略行动纲领，是制定企业各个经营领域战略和各职能战略的依据。公司层战略分为增长型战略、稳定型战略和紧缩型战略。

二、并购

并购是指两家或更多的独立企业、公司合并组成一家企业，通常由一家占优势的公司吸收一家或多家公司。

（一）并购的类型

根据并购的不同功能及涉及的产业组织特征，可以将并购分为横向并购、纵向并购和混合并购三种基本类型（图 2 - 3）。

图 2 - 3　并购的三种形式

（1）横向并购。横向并购是指两个或两个以上生产和销售相同或相似产品公司之间的并购行为。如两家航空公司的并购、两家石油公司的结合等。近年来，由于全球性的行业重组浪潮，行业横向并购的发展十分迅速。

（2）纵向并购。纵向并购是发生在同一产业的上下游之间的并购。纵向并购的企业之间不是直接的竞争关系，而是供应商和需求商之间的关系。

（3）混合并购。简单来说，若并购企业与被并购企业分别处于不同的产业部门、不同的市场，且这些产业部门的产品没有密切的替代关系，并购双方企业也没有显著的投入产出关系，那么称这种并购为混合并购。

（二）并购的阶段

企业是如何并购的呢？一般来说，企业并购都要经过前期准备阶段、方案设计阶段、谈判签约阶段和接管与整合阶段。

（1）前期准备阶段。企业根据发展战略的要求制定并购策略，初步勾画出拟并购的目标企业的轮廓，如所属行业、资产规模、生产能力、技术水平、市场占有率等，据此进行目标企业的市场搜寻，捕捉并购对象，并对可供选择的目标企业进行初步比较。

（2）方案设计阶段。企业根据评价结果、限定条件（如最高支付成本、支付方式等）及目标企业意图，对各种资料进行深入分析，统筹考虑，设计出若干种并购方案。

（3）谈判签约阶段。企业通过分析、甄选、修改并购方案，最后确定具体可行的并购方案。并购方案确定后以此为核心内容制成收购建议书或意向书，作为与对方谈判的基础；若并购方案设计将买卖双方利益拉得很近，则双方可能进入谈判签约阶段；反之，若并购方案设计远离对方要求，则会被拒绝，并购活动又重新回到起点。

（4）接管与整合阶段。双方签约后，进行接管并在业务、人员、技术等方面对目标企业进行整合。并购后的整合是并购程序的最后环节，也是决定并购是否成功的重要环节。

三、集权与分权

分权是在多层次、多机构的决策系统中权力合理分派的规定和制度。按照一定规则把权力分派给不同机关，上级核心机关只对关于全局的重大问题作出决策，下级机关和一般机关在自己的管辖范围内，有权自主地决定问题，上级核心机关不加干涉。

（一）集权与分权的管理

企业如何对分权进行管理呢？我们知道，组织的权力不是集中在某个成员手中，而是分散在组织内部。当分权程度比较低的时候，组织仍然保持从上至下的"金字塔形"权力分配，只是没有集中到最高领导一个点上，中层经理也有一定的决定权；当分权程度比较高的时候，组织中的个体更加自由，在"扁平组织"中，几乎每个成员都有一定的决定权。在分权管理条件下，企业把生产经营决策权在不同层次的管理人员之间进行适当的划分，并将决策权随同相应的经济责任下放给不同层次的管理人员，使其能对日常的经营活动及时作出有效的决策，以迅速适应市场变化的需求（图2-4）。

集权和分权

保持的职权量   授权量

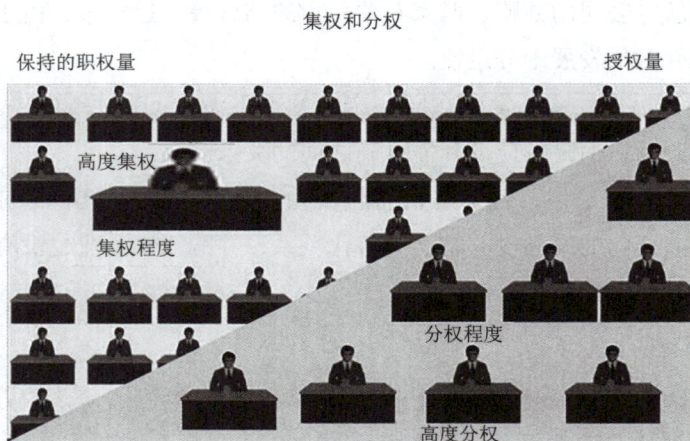

高度集权

集权程度

分权程度

高度分权

图2-4   集权与分权的管理

（二）分权的演化

图2-5阐明了组织从集权向分权转变时权力分配的变化。当组织稍微开始分权的时候，决策者由一个个体转变为一个小组，组织的决策由这个小组成员共同作出。中层经理也有各自范围内的决定权，但基层员工仍然没有决定权，只有执行的义务。

华为的直线式管理结构

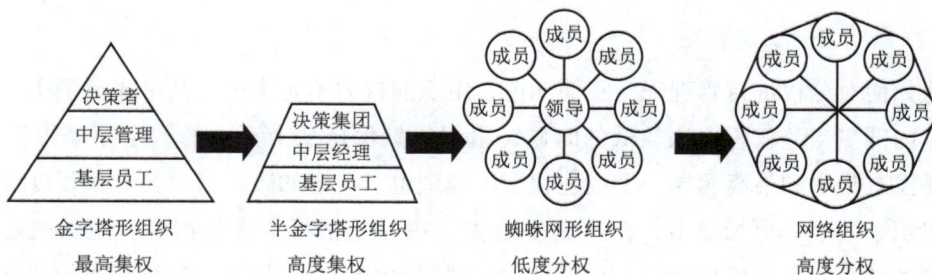

图2-5   直线式管理结构

更加分权的组织类似于蜘蛛网，发布命令的个体或小组居于网的中心，与组织的其他成员保持联系，成员与成员之间虽然也可以相互联系，但由于领导掌握最大的权力，与领导的联系沟通成为最受重视的沟通。

高度分权的组织是网络组织，这种组织以互联网为代表，本身是没有中心的，所有的成员地位平等，相互之间的联系非常广泛且没有限制，每个成员按照自己的判断进行决策。由此，我们可以得出结论——从组织的演化过程来看，人类组织有从集权向分权进化的趋势（图2-6）。

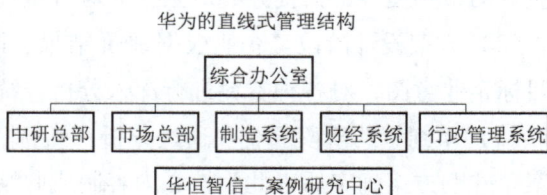

金字塔形组织	半金字塔形组织	蜘蛛网形组织	网络组织
最高集权	高度集权	低度分权	高度分权

图2-6   分权的演变

（三）分权的影响因素

集权与分权程度是随条件变化而变化的。在组织管理中，集权和分权是相对的，绝对的集权或绝对的分权都是不可能的。对一个组织来说，其集权或分权的程度，应综合考虑各种因素，如决策的代价、政策的一致性、组织的规模、管理人员的数量与素质等多种因素。

（四）不同生命周期的企业战略选择

1. 新兴产业的竞争战略

新兴产业是企业从无到有的初始阶段，这个阶段的企业通常是由创业者个人创立，经营方式简单，管理模式尚未完善。由于缺乏经验和资源，创业企业面临着资金、人才招聘、市场渗透等方面的问题。

2. 成熟产业的竞争战略

成熟产业发展到市场占有率达到稳定的阶段。企业在这个阶段需要维持现有市场份额和盈利水平，同时不断优化运营和管理，提高生产效率。

3. 衰退产业的竞争战略

衰退产业发展到开始下滑的阶段，常见的原因包括市场环境的变化、竞争压力的增加、管理机制不合理等，企业需要寻找新的增长点或者考虑退出市场。

【教学视频】

企业战略管理制定及选择

学习单元四　企业战略管理实施与控制

【学习目标】

1. 掌握战略实施的任务内容。
2. 掌握战略控制的过程和基本方法及多元化战略的实施。
3. 了解战略实施的模式及原则、企业战略与资源配置。
4. 理解战略控制的基本概念和特征。

【学情分析】

1. 学生分析案例时不够细心。

2. 学生在讨论过程中团队意识薄弱。

3. 学生对企业战略管理实施与控制认识不够。

【单元导入】

　　腾讯公司作为国内最大的互联网公司之一，2017年其市值已突破5 000亿美元。在游戏和微信的基础上，腾讯公司不断拓展其服务领域，提供了搜索引擎、电子支付、电子书、音乐等服务，并开拓了理财、保险等金融服务。过去十年，腾讯公司不断进行海外投资，先后入股了电动汽车制造商特斯拉、南非报业（Naspers）等多家公司。作为一家高科技公司，腾讯公司于2016年成立了腾讯人工智能实验室（AI Lab），专注于人工智能领域的研究，其研发的围棋机器人"绝艺"首次参加东京计算机围棋比赛就一举夺冠。

　　问一问：

　　1. 指出企业多元化的形式和进入途径，并分析腾讯的多元化举措。

　　2. 简述技术创新的实现途径，据此分析腾讯的技术创新活动及其在技术开发方面的优势。

【应知应会】

一、企业战略实施的任务

　　联想集团创始人、著名企业家柳传志说过："任何一个优秀的战略都不是一蹴而就地凭空臆断，都需要企业领导者以执行的踏实形态，对企业所处的宏观经济环境与行业发展特点进行透彻的分析研究，在这个基础上结合企业自身的资源来确定切实可行的战略规划。"战略实施是战略管理过程的第三阶段活动。企业战略实施一共包含以下七个主要任务。

　　（1）建立一个高效率的与战略相适应的组织结构。

　　（2）合理预算和规划资源，保证企业价值活动各个环节有充足的资源投入。

　　（3）建立适应战略实施的各种政策和程序。

　　（4）建立企业有效的信息交流、处理系统，使各级管理人员能恰当地承担战略实施中的角色。

　　（5）建立符合战略目标和促进战略实施的绩效管理制度和薪酬体系。

　　（6）创造一种有利于战略推进的企业文化氛围。

　　（7）发挥领导作用，努力提高战略实施水平。

二、企业战略与资源配置

　　企业战略资源是指企业用于战略行动及其计划推行的人力、物力、财力等资源的总和。

（一）企业战略与资源的关系

1. 资源对战略的保证作用

战略与资源相适应的最基本关系，是指企业在战略实施过程中，应当有必要的资源保证。

2. 战略促使资源的有效利用

即使企业具有充足的资源，也不是说企业就可以为所欲为。过度滥用企业资源，会使企业丧失既得利益，也会使企业丧失赢得更多利益的机会。

3. 战略可促使资源的有效储备

资源是变化的，因此在企业实施战略过程中，通过现有资源的良好组合，可以在变化中创造出新资源，从而为企业储备资源。

（二）企业战略资源配置的主要原则

1. 抓住产业成功的关键要素

企业中的优良资源应首先满足产业关键的成功要素和需要完成的关键任务。

2. 把握任务时序上的缓急

企业在分配资源时，要明确各项战略任务的优先次序，按任务时序配置资源。

3. 保留适当的战略资源冗余

为了确保目标完成，或提高可靠性，企业需要有一定量的资源冗余。

4. 战略导向的资源配置

战略资源配置既要立足于当前，更要着眼于未来战略导向。

三、多元化战略的实施

（一）多元化战略的实施——多元化方向的选择

如果企业决定实施多元化战略，那么它面临的第一个问题是多元化方向的决策问题。多元化方向的正确选择是企业多元化经营成功的关键，不同的多元化动机导致不同的选择。企业可以从以下三个方面着手。

1. 市场拓展型多元化的决策程序

当企业多元化经营的动机是原有业务不能满足企业战略发展的需要，则企业多元化方向选择时首先考虑的应是新业务的市场潜力，选择的范围是与企业的技术能力和生产特点相关的业务范围。

2. 风险规避型多元化的决策程序

企业在实施旨在降低经营风险的多元化战略时，应该既考虑新业务与原有业务市场的相关性，又考虑两者在经营运作上的相关性。

3. 能力共享型多元化的决策程序

只有在企业核心能力没有得到充分利用的情况下，实施多元化战略才能使企业与所处的市场环境有关。

（二）多元化战略的实施——业务差异与企业管理能力的整合

企业在实施多元化战略后，各种业务之间的差异会要求企业采用不同的管理模式。由于不同企业都有各自的企业文化和管理模式，相互融合以后，这种差异性导致的冲突是不可避免的，兼并企业应该在以下三个方面努力，以实现多元化并购后的整合。

（1）培养统一的、强有力的企业文化。

（2）建立集权与分权相结合的组织机构。

（3）实行内部市场化，形成业务之间的竞争机制。

四、企业战略控制

（一）战略控制

战略控制主要是指在企业经营战略的实施过程中，检查企业为达到目标所进行的各项活动的进展情况，评价实施企业战略后的企业绩效，把它与既定的战略目标与绩效标准相比较，发现战略差距，分析产生偏差的原因，纠正偏差，使企业战略的实施更好地与企业当前所处的内外环境、企业目标协调一致，使企业战略得以实现。

（二）战略控制基本步骤

战略控制作为一个调节过程可以分为以下五个步骤。

（1）确定目标。战略控制的一个重要目标就是使企业实际的效益尽量符合战略计划。

（2）确定评价标准。企业可以根据预期的目标或计划制定出应当实现的战略效益。在这之前，企业需要评价已定的计划，找出企业需要努力的方向，明确实现目标所需要完成的工作任务。

（3）衡量实际业绩。主要是判断和衡量实现企业效益的实际条件。管理人员需要收集和处理数据，进行具体的职能控制，并且监测环境变化时所产生的信号。此外，为了更好地衡量实际效益，企业还要制定出具体的衡量方法及衡量的范围，保证衡量的有效性。

（4）比较实际业绩与评价标准。用实际的效益与计划的效益相比较，确定两者之间的差距，并尽量分析出形成差距的原因。

（5）诊断与纠正。考虑采取纠正措施或实施权变计划。在生产经营活动中，一旦企业判断出外部环境的机会或威胁可能造成的结果，则必须采取相应的纠正或补救措施。当然，当企业的实际效益与标准效益出现了很大的差距时，也应及时采取纠正措施。

测一测

企业实施多元化战略，如何决策多元化方向？

【教学视频】

企业战略管理环境分析

【模块小结】

　　本模块主要学习了企业战略管理的内涵及过程、企业内外部环境战略分析及 SWOT 分析方法；企业战略实施任务、企业战略资源与配置、多元化战略实施、企业战略控制等相关内容。企业只有正确识别和评价内外部机会与威胁，才能制定明确的任务，设计实现长期战略目标所需的战略及相应的政策，并随着企业外部竞争环境的变化做适度的调整。

【课外阅读——"二十大时光"】

鞍钢集团：深入学习贯彻党的二十大精神 加快建设世界一流企业

【思考与练习】

一、案例分析

　　星巴克的四条经典选址原则：一是能够强化品牌形象，开店位置坚持选在能符合精品形象的地段；二是测量目标客户的人流量，开在一目了然并能直接引起消费者注意的地方；三是选址调查，在人流量数据的基础上预测入店率，从人流量中吸引多少人进店消费才能经营好，然后计算营业额相关的投资额；四是找好邻居，书店、服饰店、办公楼、机场、饭店及大学都是典型的好邻居。

　　星巴克选店流程分为以下三个阶段。

　　第一阶段：当地的星巴克公司根据各地区的特色选择店铺，这些选择主要来自三个方面。第一，公司自己的搜索。第二，中介介绍。第三，各大房产公司在建商楼的同时也会考虑主动引进星巴克来营造环境。在昆明，这三种选择方式的比例大概为 1∶1∶2。

　　第二阶段：总部审核。一般来讲，星巴克的中国公司将店面资料送至亚太区总部，由他们协助评估。星巴克全球公司会提供一些标准化的数据和表格来作为衡量店面的主要标准，而这些标准化数据往往是从各地选店数据中分析而来。

影响星巴克选址的因素包括如下几点。一是关于所在地区的消费水平。星巴克锁定的是那些都市时尚的消费者人群及办公楼白领区。星巴克首次登入中国，也把目标锁定在北京、上海这两个城市。二是顾客流量。星巴克选址首先考虑的是汇集人气、聚集人流的地方，如商场、办公楼、高档住宅区。三是交通便利的地点。无论是商场还是办公楼，星巴克总是出现在最醒目的位置。

星巴克的选址实施过程：选址概要、选址前景分析、选址调研阶段、确定选址阶段、运用选址理论对选址地址进行分析，得出最优方案。

问题：如何确定企业选址的最优方案？

二、模块测试

（一）单选题

1. 战略管理是企业（　　）管理理论。

　　A. 市场营销　　　　　　B. 职能管理　　　　　C. 最高层次　　　　　D. 经营管理

2. （　　）是企业总体的、最高层次的战略。

　　A. 公司层战略　　　　　B. 职能层战略　　　　C. 市场层战略　　　　D. 经营层战略

3. 当买方资产专用性高，而卖方资产专用性低时，买方企业选择的战略是（　　）。

　　A. 长期合同协议　　　　B. 市场购买　　　　　C. 一体化　　　　　　D. 参股

4. 对企业外部环境和内部条件进行分析，从而找出二者最佳可行战略组合的一种分析工具是（　　）。

　　A. SWOT 分析法　　　　　　　　　　　　B. 政策指导矩阵

　　C. 波特五力模型分析　　　　　　　　　　D. 波士顿矩阵分析

5. 关于管理幅度和管理层次，下述说法中明显不正确的是（　　）。

　　A. 管理层次一般与组织规模成正比

　　B. 在组织规模一定的条件下，管理层次与管理幅度成反比

　　C. 组织成员越多，管理层次一般也就越多

　　D. 主管所能直接控制的下属越多，管理层次一般就越多

6. 对于规模较小、任务单一且人员较少的组织，一般适宜采用（　　）。

　　A. 职能制的组织结构形式　　　　　　　　B. 直线制的组织结构形式

　　C. 事业部制的组织结构形式　　　　　　　D. 矩阵式的组织结构形式

7. 组织设计中最为重要的基础工作是（　　）。

　　A. 部门划分　　　　　　　　　　　　　　B. 职务设计与分析

　　C. 人员的激励　　　　　　　　　　　　　D. 组织目标的分解

8. 环境中的法律政策因素表现在（　　）。

A. 社会中不同种族群体的政治取向

B. 社会中不同政治团体的技术价值观

C. 公司和其他组织与政府之间相互影响的结果

D. 对企业和其他组织对政府的态度的研究

9. 新竞争者进入的威胁主要受到（　　　）的影响。

A. 进入壁垒，预期的市场先入者的报复

B. 供应商和购买者的讨价还价能力

C. 行业的盈利率，行业中领导企业的市场份额

D. 产品需求，竞争者的盈利率

10. 战略管理的目的是（　　　）。

A. 加强内部管理　　　　　　　　B. 拓展市场空间

C. 提高企业的环境适应能力　　　D. 保证计划的落实

（二）多选题

1. 战略管理过程包括（　　　）。

A. 战略分析　　　　B. 战略演变　　　　C. 战略制定　　　　D. 战略实施

2. 多样化的战略利益有（　　　）。

A. 实现范围经济　　B. 分散经营风险　　C. 增强竞争力　　　D. 产生协同效应

3. 常见的组织结构类型为（　　　）。

A. 直线制　　　　　B. 职能型　　　　　C. 事业部制　　　　D. 矩阵制

4. 当代企业组织结构变化的基本趋势有（　　　）。

A. 外形的扁平化　　B. 运作的柔性化　　C. 重心的两极化　　D. 形态的虚拟化

5. 竞争对手分析包括（　　　）。

A. 竞争者的目标　　　　　　　　B. 竞争者的能力

C. 竞争者的想法　　　　　　　　D. 竞争者的替代品

（三）判断题

1. 企业的竞争优势源于企业的核心竞争力。　　　　　　　　　　　　（　　　）

2. 企业目标是企业战略制定的出发点、依据和限制条件。　　　　　　（　　　）

3. 消费品行业适合采用稳定型战略。　　　　　　　　　　　　　　　（　　　）

4. 职能层战略主要涉及具体作业性取向和可操作性的问题，涉及决策问题的时间跨度比较短。　　　　　　　　　　　　　　　　　　　　　　　　　　　（　　　）

5. 组织设计主要包括机构设计和结构设计。　　　　　　　　　　　　（　　　）

（四）简答题

1. 简述国际市场进入策略的概念。

2. 简述设施选址的重要性。

企业组织管理

业精于勤，荒于嬉；行成于思，毁于随。

——韩愈

【能力目标】

通过本模块的学习，学生应能够对企业组织理论、组织结构、组织设计、组织运行和组织变革有一定的认识；能够利用企业组织相关理论知识来分析企业的组织结构演变。

【素质目标】

能够对企业组织管理有较为清楚的认识，理解组织管理对企业发展的重要性；能够为企业发展作出合理的组织规划，培养学生具备正确的世界观和价值观。

【知识结构】

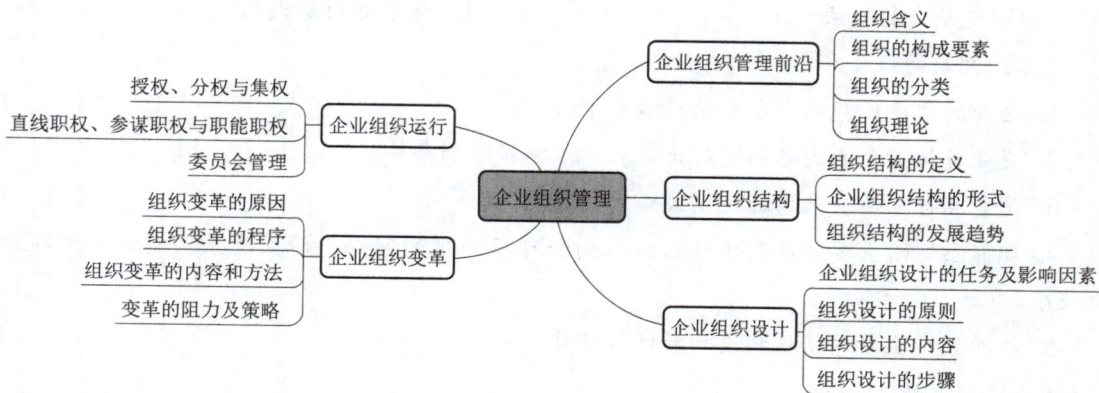

学习单元一　企业组织管理前沿

【学习目标】

1. 掌握企业组织概述与组织构成要素。
2. 熟悉企业组织分类。
3. 了解组织理论的三个阶段。

【学情分析】

1. 学生分析案例时不够细心。
2. 学生在讨论过程中团队意识薄弱。
3. 学生对企业组织认识不够。

【单元导入】

小赵的苦恼

　　小赵是一家电器销售分销公司的中层领导，后来他承包了公司的一家分销处——居乐多公司。在起初的几年，新公司主要采取原公司的管理模式与管理方法。

　　起初，新公司规模较小，一切都运转顺利。随着新公司规模的不断扩大，销售量增加，小赵先并购了一家电器电子公司，不久又兼并了一家电器维修公司。规模的扩张导致小赵的工作量增加了不少，同时他也花费了大量的时间和精力管理公司。但新公司的运行依旧是按照以前的方法管理，组织结构也未曾变化，结果有些事务不能得到及时的解决，有些已通过的决议也没有得到执行，一些重要的项目也被推迟。小赵意识到，应该在短时间内重新组建公司团队，建立精简高效的组织结构。关于组织的一些概念小赵也听说过，可是，真正实行起来却很难，弄得小赵很苦恼。

　　问一问：

　　应该如何设置部门？什么是管理幅度与层次？应该选择什么样的组织形式？

【应知应会】

一、组织的含义

　　人类社会的各种活动大多是以组织为载体进行的，组织是现实世界中普遍存在的现象。组织就是人们为实现一个共同的目标，相互协作而集合在一起工作，彼此共同分担权利和义务。组织的含义分为静态和动态两个方面。

（一）静态上组织是一个实体

组织是按照一定的目的、任务，对管理要素和环节进行配置与协调的有机载体。也可以说组织是由两个或多个人在相互作用、相互影响的情况下，为达成共同目标而组合起来的群体。如企业、学校、医院等都是一个组织。静态组织包含以下三种共同特征。

（1）组织具有明确的目的。目的反映组织所希望达到的状态。每一个组织都具有明确的目的，它通常是以一个目标或一组目标来表达的。

（2）组织由两名以上人员组成。组织是借助人员来共同完成某项工作，独自一个人的工作并不能够构成一个组织。因此，至少两名以上的人员组成才能称为组织。

（3）组织具有精细的结构。任何组织都具有一定的组织结构，其目的是帮助组织中的人员从事他们相应的工作。为使组织成员的工作关系是明确的，任何类型的组织结构都具有精细特征。

（二）动态上组织是一系列工作

组织通过对管理要素、管理环节进行配置及协调，并按照一定的管理目标和相应的任务要求，开展活动。也可以说组织在共同目标的要求下，建立组织结构，确定个人职位，明确人员职责，利用交流信息，协调关系，获得最大效率的组合工作来实现共同目标。

测一测

简述静态组织的共同特征。

二、组织的构成要素

组织作为一个具有活力性和能动性的有机整体，它是由有形要素和无形要素两种基本要素构成的。

（一）组织构成的有形要素

（1）人员。组织是为了满足人的需要而成立和发展的，它是靠人来推动的，没有了人的参与，就算不上组织。人员是组织构成的核心要素。

（2）职务。在组织中，人员从事一定的工作，同时承担一定的责任与义务。从事工作的人员明确自己工作的内容和义务是实现组织目标所必需的。如果需要的工作没人做或人浮于事，就会大大地降低组织效率。

（3）职位。在执行同一种工作或业务时，当由一个人不能完成时，需要设置多个从事相同工作或业务的岗位共同完成，即职位。

（4）关系。在组织中担任不同职务、职位的人员之间存在必然的联系，我们称之为相互关系。这种相互关系主要是责权利关系。当一个组织的规模扩大，人员之间的责权利关系将复杂化，这时需要通过划分多个部门、建立相关制度，以此来规范人员的行为，处理相互之间的关系。

（5）资金和物质条件。为使组织工作人员顺利完成工作任务，应保障一定的资金和物质基础，如具有必要的工作场所、使用工具、各种资料、灯光、机器设备、资金等。

（二）组织构成的无形要素

（1）目标统一。目标统一是一个组织最根本的要素。作为组织必须有一个统一的目标，统一指挥、统一意志、统一行动。这个统一的目标不但要被所有的组织成员所了解，还要被所有的成员所认可。

（2）合作意愿。合作意愿是指组织中的成员愿意为共同的目标作出贡献的意愿。没有合作的意志，就不可能团结所有的成员，也不可能让每个人的努力保持一致，而共同的目标再好，也不过是纸上谈兵。成员合作意愿的强弱，很大程度上是由组织成员在合作中所作出的贡献和所获得的报酬进行比较决定的，如果他们的贡献被回报，那么他们会积极地继续作出贡献；反之，他们就会变得消极，甚至会丧失合作的意志，造成组织的不平衡。

（3）信息交流。信息交流是企业生存与发展的一个关键要素。只有在信息交流中，企业的共同目标和个体的合作意愿才能发挥作用。信息交流是一个企业内部人员理解共同目标，相互交流和合作的必要条件。一个有目标的组织，如果缺乏交流，就难以为达到共同的组织目标团结和协调各组织成员，从而采取合理化的行为。所以，在一个组织中，信息交流是所有行为的基石。

测一测

简述组织的构成要素。

三、组织的分类

组织形态多种多样，其作用与特征也有所不同。为了更好地理解企业组织及发展，必须对其进行科学的归类。但是，对于各种组织形式的划分，有多种方法，在现实生活中，对于各种形式的社会组织，我们可以从多种角度进行归类。

（一）按照组织的特性划分

根据组织的特性，可以将组织划分为经济组织、政治组织、文化组织、群众组织和宗教组织。

（二）按照组织的规模划分

根据组织规模的大小，可以将组织划分为小型组织、中型组织和大型组织三类。例如，同样是企业组织，可以分为小型企业、中型企业、大型企业。

（三）按照组织的范围划分

当今经济全球化的发展，导致许多组织的规模都受到了影响，研究者的视野进一步拓宽，将全球化时代的组织划分为国内组织、国际组织、跨国组织和全球组织。

（四）按照组织的目标与受益关系划分

根据组织目标和受益关系，可将组织分为营利组织和非营利组织。营利组织是指以出售商品或服务为组织的拥有者创造利益为前提的企业组织，如阿里巴巴电子商务公司、美的公司等；非营利组织是指不以营利为目的的组织，如环保局、大学等。

（五）按照组织的形成方式划分

根据组织的形成方式，可将组织分为正式组织和非正式组织。

（1）正式组织。马克斯·韦伯认为正式组织是按照科层制建立起来的。科层制是指将组织的不同职能分成若干个部门，然后按照职权等级形成上级与下级的关系。也就是说，当一个社会组织内部存在正式的任务分工、人员分工和规章制度，可以称之为正式组织，如政府机关、军队、学校、工商企业等。马克斯·韦伯认为这样的组织体系是理性的、高效的，具有较好的精确性、稳定性、纪律性和可信度。

（2）非正式组织。非正式组织是指人们因为生活的接触、感情的交流、兴趣爱好相似、利益相容，没有正式的文件规定、是人们自发产生的互动行为和意识，从而构成的人际关系。非正式组织既可以是一个单独的组织，如高校学生社团、文体活动组织、登山爱好者等，也可以是在正式组织中没有名字但实际存在的团体。

非正式组织具有以下几个方面的优势：一是有利于增强组织间的信息交流；二是可以提高工作的满意度；三是可以巩固组织内部团结，降低员工离职率；四是能够营造一个良好的社会舆论氛围，鼓舞人心；五是能够帮助员工及时处理问题，提高员工在组织中的安全感。在非正式组织与正式组织的宗旨、利益、目标相同的情况下，它就会作为正式组织的辅助力量而发挥正面的影响。

但是，在非正式组织在组织目标、利益等方面与正式组织发生矛盾时，就会形成"异己"势力，从而妨碍正式组织的正常运作，也将对组织目标的达成产生负面影响。主要体现为：一是对领导有抵触心理；二是工作效率降低；三是抗拒改变；四是散布流言。

在组织管理中，管理者应该充分发挥非正式组织的优势，利用非正式组织的积极因素，使其为实现组织总体目标而服务。

测一测

简述非正式组织的优缺点。

四、组织理论

组织理论大致经历了传统组织理论、行为组织理论、现代组织理论三大发展阶段。

（一）传统组织理论

在19世纪末至20世纪初形成了传统组织理论，该理论重点强调分工原则、专业化原则、统一指挥原则、控制幅度原则。它的主要代表人物有泰勒、韦伯、法约尔、古利克等。

该理论更注重工作效率，围绕工作需求以完成工作任务为最终目标，通过上级对下级的领导维护成员之间的互动。其缺陷是没有充分顾及人们的心理需求，把人视为"机器人"，忽视了外部环境、竞争、市场等因素，将企业视为一个封闭的体系。

（二）行为组织理论

在 20 世纪 30 年代至 60 年代形成了行为组织理论，它强调以人为中心，注重人与人之间的关系及信息的交流。代表人物有梅奥、麦格雷戈。行为组织理论认为：人应发挥其主导作用；考虑到人本身的性格、喜好、需求等因素，安排岗位；重视与发挥非正式组织的作用；上下层关系融洽，用信息沟通取代指挥和监督。

行为组织理论虽然关注人的因素，强调发挥人的作用，但它也有缺陷，它过度强调人际关系的和谐，满足人的社会心理需求，满足人们工作的丰富化、扩大化的需要，因而降低了专业优势的发挥，并在一定程度上影响了工作的效率。

（三）现代组织理论

在 20 世纪 60 年代现代组织理论逐步发展起来，现代组织理论是在传统组织理论、行为组织理论的基础上发展起来的系统权变性组织理论，比它们更加全面和系统。它的代表人物是巴纳德、西蒙和明茨伯格等。

现代组织理论强调以下几个方面：一是领导者最重要的角色是在组织中建立和管理具有相同价值观的员工，并着重于个体创新和企业战略；二是人们要有意义地生活，同时也要有节制；三是将企业中的工作者作为分析对象，而并非组织的表面结构；四是将决策作为主要认识对象，而非操作；五是领导者应建立在与被领导者互相影响的基础上，而非权力；六是重视信息沟通。

测一测

请结合案例说一说所举案例中运用的理论知识有哪些。

【教学视频】

企业组织管理前沿

学习单元二 企业组织结构

【学习目标】

1. 熟悉企业组织结构的定义。

2. 掌握企业组织结构的形式。

3. 了解企业组织结构的发展趋势。

【学情分析】

1. 学生团队精神薄弱，缺乏积极讨论意识。

2. 学生分析案例不够细心。

3. 学生在进行案例分析时没有头绪。

【单元导入】

于某的一日工作

于某是一家生产化妆品公司的经理，她每天来到公司都会把今天要处理的各种事务列入当日的工作列表中。该列表详细地记录着上级派给她要处理的任务，以及她在检查中发现的问题或职工所反映的情况。

今天，于某依然像往日一样来到办公室，列出了她今日要处理的要事。她首先查看了各部门的监督员上交的报告，报告上记录着前一天工作的进程及出现的问题。看完报告后，于某与公司的几位主要下属职员开了个早会，讨论报告中所出现的问题及对策。白天，于某除了出席一些会议，还需要接见一些产品的供应商、潜在的客户或销售代表等，有时还要接见国家管理部门人员或上级总部派来的考察人员。每当在考察过程中发现需要改进的问题时，于某都将它们及时地记录在工作列表中。

于某觉得对于一个企业的发展要有一个长期的计划方案，而自己目前的状态根本没有时间去思考公司的长期计划方案，因为她每天都在处理各种危机事务，她感到很焦虑，不知道如何以一种轻松的方式去工作。

问一问：

1. 从管理职能的角度，可以对于某的工作做什么样的分析？

2. 你认为什么样的组织结构最适合于某所在的企业呢？

【应知应会】

一、组织结构的定义

组织结构是组织中各个要素之间相互影响的方式或形式。组织结构代表组织各部分的排列顺序、空间位置、聚集状态、联系方式和相互关系。企业的组织结构是企业生存与发展的基础，而企业的组织功能就是建立、维护和不断完善组织的过程。

组织结构的复杂性、规范性、集权和分权是组织结构的三大要素。

组织结构的复杂性是指组织内各个要素的不同，如组织内的专业分工、横向和纵向管理的范围和管理的数量、人员和部门的地域分布。一个组织中的劳动分工越精细、垂直层级越多、地域越大，就越难以协调人员与其活动。

组织结构的规范性是指在组织中的行为规范，包含组织中的行为准则、规则、程序和标准等。当组织采用了多规则、高标准时，它的组织结构也更规范。

组织结构的集权与分权是指企业组织内部的决策权力分配状况。集权是指企业的决策权主要集中于企业的最高层，而分权是指企业内部的决策权分布在组织结构的各管理层上。

这三个要素构成了组织的外部形态，也就是组织结构的形式。

测一测

简述组织结构的核心内容。

二、企业组织结构的形式

企业组织结构采用的形式及状态直接关系到企业职能和经营目标能否达成。因此，根据公司的实际情况来确定合适的组织结构是非常有必要的。企业的组织结构有很多种，每种组织结构都有自己的优势和不足，并具有特定的应用领域。

（一）直线型组织结构

直线型组织结构（图3-1）也称简单结构或军队组织形式，它是最早、最简单的一种组织结构。它具有由上至下的、由高层到底层的纵向领导，没有任何职能部门的特征。公司的领导和管理的职责是由公司的行政主管自己来完成的，而下属仅服从自己上级的命令，上级与下级之间是命令与服从的关系。组织中的每一个部门管理者负责直接的领导与管理，没有专属的职能机构。以生产制造业为代表，该组织结构以厂长为首，管理几个车间主任，由车间主任管理下属的班组长，班组长则直接指挥整个班组的生产工人；厂长、车间主任和班组长都对所有的职能进行直接的管理工作。

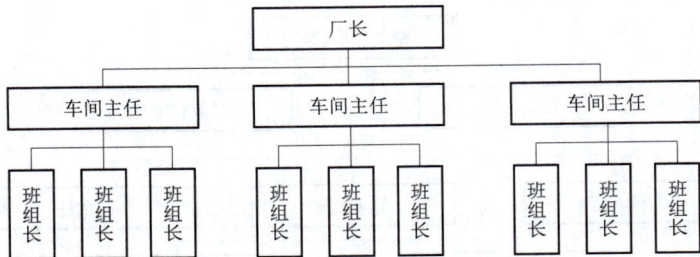

图3-1　直线型组织结构

该组织机构有优点也有不足，其优点是结构简单、易于统一管理；职责与权力相对清晰，上下级之间的关系明确；管理人员较少、管理费用较低，组织结构较为灵活。它的不足之处：缺乏作为领导助理的职能部门，对企业的管理者要求较高，需要具备高素质、精通多种业务、属于"全能式"的管理人员，对于现代较大型的公司较难做到。如果公司的规模较大，高层管理者指挥领导过于宽泛，很可能导致决策错误；而过度的集权也会导致权力的滥用。因此，直线型组织结构仅适用于规模不大、生产技术简单、产品单一的小规模生产企业或用于生产现场作业的管理。

【教学动画】

企业直线型组织结构

（二）职能型组织结构

职能型组织结构（图3-2）也称U形组织结构，它是在直线型组织结构的基础上，按照职能对组织各部门实行分工管理。它的具体设计思路为在企业内部成立职能部门，通过对管理者进行专业化的分工，在各自的职能部门开展相应的业务工作。各职能部门在各自的工作领域内，有向下属发布指令和管理下属的权力，各层管理者既要听从上级领导的管理，也要听从上级职能部门对专业领域的意见。依然以生产制造业为例，要在直线型组织结构的基础上，在厂长与车间主任之间设置一个职能部门，并在车间主任和班组长之间设置一个职能班组。

职能型组织结构的优势包括：满足现代企业管理工作中专业化分工的需求；能够有效地弥补各级领导干部在管理上的欠缺。它的不足包括：由于实行了多级领导，不能统一指挥企业的生产和运营，导致了管理上的混乱；各职能部门常常从自己的工作角度出发，彼此之间不能很好地合作；企业为了实现功能目的，忽略了整体的利益；不利于对直线领导与各职能部门之间的职责与职权进行清晰的界定。因此，该组织结构更适合具有较大规模、工作较复杂、管理分工较精细、具有较高整体均衡能力的企业。

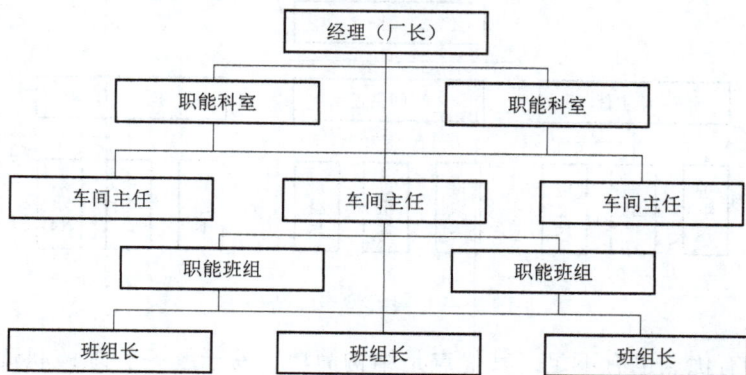

图3-2 职能型组织结构

（三）直线职能制组织结构

直线职能制组织结构（图3-3）也称U-形组织结构，它是融合了直线型组织结构与职能型组织结构的特点而形成的，是现代工业中较为常见的一种组织结构，特别是在大中型企业中比较常见。它的具体设计思路为：在直线制基础上，将从事专业管理的各职能部门设置在各级行政主管之下，帮助行政主管从事专业管理，成为参谋者。职能部门所做的工作计划、工作方案、相关的指令，要由各级主管批准后下达，职能部门只是起到辅助指导的作用，并没有权力直接下达命令。比如，人力资源部经理只能向生产部提出招聘新雇员的意见，而无权强制要求生产部经理采纳其意见。

直线职能制组织结构的优点包括：分工具体、任务清晰、相对比较稳定，确保了公司的经营目标的统一化，并在不同级别的行政主管的领导下进行协调，使各个管理部门的职能得到充分的发挥，更好地适应企业多样化的管理模式。它的不足包括：每个职能部门是独立的，各个部门之间的配合与合作性不强，易出现冲突、错位的现象；管理者协调工作繁重，在公司内不易进行综合的人才管理，很难适应不断变化的市场环境。当公司选择直线职能制组织结构，应尽量发挥其优点，避免其不足，设置多个职能部门虽然能够提高各部门的专业管理效率，但与此同时，也增加了工作程序的复杂性及部门间的协调性，职工较易产生不满情绪等。上海宝山钢铁公司为避免此现象的发生，采用了职能大部制，它为保证公司物流的统一管理，将原有的销售部门、原料部门、计划部门、总调部门合并为生产部门。由此可见，直线职能制组织结构比较适合企业规模一般、生产产品较简易、工艺较稳定、市场销售情况较易把控的为数较多的中小企业。

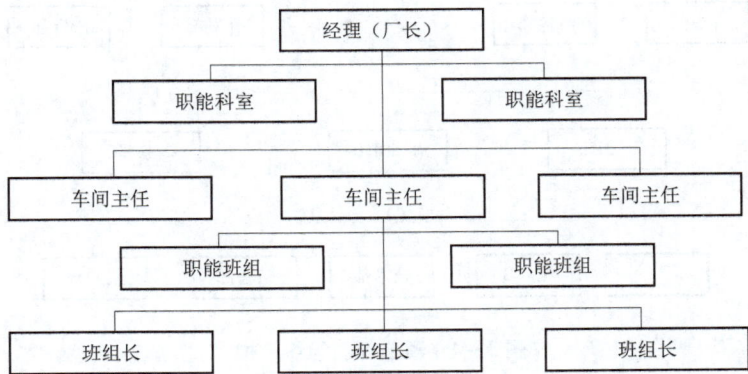

图3-3 直线职能制组织结构

（四）事业部制组织结构

事业部制组织结构（图3-4）也称分公司制结构，由美国通用汽车公司总裁斯隆在1924年提出，并最早应用于该公司，又被称作"斯隆模型"或"联邦分权化"。它是一种常见的、分权制的组织结构。它的具体设计思路是：在企业经营的过程中，根据不同的产品、地区或市场等设立对应的事业部。该部门在总公司的带领下，将分权管理与独立核算相结合，每个事业部虽然没有独立的法人，但有很大的经营权限，实行独立核算，自负盈亏。确切来说，它们都是一个利润中心，有责任和义务完成公司的盈利计划和目标，与此同时还具有很大的自主权利。

事业部制组织结构结合集中决策、分散管理的特点，企业总部的工作是制定企业总体目标、各项政策、长远规划，以及对每个部门的经营、人事、财务等进行监督；所有事业部在总部的目标、政策、规划下，充分发挥其积极性，并能结合自身的生产和管理需求设立相应的组织部门。实施事业部制组织结构的企业，必须满足下列几个方面：第一，各部门在业务上要有相对的独立性；第二，每个部门作为利益的责任单位，具有利益生产、核算和管理的能力；第三，每个部门一定是产品（或市场）的责任单位，也就是要有自己的产品和市场。

事业部制组织结构的优点包括：有助于公司高层从日常的行政事务中解脱出来，更专注于公司的战略发展和长期规划；有助于积极调动各部门在生产、运营上的主动性，适应市场的变化，灵活安排生产和运营活动；有助于提升管理者的职业素质与领导力；有助于增强公司的稳定性和对市场的适应能力。它的不足包括：职能部门的重复建设，容易造成人力、财力、物品等使用过度；权力分散过多，高层管理的权力减弱，对整体的控制不利；因为各个事业部均为一个利益责任单位，所以各部门很容易出现本位主义倾向，忽略了公司的总体效益和长期发展。

如今，事业部制组织结构已经被许多企业所普遍采用。该组织结构适用于具有不同生产技术、不同生产工艺、市场变化较快的大型企业。我国的一些新兴企业通常会采取这样的组织结构。

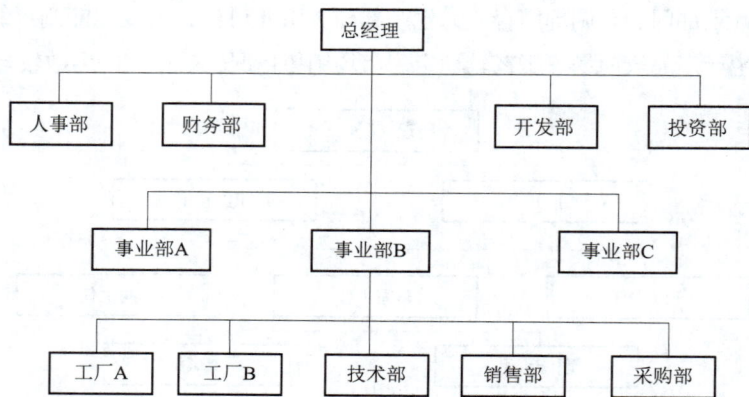

图3-4 事业部制组织结构

知识拓展

事业部制组织结构最初是美国通用汽车公司采用的。20世纪20年代初期，通用汽车公司兼并了多个小型公司，使其业务范围迅速扩张，生产品种和管理项目不断增加，导致企业内部经营出现困难。艾尔弗雷德·P.斯隆当时任通用公司执行副总裁，他借鉴杜邦化学公司的经验，在1924年以事业部制的管理方式重组通用汽车公司的组织结构，使得该公司的改革与发展取得了巨大的成就，成为实施事业部制的代表。因此，该组织结构也被称为"斯隆模型"。

（五）矩阵型组织结构

矩阵型组织结构（图 3 - 5）也称目标规划制，该组织结构出现于 20 世纪 50 年代。矩阵型组织结构由横向和纵向两个管理体系构成，纵向代表职能系统，横向代表完成某一任务。由职能部门安排人员构成各项目组的成员，他们的工作结束后，就回到原来的工作岗位上。在横向处理某项任务时，纵向与横向交叉构成矩阵，该矩阵结构使得各个组织成员处于两条管理关系的轴线交叉处，从而改变了一个单一指令的原则。在实施项目时，项目人员要同时受到两方的管理，即由项目组和职能部门共同管理。与此同时，两个轴的调节权限自然不能是绝对相等的。

矩阵型组织结构的特征是在组织架构方面，分为横向和纵向两个层次，即来自按项目划分的横向管理和按职能划分的纵向管理。该组织结构常见于以完成工程项目为主的企业。例如，为完成一个工程，从各个职能部门中抽调出一批人，组建一个工程项目经理部，该部门具备完成本项目所需要的各类专业者。项目结束后，这批工作者将被派到其他项目中，该项目的经理部门自动解散。

矩阵型组织结构的优点包括：该组织结构打破了传统的一个管理者由一个部门经理管理的经营理念，促使公司纵横联系，更好地促进集权与分权的协调；它不但增强了各个部门的合作，增加了中层管理和基层管理人员的工作热情和责任心，而且能够将专业技术和经验用于实施规划和处理问题上，同时也能够将重点放在制定决策、目标和长期规划上，并实施监督。其不足包括：项目成员的稳定性较差，容易形成临时性想法；由于成员要接受双重领导，容易出现互相制约的冲突，也容易造成职责的混乱。

结合矩阵型组织结构的特征，它更适用于工作内容变动频繁的企业，每项任务都需要多种专业技术指导完成，包括建筑、飞机制造行业等，它们大多以项目为中心实施生产经营管理；或作为补充型组织结构，应用在一般组织中的临时性工作任务，包括一些新兴行业（IT、航天）的工程部门、研究与发展部门。

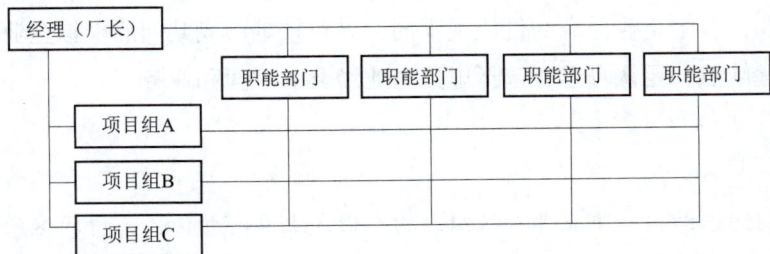

图 3 - 5　矩阵型组织结构

（六）虚拟企业结构

从 20 世纪 60 年代开始，企业的生存环境发生了巨大的改变，市场需求多样化，技术发展速度加快。到了 20 世纪 90 年代，全球经济在科学技术和社会发展的推动下，出现了巨大的变革。随着生产、工作、生活的需求,人们对商品品种、规格、款式等的需求越来越多样化,越来越个性化。因此,现代企业的组织结构趋向简单化、扁平化,从而形成知识、技术、资金、原材料、市场和管理等资源联合组成的虚拟企业,如图3-6所示。

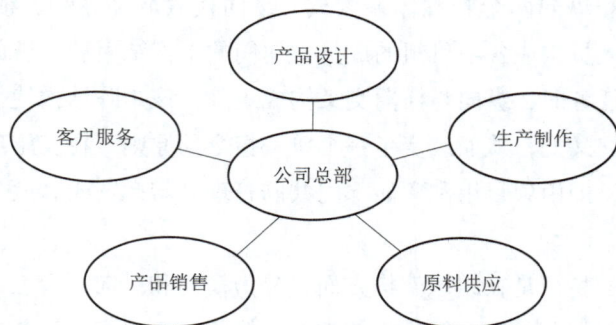

图3-6 虚拟企业结构

虚拟企业,是指当市场出现新机遇时,具有不同资源与优势的企业为了共同开拓市场,共同对付其他的竞争者而组织的,建立在信息网络基础上共享技术与信息,分担费用,联合开发互利的企业联盟体。虚拟企业的出现常常是参与联盟的企业追求一种完全靠自身能力达不到的超常目标,即这种目标要高于企业运用自身资源可以达到的限度。所以,企业要想打破自己的组织边界,就必须和其他达成一致意见的公司建立全面的战略联盟,共建虚拟企业,才有希望实现这样的目标。

虚拟企业结构的优点包括:各个成员通过资源共享、优势互补,实现缩短开发周期、降低单位成本的目标;该组织形式灵活,能够迅速地对市场的变化作出反应,并在较短的时间内开发出适合市场的新产品,从而有效地满足客户的需要,同时,客户可以亲自参与产品的设计,可结合个人需求参与到产品的设计中,设计出个性化的产品;各成员能够充分利用自己的技术优势生产高质量的产品或提供最好的服务。该组织结构的不足包括:虚拟企业由联盟企业组成,各个企业利益不同,较难协调;各个企业较易出现沟通交流困难,导致虚拟企业经营效率减弱;各个企业原有的价值观不同,导致较难形成共同的虚拟企业文化。因为上述虚拟企业的优缺点,要认真思考选择虚拟企业经营的时间和业务。

> **测一测**
>
> 直线职能制组织结构和事业部制组织结构在形式上具有相似性,请问这两种组织结构在本质上有什么区别?

三、组织结构的发展趋势

20世纪80年代以后,随着全球化、市场化、信息化三大时代的到来,企业的生存和发展面临着日益严峻的挑战。总体上,企业组织结构发展呈现四大基本趋势:扁平化、柔性化、分立化、网络化。

（一）组织结构的扁平化趋势

在漫长的发展历程中，企业逐步建立起分级管理的组织结构，其层次不断增多，信息的整理与传递要通过若干步骤，造成了整个企业对外界环境的改变反应缓慢，并且难以进行有效的内部管理。

为了适应复杂化、多变化的组织环境，组织结构出现扁平化的趋势。其顺利运行的前提有两点。一是随着现代技术的发展，信息的处理与传输更加便捷，使得许多中间组织如经纪人、批发商等失去了生存的意义，导致一些零售商的角色逐渐被淡化，商家和消费者能够进行直接的交流与沟通。二是企业内部人员的独立性得到了极大的提升，管理层将大量的权力下放给了员工，形成了不同的团队，而雇员的职责增大；员工与管理者、下级管理者与上级管理者的关系，从传统的被动式执行者与指导者的关系转变为一种新型的团队合作关系。

（二）组织结构的柔性化趋势

组织结构柔性化旨在使企业能够最大限度地使用其所拥有的各种资源，以提高其对不断变化的环境的适应性。

组织结构的柔性化的表现主要有两个方面：一是集权与分权的统一，其核心在于通过上下级的有效沟通，调整权限的配置，以确保企业的发展战略与组织间建立有效联系；二是稳定与变革的统一，稳定主要是指为从事日常工作而设立的组织结构具有一定的稳定性，也是组织构成的基础部分。除基础部分外，还有需要为临时工作而设立的补充性的组织结构，如各种临时团队、工作团队、项目小组等。

（三）组织结构的分立化趋势

分立化是指在一家大型企业里再分割出若干小型企业，将企业总部和下属企业间的内部上下级关系转变成企业与企业间的外部关系。分立化可分为横向分立和纵向分立两种方式。横向分立是按照产品的不同种类进行分立。企业将一些具有发展潜力的产品分离出来，组建单独的公司，并选派有技术和管理能力的人才进行经营。通过横向分立将单个产品经营单位的自主权得到最大化的提升，从而在单一的产品市场中形成自己的优势。纵向分立是按照同一产品的不同生产阶段进行分立，是将同类产品从上游至下游进行分离，它提升了企业的凝聚力，提高了企业的专业化生产经营水平。

（四）组织结构的网络化趋势

在激烈的市场竞争中，大型企业日益意识到，组织结构过于庞大，组织结构过于臃肿，难以提升企业的竞争力。于是，很多大型公司通过大量裁员、精简机构、缩减业务规模，打破原有的纵向一体化层级制组织，形成了小型、自主和创新的横向一体化网络制组织。

企业组织结构的网络化的基本特点有两点：一是用特殊的市场手段代替行政手段来联结各个经营单位之间及其与公司总部之间的关系；二是在组织结构网络化的基础上形成了强大

的虚拟功能。企业通过虚拟化能够获得一些具体的职能，如设计、生产、市场营销等，但并不一定是与上述职能相对应的实体组织，而是借助外部的资源和力量来完成这些具体的职能。

【测一测】

简述组织发展趋势的具体表现。

【教学视频】

企业组织结构

学习单元三　企业组织设计

【学习目标】

1. 了解企业组织设计的任务和影响因素。
2. 熟悉组织设计的原则和内容。
3. 掌握组织设计的步骤。

【学情分析】

1. 学生对专业术语理解不充分。
2. 学生分析案例不够细心。
3. 学生在进行案例分析时没有头绪。

【单元导入】

王先生是一名很有能力的总经理，五年前成功开创了他的第一家吧台式火锅店，到现在已成为六家同类型火锅店的老板。为了保证火锅原料的质量，他每年都出差到内蒙古等地亲自挑选上等的羊肉，到南方省市精选当地特产菌类等。六家店面的经营决策、销售、人事、财务等事项他几乎都要亲自处理。

问一问：

最近王先生发现了很好的商机，想再多开一些店，但他却犹豫了，现在他已经忙得很少有休息的时间，再开店的话，应该怎么管理呢？

　　组织设计也是组织结构设计，是指根据具体的组织目标、组织环境和技术条件等为企业设计一个"框架"。它是组织职能的基础性工作，其重要性和必要性随着其内容复杂性的增加、参加活动的人数的增多而不断地提高。组织设计以一些组织文件（如组织结构图、职务手册等）作为员工配置工作的基础，最终形成组织结构。

一、企业组织设计的任务及影响因素

（一）企业组织设计的任务

　　企业组织设计的任务是要通过创构弹性的、灵活的、动态的、适应外部环境的需要，在组织不断发展的过程中有效积累新资源，做好协调各部门之间工作人员与工作任务之间的关系，使工作者清晰地认识自己在组织中的职责和权力，从而确保组织活动的开展与目标的实现。

　　在企业组织设计中，要确保设计清晰的组织结构，对各个部门的功能与职权进行策划与设计，明确组织的功能、职权、参谋、直线职权的活动范围及编制职务手册。

（二）企业组织设计的影响因素

　　在企业组织设计的过程中，受到组织内部和外部多种因素的影响，可分为环境因素、战略因素、技术因素、组织规模因素、组织生命周期因素五个方面。

1. 环境因素

　　环境是影响组织设计的重要因素之一，环境本身的复杂性与变动性的特征决定了其不确定性，随着环境从单一的稳定状态过渡到复杂的动态，环境信息的不完备性和不确定性大大增加，唯有适合外部环境的组织才有可能成为一个有效的组织结构。

2. 战略因素

　　战略是决定和影响组织活动性质、根本方向的总目标，是实现这个总目标的路径和方法。战略是在组织面对激烈变化和严峻挑战的外部环境下，利用自身优势，规避劣势，谋求长期生存和发展所采取的一种竞争和变革行为。

3. 技术因素

　　技术就是将某些材料等资源转化为最终产品或服务的机械力和智力的转换过程。任何一个组织都要利用技术把投入转化为输出，所以技术的改变就必须改变组织的设计。

4. 组织规模因素

　　组织规模对组织结构有明显的影响作用。当组织业务扩张，组织成员增加，组织管理层次增多，组织专业化程度不断提高时，组织的复杂化程度也不断提高。

5. 组织生命周期因素

　　随着组织成长与所经历时间的演变，组织明显呈现出生命周期的特征。葛瑞纳认为企业的成长如同生物的成长一样要经过诞生、成长和衰退几个过程。奎因和卡梅隆认为组织的生命周期可分为创业、集合、规范化、精细四个阶段；哈佛商学院教授拉里·克黎那把组织生命周期划分为五个阶段：初创时期、成长阶段、规范阶段、扩张阶段、创新阶段。

测一测

简述组织设计的目的与任务。

二、组织设计的原则

在组织设计的过程中，我们应该遵循以下原则。

（一）精简原则

精简原则即组织结构在满足企业的经营管理需求的情况下，将成员数量降至最小化，并使其规模与所要完成的工作相匹配。

（二）统一指挥原则

统一指挥原则包括：一是目标统一；二是重要的规章制度一定要统一，尤其是财务、人事管理制度；三是信息及指标的范围和口径要统一，不能有脱节现象；四是指挥命令要统一。如果权力过于分散，那么统一原则会遭到破坏，因此权力适当集中是统一原则的一个必要条件。

（三）专业化、系统化原则

各个机构和每个环节的工作不能过于僵化，应实施大计划、小自由，要给予员工充分发挥其主动性和积极性的自由，能够应对市场变化，实现企业目标。

（四）责权对等原则

责权对等原则也称权责一致原则。职责是指在一定职位上应尽的义务，职权是指在一定职位上具有的决策和指挥权。在明确人员职责的同时，也要赋予相应的权力，在承担责任的同时，要享有其权力，不能只有权力没有责任。

（五）有效性原则

精简、统一、自动调节、责权一致都是为了提高组织机构的效率，从而达到最好的经济效益。精简与实现企业目标，统一与调动各部门、各环节的积极性，自动调节与统一指挥、责权之间存在着一定的冲突，而这些冲突的解决必须遵循效率与效果的要求。效率和效果比较好的组织机构就是好的、合理的组织机构，脱离了这个原则，就失去了判断组织机构合理与否的标准。

（六）管理幅度和管理层次合理的原则

管理幅度也称有效管理幅度，是指一名上级管理者能够有效地直接指挥和监督下级人员的数量界限。管理幅度对企业管理层次起着决定性的影响。管理幅度的大小受到很多因素的影响，要结合企业具体情况具体分析。如果管理者知识、经验、技能较好，管理幅度可适当加大，相反则应减小；当企业职能机构健全，管理幅度可加大，相反则减小；下级管理者经过系统训练，熟悉本职工作，工作能力强，上级管理幅度可加大，相反则减小；工作内容单一、重复作业多的职务，管理幅度可加大，相反则减小。

管理层次是指由企业经理到基层工作人员之间领导隶属关系的数量。管理层次包括两个主要因素，即企业规模、管理幅度。管理层次与企业规模呈正比例关系，一般情况下，企业的管理层次不宜太多，一旦层次过多，组织机构庞大，管理人员与基层工作者之间的管理距离较远，易造成信息失真；管理者过多，管理费用增加，易造成管理缺乏弹性，限制个体的发挥，滋生惰性和官僚作风。反之，如果管理层次少，不能满足企业经营管理需求，造成指挥能力薄弱，不能有效地组织、指挥和控制整个企业的运行，所以要合理设置管理层次，以提升管理者的综合水平，在扩大有效管理幅度的同时减少管理层次。

管理幅度与管理层次呈反比关系。管理幅度增多，管理层次减少；反之，管理幅度减少，管理层次增多。

（七）集权和分权结合的原则

一个企业不会绝对地集权或绝对地分权。企业各级管理层次一般遵循集权与分权相结合的原则。集权的目的是统一企业意志，强化企业经营管理的计划性，确保企业的上下级协调一致，使企业的人力、财力、物力资源得到合理的利用，最终使企业的总体利益最大化。分权是将部分经营管理权授予下属的各管理层次，以激发其积极性，适应不断变化的市场形势，从市场需求出发，灵活有效地组织业务，并为基层领导人提供施展才华的环境。

集权与分权是统一的，在企业中，集权通过统一领导，分权通过分级管理表现出来。企业集权与分权的程度，要根据企业的实际情况而定。集权的程度，以不得阻碍基层工作者的积极性为限；分权的程度，应当以上级不丧失对下属的有效控制为限。

（八）合理授权的原则

所谓授权，是指上级赋予下级一定的权力和责任，让下级在一定的监督下，具有一定的自主权和行动力。授权人对被授权人有指挥权、监督权，被授权人对授权人有汇报工作情况和履行职责的义务。

测一测

简述组织设计应遵循的原则。

三、组织设计的内容

组织设计是对企业组织结构及其运行方式所进行的设计。在设计过程中，设计内容包括职能设计、部门设计、管理幅度与管理层次设计、职权设计、横向联系设计、管理规范设计。

（一）职能设计

职能设计是整个组织设计中关键性的第一步，它以职能分析工作为核心，研究和确定组织的职能结构，是为管理组织的层次、部门、职务和岗位的分工协作提供客观依据的工作。职能设计的好与坏直接影响其他设计的成与败。

（二）部门设计

部门是指将组织内容中的各种职能进行分类后所组成的专业化的亚单位。部门设计的主要任务包括：确定组织设置的部门及规定部门之间的相互关系，从而形成一个有机的整体。根据组织活动的特点、环境、条件的不同，对部门进行分类的依据也不同。对于同一组织而言，在不同时期的战略目标指导下，可以根据需求而动态调整部门划分的标准。

（三）管理幅度与管理层次设计

管理幅度的大小是指一个管理者直接控制和协调的工作活动量的多少。管理层次是指从组织的最高层到最低层的每个组织层级。管理层次实质上是组织内部纵向分工的表现形式，每个层次承担着各自的管理职能。管理幅度直接影响到管理层次的数量，并将对组织结构的形式产生最终影响。

（四）职权设计

组织各部门、各职务在职责范围内决定和影响其他个人或集体行为的支配力称为职权。职权设计是指正确处理组织内纵横两方面的职权关系，对每种类型的职权合理分配到各层次及部门，形成高度协调的职权结构。

（五）横向联系设计

横向联系设计主要以横向协调方式的设计为主，它是为了解决组织管理专业化分工与协作之间的冲突，使其在分工的基础上加强协作，并能够提高管理整体功能。横向协调可按照非结构性方式、结构性方式、人际关系方式三种方式进行设计。

（六）管理规范设计

组织管理中各种管理条例、章程、制度、标准、办法等的总称叫作管理规范。它是以文字形式规定的管理活动的内容、程序和方法，是管理者的行为规范和准则。

测一测

简述组织设计的内容。

四、组织设计的步骤

（一）确定关键管理岗位

在确定了组织目标后，对其进行剖析，从而明确其总体目标。按照任务的性质、工作量、完成途径、方法对总体目标进行划分。划分出具体、明确的子任务，并明确它们之间的关系和次序，再将相似或联系紧密的子任务归为一类。

第一类关键岗位或活动应是以实现组织目标和发展为目标的工作岗位、分工或部门。它们所需的人员要具备优秀的职业能力。

第二类关键岗位或活动因为其力量薄弱和绩效较差，限制了整个组织的整体绩效。

第三类关键岗位或活动是指组织所在特殊领域的特殊活动。

（二）组织结构形态的合理选取和不同层次部门的建立

确立了岗位和活动后，结合需求和习惯，选取设计组织的具体结构形态，并在此基础上，建立对应的不同层次的部门或机构。在进行部门划分时，要注意避免部门间职能的重叠、疏漏，并尽可能地均衡工作。另外，还要对横向、纵向部门之间的联系、工作流程、信息沟通等作出规定，以使组织结构成为一个紧密和动态的整体。

（三）确定管理跨度和岗位权责

管理跨度是指一个上级直接指挥的下级数量的多少。在组织结构的每一个层次上，结合工作任务的特点、性质、授权情况，确定相应的管理跨度，从而确定关键岗位的数目。确定关键岗位后，应对各个关键岗位职务的权责作出详细规定。

（四）配备部门主要管理者

在完成上述工作后，根据关键岗位的工作要求，选择和配置相关的管理者，并对其他工作者进行合理的分配与安排，尤其是限定清楚直线人员与参谋人员的配置。

（五）组织结构应不断修正与完善

在完成了组织结构的设计后，便开始实施运行。在实际运行中，有可能会出现诸多的缺陷与冲突，因此，要针对不同的情况，适时地进行组织结构的调整，使组织结构在运行的过程中得到不断修正和进一步完善。

测一测

请结合案例说一说所举案例中运用的理论知识有哪些。

【教学视频】

企业组织设计

学习单元四　企业组织运行

1. 了解企业组织运行的途径。
2. 掌握集权与分权的关系。
3. 掌握职权的类型。
4. 熟悉委员会制与个人负责制的区别。

1. 学生对专业术语理解不充分。
2. 学生分析案例不够细心。
3. 学生在进行案例讨论时缺乏积极性。

　　一天，外科护士长小芳给医院王院长打来电话，需要马上重新作出人事安排。王院长从小芳的声音中觉得应该是发生了一些事情，于是要求她来到办公室。小芳10分钟后来到了王院长的办公室，并递交了一份辞职信，她无奈地说："王院长，我真的干不下去了，我在外科担任护士长快五个月了，我上面有三个领导，他们每个人都要求不同，还都要优先完成他们布置的工作。我已经尽自己最大的努力去工作了，但还是做不好。"她带着委屈说："就像昨天早上，我7点半来到办公室，收到来自主任护士李医生的信息，她让我在早上9点半之前完成一份床位使用率的情况报告，用于她下午的工作汇报。这样的报告我至少需要一个半小时才能完成。半小时后，护士监督组长赵医生来到我的办公室问我，我部门的两名护士为什么不在岗位上，我告诉她是内科主任张医生说他们现在正在做个手术，缺少人手，从我这里借走了她们。但赵医生命令我马上让这两位护士回到自己的岗位上，还强调一会儿她还会回来检查。王院长，类似这样的事情几乎每天都要发生好多次。难道医院就是要这样管理吗？"

　　问一问：

1. 这家医院在管理中出现了什么问题？
2. 如果你是王院长，你会怎样做来改变现状呢？

　　组织运行即组织结构运作的过程，组织设计所得到的是一个"框架"，它是静态的，而组织运行是实现组织目标并发挥其功能的过程，它是动态的。只有通过组织有效运行，组织设计才能得到实现。

一、授权、分权与集权

（一）授权

授权是指上级将自己的一部分权力赋予下属，让下属在一定的监管范围内拥有相当的决策权、自主权、行动权。授权人对被授权人有指挥和监管的权力，被授权人对授权人具有汇报工作并完成工作任务的责任。授权并不等于授责。授权只是将一部分"权"向下属下放，而并非将"责"同时下放。

1. 正确授权应注意的问题

（1）被授予的职权，一定是上级所拥有的职权，而且仅是将上级所拥有职权的一部分授予，并非将上级所有的职权全部授予。

（2）被授权者一定是上级的直属下级，不得越级授权。

（3）授权并不等于授责。对授权者的上级和整个组织来说，授权者仍然对事项的完成负有完全和最终责任。因此，"授权人对被授权人有指挥和监管的权力，被授权人对授权人具有汇报工作并完成工作任务的责任"。

（4）授权是一个过程。它包括授权诊断、授权实施、授权反馈三个阶段。在一定程度上，目标管理就是一种授权形式。

（5）避免反授权。有时，下级会拒绝上级赋予的权力，并通过各种方法来抵制。要避免这种情况的发生。

2. 正确授权的原则

（1）因事设人，视能授权。应结合授权者的个人能力、学识情况、技能水平授予权力。

（2）明确所授事项。授权时，授权人应清楚地告知被授权人所授之事的任务目标和权限，既能使其顺利完成工作，又能防止其推诿。

（3）授权适度。授予的职权是上级权力的一部分，并非所有，对于下属来说，也是他们完成工作所需的。过度授权意味着放弃权力。但如果涉及组织整体的问题，如确定组织总目标、发展方向、任命与晋升、财政预算、重大决策等，不能轻易授权于他人，更不能把超出自己权限的事情授权给下属。

（4）适当控制。在授权过程中，上级要适度地进行监控，既不能完全不管，也不能过多地干预。管理者在实施授权前，应先制定一套完整的管控制度、工作标准、报告制度等，并能够在不同的状况下快速采取措施进行补救。同时，上层管理者一旦将权力授予下属，就要充分信任下属，相互信赖。

（5）保持交流渠道的开放畅通。授权并不意味着断绝联系，上级与下级间的信息沟通是自由的，还要保证下级能够及时获得用以决策和适当说明所授权限的信息。

组织的工作是要由团队一起完成的，组织目标的实现需要组织成员各司其职、共同合作，因此，授权是组织生存与发展的必要因素。

3. 授权的步骤

（1）授权的实施者应清楚地知道什么权力应由自己掌管，什么权力应授予下属。显然，没有任何一个管理者可以把所有的权力都授予下属。

（2）明确对所有下级职位期望达到的成果。

（3）对下级职位应分配合理、符合职位要求，并确定工作目标。

（4）为了确保工作能够有效、高效地完成，合理向下属授权。

（5）为实现任务目标，选择合适的人员担任下属职位，确保权力与责任是一致的。

（二）集权与分权

1. 集权与分权的相对性

集权是指决策权在组织系统中较高层次的一定程度的集中，也就是将职权集中到较高的管理层次；分权是指决策权在组织系统中较低层次的一定程度的分散，也就是职权分散到整个组织中。集权和分权的概念是相对的，没有绝对的集权与分权。

2. 集权与分权的程度

对于集权与分权的程度，一般根据各个管理层次所拥有的决策权的情况来衡量。

（1）决策的数目。基层决策数目越多，分权程度就越高；反之，上层决策数目越多，集权的程度就越高。

（2）决策的重要性和影响。如果下级管理层所作的决策涉及范围广，则可以视为分权程度较高；反之，如果下属作出的决策不重要，那么集权程度较高。

（3）决策审批手续的简繁。在不需要审批决策时，分权的程度会较高，在作出决策之后，还需要呈报上级领导审批时，职权分散程度越低，如果在作出决策前，需要请示上级，则分权的程度就更低。

按照集权与分权的程度不同，可形成集权制、分权制两种领导方式。

3. 分权的途径

通过组织设计中的权力分配（制度分权）、上级管理者在工作中的授权两个途径，实现权力分散。

尽管制度分权和授权的结果一样，都是下级管理者行使的决策权较多，即权力的分散化，但二者事实上有较大差异。它们的概念不同，决定了制度分权和授权的区别如下。

（1）制度分权是在详细分析和认真论证的基础上进行，它具有一定的必然性；而授权与管理者自身的能力、精力、下属的特点、业务发展等因素密切相关，因而具有较大的随机性。

（2）制度分权是把权力分配给某个职位，权力的性质、适用范围及程度的确定，要结合整个组织结构的要求；而授权就是把权力授予某个下属。所以，授予哪种权力、授权后应做何种控制，不但要考虑工作的需求，还要结合下属的工作能力。

（3）制度分权比较稳定，只有整个组织结构重新调整，才有可能收回制度分权。反之，授权是上级管理者把自己承担的职务权力因某些任务将部分权限授予下属，它可以是长期性的，也可以是临时性的。

（4）制度分权主要是组织工作的一条原则，以及在此原则指导下的组织设计中的纵向分工；而授权主要是管理者在工作中的一种领导艺术，它是调动下属积极性、充分发挥下属作用的一种方法。

测一测

简述集权与分权的关系。

二、直线职权、参谋职权与职能职权

（一）职权的概念

在了解职权前，我们先来了解权力的概念。权力的概念很广泛，它是个人或团体劝导或影响他人或其他团体的信念或行动的能力。其本质就是影响他人的能力，即影响力。

职权是通过一种正规的程序授予一个职务的权力，是一个人在某个职位上指挥下属为完成组织目标做或不做某事的权力。它的本质就是决策的权力，也就是做什么，怎么做，什么时候做的权力。它是管理者履行其管理职责的工具和保障。

（二）职权的类型

组织内的职权有直线职权、参谋职权、职能职权三种类型。

1. 直线职权

直线职权是指某职位或部门的直接指挥权，包括下达指令、执行决策等的权力。与此对应，具有此职权的管理者称为直线主管，他们能够领导、指挥和监督自己的下属。如公司的经理或厂长、车间主任、班组长等。很明显，管理幅度中所指的管理者就是这种直线管理者。直线职权是组织层次划分的重要依据，由此而形成的指挥链既是组织内权力执行的路线（权力线），也是信息流通的渠道。为了确保组织内指挥链的顺畅，要遵循两个原则，即分级原则和职权等级原则。分级原则是指各层级的直线职权应当清晰，便于权力与责任的落实与交流；超越权限，会让下属丧失工作的积极性，造成管理上的混乱。职权等级原则是指作为下属要"用足"自己的权力，不能随意放弃权力。

2. 参谋职权

参谋职权是指某职位或部门所具有的辅助性职权，包括提供咨询、建议等的权力。具有这种职权的管理者或机构统称为参谋人员、顾问或参谋部、顾问班子、智囊团等，他们都是协助直线管理者进行工作的。在"田忌赛马"的故事中，孙膑为田忌献计而胜齐威王，孙膑当时就是作为田忌的参谋人员，行使的就是参谋职权。

在现实中，虽然参谋与直线主管之间的界限比较模糊，但我们可以从职权关系及其性质的角度来分析直线主管与参谋：直线主管拥有决策权，具有发号施令的权力，就是指挥权；而参谋是作为直线主管的助手，为其提供服务和辅助，只拥有谋划和提供咨询和建议的权力，即参谋权。

3. 职能职权

职能职权是指某职位或部门所拥有的进行专业管理的权力。职能部门就是拥有这种职权的管理者或机构，也叫作职能人员。职能职权原本属于直线主管，但因为各种原因，为了保证有效的管理，直线主管将部分专业方面的工作转授予参谋者或下属部门的管理者。职能职权大多由参谋部门或业务部门的管理者实施，因为它们往往由专业人员构成，其所拥有的学识正是实现职能控制的基础。

职能职权属于直线职权的一部分，但行使范围过小，仅在某一专业方面有指挥权。参谋职权只有对上级的参谋权，完全没有对下级的指挥权。可以看出，职能职权在组织职权关系中算是一个特例，它是直线职权与参谋职权间的一种职权。

（三）正确处理直线人员、参谋人员、职能人员的关系

直线职权、参谋职权、职能职权三种职权是促使组织活动朝向组织目标的不可分割的整体，直线人员、参谋人员、职能人员三类人员也是相辅相成、密切配合的。各层管理人员所执行的权力大多具备三者的性质。当管理人员在自己的管辖范围内，他们行使的是直线职权；当他们与上级或是其他部门联系时，他们行使的往往是参谋职权或职能职权。

测一测

简述职权的类型。

三、委员会管理

委员会是一组人，他们是为从事执行某些方面的管理职能而组建的。在当代社会的各种组织中，委员会已成为一种主要的集体管理方式，在现代管理中特别是决策中的作用越来越重要。

（一）委员会

1. 委员会管理的优点

（1）委员会最重要的是能够集思广益，整合不同观点，提高决策的正确性。

（2）委员会能够协调各部门的工作，增强部门之间的协作。

（3）委员会还能避免过度集权。通过委员会作出决策，既可以得到集体判断的益处，还能够防止个别人员独断专行、滥用职权等弊端，委员会成员之间也具有权力互相制约的作用。

（4）激励管理者的工作热情。

（5）增进沟通与联系。

2. 委员会管理的缺点

委员会管理的成本较高、职责分离、妥协折中、一个人或少数人占支配地位等。

3. 成功地运用委员会

成功地运用委员会就要发挥其优点，遏制其缺点，所以，在运用委员会时，我们应该注意以下问题。

（1）明确权限和范围。委员会应明确自己的权限是决策权还是直线主管的意见提供者。

（2）确定委员会规模。委员会的规模不宜过大，但也要具有一定的规模。一般建议，委员会由 5～6 人组成，最多 15～16 人。

（3）选择合格的委员会成员。判断委员会成员是否合格，要看委员会的目的。委员会成员最好选择与目的相关的专业人员。

（4）审慎选择议题。向委员会提交的议题，应是对组织整体影响较大、更长远，对时间要求通常不太严格，组织能够并且需要进行详细论证的问题，并且涉及各部门的利益和权限，在内容方面应适于讨论。

（5）发挥委员会主席的重要作用。委员会主席直接影响着委员会是否能够有效发挥其重要作用，应谨慎选择。

（6）决议案的审校。会后，会议主席向大家宣布所作出的决议，这个步骤可表明所有参会人员对该决议同意与否，还可以对决议进一步修正和补充。

（二）委员会制与个人负责制的区别

委员会制与个人负责制是组织中两种不同的高层次职权分配体制。组织中的最高决策权由两名以上的人所组成的集体来执行，这个集体即是一个委员会，因此称为委员会制。组织中的最高决策权如果集中在一个人身上，这个人对整个组织负责，即为个人负责制。个人负责制具有权力集中、责任明确、行动迅速、效率较高的特点。但由于个人的知识、经验及管理能力有限，有时会考虑不周。如果权力落在不合适的人选手中，还有可能出现专制、滥用职权等现象。

委员会制和个人负责制两种职权分配体制各有优缺点。委员会制在组织的高层管理中，特别是在作出决策时所表现出的优势非常明显；个人负责制的优势则是在执行决策的效率方面。所以，结合具体管理事务，正确的选择应该是将组织重大决策的委员会制和执行中的个人负责制两者相结合。

测一测

简述委员会制的优点。

【教学视频】

企业组织运行

学习单元五　企业组织变革

【学习目标】

1. 熟悉企业组织变革的原因和程序。
2. 掌握组织变革的内容和方法。
3. 了解组织变革的阻力及策略。

【学情分析】

1. 学生对专业术语理解不充分。
2. 学生分析案例不够细心。
3. 学生在进行案例分析时没有头绪。

【单元导入】

温特图书公司的组织改组

温特图书公司原本是一家美国本地的图书公司。在将近 10 年的时间里，这家位于美国中部小镇的一家小店已经发展到横跨 7 个区域、47 个门店的图书公司。在过去的几年里，该公司的运营和管理都取得了很大的成效。旗下各个分店，除了 7 家在市镇的中心外，其他分店均设在偏僻的区域；除了几家分店同时经营着一些其他产品外，大部分分店都是专门销售书籍。每家门店每年营业额达 26 万美元，净利润有 2 万美元。但在最近三年里，该公司的盈利已经出现了下滑。

2 个多月前，这家公司新雇用了苏珊担任公司的总经理。在对公司的发展历程及目前情况进行调研后，苏珊与 3 名副总经理及 6 名区域经理一起探讨公司目前的状况。

苏珊觉得，她第一件事就是要对公司进行组织改革。目前，6 位区域经理在本区域内全面掌管各自区域的分公司，包括借贷资金、任免各分店的主管、广告宣传及投资等权力。苏珊阐述了自己的观点后，便提出组织改组的问题。

　　一名副总经理说："我赞成你改组的观点。不过，我想我们现在要做的应该是分权，而非集权。从现在的形势看，我们虽然聘任了各个分店的经理，但我们并没有给他们进行控制指挥的权力，我们应该使他们成为有职有权、名副其实的经理，而不是名义上的经理，实际却做销售员的工作。"

　　另外一名副总经理说道："我觉得进行组织改革是正确的。不过，关于怎么改，我觉得你的观点不对。我想我们不必设立任何分店的业务主管。我们所需的是更多的集权。我们公司规模那么大，应该建立一个管理资讯系统。我们可以在该系统、在总部进行统一的指挥与监控，同时，我们的广告业务也应该由公司统一安排，而并非让各个分店自行解决。如果统一集中管理，就无须花费更多的时间和精力去聘请这么多的分店经理了。"

　　"难道你们两位把我们都给忘了吗？"一名区域经理打断他的谈话："假如我们采取了前者，就把责任全交给了分公司的经理；而后者，则是由总部负责。我认为，如果不设立区域部门，这么多分店是很难管理好的。""我们并不会让你们失去工作。"苏珊说，"我们只希望把公司经营得更好。我要对组织进行改革，并非增加人手或削减员工。我想，如果公司的某些部分可以更好地进行组织，工作效率也会有所提高。"

　　问一问：

　　1. 请阐述有哪些因素促使温特图书公司要进行组织变革。

　　2. 你认为温特图书公司现有的组织形态及讨论会中两个副总经理所提出的计划如何？

【应知应会】

　　为了能更好地适应不断变化的环境，有效地利用社会资源，最大化地实现组织目标，企业要不断实行组织变革。所谓组织变革，是指各种组织对于管理理念、工作方式、组织结构、人员配备、组织文化等多方面进行不断调整、改进和革新的过程。

一、组织变革的原因

　　组织变革是保持组织活力的一种重要手段。组织作为一个开放有机体，组织必然要随着内外环境的改变而相应地进行调整和变革。对内调整的目的在于改进员工的态度和行为，提高组织文化；对外调整的目的是在外部环境中充分利用企业的内部组织优势，从而实现组织持续发展和业绩的提高。组织变革的原因如下。

（一）组织变革的外部原因

　　科技作为当今世界最具活力的要素之一，其发展的步伐也越来越快。随着科技的进步，人们的生产、生活方式发生了很大改变，组织运行也发生了相应改变。比如电脑技术的迅速发展，互联网的普及等，都给各个组织带来了巨大的冲击。

1. 社会、政治、法律因素影响组织变革

国家经济政策的调整、宏观管理的调整、新的法规的颁布，以及人们的消费习惯的改变，都不可避免地会对组织产生影响。从改革开放到现在，由计划经济逐步走向市场经济，每次重大的转变都会导致企业经营模式和管理方法发生改变。在过去的 20 多年里，我们的社会变化最为剧烈，也是企业组织变革最活跃的时期。

2. 经济变化对组织造成影响

在经济变革中，企业最能体会到市场供需的改变。随着"短缺经济"的结束，大部分产品都出现了供给过剩，市场竞争更为激烈，若企业不能积极应对市场变化，势必会面临危机。

3. 国际性的变化及突发事件对组织变革的影响

例如，在我国加入世界贸易组织后，国际性的变化因素对国内市场和公司产生较大的影响，大部分公司都正视其问题来考虑自身的组织行为；在 1998 年突发亚洲经济危机，很多向该地区大量出口的公司都受到了严重的影响。

可见，外部环境的改变，扰乱了组织的平衡，给企业的发展造成了影响，但同时也为企业创造了新的机遇和挑战，推动企业建立新的平衡。不管是威胁还是机遇，都需要企业对其具有充分的预测性和适应性，并在适当中随时改变。在不断变化的外界环境中，如果只追求稳定，唯恐混乱、因循守旧，势必会给企业带来更大的威胁，甚至是危机。

（二）组织变革的内部原因

组织变革的内部原因常常是促成组织变革中最直接、最具有决定性的原因。外因往往要通过内因而起作用，外部因素无论多重要，如果没有引起组织内部的共鸣，就很难对组织发展产生影响。

1. 组织规模、经营内容与范围、组织本身性质、任务等方面的变化

它们往往与组织战略的重新制定和调整有紧密联系。如企业通过兼并方式迅速发展，产品经营多元化，邮电系统将邮政业务和电信业务划分为不同的企业，这一切的变化都促使组织进行改革。组织的资源条件一样会变化，例如，煤矿企业开采的地下资源逐步耗尽；企业所用原料价格大幅上涨，生产技术、管理手段、控制工具等不断更新换代，这就不可避免地需要对组织进行改革。

2. 组织成员的变化

当构成组织的成员在年龄、性别、文化程度、素质等方面一旦有变化，会推动组织变革提出新的要求。比如，随着组员文化程度的提高，他们会对集权式的管理产生更多不满，年轻人则会对注重资历的报酬制度提出调整的要求；提升员工素质能够促进工作效率，从而对劳动分工需要进行调整。组织成员的心理变化也是影响企业组织变革的主要因素之一，组织内环境的改变主要体现在组织成员的心理变化，如员工对待工作的态度，对分配奖罚制度的理解，对归属感、上进心、自尊心的需求等，在组织改革中都应该给予重视。

总之，企业在诸多矛盾中生存，正是这些矛盾的运动推动着企业的生存与发展。企业要继续生存，就必须要适应不断变化的环境，要适应这些变化，就需要企业不断地变革；而变革的动力是从矛盾运动中产生的，矛盾驱动着变革，变革带来了适应，通过适应，企业得以生存与发展。

（三）组织变革的征兆

企业组织结构变革的特点有艰巨性、效果的滞后性等。组织结构的变革和影响一般不会立竿见影，常常要经历一个较漫长的过程。所以，要敏锐地察觉并捕捉到企业组织结构变革的征兆，并能及时作出改变，只有这样，才能够尽早实施变革，争取取得期望的变革成效。组织变革的征兆有以下几点。

（1）企业经营业绩下滑。如市场占有率减少、产品质量下降、消耗及浪费严重、企业资金周转不畅、经营利润持续下滑、客户投诉增加等。

（2）企业生产经营缺乏创新。如在激烈的市场竞争中，企业缺少新的策略和应变手段，在产品开发上，缺少新的理念，新产品开发不足，技术更新缓慢；经营管理观念陈旧，缺少现代管理理念，没有有效的创新管理方法，或新方法难以实施等。

（3）组织机构本身病症的显露。比如：决策迟钝、指挥不力、沟通不畅、组织臃肿；职能重复、管理范围过大、扯皮增加、人员矛盾增加、管理效能降低等。

（4）职工士气低落，不满情绪增加。如一些职能部门的管理者因没有授予足够的权力和职责而提出离职申请，尤其是管理层提出的合理化建议较少，雇员旷工率、病假率、离职率上升等。

如果企业出现以上征兆，应当及时进行组织诊断，用以判定企业组织结构是否有加以变革的必要，并及时作出相应的变革决策。

测一测

组织变革有哪些征兆？

二、组织变革的程序

企业组织结构变革是一个过程。为了科学、有步骤地进行改革，必须遵循合理的程序和步骤，而有的企业却忽略了改革的合理程序，在没有仔细调查的情况下，就贸然地进行改革，不仅未能实现变革的目标，反而使管理工作出现了一些混乱和损失。

科学完整的组织变革程序包括诊断阶段、计划和执行阶段、评价阶段三个阶段。评价的结果，又需要反馈到第二阶段，对组织变革的计划作出必要的修改与更正。每一个阶段，还包含一些步骤。

（一）诊断阶段

组织变革的首要步骤是根据组织的表现和经营状况，准确地界定组织所处的生命周期阶段，从组织的生命周期理论和现实情况的角度出发，找出组织在运行和发展过程中所存在的问题。

（1）确定问题。提出组织结构需要变革的问题与目标。

（2）组织诊断。收集资料和情况，进行组织分析。

（二）计划和执行阶段

（1）提出变革方案。根据确定的组织变革目标，结合本组织的实际情况，确定变革的突破口和重点。制定一些可行的变革方案，供领导抉择。

（2）分析限制条件。为了使组织变革取得成功，还应该对变革的限制条件进行仔细的剖析，即组织变革有哪些制约因素、需要具备什么条件。变革的限制条件，在不同时期、不同组织中会有很大的差异，但是，必须要考虑两条限制条件，即上级主管部门的支持度、是否具备组织内部变革的基础条件。

（3）制定变革方针。确定变革的指导原则、方式和策略。

（4）制订变革计划。确定变革工作的具体安排、组织和领导、工作步骤、试点及全面推进计划。

（5）实施变革计划。依据变革计划，从变革的突破口开始，逐渐进入组织的变革实施过程。以组织为中心的变革重点是组织结构的重新划分或重大调整。

（三）评价阶段

（1）评价效果。检查、分析、评价变革效果与存在的问题。

（2）信息反馈。及时反馈，修正原变革方案与计划。

测一测

简述组织变革应遵循的程序。

三、组织变革的内容和方法

企业组织变革的内容和方法一般集中在结构变革、技术变革和人员变革三个方面。

（一）结构变革

组织结构并非一成不变。组织结构要适时地进行变革，其主要目的是使组织更加适应环境，更有利于实现企业目标和战略。

组织结构是由纵向、横向、职权等结构构成，管理者可结合实际情况对这些结构做一方面或多方面的变革。比如，可将一些部门的职责合并在一起，改变专业分工的形式，增加或简化一些部门，又或者精简某些组织纵向的层次，拓宽管理幅度范围，实现组织扁平化；还可以通过提高分权化程度，加快决策制定的过程。

组织会根据战略需求，对企业的实际组织结构进行重大的调整，包括从直线职能制向事业部制的转变；管理者还可以考虑重设职位或调整工作流程，或修改岗位说明书、丰富工作内容；或组织各种委员会、任务小组等；也可以改变薪酬制度，通过职工持股增加凝聚力，还可以实施利益分配计划，以增强激励。

（二）技术变革

技术变革多指所涉及的新设备、新工具、新方法的引进，如实现自动化和计算机化等。自动化始于工业革命时代，它是以机械取代人工的一种技术变革。随着自动化水平的不断提升，产品生产质量得到提高，生产成本不断下降。近几年来，最明显的技术变革来自电子信息技术的广泛应用，电子信息技术已对传统教育、医疗、生活方式发生着较大的影响，促进了许多新科技、新领域、新技术、新方法的形成，使组织机构发生革命性的变化。

（三）人员变革

企业的主体是人，人也是组织管理中最重要的资源，对组织起着决定性作用。可通过以下几种方法改进组织中成员之间的人际关系，提升组织成员的满意度，改进组织的工作效率。

（1）敏感性训练。敏感性训练是训练管理者改变其行为的一种方法。在一个自由开放的环境中，由专业行为学专家带领，将各单位、各级别的学员组成训练小组，开设短期培训班。让参与者自由地谈论他们感兴趣的话题，自由发表观点，分析他们的行动和感受，并就他们的行动提出反馈，提高对问题的敏感度。敏感性训练属于一种变革方法，研究表明它能够快速地改进交流技巧，有助于提高认知的准确性，以及能够促进个体参与意愿。

（2）调查反馈。调查反馈是识别组织成员之间的认知差异，评价其态度，利用调查信息的反馈帮助组员消除差异的一种方法。一般将调查问卷发放给组织或单位的全体人员，其问题涉及决策制定、沟通成效、单位之间的协调、人员激励等方面，及员工对企业各方面的满意度和意见。将调查问卷经统计后整理成表格发给相关人员并组织讨论，通过收集到的资料对问题进行分析及诊断，找到解决的方案，促使参与者转变态度，改善人际关系，营造和谐的组织氛围。

（3）过程咨询。过程咨询是让外部顾问帮助管理者对其必须处理的过程事件形成认识、理解和行动能力的一种方法。过程事件可以包括工作流程、单位成员之间的非正式关系，以及正式的沟通渠道等。咨询者帮助管理者更好地认知自己周围的环境，了解与他人之间发生的事件。咨询者的工作是在引导和训练的过程中帮助管理者解决自身问题，提出意见，而并非解决组织中的具体问题。如果管理者依然存在问题，咨询者将协助管理者，为其提供一位具有相应技术知识的专业人员。

（4）团队建设。团队建设是通过高度互动的群体活动提高团队中的信任和真诚的一种方法。团队建设的目标是提升组员协作能力，提高团队成绩，团队建设适用于相互依赖的情况。在设计团队建设方案时，一般包括目标设置、团队成员间人际关系的开发、明确各成员任务和责任的角色分析、团队过程分析等活动。

（5）组织发展。组织发展的目的是改变不同工作小组成员之间的相互看法、态度。例如，两个团队之间的工作关系不良，可以请他们各自列出一张关于以下问题的列表：我们怎样看待自己？我们怎么看待对方？我们觉得另一组是怎么看待我们的？然后，让成员互相交流一下，看看有哪些共同点和不同点，重点关注不同点。接下来，两个团队将探讨产生差异的原因，并努力找到改善团队关系的办法。

测一测

简述人员变革的主要方法。

四、变革的阻力及策略

变革存在阻力未必是一件坏事，促使其行为具有一定的稳定性和可预见性；组织变革一旦没有阻力，组织行为会变得混乱而随意。但变革存在阻力也有明显的不足，它会阻碍组织更好地适应环境和不断进步。

（一）反对变革的原因

（1）个人或群体原有的习惯。习惯是长期养成的，不容易被改变。虽然对现在的状况会有一些不满，但至少了解它的内情，而变革一旦发生，对本来已知的情况就会出现模糊与不确定，工作人员对未知的、不确定的东西会感到厌恶。比如，把一个复杂的统计学模式引进到生产厂家，常常会导致很多质检人员要学会新的检测手段，而有的质检人员会害怕自己无法掌握，因此对于使用统计控制方式会有一种敌对的情绪，要求他们采取这种方法时常常是无效的。

（2）担心失去既得利益。变革会危及人们在维持现状方面的投入。投资于现有体制越多，变革阻力越大，因为他们害怕丧失现有的地位、收入、权力、友谊、个人便利或其他利益。例如，年纪大的雇员比年纪小的雇员更不愿意改变，年纪大的雇员通常在已有的体制上投入了更多，因此在变革的过程中会造成更多的损失。

（3）认为变革不符合组织的目标和最佳利益。如果雇员因为变革推动者推行的新的运作方式而导致生产力和产品质量的降低，那么他们很有可能会反对这项变革。如果该雇员能够积极地表明自己的异议，与变革推动者明确表明自己的观点，并且提供相应的依据，那么这种抵触方式是有利于企业发展的。

综上所述，阻力未必是一件坏事，变革的过程就是变革的动力和阻力的相互作用，此消彼长。组织的变革永远不会一帆风顺，要想成功地推进组织变革，就必须减少对组织变革不利的因素。

（二）降低变革阻力的策略

阻力是一种必然的现象，且有利有弊，作为变革的推动者必须正视阻力，分析产生阻力的原因。可通过以下策略降低有害的变革阻力。

（1）教育与沟通。加强对员工的教育与沟通，帮助他们认识变革的原因，会对降低阻力有一定帮助。大部分阻力是由信息失真或沟通不良造成的，可以通过多种形式，如个别会谈、备忘录、小组讨论或报告会等，帮助员工了解事实、澄清错误认知，有助于阻力减退。

（2）参与。一个参与这项工作的人很少会持反对意见，也不易成为变革的阻力，所以，在组织变革之前，可以将持反对意见的人纳入决策程序中。若参与者具备相关专业知识，能够对其作出重要的贡献，则会降低阻力、获得承诺，从而提高变革的决策质量。然而，这个策略也存在不足之处，可能会导致非最优决策，并且会耗费大量的时间。

（3）促进与支持。变革推动者可以通过一系列的支持性措施来降低阻力，比如在大学里使用新的多媒体教学方法时，为教师们提供新技能培训，同时，对于率先采取这种新方法的教师，给予相应的奖励，从而推进新教学方法的推广。这种策略同样存在不足，一是耗时，二是成本高，成功把握程度低。

（4）谈判。谈判是处理变革潜在阻力的另一种方式，它是通过以某种有价值的东西来换取阻力的降低。例如，当阻力集中在少数有影响力的个人时，可以通过谈判来形成某一奖酬方案，使这部分人的需要得到满足。当阻力来自某权力源时，谈判这一策略尤其适用，但它也存在着潜在的高成本风险。

（5）操纵与合作。操纵是将努力转换到施加影响上。比如为了使变革更具吸引力，有意扭曲事实、故意隐瞒具有破坏性的消息、制造谣言使员工接受变革等。合作是一种形式，它介于操纵和参与之间，它通过"收买"反对派的领导者参与变革决策来降低阻力。因此，征求这些领导者的意见，并非为了达到更好的决策，而是为了取得他们的承诺。操纵与合作这两种策略便于得到反对派的支持，成本低，但其欺骗或利用的手段若被察觉，易适得其反，甚至会丧失变革推动者的威信。

（6）强制。强制是指直接对抵制者使用威胁力和控制力，如调换工作、不予升职、负面绩效评估及其他的惩罚方式。强制的优缺点和操纵与合作相似。

（7）力场分析。力场分析是指通过对推动力与约束力的排队分析，比较其强弱，有针对性地采取措施对抵制进行解冻。心理学家运用力场分析法对推动力和约束力作出详细分析后，有针对性地解决实际问题，对克服抵制变革有较大成效。

测一测

简述降低变革阻力的策略。

【教学视频】

企业组织变革

【模块小结】

通过本模块的学习，我们对企业组织管理有了更清晰的认知，掌握了企业组织基本概念与企业组织结构，能够对企业组织进行设计，掌握企业组织运行的方式及企业组织变革的应用，能够利用相关理论知识为未来企业适应社会变革作出应有的贡献。

【课外阅读——"二十大时光"】

从模仿到创新，中国企业开始走向（领跑）世界

【思考与练习】

一、案例分析

老板叶女士创立 A 公司后，公司的大小事务都由她一个人负责。该企业由生产文化用品及书籍销售两个体系构成。2022 年，负责文化用品生产的胡经理辞职到另外一家文化用品生产企业担任总经理，并从 A 公司带走了 7 位重要的员工，随后又有其他员工陆续流失。一年后，胡经理从 A 公司共挖走 60 多名职工，而这些员工离开 A 公司主要是因为公司缺乏有效的激励，他们的自主权小，公司的权力都集中在董事长叶女士的手中。

对于这种情况，董事长叶女士认识到自己的管理方式出现了问题，应该及时调整，但她并不知道具体该如何操作。请你帮助叶女士并提出管理建议。

二、模块测试

（一）单选题

1. 一家产品单一的跨国公司在世界许多地区拥有客户和分支机构，该公司的组织结构应考虑按（　　）因素来划分部门。

　　A. 职能　　　　　　　　B. 产品　　　　　　C. 地区　　　　　　D. 顾客

2. 对于管理者来说，进行授权的直接原因在于（　　）。

　　A. 使更多的人参与管理工作　　　　　B. 充分发挥骨干员工的积极性

　　C. 让管理者有时间做更重要的工作　　D. 减少管理者自己的工作负担

3. 目前，我国大多数企业根据部门的职能，将整个企业划分为生产部门、营销部门、财务部门、人事部门和公关部门，这种划分方法（　　）。

　　A. 能够提高效率，部门之间各自为政，不容易产生矛盾

　　B. 使部门之间协调差，缺乏沟通，产生矛盾，且谁都不对企业利润负责

  C. 适合产品种类多、地理分布广的企业

  D. 适合跨国公司这样的大企业

4. 跨国公司最适合采取的组织结构形式是（ ）。

  A. 直线型   B. 虚拟企业型   C. 职能型   D. 事业部制

5. 主管的决策性工作越多，其管理幅度应（ ）。

  A. 减少   B. 增大   C. 不变   D. 制度化

（二）简答题

1. 组织结构的形式有哪些？它们分别有哪些优缺点？适用的条件是什么？

2. 请简述组织变革的程序。

生产运作与物流管理

生产线就是一条生命线，产品就是一个鲜活的生命。

——佚名

【能力目标】

通过本模块的学习，能够具备对物流企业生产规划的认知能力；具备掌握生产运作的任务能力，并在今后加以运用。

【素质目标】

能够敏捷、高效地生产；理解生产过程中的典范作用，强化不怕苦、不怕累、深挖生产技术。

【知识结构】

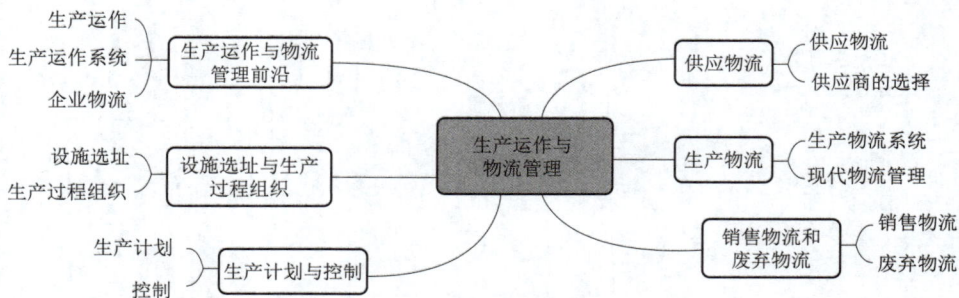

学习单元一　生产运作与物流管理前沿

【学习目标】

1. 了解生产运作管理的含义。
2. 理解生产运作与物流的关系。
3. 掌握生产运作管理的目标和任务。

【学情分析】

1. 学生对传统生产技术兴趣不强。
2. 学生在实际操作过程中动手能力不强。
3. 学生对吃苦耐劳的精神认识不够。
4. 学生实际演练机会较少。

【单元导入】

　　青岛啤酒企业集团于 1998 年第一季度，提出了以"新鲜度管理"为系统目标的物流管理系统思路，开始建立新的物流管理系统。当时青岛啤酒的年产量不过 30 多万吨，但库存就高达十分之一，即维持在 3 万吨左右。这么高的库存，引发了几个问题：①占压了相当大的流动资金，资金运作的效率低；②需要有相当数量的仓库来储存这么多的库存，当时的仓库面积有 7 万多平方米；③库存数量大，库存分散。经常出现局部仓库爆满，局部仓库空闲的问题，同时没有办法完全实现先进先出，使一部分啤酒储存期过长，新鲜度下降甚至变质。青岛啤酒集团并没有把压缩库存作为物流系统的直接目标，而是把"新鲜度管理"作为物流系统的直接目标，这个目标的提出，不但能够解决库存降低、流动资金降低、损耗降低的目的，更重要的是面向消费者的实际需求，在实现消费者满意的新鲜度目标的同时，达到解决库存问题的目的。新鲜度管理的物流系统目标提出："让青岛人民喝上当周酒，让全国人民喝上当月酒。"实施方法是：以提高供应链运行效率为目标的物流管理改革，建立集团与各销售点物流、信息流和资金流全部由计算机网络管理的快速信息通道和智能化配送系统。他们首先成立了仓储调度中心，重新规划全国的分销系统和仓储活动，实行统一管理和控制。不仅提供单一的仓储服务，还进行市场区域分布、流通时间等全面的调整、平衡，成立有独立的法人资格的物流有限公司，以保证按规定的要求，以最短时间、最少环节和最经济的运行方式将产品送至目的地。这样一来，就实现了全国的订货，产品从生产厂直接运往港、站；省内的订货，从生产厂直接运到客户仓库。同时对仓储的存量做了大幅度压缩，规定了存量的上限和下限，上限为 1.2 万吨，低于下限发出要货指令，高于上限不再安排生产，这样使仓库成为生产调度的"平衡器"。

问一问：

青岛啤酒是通过何种途径实现新鲜度管理的物流系统目标的？

（资料来源：百度文库）

【经典案例分享】

青岛啤酒

【应知应会】

一、生产运作的基本概念

在 20 世纪 80 年代以前，西方国家的学者把提供有形产品的活动称为"生产"（production），而把提供服务的活动称为"运作"（operations）。现在，他们已倾向于将两者均称为"operations"，将有形产品和服务统称为"财富"，把生产运作视为创造财富的过程，从而把生产运作的概念扩大到了非制造领域。因此，本书将"production"和"operations"都译作"生产""运作"或"生产运作"。

在考虑了生产运作概念的演变与扩展之后，本书给生产运作下的定义是："生产运作是一切社会组织将它的输入转换为输出的过程。"

单件小批生产具有的上述特点使其生产管理工作更加复杂，主要体现在：产品繁多导致生产计划复杂，生产运作的实施和控制难度增大；生产技术准备工作量大，导致设备调整时间长，设备利用率低，如何协调各个部门之间的合作将成为管理工作的重点内容；由于产品不断变化，对工人的操作技能要求较高，人力资源管理工作极为关键。采用单件小批生产类型的实例很多，如造船、重型机械制造、大型建筑、桥梁、专用大型电机和锅炉等。值得注意的是，随着人们生活水平的提高，消费观念也在发生重大变化，人们的需求更趋于个性化，使得一些通用产品（如轿车、家电等）的生产有逐步向小批量甚至是单件方向发展的趋势，这些都将给生产运作管理工作提出新的课题。

生产类型选择对企业经营具有重要的影响。近几年来，国际市场对我国的出口产品提出了更高的要求，一些中小型企业在生产类型的选择上出现了这样或那样的偏差，究其原因是对产品市场缺乏必要的研究，有些企业在引进了大量生产线后，尚未正式投入生产，市场就已经发生了重大变化，其生产线所能生产的产品已经被性能更加优良的产品所替代，形成还未上马就下马的局面，使企业蒙受了巨大的损失。

二、生产运作管理

（一）生产运作管理的概念

所谓生产运作管理，就是对生产系统或运作系统进行战略决策、设计、运行、控制与改进。通过这些活动过程，人力资源、物力资源、资本和信息的投入被转化成产品或服务。

生产运作管理的基本职能就是计划与决策、组织与设计、运行与控制。传统意义上的常生产管理（"设计—生产技术—制造"）是必不可少的。但是，当今科技发展日新月异，市场需求日趋多变，产品更新换代的速度越来越快。这种趋势一方面要求必须加快新品的研究与开发，另一方面又要按照科技进步与新产品的要求不断对生产系统进行选择、设计与调整。这样，生产运作管理的职能范围必然从原来偏重于生产系统的内部运作管理发生向前和向后的双向延伸。"向前"是指向产品的研究与开发、生产系统的选择与设计延伸："向后"是指向产品的售后服务及市场调查延伸。对于非制造业，在当今市场需求多变、科技日新月异的大环境下，同样面临着不断推出新产品、提供全方位服务和调整运作方法的任务。

（二）生产运作管理的内容

生产运作管理的研究内容可从企业生产运作活动过程的角度分析。就有形产品的生产来说，生产活动的中心是制造部分，即狭义的生产。所以，传统的生产管理学的中心内容主要是关于生产的日程管理、在制品管理等。但是，为了进行生产，生产之前的一系列技术准备活动是必不可少的，如工艺设计、工装夹具设计、工作设计等，这些活动可称为生产技术活动。生产技术活动基于产品的设计图纸，所以在生产技术活动之前是产品的设计活动。"设计—生产技术准备—制造"这样的一系列活动才构成了一个相对较完整的生产活动的核心部分。

按照生产运作管理的内涵及职能框架，生产运作管理的内容应包括以下几方面。

1. 生产运作系统设计

生产运作系统的设计包括产品或服务的选择和设计、生产运作设施的定点选择、生产运作设施的布置、服务交付系统设计和工作设计。生产运作系统的设计一般在设施建造阶段进行。但是，在生产运作系统的生命周期内，不可避免地要对生产运作系统进行更新，包括扩建新设施、增加新设备，或者由于产品和服务的变化，需要对生产运作设施进行调整和重新布置。在这种情况下，生产运作系统会遇到设计方面的问题。

生产运作系统的设计对其运行有先天性的影响。如果产品和服务选择不当，将导致方向性错误，造成人力、物力和财力无法弥补的浪费；厂址和服务设施选址不当将直接导致产品和服务的成本上升，影响生产经营活动的效果，这一点对服务业尤其重要。

2. 生产运作系统的运行与抗制

生产运作系统的运行主要解决的问题包括生产运作系统如何适应市场变化，按用户的需求输出合格产品和提供令人满意的服务。生产运作系统的运行主要涉及生产计划、组织与控制三个方面的内容。

（1）计划方面解决生产什么、生产多少和何时产出的问题，包括预测对本企业产品和服务的需求，确定产品和服务的品种与产量，设置产品交货期和服务提供方式，编制生产运作计划、做好人员班次安排，统计生产进展情况等。

（2）组织方面解决如何合理组织生产要素，使有限的资源得到充分而合理的利用的问题。生产要素包括劳动者（工人、技术人员、管理人员和服务人员等）、劳动资料（设施、机器、装备、工具、能源等）、劳动对象（原材料、毛坯、在制品、零部件和产成品等）和信息（技术资料、图纸、技术文件、市场信息、计划、统计资料、工作指令等）。劳动者、劳动资料、劳动对象和信息的不同组合与配置构成了不同的组织生产方式，简称为生产方式，如"福特生产方式""丰田生产方式"。一种生产方式不是一种具体方法的运用，而是在一种基本思想指导下的一整套方法、规则所构成的体系，它涉及企业的每个部门和每一项活动。

（3）控制方面解决如何保证按计划完成任务的问题，主要包括接受订货控制、投料控制、生产进度控制、库存控制和成本控制等。对订货生产型企业，接受订货控制是很重要的。是否接受订货、订多少货是一项重要决策，它决定了企业生产经营活动的效果。投料控制主要是决定投什么、投多少、何时投，它关系到产品的出产期和在制品数量。生产进度控制的目的是保证零件按期完工，产品按期装配和出产。库存控制包括对原材料库存、在制品库存和成品库存的控制，如何以最低的库存保证供应是库存控制的主要目标。

3. 生产运作系统的维护与改进

在这方面，主要根据生产运作系统的运行情况和内外环境的动态变化，对系统进行维护与改进。它包括设备维护与改进、管理信息系统维护与改进两部分，同时改进与完善生产运作管理的理论体系与方法体系。

（三）生产运作职能的地位

1. 生产运作职能是组织的三大基本职能之一

为了创造产品和提供服务，所有的组织都要发挥三种职能（表4-1）。

（1）市场营销，即引导新的需求，至少要获得产品和服务的订单。

（2）生产运作，即创造产品和提供服务的过程。

（3）财务会计，即跟踪组织运作的状况，支付账单及收取货款。

表4-1 所有组织都具备三种基本职能

组织名称	市场营销	生产运作	财务会计
快餐店	发布电视广告、分发宣传品、赞助儿童组织	做汉堡、做薯条、保养设备、设计新店面	向供应商付款、收取现金、支付员工工资，支付银行贷款利息

续表

组织名称	市场营销	生产运作	财务会计
大学	邮寄招生目录、在中学宣传	探索真理，传播真理	向教职工支付工资，收学费
汽车制造商	发布电视广告、报纸广告、赞助汽车赛道	设计汽车、制造零部件、装配汽车、发展供应商	向供应商付款，支付员工工资，作出预算，支付股息，出售股票

社会组织的这三种基本职能分别完成不同但又相互联系的活动，这些活动对组织的经营来说都是必不可少的，每项职能对组织目标的实现都起着重要作用。通常，一个组织的成功不仅依赖于各个职能发挥得如何，而且依赖于这些职能的相互协调程度。例如，除非生产部门与营销部门相互配合，否则营销部门推销的可能是那些无法盈利的产品或服务，或者生产部门正在创造的是那些没有市场需求的产品和服务。同样，若无财务部门与市场部门的密切配合，当组织需要扩大规模或购买设备时，可能会因资金无着落而难以实现。

2. 生产运作职能是组织创造价值的主要环节

生产运作职能的实质是在转换过程中发生价值的增值。增值是用来反映投入成本与产出价值之间差异的一个概念。对非营利组织而言，产出（如高速公路建设、公安与消防）的价值即是它们对社会的价值，其增值部分越大，说明其生产效率越高。而对营利组织来说，产出的价值由顾客愿意为该组织的产品或服务所支付的价格来衡量，企业用增值带来的收入进行研究与开发，投资于新的设施和设备，从而获取丰厚的利润。其结果是，增值越大，可用于这些方面开支的资金就越多。

生产运作是将投入转换成产出的过程，因此组织创造价值的主要环节是生产运作，即在生产运作环节通过人们的劳动过程创造了财富，增加了价值。组织的产值、利润等预想目标也只能通过生产运作环节转变成现实。

3. 生产运作职能是组织竞争力的源泉

在市场经济条件下，组织竞争到底靠什么？虽然不同的组织有各自不同的战略，但最终都会体现在组织所提供的产品和服务上，体现在产品或服务的质量、价格和及时性上。因此，组织之间的竞争实际上是组织产品和服务之间的竞争。而组织产品或服务的竞争力在很大程度上取决于组织的生产绩效，即如何保证质量、降低成本和把握时间。从这个意义上说，生产运作职能是组织竞争力的真正源泉。

（四）生产运作管理的地位

生产运作是人类最基本的活动之一，企业中大部分的人力、物力和财力都投入生产活动当中，以制造社会所需要的产品或提供顾客所需要的服务。在企业资金运动链上，生产运作是把现金变成储备资金，再变成生产资金，最后转换成成品资金。财务会计是企业进行资金筹措、运用和核算的基本过程，其职能是衡量企业的经营效率、支付成本及费用、回收销售货款。市场营销专司开拓市场与销售，发现与发掘顾客的需求。它实现产品在市场上的"惊险一跃"，实现价值的转换，将成品资金转换成现金。

生产运作管理与市场营销这两者在层次上处于同一水平，相对独立。在关系上，市场营销是先导，企业选择什么产品、生产多少、什么时候生产及交货都是由市场营销部门决定的。而生产运作管理的任务是在市场营销的指导下，按质、按量、按时、低成本地生产产品或提供服务、它为市场营销部门提供有竞争力的产品或服务，处于基础地位。

从财务角度来看，市场营销是回收资金，生产运作是投入资金。资金怎样投，应该受到财务上的指导。企业资金绝大部分投在生产运作过程中，生产运作管理对资金应负有重要的管理责任，这个责任体现在如何用好各种资源及如何缩短生产周期上。因此，财务会计管理与生产运作管理的目标是一致的。

总之，市场营销是先导，财务会计是保证，生产运作是基础，三项职能连同企业其他职能（如人力资源、采购与供应等）在企业或服务业这一系统中相互依存，相互促进，共同发展。

（五）生产运作管理的作用

1. 生产运作过程是企业为服务业创造价值的主要环节

物质产品的生产制造是除天然合成（如粮食生产）之外，人类能动地创造财富的最主要活动。同时，工业生产制造也直接决定着人们的衣食住行方式，影响着工矿业、农业等社会产业技术装备的水平。另外，随着社会的不断进步，一系列连接生产活动的中间媒介，如金融、保险业、对外贸易、房地产、仓储运输、信息业等服务行业在社会生产活动中所占的比重越来越大，它们同样是人类创造财富的中心环节，因而生产运作是人类最主要的生产活动，也是人类创造价值、服务社会和获取利润的主要环节。

2. 生产运作管理是企业管理的基本职能之一

只有严格、高效地组织和管理好生产运作过程，才能在真正意义上实现价值的创造，同时企业管理的其他各项基本职能也才能发挥作用。

3. 生产运作过程是企业或服务业降低成本、创造利润的重要环节

大部分企业或服务业的成本支付是发生在生产运作环节中的。显然，通过有效的生产运作管理，可以找到最佳的机会使企业降低成本、增加盈利。

4. 生产运作管理是企业提高竞争力的源泉

企业竞争力的强弱在很大程度上体现在产品的质量、价格和适时性上。消费者最关心的是产品或服务所提供的功效，而这一切又取决于生产运作管理的绩效，即如何保证质量、降低成本和按时完成。许多企业的成功正是靠它们卓有成效的生产运作管理，才使其产品风靡全球，不断提高其全球竞争力。

生产运作与物流管理前沿

三、企业物流概述

（一）物流的概念

目前对物流的定义很多，各种定义强调的侧重点不同。我国国家技术监督局对物流的定义是：物流是指按用户的要求以最小的总费用将物质资料（包括原材料、半成品、产成品、商品等）从供给地向需求地转移的过程，主要包括运输、储存、包装、装卸、配送、流通加工、信息处理等活动。物流活动是一种创造时间价值、场所价值，有时也创造一定的加工价值的活动。

（二）企业物流的概念

企业物流是物流研究和实践最重要的领域之一。企业物流是指在企业生产经营过程中，物品从原材料供应，经过生产加工，到产成品和销售，以及伴随生产、消费过程所产生的废弃物的回收和再利用的完整循环活动。企业物流包括供应物流、生产物流、销售物流、回收物流和废弃物物流。企业物流管理就是企业为合理配置物流资源、有效提供物流服务、不断创造物流价值、谋求良好经济效益而理顺各种关系的活动过程。

企业物流是从企业角度上研究物流的有关活动。企业物流可以分为以下几种不同的典型物流活动。

1. 企业供应物流

企业供应物流管理的目标就是以正确的价格、在正确的时间、从正确的供应商处购买到正确数量和质量的商品或服务，包括以下内容和环节。

（1）企业采购管理。采购管理要科学化，首先就要规范采购作业的行为模式。任何人都需要按照规定的采购流程采购，以保证工作质量，防止资金不必要的流失。

①提出采购需求计划。采购需求计划必须严格地按照销售和生产部门的需要及现有库存量，对品种、数量、保险库存量等因素进行科学的计算后才能提出，并且要采取审核制，采购的数量、种类、价格等必须经过主管部门批准才有效。通过对采购需求计划的控制来防止随意和盲目采购。

②认证供应商。选择供应商是企业采购过程中的重要环节，应该尽可能地列出所有供应商清单，采用科学的方法挑选合适的供应商。

③发出采购订单。采购订单相当于合同文本，具有法律效力。签发采购订单必须十分仔

细，每项条款都应认真填写，关键处用词必须反复推敲，表达要简洁，含义要明确。对采购的每项物品的规格、数量、价格、质量标准、交货时间与地点、包装标准、运输方式、检验形式、索赔条件与标准等都应该认真进行审核。

④跟踪订单。采购订单签发后，并不表示采购工作就此结束，必须对订单的执行情况进行跟踪，防止对方违约。为保证订单顺利执行，货物按时进库，应对订单实施跟踪，这样可以使企业随时掌握货物的动向，万一发生意外事件，可及时采取措施，避免不必要的损失或将损失降到最低。

⑤接收货物。货物运到自己的仓库，必须马上组织人员对货物进行验收。验收是按订单上的条款进行的，应该逐条进行，仔细查对。除此之外，还要查对货损情况，如货损是否超标。对发现的问题，要查明原因，分析责任，为提出索赔提供证据。货物验收完毕才能签字认可。

⑥评估采购工作。完成对采购工作的总结评价才表示一次完整的采购工作结束。评估的目的是为管理供应商提供实际操作表现数据，使得订单操作更加畅通。评估的主要内容可以包括：供应的及时状况，紧急订单的完成情况，组织效率，采购人员的能力及责任心，供应商的质量、成本、供应能力、服务能力等。

（2）供应商关系管理。供应商关系管理是企业保证物资供应、确保采购质量和节约采购资金的重要环节。供应商的管理不仅包括区分供应商级别，对供应渠道进行选择及从质量、价格、售后服务、交货期等方面对供应商进行综合的、动态的评估，还包括如何管理同供应商的关系。

根据供应商与企业的往来关系或供应商所提供产品的特点，可以下三种方式将供应商划分为不同的类型。

①按供应商的重要性，可将其划分为伙伴型供应商、优先型供应商、重点型供应商和商业型供应商。

②根据80/20规则将采购物品分为重点采购品（占80%的采购价值的20%采购物品）和普通采购品（占20%的采购价值的80%采购物品）。相应地，可以将供应商依据80/20规则分类，划分为重点供应商和普通供应商，即占80%的采购金额的20%供应商为重点供应商；而其余只占20%的采购金额的80%供应商为普通供应商。

③按供应商的规模和经营品种，可将其划分为"专家级"供应商、"低产且小规模"的供应商、"行业领袖"供应商、"量小且品种多"的供应商等。

2. 制造企业的物流过程

制造企业物流包括原材料供应物流、产品生产物流和产成品销售物流，如图4-1所示。

（1）原材料供应物流制造企业向供应商订购原材料、零部件，并将其运达原材料库，如图4-1中的A部分所示。

（2）产品生产物流在制造企业的车间或工序之间，原材料、零部件或半成品按照T女流程的顺序依次流过，最终成为产成品，送达成品库暂存。其中包括原材料库直接对各车间或工序的供料（图 4 – 1 中的 B 部分），半成品在车间 L 序流动（图 4 – 1 中的 C 部分），以及产成品送入成品库储存（图 4 – 1 中的 D 部分）。

（3）产成品销售物流制造企业通过购销或代理协议，将产成品转移到流通环节或最终顾客。另外，不合格材料的退货、残次品的回收复用、废弃物的处理等，形成了生产物流过程中的去向和回向分支性物流。

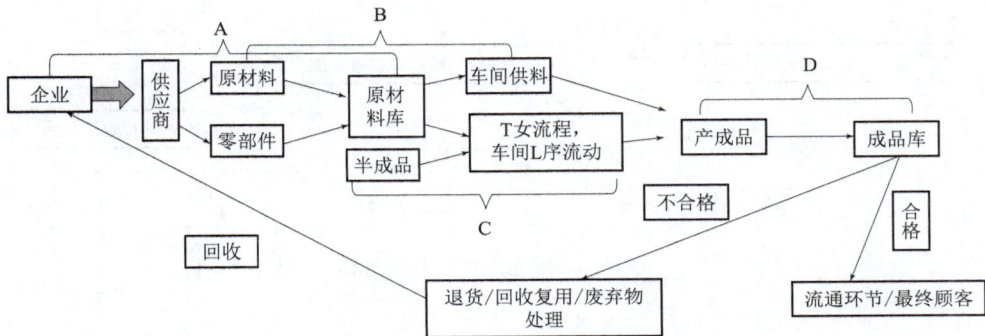

图 4 – 1　制造企业的物流过程

3. 零售企业的物流过程

零售企业物流主要包括商品采购环节的物流、后库商品的储存及配送物流、销售环节的物流，如图 4 – 2 所示。

（1）商品采购环节的物流在与供应商签订进货协议后，商品按照协议中的有关条款通过适当的途径和方式（如送货上门或零售企业自己提货），由生产企业或批发企业的储存库移动到企业的储存库或直接上货架（图 4 – 2 中的 A 和 B 部分）。这一物流过程实际上是以运输为主体，包括包装、装卸搬运等物流功能的组合。

（2）后库商品的储存及配送零售企业各门店或柜组陈列的商品，只是为了便于顾客选购方便，一般数量不会太多。为了提高顾客服务水平，避免短时间内的缺货风险，零售企业都会按适当的比例，在其储存库（后库）暂存一定量的商品。近几年来，零售业的连锁超市的这种业态在我国发展较快。一般来讲，一个大的连锁超市起码有几百家门店，因此，为满足数量庞大的门店的商品需求，连锁超市都拥有自己的配送中心来储存一定量的商品。

配送中心或后库储存的商品向门店或柜组的移动物流称为配送，如图 4 – 2 中的 B 部分所示。另外，还有门店或柜组间的商品的相互调剂所产生的物流，如图 4 – 2 中的 C 部分所示。

（3）销售环节的物流在直接的交易过程中，商品由货架移动到顾客处；在订货或兼有送货上门服务的销售环节中，则是由零售企业备车将商品从配送中心、后库或卖场货架送达顾客指定的场所，如图 4 – 2 中的 D 部分所示。

另外，在采购、进货过程中发现的不合格商品，往往需要退回货主；对配送中心、后库或货架上直接销售过程中的残、次、过期商品，往往需要回收、返销生产企业或将其废弃。这一过程也会产生运输、包装、装卸、搬运等物流作业。

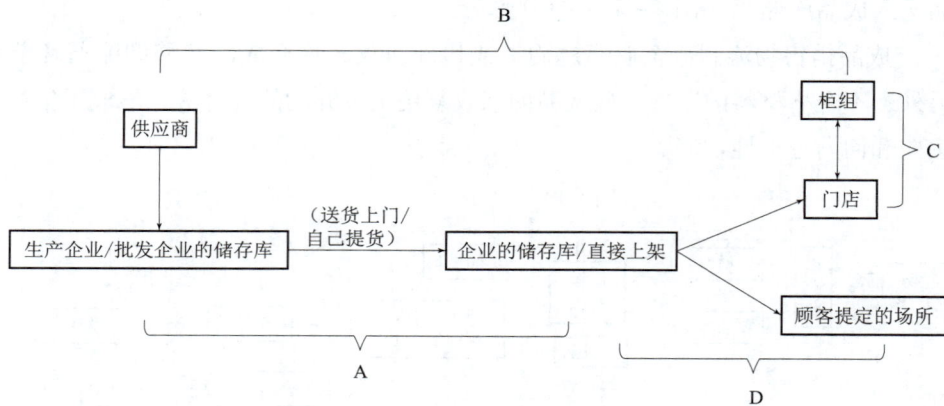

图4－2　零售企业的物流过程

4. 批发企业（配送中心）的物流过程

传统形态的批发企业功能比较单一，大多只承担采购和调送两个功能。从发达国家批发业的发展历程与我国市场经济条件下批发业的功能重组实践来看，现代的批发企业，实际上是一种以物流为主体功能的流通机构。通常所说的物流中心或社会化配送中心便是其具体化的组织形态。下面重点对配送中心的物流过程进行分析。

（1）收货。收货作业是配送中心运作周期的开始，包括订货和接货两个过程。配送中心收到和汇总顾客的订单后，首先要确定配送货物的种类和数量，然后再查询配送中心现有库存中是否有所需的现货。如果有现货，则转入配货流程；如果没有，或者虽然有现货但数量不足，则要及时发出订单，进行订货。通常，在商品货源宽裕的条件下，采购部门向供应商发出订单以后，供应商会根据订单的要求很快组织供货，配送中心接到通知后，就会组织有关人员接货。接货时，先要在送货单上签收，继而还要对货物进行检验。

（2）验收入库。验收入库是指相关人员采用一定的手段对接收的货物进行检验，包括数量的检验和质量的检验。若与订货合同的要求相符，则可以转入下一道工序；若不符合订货合同的要求，配送中心将详细记录差错情况，并拒绝接收货物。按照规定，质量不合格的商品将由供应商自行处理。经过验收之后，配送中心的工作人员随即要按照类别、品种将其分开，分门别类地存放到指定的仓位和场地，或直接进行下一步操作。

（3）储存。储存主要是为了保证销售需要，但要求是合理储存，同时还要注意在储存业务中做到确保商品不发生数量和质量的变化。

（4）配货。配货是指配送中心的工作人员根据信息中心打印出的要货单上所要的商品、要货的时间、储存区域，以及装车配货要求、顾客位置的不同，将货物拣选出来的一种活动。拣选一般以摘取的方式挑选商品。工作人员推着集货车在排列整齐的仓库货架间巡回走动，按照配货单上指出的品种、数量、规格挑选出顾客需要的商品并放入集货车内，最后存放暂存区以备装车。

（5）配装。为了充分利用载货车厢的容积和提高运输效率，配送中心常常把同一条送货路线上不同门店的货物组合配装在同一辆载货车上。在配送中心的作业流程中安排组配作业，把多个顾客的货物混载于同一辆车上进行配载，不但能降低送货成本，而且也可以减少交通流量、改变交通拥挤状况。一般对一家门店配送的商品集中装载在一辆车上，从而减少配送中心对门店的配送事项，同样也有利于环境保护。

（6）送货。送货是配送中心的最终环节，也是配送中心的一个重要环节。送货包括装车、送货两项活动。在一般情况下，配送中心都使用自备的车辆进行送货作业。有时，它也借助于社会上专业运输组织的力量，联合进行送货作业。此外，为适应不同超市的需要，配送中心在进行送货作业时，常常作出多种安排：有时是按照固定时间、固定路线为固定顾客送货；有时也不受时间、路线的限制，机动灵活地进行送货作业。

另外，为保障配送中心整体的正常运作，在业务上还需要进行信息处理、业务结算和退货、废弃货物处理等作业。

（三）企业主要的物流工作

本部分简单介绍企业中所涉及的主要物流工作，这些工作贯穿于企业供应、生产和销售物流活动中。它们包括网络设计、信息处理、运输、库存、装卸和包装等。

1. 网络设计

所谓网络设计，是指对企业物流设施的地理位置及规模的设计。典型的物流设施包括制造工厂、仓库、码头、零售店及它们之间的作业条件。网络设计就是要确定每一种设施需要多少、其地理位置及各自承担的工作等。在有些情况下，物流设施及作业可以由有关的专业服务公司承担，但不管是谁承担，企业都必须把所有的设施看作本企业物流网络的一个组成部分来进行管理。

2. 信息处理

现代信息技术的高速发展为物流作业信息化奠定了基础。物流作业运用信息处理技术的最重要的目标之一就是要平衡物流系统的各个组成部分，使总体效果最佳。例如，对于一个企业来说，要想实现快速的交付，可能采用两种方法：其一，在总部的销售部门累积一周的订单然后把它们邮寄到各地区办事处，各办事处再通过航空进行装运；其二，通过来自顾客的 EDI 订单，各办事处可随时取得订单，然后使用速度较慢的水上运输。两者相比，后者可实现在较低总成本下更快的顾客交付。

预测和订货管理是依赖于信息处理的两大物流工作。物流预测是估计未来的需求，指导企业的存货策略，满足预期的顾客需求。要使得预测准确，必须掌握大量的顾客需求信息，现代条码技术、扫描技术及数据仓库技术为企业物流的精确预测提供了保障。另一方面，企业可运用信息处理技术来达到主动控制物流作业的目的，运用诸如准时化、快速反应及持续补货等概念能对顾客的需求作出快速反应，因而可能最终克服预测的不精确性。

订货管理部门的工作涉及处理具体的顾客需求。顾客可以分为外部顾客和内部顾客。外部顾客就是那些消费产品或服务的顾客，以及先购买产品或服务然后再出售的批发商。内部顾客是指企业内部需要物流支持，以便承担起指定工作的组织单位。订货管理的过程涉及从最初的接受订货到交付、开票及托收等有关顾客管理的方方面面。所有以上活动，在当今顾客全球化的趋势下，没有信息处理技术的支持是不可想象的。

信息技术是连接各项物流作业的纽带，通过信息这根纽带，各项物流作业被视作物流信息系统的一个组成部分。

3. 运输

在既定的物流网络结构和信息处理能力的条件下，运输是指在不同的地域范围间（如两个城市、两个企业之间，或一个大企业内相距较远的两个车间之间），以改变物料的空间位置为目的，对物料进行空间位移的活动。从物流的观点来看，有三个因素对运输来讲是十分重要的，即总成本、速度和一致性。

运输总成本是指为两个地理位置间的运输所支付的款项及与管理费用和维持运输中的存货有关的费用。物流系统设计的目标应该是把运输总成本降到最低。

运输速度是指完成特定运输所需要的时间。运输速度和成本呈效益背反规律，主要表现在以下两个方面：首先，能够提供更快服务的运输公司要收取更高的运费；其次，运输服务越快，运输中的存货越少，无法利用的运输间隔时间就越短。因此，选择最佳的运输方式时，至关重要的问题就是如何平衡运输速度和成本。

运输的一致性是指在若干次装运中履行某一特定的运次所需的时间与原定时间或与前几次运输所需时间的一致性。它是运输可靠性的反映。一致性是高质量运输最重要的特征。如果给定的一项运输服务第一次花费2天，而第二次花费6天，这种意想不到的变化就会产生严重的物流作业问题。如果运输缺乏一致性，就需要安全储备存货，以防预料不到的服务问题。运输一致性问题会影响买卖双方的存货水平和有关的风险。

在物流系统的设计中，必须精确地维持运输成本和服务质量之间的平衡。发掘并管理好我们所期望的低成本、高质量的运输是物流的一项最基本的工作。

4. 库存

一个企业的存货需求取决于网络结构和顾客服务的期望水平。从理论上讲，企业可以在物流网络中大量储备每一种销售的产品，以便更好地为每一位顾客服务。但是，这样做会增加总成本，几乎没有哪家企业会承担得起如此耗资的存货。存货的目的是要以与最低的总成本相一致的最低限度的存货来实现所期望的顾客服务。虽然较高的存货可以用来弥补物流网络设计的不足，但在某种程度上却降低了物流管理的质量，而且把过度的存货用作向顾客提供的服务，最终将导致较高的物流总成本。

5. 装卸和包装

物流的上述四个活动：网络设计、信息处理、运输和库存，可以被设计成各种不同的物流作业方案。在一定的总成本约束下，每一种方案都能实现一定水平的顾客服务。物流的另外一些活动——装卸和包装都不具备上述的独立性质，它们只是每一种作业方案的组成部分。例加，在物流作业中，商品需要按确定的时间和数量放入仓库；运输车辆需要通过材料搬运进行有效装卸，各种产品只有打包装入运输纸板箱或其他类型的容器时，才能有效地进行装卸。把装卸和包装等作业融入企业的各项物流作业中，可以使企业的整个物流系统高效地运行。

（四）企业物流系统

现代信息技术的发展，使得我们能够以信息为纽带将企业的各项物流活动连接为一个整体。企业物流被看作使企业与其供应商和顾客相联系的一个系统。

企业物流系统是一个开放系统，与外界有物流、信息流及资金流的交换。系统与上游供应商之间形成供应物流、信息流及资金流，系统与下游顾客之间形成销售物流、信息流及资金流。在系统内部，企业物流系统可再细分为供应物流子系统、生产（库存）物流子系统及销售（配送）物流子系统。供应物流子系统主要负责与上游供应商的物流、资金流、信息流交换；销售（配送）物流子系统主要负责与下游顾客的物流、资金流、信息流交换；生产（库存）物流子系统主要负责将上游供应商提供的原料、零部件等转换为下游顾客所需的商品及服务。一般来说，物流的方向主要是从上游到下游，即沿着供应商—本企业—顾客这一方向流动；而资金流和信息流的方向主要是从下游到上游，即沿着顾客—本企业—供应商这一方向流动。

企业物流是新的系统体系。它的特点体现为以下四点。

（1）企业物流系统本来就是客观存在的，但一直未被人们所认识，因而从未能动地发现其系统的优势。物流系统的各要素在长期的企业发展历程中都已有了较高的水平，因而，一旦形成物流观念，按新的观念建立物流系统，就会迅速发挥系统的总体优势。

（2）企业物流系统是一个大跨度系统，这反映在两个方面：一是地域跨度大；二是时间跨度大。大跨度系统带来的主要问题是管理难度较大，对信息的依赖程度高。

（3）企业物流系统的稳定性较差，而动态性较强。它和生产系统的重大区别在于：物流系统总是连接多个企业和顾客，随需求、供应、渠道、价格的变化，系统内的要素及系统的运行经常发生变化，难于长期稳定。这自然会增加管理和运行的难度。

（4）企业物流系统结构的各要素间有非常强的"背反"现象，常被称为"交替损益"或"效益背反"现象，指的是某一个功能要素的优化和利益发生的同时，必然会存在另一个或一些功能要素的利益损失，在处理时稍有不慎就会出现系统总体恶化的结果。在寻求解决和克服各功能要素效益背反现象时，物流这个新系统往往较多地受原系统的影响和制约而不能完全按物流系统的要求运行。

（五）供应链管理

1. 供应链管理

现代供应链管理对比传统供应链管理，它的内容发生了很大变化，这个变化首先是理念关注点的变化。传统的供应链管理强调的是它的效能，即强调怎样节约成本；而新的供应管理强调它的敏捷性，关注怎样提高响应客户的速度。传统的供应链管理强调大规模生产；现代供应链管理则强调大规模定制，即为客户定制产品或服务，还包括为客户提供各种信息。传统的供应链管理强调的是企业内部的协调；新的供应链管理则更强调与上下游企业的整合（外部协调）。

2. 现代供应链管理的特点

现代供应链管理的特点和发展趋势：充分采用现代信息技术、网络技术，利用第三方物流力量，全程整合信息流、物流、资金流。其主要思想是构件化、专业细化和系统化。其外在表现是协同商务、电子企业、业务外包。

（1）信息技术、物流技术是现代供应链管理的技术基础。这样就可以使得企业能够全面地、实时地控制生产、仓储、销售、运输、配送等各环节。现代供应链管理离不开完善信息管理系统，如供应链管理（Supply Chain Management，SCM）、仓库管理系统（Warehouse Management System，WMS）、ERP - Ⅱ、贸易管理软件等。一方面，现代信息技术和物流技术的采用提高了企业在仓库管理、装卸运输、采购、订货、配送发运、订单处理的自动化水平，促使订货、包装、保管、运输、流通加工一体化；另一方面，方便实用的信息技术使企业之间的信息沟通交流、协调合作更方便、更快捷。

（2）构件化是企业供应链管理发展的动力源泉之一。构件化主要表现在：第一，产品组件化；第二，制造过程、服务过程模块化。设计的产品应由独立的组件构成，这样便能低成本、不费力地装配出不同形式的产品。设计的产品制造和服务提供过程也应采取模块加工的方式，这样就能方便地进行移动或重组来支持不同分销网络的设计。

（3）利用第三方物流力量，是专业化分工的必然结果。为增强市场竞争能力，而将企业的资金、人力、物力投入其核心业务，寻求社会化分工协作带来的效果和效率的最大化，必然要利用第三方物流力量。企业将物流业务委托给第三方专业物流公司负责，不但自己可以集中精力发展自己的核心竞争力，抓好生产，而且可降低成本。

（4）用虚拟供应链替代实体供应链。利用网络建立电子企业，采用业务外包的形式，联结相关上下游企业进行协同商务进而形成虚拟企业联盟，是现代经营的一个潮流。协同商务会产生很多新的关系。协同规划可以让生产商和销售商共同进行生产预测，使生产更有目的；协同供应可以在供应双方建立起真正完整的库存管理，达到供应链库存费用最低；协同开发可以集中供应链上所有成员的智慧，进行产品设计，提高产品成功推出的机会，缩短产品扇周期，事实上供应链上游的设计和制造所要解决的问题和它隐藏的利润比下游更大；协同的市场关系可以让联盟企业采用联合推广的方式推出产品，甚至可以分摊市场营销费用。协同商务的推行会引起企业文化和内部管理深层次的改变，也会引起与供应商、制造商、分销商、服务提供商合作关系的改变，带来企业经营管理模式的创新。它是一个浩大的企业工程，而不只是一个软件或一个系统。

测一测

一、名词解释

1. 生产运作
2. 生产运作系统
3. 供应链管理的定义

二、简答题

生产运作的硬件要素和软件要素有哪些？

学习单元二　设施选址与生产过程组织

【学习目标】

1. 了解企业设施选址的意义。
2. 熟悉选址的内容和步骤。
3. 掌握设施选址的方法。

【学情分析】

1. 学生还没有步入职场的意识。
2. 学生对企业成本和费用的了解不够。
3. 学生对选址的方法还不能准确应用。
4. 学生实际演练机会较少。

【单元导入】

沃尔沃的设施布置

沃尔沃公司正致力于研究随着大市场的逐渐消失，其装配线是否已经过时。1974 年，这一瑞典自动生产厂拆除了其在卡尔马州工厂里的装配线。该厂最不寻常的地方在于它与福特的装配流水线背道而驰。该厂生产的每部汽车，从头到尾都是在同一个工作站完成，由一个 8～10 人组成的小组来完成，完全取代了原来传统的装配线旁反复做着同一装配动作的工作方式。该系统中，汽车以小批量进行生产，并给予生产汽车部件的小组更大的自主权。沃尔沃公司的官员相信，团队成员在他们的工作中将提高质量，并增强他们的自豪感。沃尔沃公司非常相信工作团队，在其尤德维拉州的新厂中也采取了此种生产模式。尤德维拉分厂 1990 年投产运营，生产 740、940 两种型号的汽车。到 1991 年年底，分厂年产量就已经达到了 22 000 辆。若充分发挥其能力，该厂可雇用 1 000 名工人，年产量 40 000 辆。在尤德维拉分厂车间，由 8～10 个成员组成的自我管理小组完成从开始到结束的整个装配过程。被装配的汽车不是通过传送带从一个工人到另一个工人，而是在固定地点进行装配。每个工作站中都有特殊的设备，可将汽车底盘放在一个固定的可旋转的圆盘上，以便使装配可以顺利进行。在配置了各种配件以后，一个原本空无所有的底盘，变成了只差外壳的汽车。

问一问：

沃尔沃是如何进行设施布置的？

（资料来源：马丽娜，《生产运作管理案例》，百度文库）

【应知应会】

一、生产运作选址

（一）选址的概念及必要性

1. 选址的概念

选址是运用科学的方法决定设施的位置，使之与企业的整体经营运作系统有机结合，以便有效、经济的达到企业的经营目的。通俗地讲，就是定在何处建厂或建立服务设施。它包括选位与定址两个层面的内容。

2. 选址的必要性

选址决策成为生产系统设计的重要组成部分有两个主要原因，第一，它们是一个长期责任范畴，一旦出错，就很难克服。第二，选址决策会影响投资需要、运作成本、税收及运作。

选址不仅关系到设施建设的投资和建设速度，而且在很大程度上决定了所提供的产品和服务的成本，从而影响到企业的生产管理活动和经济效益。特别是服务设施的选址，直接关系到营业额的多少。不好的选址会导致成本过高、劳动力缺乏、丧失竞争优势、原材料供应不足或与此类似不利于运作的情况。就服务业而言，不好的区位将导致顾客量减少、运作费用较高。因此，对制造业和服务业两者而言，选址对于竞争优势将产生重要的影响。

3. 影响选址的因素

（1）经济因素。

①运输条件与费用。在企业的输入输出过程中，有大量的物料进出。有的企业输入运输

量大，有的企业输出运输量大。在选址时，要考虑是接近原材料供应地，还是接近消费市场。

②劳动力可获性与费用。对于劳动密集型企业，人工费用占产品成本的大部分，必须考虑劳动力的成本。工厂设在劳动力资源丰富、工资低廉的地区，可以降低人工成本。

③能源可获性与费用。

④厂址条件与费用。

（2）建厂地方的地势、土地利用情况和地质条件，都会影响到建设，同时地价也是影响投资的重要因素。

（3）政治因素。政治局面是否稳定，法制是否健全，税赋是否公平等。

（4）社会因素。居民的生活习惯、文化教育水平、宗教信仰和生活水平等。

（5）自然因素。气候条件和水资源状况等。

4. 选址的基本方法

（1）成本—利润—产量定址法。

①步骤。

a. 确定每一被选地点的固定成本和可变成本。

b. 在同一张图表上绘出各地点的总成本线。

c. 确定在某一预定的产量水平上，哪一地点的总成本最少或哪一地点的利润最高。

②几点假设。

a. 产出在一定范围内时，固定成本不变。

b. 可变成本与一定范围内的产出成正比。

c. 所需的产出水平能近似估计。

d. 只包括一种产品。

在成本分析中，要计算每一地点的总成本：

$$总成本 = FC + VCxQ$$

（2）盈亏平衡法。盈亏平衡分析法又称量本利分析法。它是研究生产、经营一种产品达到不盈不亏时的产量或收入的决策问题。盈亏平衡分析法又称保本点分析法或量本利分析法，是根据产品的业务量（产量或销量）、成本、利润之间的相互制约关系的综合分析法，用来预测利润，控制成本，判断经营状况的一种数学分析方法。一般说来，企业收入＝成本＋利润，如果利润为零，所有收入＝成本＝固定成本＋变动成本，而收入＝销售量×价格，变动成本＝单位变动成本×销售量，这样由销售量×价格＝固定成本＋单位变动成本×销售量，可以推导出盈亏平衡点的计算公式为：

$$盈亏平衡点（销售量）＝固定成本/每计量单位的贡献率数$$

企业利润是销售收入扣除成本后的余额；销售收入是产品销售量与销售单价的乘积；产品成本包括工厂成本和销售费用在内的总成本，分为固定成本和变动成本。

【案例分析1】

某公司准备建新厂，有设在不同地区的 X、Y、Z 三套方案可供选择。由于各地的原材料成本、运输成本、土地费等方面的差异，在产品成本结构上有很大不同。各方案的成本预计如下。

X 方案：年固定费用 60 万元，产品单件变动成本 44 元/件。

Y 方案：年固定费用 130 万元，产品单件变动成本 27 元/件。

Z 方案：年固定费用 250 万元，产品单件变动成本 15 元/件。

试确定不同生产规模下的最优决策。

根据上述条件，可以先画出示意图（图 4-3）。

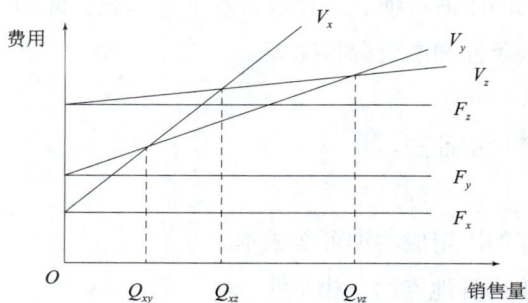

图 4-3　盈亏平衡法应用示意图

从图中可以看出，X、Y、Z 的总成本被 Q_{xy}、Q_{xz} 和 Q_{yz} 的对应点分为四个部分。在 $0 \sim Q_{xy}$ 区间，Z 方案的成本高于 Y 方案，Y 方案的成本又高于 X 方案，即 X 方案最优；在 $Q_{xy} \sim Q_{xz}$ 区间，Z 方案的成本高于 X 方案，X 方案的成本又高于 Y 方案，即 Y 方案最优；在 $Q_{xz} \sim Q_{yz}$ 区间，X 方案的成本高于 Z 方案，Z 方案的成本又高于 Y 方案，即 Y 方案最优；而在 0 右侧区间 X 方案的成本高于 Y 方案，Y 方案的成本又高于 Z 方案，即 Z 方案最优，这样，只要求出 Q_{xy} 和 Q_{yz} 就可以确定出决策方案。

在 Q_{xy} 点，X、Y 方案成本相同，即 $V_y + F_y = V_x + F_x$，可求得：

$$Q_{xy} = \frac{F_y - F_x}{V_x - V_y} = 4.12 （万件）$$

$$Q_{yz} = \frac{F_z - F_y}{V_y - V_z} = 10 （万件）$$

所以，最后的决策应该为：规模小于 4.12 万件/年时，选择 X 方案；规模在 4.12 万~10 万件/年时，选择 Y 方案；规模大于 10 万件/年时，选择 Z 方案。

（3）因素评分法。因素评分法是常用的选址方法中使用得最广泛的一种，它以简单易懂的模式将各种因素综合起来，通过计算每个地址的最后总分，综合评定最佳的选址方案。因素评分的具体步骤如下。

①决定一组相关的选址决策因素。

②对每一因素赋予一个权重以反映这个因素在所有因素中的重要性。每一因素的值根据权重来确定，权重则要根据成本的标准差来确定，而不是根据成本值来确定。

③对所有因素的打分设定一个共同的取值范围，一般是 1～10 或 1～100。

④对每一个备选地址，根据所有因素按设定范围打分。

⑤将每个地址各个因素的实际得分与对应的权重相乘，并把所有因素的加权值（无权重的，直接将各因素的得分相加）相加得到每一个备选地址的最终得分。

⑥将具有最高总分的地址作为最佳的选址（排除被否定的选址后）。

【案例分析2】

应用因素评分法选择厂址。具体内容详见表 4 - 2。

表 4 - 2　厂址选择因素评分法实例

评价标准	选定最大值	可供选择的地点					
		A	B	C	D	E	F
生活条件	100	70	40	45	50	60	60
市场接近性	75	55	35	20	60	70	70
工业化	60	40	50	55	35	35	30
劳动力可供性	35	30	10	10	30	35	35
经济性	35	15	15	15	15	25	15
社区能力和态度	30	25	20	10	15	25	15
对企业声誉影响	35	25	20	10	15	25	15
总计	370	260	190	165	220	275	340

结果是 E 处建址比较好，总分为 275。如果没有其他特别原因，应该选择 E 处建厂。

（二）设施选址的内容及分类

1. 设施选址的含义

设施是生产运作过程得以进行的硬件手段，通常由工厂、办公楼、车间、设备、仓库等物质实体构成。所谓设施选址，是指如何运用科学的方法决定设施的地理位置，使之与企业的整体经营运作系统有机结合，以便有效、经济地实现企业的经营目标。

2. 设施选址的内容

设施选址包括两个层次的内容：一是选位，即选择在什么地区或区域设置设施，如国内还是国外、沿海还是内地、北方还是南方，等等；二是定址，即地区确定后，具体选择在该地区的什么位置设置设施，也就是说在已经选定的地区内选定一片土地作为设施的具体位置。通常这两项内容要结合起来进行。设施选址工作一般随着规划设计在各阶段逐步展开。在项目建议书中，要提出场址的初选意见，在可行性研究报告中要提出选址的推荐意见，在审批时要确定场址，在总体设计（初步设计）阶段要对场址的各种条件做详细的勘察，并且最终确定具体位置，标定四周界址。

设施选址对于生产布局、企业投资、项目建设速度及建成后的生产经营状况都具有十分重要的意义。如果设施选址先天不足，会造成很大损失。但要判断一项设施选址是否合理是一个复杂的问题。随着选址因素的变化，目前较好的选址方案在 10 年、20 年后不一定依然好。选择场址可能是由于国家或企业发展新的生产或服务能力而建设新设施的需要，也可能是原有企业的某种需要。不论哪种情况，设施选址都要进行充分的调查研究与勘察，要进行科学分析，不能凭主观意愿决断。选址工作不能过于仓促，要有长远观念，综合考虑自身设施和产品的特点，同时注意自然条件、市场条件、运输条件等因素。

设施选择不可能由设施规划人员单独完成，而是常常由企业的许多部门或其代理人主持，由地区（城市）规划人员、设施规划人员、勘察人员、环保部门等配合进行，最终由决策部门作出决定。

3. 设施选址问题的分类

一般来说，设施选址有以下两种分类方法。

（1）按设施的数量多少，可分为单一设施选址和复合设施选址。前者是指为一个独立的设施选择最佳位置；后者则是指为多个设施或一个企业的若干个下属工厂、仓库、销售点、服务中心等选择各自的位置，目的是使设施的数目、规模和位置达到最佳，并使之最终与企业的经营战略相关，它涉及企业的经营战略、制造战略和规模经济等问题。

（2）按设施的性质，可分为生产设施选址和服务设施选址。前者主要是解决生产设施（如钢铁厂、汽车厂等）的场址选择问题，后者则是解决服务性设施（如医院、饭店等）的场址选择问题。

（三）设施选址的步骤

设施选址一般可分以下四个阶段按顺序进行。

1. 准备阶段

在准备阶段，企业要了解基本情况，收集以下资料。

（1）企业生产的产品品种及数量（生产纲领或设施规模）。

（2）要进行的生产、储存、维修、管理等方面的作业。

（3）设施的组成、主要作业单位的概略面积及总面积草图。

（4）预计市场及流通渠道。

（5）资源需要量（包括原料、材料、动力、燃料、水等）、质量要求与供应渠道。

（6）产生的废物及其估算数量。

（7）概略运输量及对运输方式的要求。

（8）需要的职工概略人数及技能等级要求。

（9）外部协作条件。

（10）获取信息的方便程度等。

2. 地区选择阶段

在地区选择阶段，企业要掌握地区的基本信息，进行选址决策。具体而言，包括以下几方面的基本信息：走访行业主管部门和地区规划部门，收集并了解有关行业规则、地区规划、对设施生产运作管理布点的要求和政策，报告本设施的生产（服务）性质、建设规模和场址要求，征询选址意见。对经济环境、资源条件、运输条件、气候条件等情况做调查研究，收集有关资料。进行备选地区方案的分析比较，提出一个合适的初步意见。

3. 地点选择阶段

在地点选择阶段，企业要掌握本地区的基本信息，选择具体地点。具体包括以下方面的基本信息。

（1）从当地城市建设部门取得各选地点的地形图和城市规划图，征询关于地点选择的意见。

（2）从当地气象、地址、地震等部门取得气温、气压、湿度、降雨及降雪量、日照、风向、风力、地质、地形、洪水、地震等历史统计资料。

（3）进行地质水文的初步勘察和测量，取得有关勘测资料。

（4）收集当地交通、供电、供信、供水、排水设施的资料，并交涉交通运输线路、公用管线的连接问题。

（5）收集当地运输费用、施工费用、建筑造价、税费等资料。

（6）对各种资料和实际情况进行核对、分析和数据核算，经过比较，选定一个合适的场址方案。

4. 编制报告阶段

在编制报告阶段，企业要提出场址的可行性选择报告，供决策部门审批。场址的可行性选择报告包括以下几个方面的内容。

（1）场址选择的依据（如批准文件等）。

（2）建设地区的概况及自然条件。

（3）设施规模及概略技术经济指标，包括占地估算面积、职工估算人数、概略运输量、原材料及建筑材料需求量等。

（4）对选定的场址进行综合评价，对自然条件、建设费及经营费、经济效益、环境影响等因素进行比较，得出综合结论。

（5）提供当地有关部门的意见。

（6）附件，包括厂址位置、备用地、交通线路、各类管线走向等，以及设施初步总平面布置图。

（四）选址的影响因素

企业选址的影响因素可分为两大类：选择地区时的影响因素和选择具体位置时的影响因素。

（1）是否接近市场。这里所说的"市场"的概念是广义的，也许是一般消费者，也许是配送迅速投放和降低运输成本中心，也许是作为用户的其他厂家。设施位置接近产品目标市场的最大好处是有利于产品的迅速投放和降低运输成本。

（2）是否接近原材料供应地，即与原材料供应地的相对位置如何。对原材料依赖性较强的企业应考虑尽可能接近原材料供应地，特别是在与产品相比原材料的重量和体积更大的情况下，应尽量靠近供应地选择厂址。资源供应地和产品供应市场实际上是企业经营生产活动的两头，只有两头都抓好，才能形成产供销一条龙。

（3）运输问题。根据产品及原材料、零部件的运输特点，考虑靠近铁路、海港还是其他交通运输条件较好的区域。美国的凯泽（Kaiser）钢铁公司二战期间建于加利福尼亚州南部，生产造船用的钢材，当时厂址选在该地是为了防止敌人袭击，但后来厂址成了阻碍钢铁厂发展的致命障碍，巨额交通运输费用使该厂无法与他人竞争，只好宣布破产，后来被我国首钢买走，运回中国，这是一个运输条件影响选址的典型例子。

（4）与外协厂家的相对位置。若企业所需的外协厂家较多，比如机械装配工业需要各种外协零部件，应尽量接近外协厂家，或使中心企业与周围企业处于尽量接近的地域内。外协零部件较多的典型企业是汽车制造企业。美国的底特律、日本的丰田市都是有名的汽车城，主要就是由于集中了大批的汽车装配厂和零部件供应厂家而形成的。

（5）劳动力资源。不同地区劳动力的工资水平、受教育状况等都不同，有些特殊情况下，还有可能在某些特定地区更易提供符合某些特定要求的熟练劳动力等，这也是进行选址时必须考虑的重要因素之一。实际上，今天的企业生产全球化的主要原因之一，就是企业试图在全球范围内寻找劳动力成本最低的地区。

（6）基础设施条件。基础设施主要是指企业生产运作所需的水、电、气等的保证。此外，从广义上来说，还应考虑对"三废"的处理。某些企业，如造纸、化学工业、制糖等用水较多，需优先考虑在水源充足的地方建厂；有时根据产品的不同，还需要考虑水质是否适用的问题；而电解铝厂等用电比一般企业要多得多，则应优先考虑在电力供应充足的地方建厂。

（7）气候条件。根据产品的特点，有时还需要考虑温度、湿度、气压等气候因素，如精密仪器等产业对这方面的要求就比较高。

（8）政策、法规条件。在某些国家或地区建厂可能会得到一些政策、法规上的优惠待遇，如我国的经济特区、经济开发区，某些低税率国家等，这也是当今跨国企业在全球范围内选址时要考虑的重要因素。此外，与这方面因素相关的还有政治和文化因素。在某些情况下，选址时必须考虑政治、民族、文化等方面的因素，否则有可能带来严重后果。

（五）选址的原则

1. 费用原则

企业是独立自主、自负盈亏的市场竞争主体，经济利益对于企业来说当然是最重要的考虑因素。建设初期的固定费用、投入运行后的变动费用、产品出售以后的年收入都与选址相关。因此，想办法使企业选址所带来的费用最小化就成了企业选址的首要原则。

2. 集聚人才原则

人才是企业当中最有价值的资源，人力资本的作用在现代市场经济条件下已经变得越来越突出，企业选址恰当有利于吸引人才。四川长虹曾是我国彩电业的老大，但就是因为其地址在四川，使得很多高级人才不愿意去那里扎根，而地处深圳的康佳在这方面就显出了优势，每年都有许多名牌院校和科研院所的中高级人才加盟进来。原来在陕西的大唐电信也将其总部由西安迁到了北京，其中吸引人才是一项重要考虑因素。当然，企业的竞争力是多种因素作用的结果，但不可否认地理位置非常重要。

3. 接近用户原则

对一些制造业企业而言，接近用户很重要。比如说啤酒厂，其产品大多在产地销售，所以就要离人口密集的城市近一些，这样可以接近市场、节省运费、减少损失。对服务业来说，几乎无一例外地都需要遵循这条原则，银行、邮局、医院、学校、商场等都是如此。

4. 长远发展原则

企业的地址一旦确定下来，将长期在那里从事生产经营活动。因此，选址是一项战略性的决策，开展时必须要有战略意识。选址工作要考虑企业生产力的合理布局，要考虑市场的开拓，要有利于获得新技术、新思想。在当前全球经济日益走向一体化的背景下，还要考虑如何有利于参与国际间的竞争。

（六）选址的方法

基于厂址选择的重要性和高风险性，选择厂址时必须提供较多的备选方案，因此，这是个多方案、多因素的决策问题。解决这类问题的方法很多，但归结到一点，都是计算出一个综合性的数值，从中选择最佳方案。不同点在于确定各因素权重的方法差异很大。下面介绍分级加权评分法。

为便于叙述，在这里结合一个实例加以说明。某电视机公司因业务发展需要，决定建新厂，提出了三个备选厂址（A、B、C），影响因素共选定了九个，见表4-3。评价过程分四步进行，说明如下。

表4-3　新厂选址影响因素

影响因素	权数	备选厂址		
		A	B	C
土地资源	4	2	3	2
气候条件	1	1	1	2
水资源	3	4	2	3
资源供应条件	6	3	4	2
基础设施条件	7	4	3	4
市场空间	7	3	4	3

续表

影响因素	权数	备选厂址		
		A	B	C
生活条件	5	4	3	4
劳动力资源	2	4	2	4
地方法规	5	4	3	4
总评分		136	126	104

（1）定权数。对影响因素的相对重要性程度打分，本例中选择影响程度最大的气候条件因素为基础，确定其权数为1，其他因素的权数与它比较后确定，结果见表4-2，一般由检验的专业人员完成此项工作。

（2）评价标尺并为各因素定级。评价标尺是为影响因素对选址的影响程度规定组评价等级，本例采用4级评分制，影响最大的得4分，最小的得1分。如对"水资源"因素而言，A厂址最好，得4分；C厂址次之，得3分；B厂址最低，得2分。

（3）计算评价值。本计算每个因素的权数与其等级得分的乘积，得到评价值如厂址A的市场空间因素评价值为 $7 \times 3 = 21$，其余类推。

（4）计算总评分。本环节是将每个选址方案各因素的评价值相加求和，取总评分最高者为所要选择的最佳厂址。本例中厂址A分数最高，所以选定为厂址。从上述例子中可见，厂址A与B评分差10，仅因为这样一点分差就否定另一个方案是否可靠，这是个很值得考虑的问题。在计算过程中我们可以看到，确定权数和等级得分完全靠人的主观判断，只要判断有误差就会影响评分数值，影响决策的可靠性。目前确定权数的方法很多，比较客观准确的方法是层次分析法。该方法操作并不复杂，有较为严密的科学依据，故推荐在做多因素评价时尽可能采用层次分析法。

【教学视频】

设施选址与生产过程组织

二、生产过程组织

（一）生产过程的构成

生产过程是指从准备生产开始，经过一系列的加工，到成品生产出来为止的全部过程。根据生产过程中各个阶段对产品所起的不同作用，可将生产过程分为以下四个部分。

（1）生产技术准备过程。生产技术准备过程是指产品在进入生产线前所进行的各种准备工作的过程，如产品设计、工艺设计、工装设计与制造、材料定额与工时定额的修订、劳动组织的调整、新产品的试制与鉴定等。

（2）基本生产过程。基本生产过程是指直接把劳动对象变为企业基本产品的生产过程。例如，机械制造企业中的铸造、锻造、切割加工、热处理与表面预处理和装配等过程；纺织企业中的纺纱、织布和印染等过程。基本生产过程是企业的主要生产活动。

（3）辅助生产过程。辅助生产过程是指为保证基本生产过程的正常进行，为基本生产提供辅助产品和劳务的生产过程。所谓辅助产品，是指企业为实现基本产品的生产所必需制造的日用产品，它们不构成基本产品的实体。辅助产品包括工具、夹具、量具、模具及蒸汽、电力、压缩空气等动力。劳务是指为基本生产服务的工业性劳务，如设备维修等。

（4）生产服务过程。生产服务过程是指为基本生产和辅助生产顺利进行而提供的各种服务性活动，如原材料、半成品和工具的供应工作、保管工作、运输工作及技术检验等。

（二）生产类型

生产类型就是企业根据产品结构、生产方法、设备条件、专业化程度等方面的情况，按一定的标志所进行的分类。不同类型的企业对工艺、生产组织、计划与控制工作等方面有不同的要求。

1. 按产品需求特性划分

按产品需求特性划分，生产类型可分为订货型生产和备货型生产两种。

（1）订货型生产（Make－to－Order，MTO）。订货型生产是指企业根据用户提出的订货要求进行生产，即没有订单就不生产，企业基本上没有成品库存。生产管理的重点是抓交货期，按"期"组织生产过程各阶段之间的衔接平衡，保证如期完成。造船厂是典型的订货型生产。

（2）备货型生产（Make－to－Stock，MTS）。备货型生产是指企业在没有接到用户订单时按已有的标准产品或产品系列进行的生产。生产的目的是补充成品库存，通过成品库存来满足用户的随时需求。为防止库存积压或脱销，生产管理的重点是抓供、产、销之间的衔接，按"量"组织生产过程各环节之间的平衡，保证全面完成计划任务。汽车、紧固件、轴承、小型电机等产品一般是备货生产方式。

2. 按生产的工艺特征划分

按生产的工艺特征划分，生产类型可分为流程型生产和加工装配型生产两种。

（1）流程型生产。流程型生产的工艺过程是连续进行的，并且工艺过程的顺序是固定不变的，其生产设施按工艺流程布置，原材料按照固定的工艺流程连续不断地通过一系列装置、设备加工处理成产品。这种生产方式的管理重点是要保证连续供料和确保每一环节的正常运行。化工、炼油、造纸、制糖、水泥等是流程型生产的典型。

（2）加工装配型生产。加工装配型生产的产品是由许多零部件构成的，各零部件的加工过程彼此独立，所以整个产品的生产工艺是离散的，制成的零部件通过部件装配和总装配最后成为产品。这种生产类型的管理重点是控制零部件的生产进度，保证生产的配套性。机械制造、电子设备制造的生产过程都属于这一类型。

3. 按生产的重复性和稳定性划分

按生产的重复性和稳定性划分，生产类型可分为大量生产、成批生产和单件生产三种。

（1）大量生产。大量生产的特点是经常不断地重复生产同样的产品。

（2）成批生产。成批生产的特点是经常成批轮番地生产几种产品。

（3）单件生产。单件生产的特点是产品品种多，产品生产数量少，生产重复性低。

企业的生产类型主要决定于主要车间的生产类型，车间的生产类型取决于担负着产品最主要的工艺工序。在生产类型中，大量与大批生产之间，单件与小批生产之间，在经济效益和对生产组织工作的影响方面都是相接近的，所以，又可划分为大量大批、成批和单件小批生产三种类型。不同的生产类型对企业的生产经营管理工作和各项技术经济指标有着显著的影响，见表4-4。

表4-4　不同的生产类型对企业的生产经营管理工作和各项技术经济指标的影响

类型	大量大批生产	成批生产	单件小批生产
品种	单一或很少	较多	很多
产量	很大	较大	单个或很少
生产设备	大多采用专用设备	专用、通用设备并存	大多采用通用设备
设备布置原则	对象原则	对象、工艺原则并用	工艺原则
生产周期	短	中	长
应变能力	差	较好	好
产品成本	低	中	高
追求目标	连续性	均衡性	柔性

测一测

一、多选题

设施选址的基本问题有（　　　）。

A. 选位　　　　　B. 选人　　　　　C. 选时　　　　　D. 定址

二、简答题

简述设施选址的步骤。

学习单元三　生产计划与控制

【学习目标】

1. 了解企业生产计划的编制。

2. 熟悉库存控制。

3. 掌握 ABC 分类法。

【学情分析】

1. 学生缺少企业实践经验。

2. 学生对库存方法应用了解不够。

3. 学生实际演练机会较少。

【单元导入】

红太阳光电的新能源智能化生产革命

湖南红太阳光电科技有限公司是我国的光伏新能源先进装备制造、光伏产品规模生产企业。2016 年 10 月，红太阳光电科技有限公司建成了我国太阳能行业首个高效电池数字化车间，并顺利投入生产。在该数字化车间中，生产中的每一个环节都由计算机进行精确的数字化控制，生产线全面导入制造企业生产过程执行管理系统（MES），实现生产过程的实时调度管理和生产任务指挥的可视化，同时产品生产计划、生产过程所需物流均可以在系统中实时安排和调整，通过强大的硬件支撑和精密的软件集成，保证整个生产过程的高效、可靠和智能。在同等产能下该生产线用工减少 66%，运营成本降低 22%，不良产品率降低 30%，生产效率提高 20%，能源利用率提高 20%。

近年来，光伏产品因其清洁环保、质优价廉的特点进入了千家万户，而光伏产业作为半导体技术与新能源需求相结合而产生的新兴产业，也是当前国际能源竞争的重要领域。作为"中国光伏行业创新力 100 强企业"，红太阳光电科技有限公司坚持以光伏装备国产化、智能化为使命，坚持装备技术创新、产业技术升级和规模化集成发展。2015 年我国实施制造强国战略红太阳光电科技有限公司率先在业内将"智能制造"引入高效电池制造体系研究，在积极推讲智能制造的同时，借力"一带一路"的建设指引积极拓展海外市场，将产品出口到了阿联酋、印度等多个国家，并于 2020 年 11 月 27 日下午举行的"2020 能源转型论坛暨第十届全球新能源企业 500 强峰会"上，荣登"新能源科技创新企业 50 强"榜。

问一问：

从红太阳光电科技有限公司的生产革命中得到什么启示？

（资料来源：《现代企业管理》人民邮电出版社）

【应知应会】

一、生产计划

（一）生产计划内容

生产计划是指确定和实现生产目标所需要的各项业务工作，包括具体编制计划、贯彻执行计划和检查调整计划三个主要部分。其主要内容如下。

（1）查究对企业产品的需要，预测企业的外部环境条件，分析企业内部的生产条件，对各种资料和信息进行汇总、整理和综合分析。

（2）进行决策，制定计划指标。

（3）算定生产能力，并进行平衡。

（4）安排产品的生产进度，确定各车间的生产任务。

（5）进行综合平衡，正式编制生产计划。

（6）落实措施，组织实施。

（7）检查、调查计划执行情况。

（二）生产计划的编制步骤

编制生产计划的步骤大致如下。

1. 调查研究，收集资料，弄清情况

通过调查研究，主要摸清三方面的情况：一是国家和社会对企业产品的需要，二是企业生产的外部环境，三是企业生产的内部条件。根据调查研究，收集和掌握情报资料作为编制生产计划的依据。主要资料有以下十种。

（1）上级下达的国家计划任务。

（2）企业的长远发展规划及长期经济协议。

（3）国内外市场的经济技术情报及市场调查、预测资料。

（4）计划期产品的销售量、上期合同执行情况及产品库存量。

（5）上期生产计划完成情况及在制品结存情况。

（6）技术组织措施计划与执行情况。

（7）原材料、外购件、外协件、工具、燃料、动力供应情况及库存量和消耗情况。

（8）计划生产能力及产品工时定额和分车间、分工种、分技术等级的工人数。

（9）分车间的设备数量及检修情况。

（10）产品价格目录及厂内各种劳务价格等资料。

根据上述资料，认真总结上期计划执行中的经验，分析存在的主要问题，制定在本期计划中需要进行改进的具体措施。

2. 拟定计划指标方案

企业根据国家、社会的需要和企业的经济效益，在统筹安排的基础上，提出初步生产计划指标方案，其中包括产品品种、质量、产量、产值和利润等指标，各种产品品种的合理搭配和出产进度的合理安排，将生产指标分解为各个分厂（或车间）的生产任务指标等。

部门提出的指标方案应该有多个，并从多个方案中进行分析研究，通过定性和定量评价、比较，选择较优的可行方案。

3. 综合平衡

对计划部门提出的初步指标方案必须进行综合平衡、研究，解决矛盾，以实现需要与企业生产之间的相互平衡，使企业的生产能力和资源都能得到充分的利用，获得良好的经济效益。生产计划的综合平衡有如下几个方面。

（1）与能力的平衡，即测算企业设备生产场地、生产面积对生产的保证程度。

（2）与劳动力的平衡，即测算劳动力的工种、等级、数量、劳动生产率与生产任务的适应程度。

（3）与物资供应的平衡，即测算原材料、燃料、动力、外协件、外购件及工具等的供应数量、质量、品种、规格、时间对生产任务的保证程度，以及生产任务同材料消耗水平的适应程度。

（4）与技术装备的平衡，即测算设计、工艺、工艺装备设备维修措施等与生产任务的适应和衔接程度。

（5）与资金占用的平衡，即测算流动资金对生产任务的保证程度与合理性。

4. 编制年度生产计划表

年度生产计划表主要包括产品产量计划表、工业产值计划表及生产计划编制说明。生产计划编制说明应包括下述内容。

（1）编制生产计划的指导思想和主要依据。

（2）预计年度生产计划完成情况。

（3）计划年度产量、产值增长水平及出产进度安排。

（4）实现计划的有利条件和不利因素，存在的问题及解决措施。

（5）对各单位、各部门的要求

（三）综合生产计划

综合生产计划又称生产计划大纲，它是企业根据市场需求和资源条件对未来较长时间段内产出量、人力规模和库存水平等问题所作出的决策、规划和初步安排。综合生产计划一般是按年度来编制的，所以又叫年度生产计划。但有生产周期较长的产品，如大型机械、大型船舶等，其综合生产计划可能是按两年、三年或更长时间来编制的。

1. 综合生产计划的主要目标

综合生产计划（表4-5）的主要目标是充分利用企业的生产能力及生产资源，满足用户要求和市场需求，同时使生产负荷尽量均衡稳定，并控制库存的合理水平，使总生产成本尽可能地低。

表4-5   某自行车厂的综合生产计划

月份 项目	1月	2月	3月
24型产量/辆	10 000	15 000	20 000
28型产量/辆	30 000	30 000	30 000
总工时/h	68 000	68 000	75 000

这些目标之间既有一致性，又存在某种相悖的特性。例如，当可以通过增加库存来最大限度满足顾客的需求，做到按时交货、快速交货时，又会使库存增大、成本增加；当产品看服务出现较大的非均匀需求时，很难做到均衡生产和保持人员稳定；在需求量减少时解雇工人，需求量增加时就多雇工人，会带来工人队伍的不稳定性，引起产品质量下降，造成一系列管理问题，这些都可能使成本上升、利润下降。因此，在综合生产计划的制订过程中，必须综合生产计划的任务，妥善处理好各种目标之间的矛盾，选择适当的策略加以解决。

2. 综合生产计划的任务

综合生产计划的任务是对计划期内应当生产的产品品种、产量、质量、产值和出产期指标作出总体安排。

（1）产品品种是指企业在计划期产品品名、规格、型号和种类数。确定产品品种指标是解决"生产什么"决策。产品品种指标反映了企业的服务方向和发展水平。

（2）产量是指企业在计划内生产的符合产品质量标准的实物数量或提供的服务数量。确定产量指标是解决"生产多少"问题的决策。产量指标反映了企业向社会提供的使用价值的数量和企业的生产能力水平。

（3）质量是指企业计划内产品应当达到的标准和水平。质量指标通常包含两个方面的内容：一是产品的技术标准或质量要求，二是产品生产的工作质量。工作质量一般用综合性的质量指标来表示，如合格品率、一等品率、优质品率、废品率等。质量指标反映了企业产品满足用户需要的程度及企业的生产技术水平。

（4）产值指标就是用货币表示的产量指标，它综合体现了企业在计划期内生产活动的总成果，反映了一定时期内不同企业，以及同一企业在不同阶段的生产规模、生产水平和增长速度。产值指标按其包含的内容不同，又分为总产值、商品产值和净产值。

（5）产品出产期是指为了保证按期交货确定的产品出产日期。产品出产期是确定生产进度计划的重要条件，也是编制主要生产计划、物料需求计划、生产作业计划的依据。

对于备货型生产企业来讲，生产的产品是按已有的标准产品或产品系列生产，对产品的需求可以预测，事先知道产品价格，顾客一般直接从成品库提货，因此编制综合生产计划的核心是确定品种与产量，有了品种与产量就可以计算产值。但对于订货型生产企业而言，由于是按用户要求进行生产，可能是变型产品或是无标准产品，用户可能对产品提出各种各样的要求，这就需要通过协议与合同对产品的性能、质量、数量、交货期等进行确认，然后才能组织设计和制造，因此综合生产计划的核心是品种、数量、价格和交货期，即确定品种、数量和价格订货决策对出产进度安排而言尤为重要。

二、库存控制

（一）库存的概念

库存是为了满足现在和将来的需求而储存资源，库存是指企业组织中存储的各种物品与资源的总和。企业的生产经过原材料购入、产品加工、组装等环节，供需双方在各自满足需求的速度上的不相同，存在空间上的距离、时间上的差异，因此要连续不断地供应是难以做到的。所以库存是必不可少的，不然生产就可能中断。在生产中，库存起了缓冲和调节供需的作用，并使双方的经营有足够的独立性。但是，库存是不产生收益的，并且增加了产品的成本，所以应该适时、适量地库存，减少资金占用，提高企业的经济效益。这就是库存控制的基本出发点。

库存周转率可用下式计算：

$$库存周转率 = 年销售额/年平均库存值$$

（二）库存的分类

从不同的角度，库存可以有多种不同的分类。

按其在生产和配送过程中所处的状态，库存可分为原材料库存、在制品库存和成品库存。三种库存可以放在一条供应链上的不同位置。

按作用，库存分为周转库存、安全库存、调节库存和在途库存。

（1）周转库存。当生产或订货是以每次一定批量，而不是以每次一件的方式进行时，这种由批量周期性形成的库存就称为周转库存。成批生产或订货一是为了获得规模经济，二是为了享受数量折扣。因为周转库存的大小与订货的频率有关，所以如何在订货成本与库存成本之间作出选择是决策时主要考虑的因素。

（2）安全库存。安全库存又称缓冲库存，是生产者为了应付需求的不确定性和供应的不确定性，防止缺货造成的损失而设置的一定数量水平的库存，如供货商未能按时供货，生产过程中意外停电停水等。安全库存的数量除受需求和供应的不确定性影响外，还与企业希望达到的顾客服务水平有关，这些是安全库存决策时主要考虑的因素。

（3）调节库存。调节库存是为了调节需求或供应的不均衡、生产速度与供应速度的不均衡、各个生产阶段的产出不均衡而设置的一定数量的库存，如空调、电扇的生产商为保持生产能力的均衡而在淡季生产一定数量的产品成为调节库存，以备旺季（夏天）所需。有些季节性较强的原材料也需要设置调节库存。

（4）在途库存。在途库存是指处于相邻两个工作地之间或是相邻两级销售组织之间的库存，包括处在运输过程中的库存，以及停放在两地之间的库存。在途库存的大小取决于运输时间和运输批量。

在具体的库存管理实践中，针对上述四种库存，为达到降低库存的目的，常采取以下基本策略和具体措施方案，见表4－6。

表4－6　四种库存的基本策略和具体措施

库存类型	基本策略	具体措施
周转库存	减小批量	降低订货费用，缩短作业交替时间，利用相似性扩大生产批量
安全库存	订货时间尽量接近需求时间，订货量尽量接近需求量	改善需求预测工作，缩短生产周期与订货周期，减少供应的不稳定性，增加设备与人员的柔性
调节库存	使生产速度与需求变化一致	尽量拉平需求波动
在途库存	缩短生产—配送周期	标准品库存前置，慎重选择供应商与运输商，减小批量

按用户对库存的需求特征，库存分为独立需求库存和相关需求库存。

来自用户的对企业产品和服务的需求称为独立需求，其最显著的特点为需求是随机的，企业自身不能控制而由市场决定，与企业对其他库存产品所做的生产决策没有关系。正是由于独立需求的对象和数量的不确定性，它只能通过预测的方法粗略地估计。

相关需求也称非独立需求，它与其他需求有内在的相关性，可以根据对最终产品的独立需求精确地计算出来，是一种确定性的需求。例如，某汽车制造厂年产汽车30万辆，这是独立需求所确定的。一旦30万辆的生产任务确定之后，生产该型号汽车的原材料的数量和需求时间则可精确地计算得到，对零部件和原材料的需求就是相关需求。

（三）库存控制的目标

1."零库存"的境界

"零库存"在20世纪80年代成了一个流行的术语。如果供应部门能够紧随需求的变化，在数量和品种上都及时供应所需物资，即实现供需同步，那么库存就可以取消，达到"零库存"。

有一项统计反映，美国拥有的存货价值超过6 500亿美元，这些存货由于这样或那样的原因存放在仓库里。如果能将其中的一半解放出来用于投资，按比较保守的10%的收益率计算，将有325亿美元的年收入。因此，企业经营者将减少库存作为一种潜在的资本来源，将"零库存"作为一种追求，就不足为怪了。但是，由于需求的变化往往随机发生，难以预测，完全实现供需同步是不易做到的，而且供应部门、运输部门的工作也会不时地出现某些故障，因此完全的"零库存"只能是一种理想的境界。

2. 库存控制的目标

现代管理要求在充分发挥库存功能的同时，尽可能地降低库存成本，这是库存控制的基本目标。库存控制应实现以下几点目标。

（1）保障生产供应。库存的基本功能是保证生产活动的正常进行，保证企业经常维持适度的库存，避免因供应不足而出现非计划性的生产间断，这是传统库存控制的主要目标之一。现代库存控制理论虽然对此提出了一些不同的看法，但保障生产供应仍然是库存控制的主要任务。

（2）控制生产系统的工作状态。一个精心设计的生产系统均存在一个正常的工作状态，此时，生产按部就班地有序进行。生产系统中的库存情况（特别是在制品的数量）与该系统所设定的在制品定额相近。反之，如果一个生产系统的库存失控，该生产系统也很难处于正常的工作状态。因此，现代库存管理理论将库存控制与生产控制结为一体，通过对库存情况的监控，达到整体控制生产系统的目的。

（3）降低生产成本。控制生产成本是生产管理的重要工作之一。无论是生产过程中的物资消耗还是生产过程中的流动资金占用，均与生产系统的库存控制有关。在工业生产中，库存资金常占企业流动资金的60%～80%，物资的消耗常占产品总成本的50%～70%。因此，必须通过有效的库存控制方法，使企业在保障生产的同时减少库存量，提高库存物资的周转率。

三、库存控制的基本决策

（一）库存控制决策的基本变量

1. 经常储备量

经常储备量是指在前后两批物资进厂的供应间隔期内，为保证生产正常进行所必要的储备量。这种储备是不断变化的。当物资进厂时达到最高储备量，随着生产的消耗，储备量逐渐减少。直到下一批物资进厂前为最小储备量。这样不断地消耗、不断地补充，形成了经常储备。

经常储备量可按下式确定：

$$Q = T \cdot M$$

式中，Q 为经常储备定额（件），T 为进货间隔天数，M 为平均日消耗量（件／日）。

2. 保险储备量

保险储备量是指为了防止生产或供应可能误期而设置的储备量。它的计算方法有两种：一种是简单计算法，即以保险期乘以平均月需要量来求得。保险期的长短根据以往供应间隔的历史资料确定。这种方法比较粗略，往往存在较大的误差，有时起不到应有的保险储备作用。另一种方法是统计分析计算法，它以对需要量变动值的统计分析为基础，用统计方法计算得到，这种方法比较合理。

保险储备量是一种为缓冲和调解生产与供应的关系，防止生产阶段之间供需发生脱节而建立的应急储备，故应常年保持，一旦动用应尽快补充，以防下一次紧急情况的发生。

3. 季节性储备

季节性储备是指由于季节性原因，不能组织正常进货而建立的物资储备。季节性储备由季节性储备月数（或天数），即季节性供应中断的时间（月或天）所决定。它的计算方法与保险储备量的计算方法相似，通过将季节性储备月数乘以平均月需要量而求得。

上述三种储备量加起来是物资的最高储备量，保险储备量是最低储备量。

（二）库存控制的决策内容

库存控制的决策目标是既保证生产需要，又不积压过多的物资和资金，为此，必须对物资库存加以控制。而库存中的物资在不断地消耗，又不断地补充，这时要用平均库存水平代表库存量的多少。因此，物资的库存控制就是将物资的库存维持在预期库存水平上的一套管理技术。它的核心是如何确定这个预期的库存水平，以及如何经济而有效地维护这个库存水平。

平均储备量又称平均库存水平，它是衡量物资库存量的一种标志。因为物资的库存量是在不断变动着的，故需要按平均储备量来比较物资库存量的多少。

在需求率一定时，平均库存水平是由进货批量的大小或进货次数的多少决定的。当进货批量大而进货次数少时，平均库存水平高，即库存量大；当进货批量小而进货次数多时，平均库存水平低，即库存量小。

当然，在实际生产中，需求率不可能固定不变，库存量是随着生产的进行而不断变化的。货物进库后，随着不断领取，货物数量按一定的领取速率减少，要对这样一个变化着的库存量进行连续控制比较困难，因此我们可考虑简化的情况，即控制平均库存量。若库存量为 Q，则平均库存量为 $Q/2$，影响平均库存水平的决策与订货量、需求速度、进货速度有关。如每次订货数量大，则订货次数相应减少，进货速度也慢，平均库存水平却比较高。这也说明我们可以在需求速度一定的情况下，通过对进货速度的控制，将库存水平维持在一个期望的水准上，而进货速度可由进货批量与频率来共同决定。因此，库存控制的基本决策主要包括以下内容。

（1）确定两次订货的间隔时间。

（2）确定每次订货的订货批量。

（3）确定每次订货的提前期。

（4）确定库存控制程度，如满足用户需求的服务水平。

库存控制决策的目的是在企业现有资源约束下，用最低的库存成本满足预期的需求，最终实现企业的方针和目标。

（三）影响库存控制决策的因素

在众多影响库存控制决策的因素中，以下几个因素是不可忽视的。

1. 需求特性因素

（1）确定性需求和非确定性需求。需求可分为确定性需求和非确定性需求，确定性需求是指生产系统对物资的需求是可以预先确定的，反之则称为非确定性需求。确定性需求的生产系统的库存控制工作比较容易，管理者只需采用确定性的模型订货，保证进货的速度与需求消耗速度保持同步，便能维持合理的库存水平；而非确定性需求的生产系统的库存控制工作则比较复杂，需求情况频繁变动及众多不确定性因素的影响，无法准确地预测，因此管理者要采用随机性模型控制库存，并且在考虑正常的需求的同时，还要考虑保持一定的安全存量作为额外的库存储备。

（2）规律性变化需求、随机性变化需求。需求也可分为规律性变化需求与随机性变化需求两大类，如果生产系统的物资需求变化是有规律可循的，管理者在进行库存控制时，可以根据需求的变化规律进行库存调整，需求旺季增大库存，淡季则减低库存，使得系统的整体库存处于合理水平。如果生产系统对物资的需求是随机的，难以准确地预测，则需在设定正常性库存的基础上，进一步建立额外的安全库存，以防范突然出现的需求变化。

（3）独立性需求、相关性需求。需求还可分为独立性需求与相关性需求两大类。如果某种物资的需求独立于对其他物资的需求，则称为独立性需求。例如，对汽车的需求独立于对计算机的需求，因此是独立性需求。而对汽车的需求与汽车轮胎的生产是有关的，因此是相关性需求。相关性需求是指某种物资的需求依赖于对其他物资的需求，正如我们看到的那样，对许多产品的需求都依赖于对其他产品的需求，即各种产品的生产所耗用的各种物资间存在关联关系，因此在进行企业的生产计划编制时，应该考虑采用相关性需求技术。

2. 订货提前期

订货提前期是影响库存控制决策的另一重要因素，订货提前期是指从发出订货指令到订购物资进入仓库所需要的时间。显然，订货提前期的时间值越大，库房的储存量就越大。因此，在考虑订货的决策时，物资的订货提前期是必须考虑的因素。

3. 物资单价

产品物资的价格越高，库存资金数额也就越多，对这样的产品物资是不应该掉以轻心的，这时那些优秀的企业会增加采购次数，缩减库存量。这也是控制库存的手段之一。

4. 保管费用与订货费用

进行库存前需订购货物，每次订货都会发生一定的交易费用，如检验费用、手续费用、谈判费用、差旅费等，这些费用与订货次数成正比，因此若订货费用大，应考虑减少订货次数。有了库存就必须进行保管，也就需要保管费用，显然保管费用数额与库存量成正相关，所以对于保管费用高的产品，应该把库存控制在适当的水平上。

5. 服务水平

库存是为了满足用户需求而储存的资源，满足的程度可用服务水平来衡量。服务水平是指满足用户需求的百分比。当整个生产系统能够满足全部用户的订货需求时，则服务水平为100%；当能满足95%的需求时，则订货服务水平为95%，也可以说此时的生产系统缺货概率为5%。服务水平应该定位到一个合理的水平上，若订得太高，企业必须为此付出的代价是投入更多的资金，产生更大的成本，因此在进行库存控制决策时必须全面考虑。

（四）与库存成本有关的控制

库存控制的决策目标之一是减少资金占用，降低生产成本。为此，在研究库存控制问题时必须考虑库存的成本。与库存控制有关的成本有以下几项。

1. 订货成本

订货成本是指企业为了库存而进行订货时发生的各种费用之和，通常包括订货手续费、物资运输装卸费、验收入库费、采购人员差旅费、通信联络费等。订货成本的费用仅与订货次数有关，而与订货批量不发生直接的联系，生产管理人员可以通过采用电子网络订货与支付的方法来降低生产系统的订货成本总值。

2. 保管成本

保管成本是指物资因妥善存储和维护而发生的成本，一般包括物资在存储过程中发生的自然损失费用（如变质、损失、丢失等）、物资处理成本、库存物资占用资金的成本（利息等），以及仓库运营的人工费和税金支出。保管成本的多少主要取决于库存物资的库存量多少与库存周期长短。考虑库存量时，不仅要考虑库存物资的体积、数量等指标，而且要考虑库存物资的价值，因为库存物资的情况不同，所需的人工费、场地占用、资金的占用成本等是不同的。显然，保管成本与库存量是成正比的。

3. 购置成本

购置成本即购买物资所用的货款。许多供应商企业为了增加销售，当顾客购买的物资数量较多时，会采用差别定价策略，以较低的价格卖给顾客，即为用户提供批量折扣。对于大批订货给予折扣优惠是极为普遍的做法，买方可以通过增加每次订货的批量来降低总购置的成本。因此，购置成本是库存成本的一大组成部分。

4. 缺货成本

缺货成本是由于无法满足用户的需求而造成的损失。缺货成本可由两部分组成；其一是直接经济损失，包括企业为处理延误供货而付出的改变原计划而引起费用增加的成本，如加班费、为赶时间而改变运输方式增加的额外运费，误期交货罚款等；其二是间接经济损失，企业缺货无法满足用户的需求，必然会导致市场份额的减少，企业的名誉也会受到影响。

库存控制决策的主要目标是使库存总成本最低。显然，增大每次的订货批量，订货成本、购置成本、缺货成本是会降低的，但是订货批量的增加又会导致库存量的增加，引起保管成本的上升，因此合理选择库存量是较困难的，也是尤其重要的。

（五）库存 ABC 管理

企业的库存物资种类繁多，对企业的全部库存物资进行管理是一项复杂而繁重的工作。如果管理者对所有的库存物资均匀地使用精力，必然会使其有限的精力过于分散，只能进行粗放式的库存管理，使管理的效率低下。因此，在库存控制工作中，应强调重点管理的原则，把管理的重心放在重点物资上，以提高管理的效率。ABC 分析法便是库存控制中常用的一种重点控制法。

1. ABC 分析法的基本思想

意大利经济学家帕累托（Vilfredo Pareto）在调查 19 世纪意大利城市米兰的社会财富分配状况时发现，米兰市社会财富的 80% 被占人口 20% 的少数人占有，而占人口 80% 的多数人仅占有社会财富的 20%。帕累托把其统计结果按从富有到贫穷的顺序排列，绘制了今天管理界所熟知的帕累托图。

后来人们发现，类似于帕累托图所显示的分布不均匀的统计现象不仅存在于社会财富的分布上，而且普遍存在于社会经济生活的许多方面，比如将某零部件不合理的原因分析制作成的帕累托图。

通过帕累托图，人们总结出了著名的 20 – 80 定律，也简称为 2 – 8 定律。ABC 分析法正是基于 20 – 80 定律，即 20% 左右的因素占有 80% 左右的成果。例如，在超市中，占品种数 20% 左右的商品为企业带来了 80% 左右的销售额，20% 左右的员工为企业作出了 80% 左右的贡献等。

库存管理的 ABC 分析法在 20 – 80 定律的指导下，分析企业的库存，以找出占有大量资金的少数物资，并加强对它们的控制。这样，可以只用 20% 左右的精力就可控制 80% 左右的库存资金的管理，而对那些只占少量资金的多数物资则施以较轻松的控制和管理。ABC 分析法把企业占用 65%～80% 的价值而品种数仅为 15%～20% 的物资划为 A 类，把占用 15%～20% 的价值而品种数为 30%～40% 的物资划为 B 类，把占用了 5%～15% 的价值而品种数为 40%～55% 的物资划为 C 类。对 ABC 各类物资采用不同的管理方式，增强管理的针对性，可达到简化管理程序、提高管理效率的目的。

2. ABC 分析法的实施

实施 ABC 分析法的具体步骤如下。

（1）根据企业的库存物资信息，计算各库存物资占用资金情况，具体做法是把每一种物资的年使用量乘以单价，年使用量可以根据历史资料或本年预测数据来确定。为更好地反映现状，一般使用预测数据。

（2）把各库存物资按资金占用情况从多到少排列，并计算出各库存物资占用资金的比例（表 4 – 7）。

表 4 – 7　各库存物资资金占用情况及占用资金比例

物资代码	年使用量/件	单间/元	年资金占用量/万元	资金占用比例/%
K – 8	400	20 000	800	47. 23
S – 12	500	10 000	500	29. 52
S – 8	2 000	600	120	7. 08
X – 7	2 500	400	100	5. 90
W – 30	4 000	200	80	4. 72
G – 37	4 000	100	40	2. 36
G – 23	2 000	100	20	1. 18
H – 22	2 000	80	16	0. 95
H – 44	5 000	20	10	0. 59
H – 6	8 000	10	8	0. 47
合计			1 694	100

3. ABC 分析法的运用

对库存物资进行 ABC 分类后，企业可以对不同类别的物资采用不同的控制策略。

（1）A 类物资。A 类物资是控制的重点，应该严格控制其库存储备量、订货数量、订货时间。在保证需求的前提下，我们应尽可能地减少库存，节约流动资金。

（2）B 类物资。B 类物资可以适当控制，在力所能及的范围内，适度地减少库存。

（3）C 类物资。C 类物资存货品种数量多但资金占用量少，故对 C 类物资的控制可以粗略一点。通常的做法是，采用定量订货控制法，集中采购，并适当增大储备定额、保险储备量和每一次的订货批量，相应减少订货次数。在实际工作中，可采用"双堆法"或"红线法"进行粗略控制。

【测一测】

ABC 分析法如何运用？

【教学视频】

生产计划与控制

学习单元四　供应物流

【学习目标】

1. 了解企业生产计划供应物流的概念。
2. 熟悉供应物流的模式。
3. 熟悉供应物流的作用。
4. 掌握供应商选择的方法。

【学情分析】

1. 学生缺少供应商选择的经验。
2. 学生对供应物流实际案例了解不够。
3. 学生实际演练机会较少。

【单元导入】

　　"让顾客满意"是沃尔玛公司的首要目标，顾客满意是保证未来成功与成长的最好投资，这是沃尔玛数十年如一日坚持的经营理念。为此，沃尔玛为顾客提供"高品质服务"和"无条件退款"的承诺绝非一句漂亮的口号。在美国，只要是从沃尔玛购买的商品，不需任何理由，甚至没有收据，沃尔玛都无条件受理退款。沃尔玛每周都有对顾客期望和反映的调查，管理人员根据计算机信息收集信息，以及通过直接调查收集到的顾客期望即时更新商品的组合，组织采购，改进商品陈列摆放，营造舒适的购物环境。沃尔玛能够做到及时地将消费者的意见反馈给厂商，并帮助厂商对产品进行改进和完善。过去，商业零售企业只是作为中间人，将商品从生产厂商传递到消费者手里，反过来再将消费者的意见通过电话或书面形式反馈到厂商那里。看起来沃尔玛并没有独到之处，但是结果却差异很大。原因在于，沃尔玛能够参与到上游厂商的生产计划和控制中去，因此能够将消费者的意见迅速反映到生产中，而不是简单地充当二传手或者电话话筒。

　　供应商是沃尔玛唇齿相依的战略伙伴。早在20世纪80年代，沃尔玛采取了一项政策，要求从交易中排除制造商的销售代理，直接向制造商订货，同时将采购价格降低2%～6%，大约相当于销售代理的佣金数额，如果制造商不同意，沃尔玛就拒绝与其合作。沃尔玛的做法造成和供应商关系紧张，一些供应商为此还在新闻界展开了一场谴责沃尔玛的宣传活动。直到20世纪80年代末期，技术革新提供了更多督促制造商降低成本、削减价格的手段，供应商开始全面改善与沃尔玛的关系，通过网络和数据交换系统，沃尔玛与供应商共享信息，从而建立伙伴关系。沃尔玛与供应商努力建立关系的另一做法是在店内安排适当的空间，有时还在店内安排制造商自行设计布置自己商品的展示区，以在店内营造更具吸引力和更专业化的购物环境。

沃尔玛还有一个非常好的系统，可以使得供应商们直接进入沃尔玛的系统，沃尔玛称其为零售链接。任何一个供应商都可以进入这个系统当中来了解他们的产品卖得怎么样，昨天、今天、上一周、上个月和去年卖得怎样。他们可以知道这种商品卖了多少，而且他们可以在 24 h 之内就进行更新。供货商们可以在沃尔玛公司的每一个店当中，及时了解到有关情况。

另外，沃尔玛不仅仅是等待上游厂商供货、组织配送，而且也直接参与到上游厂商的生产计划中去，与上游厂商共同商讨产品计划、供货周期，甚至帮助上游厂商进行新产品研发和质量控制方面的工作。这就意味着沃尔玛总是能够最早得到市场上最希望看到的商品，当别的零售商正在等待供货商的产品目录或者商谈合同时，沃尔玛的货架上已经开始热销这款产品了。

沃尔玛的前任总裁大卫·格拉斯曾说过："配送设施是沃尔玛成功的关键之一，如果说我们什么比别人干得好的话，那就是配送中心。"沃尔玛第一间配送中心于 1970 年建立，占地 6 000 m²，负责供货给 4 个州的 32 间商场，集中处理公司所销商品的 40%。在整个物流中，配送中心起中枢作用，将供应商向其提供的产品运往各商场。从工厂到上架，实行"无缝链接"。供应商只需将产品提供给配送中心，无须自己向各商场分发。这样，沃尔玛的运输、配送，以及对于订单与购买的处理等所有的过程，都是一个完整的网络当中的一部分，可以大大降低成本。

随着公司的不断发展壮大，配送中心的数量也不断增加。现在沃尔玛的配送中心，分别服务于美国 18 个州约 2 500 间商场，配送中心约占地 10 万 m²。整个公司销售的商品85% 由这些配送中心供应，而其竞争对手只有 50%～65% 的商品集中配送。如今，沃尔玛在美国拥有 100% 的物流系统，配送中心已只是其中一小部分，沃尔玛完整的物流系统不仅包括配送中心，还有更为复杂的资料输入采购系统、自动补货系统等。

供应链的协调运行建立在各个环节主体间高质量的信息传递与共享的基础上。沃尔玛投资 4 亿美元发射了一颗商用卫星，实现了全球联网。沃尔玛在全球 4 000 多家门店通过全球网络可在 1 h 之内对每种商品的库存、上架、销售量全部盘点一遍，所以在沃尔玛的门店，不会发生缺货情况。20 世纪 80 年代末，沃尔玛开始利用电子数据交换系统（EDI）与供应商建立了自动订货系统，该系统又称为无纸贸易系统，通过网络系统，向供应商提供商业文件、发出采购指令，获取数据和装运清单等，同时也让供应商及时准确地把握其产品的销售情况。沃尔玛还利用更先进的快速反应系统代替采购指令，真正实现了自动订货。该系统利用条码扫描和卫星通信，与供应商每日交换商品销售、运输和订货信息。凭借先进的电子信息手段，沃尔玛做到了商店的销售与配送保持同步，配送中心与供应商运转一致。

问一问：

沃尔玛的供应物流的概念与基本过程是什么？

（资料来源：百度文案）

【应知应会】

供应物流（Supply Logistics）是指为生产企业提供原材料、零部件或其他物品时，物品在提供者与需求者之间的实体流动。马兰拉面从建立之初就十分注重自己的物流规划，建有一套完备的物流体系。它从原材料产地入手，严抓购货源头，如在西北和华北两大牧区建立牛肉生产基地。马兰拉面在秦皇岛有一个总的物流中心，该中心负责配送包括面粉、牛肉、汤料等在内的主要制作原料。像所有的连锁企业一样，马兰拉面也有自己的内部网络，并配有一个庞大的信息管理系统，每个店铺都是一个终端。各店铺提前一天通过网络提出要货申请，包括原料名称、品种、数量等。马兰拉面的送货车采用全封闭式的集装箱货车，保证食品的卫生、清洁，防止外界污染。

一、供应物流的概念与基本过程

（一）供应物流的概念

供应物流包括原材料等一切生产物资的采购、进货运输、仓储、库存管理、用料管理和供应管理，也称为原材料采购物流。它是生产物流系统中相对独立性较强的子系统，并且和生产系统、财务系统等生产企业各部门，以及企业外部的资源市场、运输部门有密切的联系。供应物流是企业为保证生产节奏，不断组织原材料、零部件、燃料、辅助材料供应的物流活动，这种活动对企业生产的正常、高效率进行发挥着保障作用。企业供应物流不仅要实现保证供应的目标，而且要在低成本、少消耗、高可靠性的限制条件下来组织供应物流活动，因此难度很大。

（二）基本过程

企业供应物流的具体情况各不相同，但基本流程是相同的，一般有以下三个阶段。

第一阶段，取得资源。取得资源是完成所有供应活动的前提条件。取得什么样的资源，要由核心生产过程决定，同时也要按照供应物流可以承受的技术条件和成本条件来进行决策。物资的质量、价格、信誉、供应的及时性等都是重要的考虑因素。可通过采购或交换的方式实现。

第二阶段，组织到厂物流。取得的资源必须经过物流才能到达企业。在物流过程中，往往要反复运用装卸、搬运、存储、运输等物流活动才能使取得的资源到达企业。可以由企业、社会公共物流部门、第三方物流企业等完成。

第三阶段，组织厂内物流。到达企业的物资，经工作人员确认后，在厂区继续移动，最后到达车间、分厂或生产线的物流过程。通常由企业自己承担。企业的仓库就是内外物流的转换节点。

二、供应物流的模式

因企业的不同、供应环节的不同、供应链的不同，供应物流过程也有所不同，从而使供应物流出现了许多不同种类的模式。企业的供应物流目前较为常用的有四种基本组织模式。

（一）供应商代理

供应商代理形式是指供应商或社会销售企业送货上门。生产企业可以免除物流活动，供应商利用熟悉的物流渠道，对生产企业提供供应服务，并不断增加服务的内容，取得了生产企业的更多信赖，共同结成战略联盟。

（二）委托第三方物流企业代理

委托第三方物流企业代理是在生产企业完成了采购程序之后，由销售方或生产企业委托专业物流公司从事送货或提货的物流活动。这种方式在现在的社会经济环境下将逐渐成为主流。

（三）企业自供、外委与外协

自供是生产企业把上一环节的产品作为下一生产环节的原材料来供应。外委，一般在企业中是指将整个半成品都委托外部单位加工，自己只出原材料。而外协，一般是指企业对原料自己进行一部分的加工，然后再将某些工序拿出去，委托外协厂加工，属于工序协作。通常由生产企业向外协厂提供所需产品的技术图纸以及品质要求，由外协厂组织生产、供应，以满足企业生产需要。

（四）供应链供应方式

以信息和网络为依托的供应链体系将物资供应商、生产商、储运商、分销商、消费者组成供需物流网络链，供应商和企业将结成最高层次的动态联盟，在互利互惠、信息共享、风险共担、相互信赖的原则下，建立长期的供应合作关系。

这几种方式可分为低层次的、高层次的。其中供应链、委托代理等属于较高层次的管理模式，也是供应物流的发展方向。

三、供应物流的作用

在企业物流系统中，供应物流的作用是通过整个供应系统的运行得以体现的。这说明了企业供应物流存在的必要性和对企业生产经营活动的重要性。我们从供应物流的三个阶段来理解它的作用。

（一）第一阶段，企业物资的采购

这个阶段的主要工作是企业物资的采购。原材料和零部件等生产物质的采购是企业正常生产的前提，"巧妇难为无米之炊"形象地说明了企业生产与原材料、零部件等生产物资的关系。无论企业的生产设备有多完善、生产技术有多先进，落实到真正的生产活动中必须有物质作为媒介，否则难以发挥作用。而采购恰恰就是为企业的生产准备适当的"主料"和"佐料"。

这个阶段的主要作用就是为生产活动进行物质准备，保证企业按照事先制订的生产计划在组织生产的过程中可以随时无阻碍地获得需要的原料，实现无间断生产，即实现企业生产的持续性。同时，这种对生产的保证也可以为企业节省额外支出，许多生产线或生产设备的启动成本很高，由于生产原料不能及时供应而造成的生产线或生产设备的暂停使用，重新开启设备而产生的费用就需企业额外支出。

（二）第二阶段，生产物资的厂外移动

在这个阶段大多数是以企业物流的外部化表现出来，也就是说，生产企业直接利用外部物流服务——专业物流服务企业或物资供应企业提供物流服务。这个阶段的专业工作是运输——将生产物资按照企业的要求在适当的地点取得再送到适当的地点。企业完成生产物资的采购后，并不意味着生产准备工作的结束，而恰恰相反，这只是准备工作的开始。

这个阶段的主要作用表现在生产物资厂外移动的协调与安排，促进物资空间价值的实现。生产物资的运输涉及几个环节的衔接问题——生产物资的供方与需方的物资交接、运输承运人与需求方的交接、物资运输方与储存方的交接等。同时，运输过程中突发事件的处理也属于供应物流的协调工作范围。协调的好坏直接影响生产计划的执行情况。

（三）第三阶段，生产物资的厂内移动

这个阶段主要是利用企业本身的物流服务。本阶段工作重点是物资在库管理和厂内搬运。在准时生产制下，企业物资直接运送到生产线或生产车间，但是能够实现这种生产方式的企业很少，多数企业还是按库存安排生产或类似于准时生产，仍然要保有一定数量的库存。因此，绝大多数的生产资料都不能在运达企业时就被投入生产，而是要经过短暂的在库存储过程，然后在适当的时间通过企业内的搬运系统进入企业的生产过程。

这个阶段的主要作用是协调企业生产活动与物料管理活动的统一，保证生产物资时间价值的实现。如果企业生产物资管理得好，可以按照企业的生产计划将库存物资稳定而准时地送到生产线上，那么企业就可以获得供应物流协调工作的益处——降低企业的原材料库存，减少企业资金的额外占用。

四、供应商的分类与选择

（一）供应商的分类

按重要性可将供应商分为以下四种类型。

（1）伙伴型供应商。如果企业和供应商都认为本企业的采购业务对于双方来说非常重要，供应商自身又有很强的产品开发能力，那么这些采购业务对应的供应商就可以发展为伙伴型供应商。

（2）优先型供应商。如果供应商认为某单位的采购业务对于他们来说非常重要，而该采购单位认为采购业务对本单位并不是十分重要，这样的供应商无疑更有利于采购单位，这样的供应商就是采购单位的优先型供应商。

（3）重点型供应商。如果供应商认为采购单位的采购业务对于他们来说无关紧要，但采购单位认为采购业务对本单位十分重要，这样的供应商就是重点型供应商。

（4）商业型供应商。采购业务对于供需双方均不是很重要，相同类型的供应商可以很方便地选择更换，那么这些采购业务所对应的供应商就是普通的商业型供应商。

（二）供应商选择的影响因素

企业应制定合适的供应商选择流程和规范来进行供应商选择，供应商选择应考虑的最基本因素主要包括以下内容。

（1）技术水平。技术水平应考虑的方面有供应商所提供商品的技术参数能否达到要求，是否具有一支较强的技术队伍和一定能力去制造或供应所需要的产品，是否具有产品开发和改进能力等。

（2）产品质量。供应商提供的产品质量是否可靠，是一个很重要的评价指标。供应商必须有一个良好的质量控制体系，其产品必须能够持续稳定地达到产品说明书的要求。对供应商提供的产品，除了在工厂内做质量检验，还要在实际环境中检查使用的情况。

（3）供应能力。供应能力是指供应商是否能够保证按时供应企业所需数量的产品。这与企业的生产能力有关，要求供应商的生产必须能够达到一定的规模。

（4）价格。供应商应提供有竞争力的价格，但并不意味着必须是最低的价格。这个价格是供应商按照企业所需要的时间、数量、质量和服务所确定的。

除了以上的因素，还有其他一些因素，如供应商的地理位置、信誉度、售后服务、提前期、交货准确率、快速响应能力、是否能够互惠经营等。

五、供应商选择的方法

（一）直观判断法

直观判断法是指通过调查、征询意见、综合分析和判断来选择供应商的一种方法。这种方法主观性较强，比较依赖有经验的采购人员，简单、快速、方便，常用于企业选择非主要的供应商。

（二）评分法

供应商的评估与选择是一个多对象多因素的综合评价问题。先确定各个评分指标及权重，然后对每个指标评估打分，再将各指标分数与对应权重相乘，进行综合处理后得到一个总分，最后按总分进行排序、选择。

（三）业绩评估法

业绩评估法是指规定供应商的各个重要标准（如产品质量、价格、交货及服务等）的权数，根据供应商历次交易的统计资料，分别计算出各供应商的总得分，最后根据每个供应商的总得分进行排序、选择。

（四）协商选择法

在可供单位多、采购单位难以抉择时，也可以采用协商选择的方法。由采购单位选出供应条件较为有利的几个供应商，分别同他们进行协商，再确定合适的供应商。

【教学视频】

供应物流

学习单元五　生产物流

【学习目标】

1. 了解企业生产物流系统。
2. 熟悉现代生产物流。
3. 掌握 ERP、JIT。

【学情分析】

1. 学生对生产物流了解不够。
2. 学生实际演练机会较少。

【单元导入】

丰田生产过程中的计划

众所周知，丰田能够以其产品的高品质、低成本、低油耗打进美国等发达国家的市场，而且形成了相当大的竞争优势，主要不在于它采用的生产制造技术，而是由于在生产组织和管理上采取了一系列先进的生产经营理念、管理模式、组织体系，管理技术和方法，以及推行了良好的企业文化，被世人称为"丰田生产方式"，又被称作"准时生产制"。仅仅从这些名称上就不难看出，车辆生产管理与零件的采购是其中起到最关键作用的一环。它是实体工厂生产的前工程，是降低汽车生产成本的捷径。从整体上看，车辆生产与零部件采购，在整体的需求链中，可以分为车辆的需求链与零件的需求链。

1. 车辆需求链：车辆生产计划制订

从车辆销售到生产计划——按需生产。丰田的4S店遍布全国，处在这个遍布全国的销售网络顶端的则是丰田汽车的销售公司（PTXS）。各4S店每销售或预订一辆车，都会将详细的购车信息登记到管理系统中，这些信息通过网络传送到FTXS，FTXS再对全国各地的信息进行汇总、整理、计算，并将与制订生产计划有关的信息传送到生产工厂、丰田对应的现地工厂（简称FTXD）。这些信息由FTXD中负责生产管理、计划制订、物流采购的生产管理部接收。

生产管理部的生产管理科是负责生产计划制订、新车推进和通关等工作的部门。其中的生产计划组使用着与FTXS的管理系统相连接的G-PPS系统。G-PPS是丰田的全球使用系统。

G-PPS的主要职能有2个，分别是制订生产计划和计算零部件的必要数量。G-PPS根据FTXS发来的信息，结合安排生产所必需的"平准化"等条件，制订工厂的月滚动生产计划。它可以制订出"未来5个月的生产台数""未来3个月的细分到等级和颜色的生产计划""未来1个月、1周、1天的生产计划"。G-PPS是作为制订生产计划的系统，所以它还需要"SMS"的帮忙。SMS是记录处理车辆的式样、零部件等信息的另一个"全球系统"，记录着丰田生产的所有车辆的式样信息。G-PPS从SMS获取到车辆信息后，就可以完成计算。当G-PPS完成计算后，它会分别将两个职能的计算结果发送给"生产指示系统"和"零部件采购"系统，从而完成更为具体的"安排生产"和"零部件采购"的工作。"平准化"和"Just In Time"是制定生产指示的最基本原则。

生产指示是为实现更高效率、生产更多种类更多式样的车辆，而对人、设备（系统）发出的容易明白的信号。作为丰田生产方式的支柱之一，它显然不是仅仅应用在这一领域，但是对于这个领域来说，它是不得违背的基准，同时也是TMC的专家们评价一家工厂生产管理水平高低的一个非常重要的着眼点。生产指示信息已经被符号化，并排定了生产顺序。指示信息仍需要传递到执行者或者设备上，只有这样才能付诸实施。

2. 零件需求链—零部件采购："Just In Time"是零部件采购的最高目标

零部件采购是将部件从前工程（零件供货商或者其他工厂）采购到车辆工厂中。备受推崇的精益生产方式（以丰田生产方式为主）对零部件和原材料的采购方式和批量的把握极为精准，几乎是最大限度地降低了库存。丰田的采购方式是丰田生产方式最具代表性的体现以降低库存为目的的零部件采购：FTXD部件采购现使用"前补充方式"。那么，就不得不提到"后补充方式"。"后补充方式"也称"看板方式"，是从超市的管理方法中演化而来的。它实际上是使管理者和操作者更加准确地把握"量"的多少。一张看板代表一个单位的物品，那么有多少看板就有多少物品正处在生产循环之中。同时，它又是生产（引取）的命令符号，可以更准确、更简单地向执行者下达指令。TPS中另一个重要的概念——目视化，在此尤其得到体现。

　　以上对生产计划的制订，到车辆生产的安排，再到零部件采购的整个生产前过程作了简要介绍。在日常的工作中，由于存在着各种各样的附加条件，情况会复杂很多。生产管理，作为 TPS 最有代表性的部分之一，作为丰田降低成本的重要部分，显然不是用简单的语言就能完全解释清楚。至今，丰田仍投入很多的计划人员进行着问题探究和持续改善的研讨工作。

　　问一问：

　　丰田的生产物流系统是什么？

　　　　　　（资料来源：头条号/智慧工厂，《丰田的生产计划与物料控制方法》，有删减）

【应知应会】

　　生产物流——速度造就中餐奇迹，"工艺是龙头，物流是关键"，在马兰拉面的生产过程中，几乎每一种产品都有自己独特的工艺流程，每一种产品都要流经不同的加工间。各工序之间有平行、有交错，但无论路径如何、工艺如何，每一碗面始终都是井然有序地按操作规范实现着它的流程。

一、生产物流系统

　　企业是一个复杂系统，生产物流系统只是其中一个子系统。实质上，生产物流系统是利用生产将其各种输入转换成需要的输出。要使生产物流管理高效运行，就必须制订详细的生产计划，并对生产过程进行严格的控制。这样才能提高生产效率，确保出货期和节约资源，降低成本。生产物流计划系统主要由计划和实施两大部分组成。根据计划的目的，满足客户、时间跨度和细节程度不同，计划又可分为四个不同层次的计划。

　　企业战略是指企业确定的长远发展目标及其实现长远发展目标的策略和途径。企业战略目标的时间跨度较大，并且只对企业经营的业务，以及企业将要经营的业务做一些粗略的规划。

　　生产计划是根据企业战略，对各种大类产品每一期的生产数量、库存水平、设备、劳动力、物料资源需求，以及资源的可靠性进行规划。生产计划对象是某一大类产品，而非某一具体产品，同时必须考虑到市场需求和企业能力之间的匹配。

　　主生产计划是对生产计划进行分解，确定每一类产品中某一具体产品在每一个生产周期的生产量。每一个生产周期所有主生产计划的生产量累加起来应该等于该生产周期生产计划所确定的生产量。该生产计划的时间跨度取决于采购制造的提前期。

　　物料需求计划是根据主生产计划，为生产和采购原材料、零部件而制订的计划。该计划将详细列出生产时需要多少原材料，以及什么时间使用它们，为后续的生产控制和采购决策提供依据。物料需求计划的细节程度较高，其时间跨度最低应该与采购和生产的总提前期相等。

采购及生产活动控制是生产计划和控制系统的执行部分，是对生产计划的具体实施，细节程度高，能够追溯到每一车间、工作站和订单等，并且其时间跨越度较短，可能是每一天的采购，主要是为了建立和控制进场原材料的流动生产活动，控制则主要是为了计划和控制工厂内部的物料流动。

二、现代生产物流管理

（一）企业资源计划（ERP）

1. ERP 的概念

企业资源计划（Enterprise Resource Planning，ERP）是指建立在信息技术基础上，以系统化的管理思想为企业决策层及员工提供决策运行手段的管理平台。ERP 系统集中了先进的信息技术与管理思想，成为现代企业的运行模式。ERP 的应用可以有效地促进现代企业管理的现代化、科学化，适应竞争日益激烈的市场要求。通常可以从管理思想、软件产品、管理系统三个层次上来理解 ERP 的含义。

（1）ERP 是由美国著名的计算机技术咨询和评估集团（Garter Group Inc.）提出的一整套企业管理系统体系标准，其实质是在制造资源计划（Manufacturing Resources Planning，MRP II）基础上进一步发展而成的面向供应链的管理思想。

（2）ERP 是综合应用了客户机/服务器体系、关系数据库结构、面向对象技术、图形用户界面、第四代语言（4GL）、网络通信等信息产业成果的软件产品。

（3）ERP 是将企业管理理念、业务流程、基础数据、人力物力、计算机硬件和软件整合成一体的企业资源管理系统。

2. ERP 的特征

（1）ERP 是面向供应链管理的管理信息集成。ERP 除了具有传统 MRP II 系统的制造、供销、财务功能，还增加了以下功能：支持物料体系的运输管理、仓库管理；支持在线分析处理、售后服务及质量反馈，实时、准确地掌握市场需求；支持生产保障体系的质量管理、实验室管理、设备维修和备用件管理；支持跨国经营的多国家（地区）、多工厂、多语种、多币制需求；支持多种生产类型或混合制造企业、汇合了离散型生产、流水作业生产和流程型生产的特点；支持远程通电子商务、电子数据交换；支持工作流（业务流程）动态模型变化与信息处理命令的集成；支持企业资本运作和投资管理、各种法规及标准管理等。

（2）系统模块化。ERP 的第二个特点是运用应用程序模块来对供应链所有环节实施有效管理。这些模块可以分成物流、财务与人力资源三大类。物流类模块实现对供应、生产、销售整个过程和各个环节的物料进行管理；财务类模块提供了一套通用的记账系统，保证资产负债表与损益表的及时更新；人力资源类模块可以提供一个综合的人力资源管理系统。

（3）采用计算机和网络通信技术的最新成就，实现信息的高度共享。网络通信技术的应用和信息的高度共享是 ERP 的又一个显著特点。网络通信技术的广泛应用，使 ERP 系统得以实现供应链管理信息的高度集成和共享。

（4）ERP系统同企业的业务流程重组密切相关。信息技术的发展加快了信息传递速度和实时性，扩大了业务的覆盖面和信息的交换量，为企业进行信息的实时处理、作出相应决策提供了极其有利的条件。为了使企业的业务流程能够预见并响应环境的变化，企业的内外业务流程必须保持信息的快捷、通畅。

（二）准时制生产（JIT）

1. 准时制生产的原理

准时制生产（Just In Time，JIT），即将必要的零件以需要的数量在需要的时间送到生产线。准时制生产方式最初是由丰田公司为汽车组装而开发的生产与物流管理系统，其核心是在合适的时间将合适数量的合适物品提供给所需要的合适地方的生产物流供给理念。

传统的生产方式，可以定义为一种"推动"的方式。计划部门根据市场需求，对于最终产品的生产进行分解，将相应的生产任务和提前期传达给各个生产部门，最后细化为每个零部件的投入产出计划和相应的订购计划。而对于各个部门而言，需要按照计划组织生产，生产结束后将实际完成情况汇报给计划部门，同时将产成品送往工序上的下一个生产部门。因此，总体的生产是一种从工序最初生产部门向工序最终生产部门的一个"推动"的过程。

从JIT的观点来看，保持高水平的库存占用了大量的资金，同时产生了很多诸如搬运、放置、保养等浪费。

正是由于"推动"方式的缺陷，JIT方式提出了"拉动"式的生产方式。所谓"拉动"式的生产方式，就是指一切从市场需求出发，根据市场需求来组装产品，借此拉动前面工序的零部件加工。每个生产部门、工序都根据后向部门及工序的需求来完成生产制造，同时向前向部门和工序发出生产指令。在"拉动"方式中，计划部门只制订最终产品计划，其他部门和工序的生产是按照后向部门和工序的生产指令来进行的，根据"拉动"方式组织生产，可以保证在适当的时间进行适当量的生产，从而保证企业不会为了满足交货的需求而保持高水平库存产生浪费。

为了保证"拉动"模式的运作，从而保证"适时适量"，JIT主要采用生产同步和生产均衡化两种手段。生产同步化是保证生产各个工序和部门间的速率协调，以减少在制品库存。生产均衡化主要是指生产制造与需要相适应，以避免出现生产过早或过多而产生浪费。而在具体的实现形式上，JIT使用了最具有代表性的看板管理工具。

2. 准时制生产的特点

JIT追寻的总体目标是六个"零"和一个"一"，即零缺陷、零准备、零库存、零搬运、零故障停机、零提前期和批量为一。反映到具体生产方式上，JIT的主要特点是：采用变"推"为"拉"的"反工序法"，基于落实的订单，按照总装配—部件装配—零件加工的反"推"为"拉"的反工艺路线次序安排整个企业生产；强调下"求"上"供"，准时生产，按时交付，避免积压。下"求"上"供"是指下一道工序所用物料要求上一道工序按实际需要供给。准时生产与按时交付要求按计划规定的时间准确生产，并按时交付销售的产品，按时交付供产品总装配用的部件和供部件装配用的零件，避免积压。JIT 系统的特点有以下六点。

（1）有质量问题的零部件不转移到后道工序。

（2）由后道工序启动前道工序。

（3）前道工序只生产所转移的零件数量。

（4）是一种微调整手段。

（5）能均衡生产。

（6）生产过程稳定，组织合理。

3. 看板是 JIT 的核心管理工具

JIT 的生产同步化和生产均衡化提供了一个全新的生产方式，可以应对市场多品种、小批量需求。自诞生之日起，JIT 就引入了看板管理工具来作为其信号系统。

"看板"的英文为 Kanban，这个词来自日本，意味着"口令"或"指令"。在 JIT 中，它是一个信号系统，用于在工序、部门甚至企业间传递生产及运输的信号。看板有很多种形式，通常可以使用卡片、标志杆或容器。下面是一个最简单的看板系统介绍，从这个例子中可以理解什么是看板，以及看板的基本形式。A 和 B 分别是生产某产品的两个生产部门。A 加工结束的产品储存在 A 和 B 之间的容器内。该容器在靠近 B 的一方使用搬运看板，在靠近 A 的一方使用生产看板。当 B 部门得到后续的需求（实际上可能是另外一个看板信息），则取走容器内的一个产品，同时摘下容器内的搬运看板，同时在生产看板盒内放入生产看板。A 部门的工作人员收到生产看板以后，取出生产看板，同时在搬运看板盒内装入产品，放入搬运看板。B 部门再将放入的产品取出，同时取出搬运看板。

（1）看板的使用准则如下。

①没有看板不能生产，也不能搬运，且看板只能来自后工序。

②前工序只能取走生产的部分。

③前工序只能按照收到看板的顺序进行生产。

④看板必须与实物在一起。

⑤不能把劣质品送到后工序。

（2）看板使用的优点如下。

①准确、及时地传送工作指令。

②保证"适时适量"。

③可以辅助进行生产改善。

（三）精益生产

1. 精益生产的含义

精益生产的要领是由美国马萨诸塞理工学院在研究丰田生产方式的基础上提出的，是准时制生产的进一步提高。精益生产方式起源于 20 世纪 50 年代的日本丰田公司，是彻底追求生产的合理性、高效性，灵活地生产适应各种需求的高质量产品的生产技术和管理技术。美国马萨诸塞理工学院国际汽车项目组的研究者将其形象地命名为"精益生产"，是对日本丰田 JIT 生产方式的赞誉之称。精，即少而精，不投入多余的生产要素，只是在适当的时间生产必要数量的市场急需产品（或下道工序急需的产品），即所有的经营活动都要有效益，具有经济性。精益生产的核心，即关于生产计划和控制，以及库存管理的基本思想，对丰富和发展现代生产管理理论具有重要的作用。

2. 精益生产的特点

精益生产以最终用户的需求为生产起点，强调物流平衡，追求零库存，要求上一道工序加工完的零件立即进入下一道工序，通过人工干预、控制，保证生产中的物流平衡。精益生产的特点包括以下四点。

（1）实行拉动式准时化生产。

（2）强调全面质量管理。

（3）实施团队工作法。

（4）鼓励并行工程。

三、设计生产物流系统

（一）生产物流的空间组织

空间组织是指企业内部各生产单位组织的布局，即空间、班组及其设备的安排。空间组织的基本形式有工艺专业化、对象专业化和成组加工单元三种。

1. 按工艺专业化形式组织生产物流

工艺专业化是指以工艺为中心，按工艺特征组建运营单位的一种运营组织形式。在工艺专业化的生产单位内，集中着同类型的生产设备和同工种的工人，对企业的各种产品进行相同工艺的加工。这里的工艺方法是专门的，而加工对象是不同的，每一个生产单位只完成企业产品生产过程中的一部分加工任务。从物流角度讲，其优点是加工对象可变，适应性强；缺点是加工对象的中间周转路线长，运输量大。

2. 按对象专业化形式组织生产物流

对象专业化是指以对象为中心，按对象特征组建运营单位的一种运营组织形式。在对象专业化的生产单位内，集中了不同类型的生产设备和不同工种的工人，对同类加工对象进行不同的工艺加工。因此，按对象专业化设置的生产单位基本上是封闭的，能独立完成绝大部分生产过程。从物流角度讲，其优点是流程合理，可以缩短加工对象的运输过程，缩短生产周期，且运输量小；缺点是分工过细，工作单一，适应能力差。

3. 成组加工单元

成组加工单元是指在一个生产单元内，配备某些不同类型的加工设备，完成一组或几组零件的全部加工任务，且加工顺序在组内可以灵活安排。显然，成组加工单元符合面向对象设计的原则。

（二）生产物流的时间组织

生产过程组织不仅要选择适宜的空间组织形式，使加工对象在生产过程中行程最短，还要组织好加工对象在生产过程中的移动方式，使之时间最少，这就是时间组织。产品移动方式与一次加工的产品数量有关。当加工的产品只有一件而不是一批，则产品在各工序之间就有不同的移动方式，出现不同的时间组织方式。生产物流的时间组织主要有顺序移动方式、平行移动方式和平行顺序移动方式三种。

1. 顺序移动方式

顺序移动方式是指一批零部件或产品在上道工序的加工全部完成以后，整批从上道工序转入下道工序加工。其特点是：零件在各道工序之间是整批移动，工序之间移动是顺次、连续的，每个零件都有明显的等待加工时间。

2. 平行移动方式

平行移动方式是指每个零件在上道工序的加工结束以后，立即转入下道工序进行加工。其特点是：一批零件同时在各道工序上平行加工，因而缩短了生产周期，但是后道工序在加工完毕后，会有一部分停歇时间。

3. 平行顺序移动方式

平行顺序移动方式是指一批零件在一道工序上尚未全部加工完毕，就将已加工好的一部分零件转入下道工序加工，恰好能使下道工序连续全部加工完该批零件。

测一测

一、判断题

1. 地理信息系统的简称是 GPS。　　　　　　　　　　　　　　　　　（　　）

2. 准时制生产的简称是 JIT。　　　　　　　　　　　　　　　　　（　　）

二、多选题

生产物流的时间组织主要有（　　）。

　A. 顺序移动方式

　B. 平行移动方式

　C. 平行顺序移动方式

【教学视频】

生产物流

学习单元六　销售物流和废弃物流

【学习目标】

1. 了解企业销售物流和废弃物流的含义。
2. 熟悉废弃物流的技术。
3. 掌握销售物流的策划。

【学情分析】

1. 学生对生产物流了解不够。
2. 学生实际演练机会较少。

【单元导入】

　　我国加入 WTO 以后，一些限制措施的逐渐取消，国外物流服务企业已经进入国内市场，并不断提高其市场占有率。中国已被公认为 21 世纪世界的"加工工厂"。许多国外生产业早在 20 世纪 80 年代就开始进驻中国市场，开辟了自己的生产领地。物流产业已作为国民经济中一个新兴的产业部门，成为我国 21 世纪重要产业和国民经济新的经济增长点。然而对于废弃物物流的研究却很少，这使人很容易联想到早期的工业发展所走的"先污染，后治理"的道路。

问一问：

面对日益增加的废弃物，可否使其成为一种特殊的商品？

（资料来源：百度文案）

【应知应会】

　　销售物流管理的主要职责是严格履行销售合同，完善发货程序，抓好产品的追踪管理，收集客户反馈信息。销售物流管理应根据不同货品及其销售情况，实现高效率、低成本，以满足不同客户的送货要求。在实际销售物流管理工作中，销售变动，尤其是淡、旺季明显的销售变动，将会带来销售物流组织和实施的巨大挑战。不同销售渠道的构建是进行流量、流向调整，降低销售物流成本的有效手段。

一、销售物流管理概述

（一）销售物流管理的目标与内容

销售物流管理是指对销售物流活动进行的计划、组织、指挥、协调和控制。销售物流管理的目标是保证销售物流有效合理地运行，既扩大市场，提高客户服务水平，又降低成本，提高物流工作效率。

销售物流管理的主要内容包括订单处理、运输、库存管理、物料搬运、仓库管理。

据此，可以看出销售物流管理的主要作业内容应当包括以下几个方面。

（1）随时收集、掌握和分析市场需求信息，包括需求量、需求分布、需求变化规律的供需态势、竞争态势，为制定市场战略和物流战略提供依据。

（2）根据市场战略和物流战略规划销售物流方案，规划物流网络布局，策划销售物流总体运作方案。

（3）根据物流网络规划和销售物流总体运作方案，设计、规划各个物流网点的建设方案和运作方案。

（4）策划、设计运输方案、配送方案。

（5）策划、设计库存方案、包装方案、装卸搬运方案。

（6）物流运作过程的监督、检查、控制、统计和总结。

（7）物流业绩的考核，物流人员的管理、激励。

（8）物流技术的开发和运用等。

（二）销售物流管理观念的转变

销售物流管理已受到社会的普遍关注。对企业销售渠道中的物流、信息流进行高效协调和集成是销售物流管理成功的关键。现代物流管理观念对企业的销售物流管理实践活动具有指导意义。

1. 从功能管理向过程管理转变

传统的管理将销售渠道中的采购、制造、营销、配送等功能活动分割开来独立运作，各自具有独立的目标和计划，而这些目标和计划经常冲突。现代管理就是对销售渠道中的物流活动进行有效集成，实现以提高客户服务水平和客户价值最大化为目标的面向过程的管理。无论是在企业内部，还是在企业外部，管理供应链上游、下游各个合作伙伴的业务活动，都要从功能管理向过程管理过渡。

2. 从利润管理向盈利性转变

传统的管理将利润作为管理的目标，但现代管理认为，利润管理很粗放，因为利润只是一个绝对指标，并不具有可比性。现代管理主张用盈利性这一相对指标来衡量企业的经营业绩。这种盈利性是建立在"双赢"基础上的。只有销售物流中的各方均具有较好的盈利性，企业自身的盈利才有可能得到保证。

3. 从产品管理向客户管理转变

客户是销售渠道上一个非常关键的环节。在买方市场上，是客户在主导企业的生产、销售活动，因此客户是核心，是市场驱动力。在买方市场上，销售物流管理的中心是由生产者向消费者倾斜，因而客户管理成为销售物流管理的重要内容。

4. 从交易管理向关系管理转变

传统的分销渠道成员之间的关系是交易关系，所考虑的主要是眼前的既得利益，因此不可避免地出现渠道成员之间为了自身利益而损害他人利益的情况。现代管理认为，可以找到一种途径，能同时增加分销渠道各方的利益。这种途径就是协调分销渠道成员之间的关系，并以此为基础进行交易，使分销渠道整体交易成本最小化，收益最大化。

5. 从库存管理向信息管理转变

传统的库存管理在销售渠道成员之间造成巨大浪费。现代物流管理考虑的是用信息代替库存。企业持有的是虚拟库存，而不是实物库存，只有到销售渠道的最后一个环节才交付实物库存，从而大大降低了企业持有库存的风险。因此，用及时准确的信息代替实物库存就成为分销物流管理理论的一个重要观点。

（三）销售物流管理原则

对制造企业来说，销售物流管理获得成功的基础是不断加强企业内部管理，即整合企业内部的产品设计、采购供应、订单处理、生产制造、运输储存、销售服务等各个环节。只有把企业内部业务流程有机连接在一起，才能共享信息资源，缩短距离，提高业务运作及决策的准确性和快速性。企业实施销售物流管理应遵循以下七项原则。

（1）根据客户所需的服务特性来划分客户群。

（2）根据客户需求和企业可获利情况设计企业的物流网络。

（3）倾听市场的需求信息，及时发现需求变化的预警，并据此安排和调整物流计划。

（4）实施"延迟"策略。

（5）与渠道成员建立双赢的合作策略。

（6）在整个分销渠道领域构筑高效的信息平台。

（7）建立整个销售物流的绩效考核准则，销售物流管理的最终验收标准是客户的满意程度。

（四）销售物流管理方法

在市场日益规范、竞争日趋激烈的情况下，企业可以采取以下主要方法来提高销售物流管理水平。

1. 明确自己在分销渠道中的定位

分销渠道由制造商、分销商、零售商、物流服务商及消费者组成。富有竞争力的分销渠道要求渠道中各成员都具有较强的竞争力，不管每个成员在整个分销渠道中起到怎样的作用，它都必须根据自己的相对优势来确定其在分销渠道中的位置，并且依据它在渠道中的地位与作用制定相关发展战略，比如对自己的业务活动进行调整和取舍，对有些业务进行外包，着重培养自己的核心竞争力。

2. 建立物流配送网络

企业的产品能否通过分销渠道快速分销到目标市场上，实现仓储、运输、配送等物流活动在渠道中的高效运作，其物质基础主要取决于分销渠道中物流配送网络的构建。物流配送网络是分销渠道依存的物质基础。组建物流配送网络时应该最大限度地利用社会闲置的物流资源，并考虑同第三方物流公司的合作，以实现物流服务低成本。

3. 广泛采用信息技术

信息技术的高速发展与互联网的广泛应用，推动了全球范围的产业革命和重组，销售物流高效的管理依赖于信息技术的广泛应用。

（五）销售物流服务的意义

市场营销对物流系统的设计和运行有着决定性的影响，市场营销的要求决定了物流系统的物流服务领域。销售物流是以满足用户的需求为出发点，从而实现销售并完成售后服务。市场营销中顾客服务的实现与物流活动有着密切的联系。通常情况下，市场营销为了迅速、有效地满足顾客需求，促进产品附加价值的实现，要求物流活动快速地向顾客提供服务。

物流系统的设计直接依存于销售活动模式。顾客需求分布的差异性决定了多种物流方式的存在。例如，对采购规模比较大的用户实行由供应商直送；对采购规模比较小的用户，建立地区配送系统有利于提高服务水准，拓展市场。此外，当一个仓库不能完全满足大用户的供货需求时，有必要将数个地区仓库统一调配使用。

商品库存量与流通速度是一种正比例关系，商品库存量越大，越容易实现商品的快速流转。所以，销售部或零售业为了及时满足市场的需求，并实现向客户快速配送，常常拥有较大的商品库存量。这是因为仓库离市场越近，向用户迅速流转商品的服务越容易实现。因此，现在很多生产企业，为了与所提供服务的目标用户相配合，直接将仓库建在需求方附近。库存量或仓库点的建设又直接决定了物流成本的高低。库存量越大，仓库点越分散，物流成本越高，物流效率越低。为客户提供快速、满意的物流服务，需要从时间、可靠性、通信和便利性四个方面考虑。总之，只有提供优质的销售物流服务，和客户、供应商相互合作，才能真正达到双赢。

二、废弃物流

（一）废弃物流的概念

废弃物流（Waste Material Logistics）是指将经济活动中失去原有使用价值的物品，根据实际需要进行收集、分类、加工、包装、搬运、储存等，并分送到专门处理场所时所形成的物品实体流动。

废弃物流的作用是无视对象物的价值或对象物没有再利用价值，仅从环境保护的角度出发，将其焚化，进行化学处理或运到指定地点堆放、掩埋。当今，由于环境问题的日益突出及物流与环境的密切关系，在研究社会物流和企业物流时必须考虑环境问题。废弃物品如何合理回收以减少对环境的污染，且最大可能地再利用，也是物流管理所需考虑的内容，废弃物物流将越来越受到社会和企业的重视。

（二）回收物流与废弃物流技术

1. 回收物流与废弃物流技术的特点

（1）小型化、专用化的装运设备。使用各种机动车和非机动车，采用多阶段收集、逐步集中的方式将分布广泛的各类生产和生活废弃物回收处理。

（2）多样化的流通加工。对回收的废弃物流根据其类别采用分拣、分解、分类、压块、捆扎、切断和破碎的加工处理方法。

（3）简易包装和存储。一般废弃物不需要包装，只需要露天堆放，但一些特殊废弃物应讲求包装，以防止对环境的污染。

2. 回收物流技术

（1）以废汽车为代表的拆除及破碎分选技术。废汽车是可再生资源，在废汽车的回收物流过程中，流通加工占有重要地位，所有的废旧汽车几乎都要通过一定的流通加工，然后作为各种新的资源进入新一轮循环利用中。

（2）以废玻璃瓶为代表的回收复用技术。废玻璃瓶的回收物流过程中，有一个回送复用的运输系统，依靠各个运输系统，可将用过的玻璃瓶回送到生产企业。

（3）以废纸为代表的收集集货物流技术。回收废纸资源的物流过程中，有一个收集废纸的废纸收集物流系统，这种收集系统是集货系统的一种，废纸需要收集、集中，才能批量提供给回收加工企业。

（4）以废粉煤炭为代表的联产供应物流技术。粉煤灰再生资源的回收物流过程中，采用管道这种物流手段，将电厂排放的粉煤灰，通过管道直接供应给生产企业进行加工处理。

3. 废弃物流技术

（1）垃圾掩埋。在一定规划区内，利用原来的废弃坑塘或用人工挖出深坑，将垃圾运来后倒入，到一定处理量之后，表面用土掩埋。

（2）垃圾焚烧。在一定地区高温焚烧垃圾，以减少垃圾和防止污染，同时防止病菌、虫害滋生。

（3）垃圾堆放。在远离城市地区的沟、坑、塘、谷中，选择合适位置直接倒垃圾也是一种物流技术。

（4）净化处理加工。对垃圾进行净化处理，以减少对环境的危害，尤其适合废水的净化处理。

（5）垃圾发电。利用现代技术手段，对垃圾进行转化，通过燃烧和化学降解，使其转换成热能和电能。

【教学视频】

销售物流和废弃物流

【模块小结】

本模块主要包括生产运作、物流管理前沿、设施选址、生产过程组织、生产计划与控制、供应物流、生产物流、销售物流、废弃物流，主要是对这些项目的概念进行大概的分析和细化。

【课外阅读——"二十大时光"】

支撑国民经济高质量发展，踏上物流强国新征程

【思考与练习】

1. 回收物流与废弃物流技术的特点有哪些？
2. 销售物流管理的主要内容是什么？

企业质量管理

对产品质量来说，不是 100 分就是 0 分。

—— 松下幸之助

【能力目标】

通过本模块的学习，能够认识企业质量管理前沿理论；掌握质量管理的基本技能，并在今后加以运用。

【素质目标】

能够对企业质量管理有较为清楚的认识，理解企业质量管理的重要性；理解全面质量管理的标准化工作的重要意义，能够对智能制造下的质量管理师的工作有深刻的认识。

【知识结构】

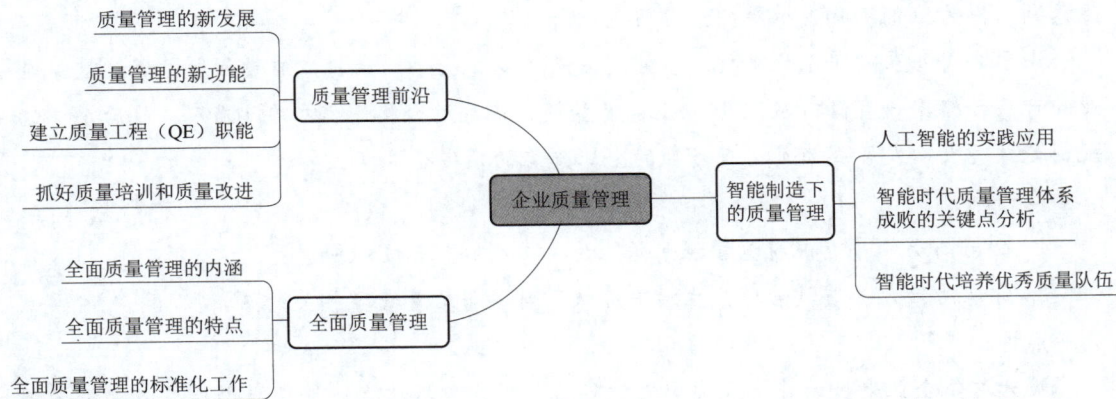

学习单元一　质量管理前沿

【学习目标】

1. 认识质量管理的新发展。
2. 熟悉质量管理的新功能。
3. 掌握建立质量工程（QE）职能及抓好质量培训和质量改进。

【学情分析】

1. 学生对企业质量管理认识不够。
2. 学生实践机会较少。

【单元导入】

质量之问

某位企业老板有一次去某车间巡视，看见工人在擦冲压好的电脑机箱。按照作业标准的规定，确实需要擦 N 次，于是这位老板问现场工人："为何要擦 N 次？"工人答："头儿叫我们擦 N 次就擦 N 次，我们也不知道为何要擦 N 次。"该老板当时没对工人说什么，回头问陪同的厂长为何要擦 N 次，该厂长说："是要把在冲压机箱时沾上的油污擦掉。"老板接着问："那你为何不告诉员工做这项工作的目的，使大家都明白？"那天晚上正好是月度例会，没想到这位老板在台上当着众多人的面把这个厂长给训了一通，原因就是这位厂长没有告诉员工擦拭机箱 N 次的目的是什么，而只是生硬地规定要员工执行，这样员工是为了擦而擦，即使擦了 N 次也可能没有完全擦干净，但该问题也可能没有被员工注意到，因为他们不知道擦拭的最终目的是什么。

由于公司高层领导十分重视质量问题，而且身先士卒，亲自抓质量问题，因此这家企业的产品合格率一直保持在99%以上，有些关键工序的合格率保持在100%，最后企业的规模越做越大，发展成为员工百万人的全球知名的顶尖企业集团。

问一问：

1. 公司高层领导重视质量管理问题能为公司利润作出贡献吗？
2. 你认为什么是质量管理？生活中你做了哪些与质量管理相关的事情？

点评：

抛开这位企业老板的魄力及公司的执行力不说，单从这么一件小事说质量，这位老板就很在行。他知道产品的质量标准应该怎么定，员工的操作指导书应该怎么写，他也知道怎么去发现问题、发现品质隐患，他知道走动式现场质量管理。老板懂质量管理，下面的那些各级管理者就不得不重视质量管理，而质量经理也必须跟得上公司对质量的要求，因此，该公司对客户宣传的五个优势之一就是质量，也确实是靠质量争得世界级客户的信赖而战胜竞争对手的！

【应知应会】

一、质量管理的新发展

企业，一般是指在社会化大生产条件下，从事生产、流通与服务等经济活动的营利性经济组织。企业的基本职能就是从事生产、流通和服务等经济活动，向社会提供产品与服务，以满足社会需要。企业主要可以分为工业企业与商业企业两大类，两者的职能是不相同的。

工业企业的职能：通过工业性生产活动，即利用科学技术与设备，改变原材料的形状与性能，为社会生产所需要的产品。商业企业的基本功能：通过商品实体转移或价值交换，为社会提供所需产品或服务。企业的基本构成要素：①人员；②资金，是指支撑企业建立与运营的各类资金；③物资设备；④时间；⑤信息。企业是生态有机体。企业作为一个由人组成的、发挥特定功能的系统，是一个能适应外部环境变化，能实现自我运作与发展，具有诞生、成长与消亡寿命周期的生命有机体。

测一测

请以所熟悉的企业为例，简述企业管理方法主要包含哪些？

按照企业财产组织形式分类，企业可分为独资企业、合伙制企业、合作制企业和公司制企业。

（1）独资企业包括个人独资企业和法人（国家）独资企业。

①个人独资企业。个人独资企业是指依法在中国境内设立，由一个自然人投资，财产为投资人个人所有，投资人以其个人财产对企业债务承担无限责任的经营实体。

②法人（国家）独资企业。法人（国家）独资企业是由企业等法人，或国家独家投资设立的企业。

（2）合伙制企业是指自然人、法人和其他组织依法在中国境内设立的普通合伙企业和有限合伙企业。

①普通合伙企业。普通合伙企业由普通合伙人组成，合伙人对合伙企业债务承担无限连带责任。

②有限合伙企业。有限合伙企业由普通合伙人和有限合伙人组成。

（3）合作制企业包括股份合作制企业和中外合作经营企业。

①股份合作制企业是指企业内的劳动者平等持股，合作经营，按股本和劳动共同分红的一种集体企业。

②中外合作经营企业是指国外企业、经济组织或个人，在中国境内，与中国的企业或经济组织共同投资或提供合作条件而举办的企业。

（4）公司制企业包括无限责任公司、有限责任公司和股份有限公司。

①无限责任公司是指由两个或两个以上股东所组成，股东对公司的债务承担无限清偿责任的企业。

②有限责任公司是指由两个以上的股东共同出资，每个股东以其认缴的出资额对公司债务承担有限责任的企业。

③股份有限公司是指其注册资本由等额股份构成，并通过发行股票筹集资本，公司以其全部资产对公司债务承担有限责任的企业法人。

企业管理，就是通过计划、组织、领导和控制，协调企业中以人为中心的资源与职能活动，以有效实现企业经营目标的活动。企业的四大管理职能：计划职能是指管理者为实现组织目标对工作所进行的筹划活动；组织职能是指管理者为实现组织目标而建立与协调组织的工作过程；领导职能是指管理者指挥、激励下级，以有效实现组织目标的行为；控制职能是指管理者为保证实际工作与目标一致而进行的监督与调节活动。

企业质量管理是产品和服务的经营者通过内部控制制度对质量进行管理的活动。在社会化和民主化发展中，行业协会、社会公众、舆论媒介等社会群体也逐渐获得了质量监督管理职能。

现在，质量部门的职责一般包括质量保证（Quality Assurance，QA）、来料质量检验（Incoming Quality Control，IQC）、过程质量检验（In-Process Quality Control，IPQC）、最终成品质量检验（Final Quality Control，FQC）、出货质量检验（Outgoing Quality Control，OQC）、供应商质量工程（Supplier Quality Engineering，SQE）、质量工程（Quality Engineering，QE）等职责。

一般公司的质量部门主要有 QA 和 QC 两个功能。ISO 9000 对 QA 的定义是：它是质量管理的一部分，致力于提供质量要求会得到满足的信任。百度百科的定义是：为使人们确信某一产品、过程或服务的质量所必需的全部有计划有组织的活动。在实际运作过程中，QA主要包括建立和维护质量管理体系，应对客户或外部第三方的质量审核，有的还包括客户投诉处理等。

这里的 QC 主要是指对产品质量进行检验，主要从事来料、过程及最终成品的质量检验，对应 IQC、IPQC、FQC。这样的公司质量管理非常传统，侧重于检验的功能，侧重于应付质量管理体系的要求。而稍好的公司会注重对供应商的质量管理，所以设置 SQE 的功能。更好的公司可能会设置 QE，QE 主要侧重于产品及过程的质量分析和改进，质量培训及预防等工作；如果有新产品研发，还要包括产品从研发到生产过程中的一切质量分析和改进、质量标准制定等工作。而现在强调质量竞争力的公司，可能会设置持续改进的功能，一般会设置专职的质量改进专家。

测一测

以所熟悉的管理者及其所从事的企业质量管理工作为例，解释说明其工作的内容。

二、质量管理的新功能

（一）质量检验

20 世纪初以美国人泰勒为代表的"科学管理运动"催生了专职的质量检验队伍，构成了专职的质量检验部门，由此，质量检验机构就被独立出来了。因此，质量检验是质量专业最早出现的一项活动，也是最基本的一项职能。连石油大王洛克菲勒都是从质量检验员出身的。

洛克菲勒年轻时在美国某石油公司工作，每天的工作就是巡视并确认石油罐盖有没有被焊接好。但他和一般检验员不一样，通过仔细观察和反复试验，他使自动焊接机焊接一个石油罐的焊剂，从 39 滴减少为 38 滴，一年为公司节省了上万美元，从此他的人生得到了彻底改变。

到现在为止，质量检验依然在发挥作用，在今后也将仍然存在；并且，对大多数公司来说，质量检验队伍是质量管理部门人数最多的。因此，为了做好质量检验这项工作，一方面要掌握好相应的质量检验技术，另一方面需要管理好相对庞大的检验队伍。

（二）抓好质量体系

伴随着质量管理的发展，经过各国、各大公司的质量管理实践，特别是以美国为代表的全面质量管理的发展，1987 年，为适应国际贸易发展的需求，ISO 9000 族标准产生了。

ISO 9001：2008《质量管理体系要求》标准是 ISO 9000 族标准中规定质量管理体系要求的标准，它从管理职责、资源提供、产品实现和测量分析与改进等方面对组织的质量管理体系提出了最低要求，质量管理体系要素及相互之间的关系，如图 5 - 1 所示，其目的是通过满足顾客的要求和与适用产品有关的法律法规要求而达到使顾客满意的目的。标准采用了以过程为基础的质量管理体系模式，要求组织按图 5 - 2 所示的过程建立和实施质量管理体系并改进其有效性，通过满足顾客要求，增强顾客满意度。

ISO 9000 族标准是基于很多世界级优秀企业多年成熟的质量管理体系总结而成，因此具有很强的指导意义和参考意义。如果认真理解、钻研并实施 ISO 9000 族标准，绝对可以受益匪浅。近几年，全国各地正在大力推行 ISO 9000 标准，开展以 ISO 9000 族标准为基础的质量体系咨询和认证。ISO 9000 质量管理体系是质量管理的基础，其实也是公司各项功能运作的基础，包括采购过程、生产过程、研发过程、销售过程、售后服务过程、人力资源培训

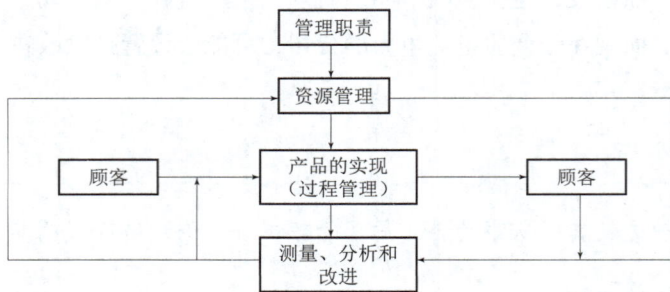

图 5 – 1　质量管理体系要素及相互之间的关系示意图

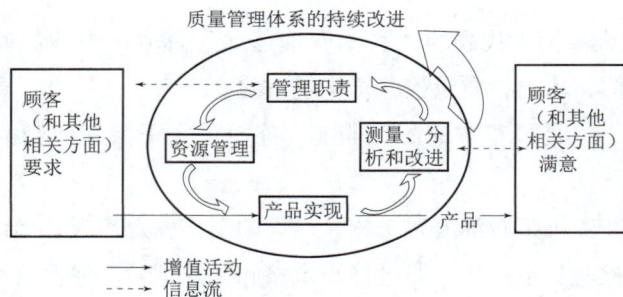

图 5 – 2　以过程为基础的质量管理体系模式

过程等。因此，每个企业为了规范管理，提高运作效率，都需要根据具体情况，按照 ISO 9000 族标准的原则和要求，实施符合自己公司的质量管理体系。

为了把质量管理体系建设成高效、有用的基础设施，需要一位能力非常强的负责人才行。这位负责人需要有丰富的学识和工作经验，是流程和体系方面的专家，而且善于思考和沟通，工作富有激情。质量体系工作不仅仅是为了满足 ISO 9000 族标准的基本要求，更多是为了满足质量和流程效率的要求。

真正要把质量体系工作做好，管理层首先要意识到质量体系的重要性，其次要安排一位能力强的人领衔负责，最后需要对质量体系的运行效果进行跟踪和评估。这样，质量体系就会在良性的循环下得到不断改进。

三、建立质量工程（QE）职能

企业管理者的技能包括以下四方面的内容。

（1）技术技能。技术技能是指管理者掌握与运用与所管理的系统相关的某一专业领域内的知识、技术和方法的能力。

（2）人际技能。人际技能是指管理者处理人事关系的技能。

（3）概念技能，或称构想技能。是指管理者观察、理解和处理各种全局性的复杂关系的抽象能力。

（4）行政技能。行政技能是指管理者提高权威、组织资源、协调活动的一种行政性能力。

传统的质量管理就是质量检验（QC）；后来 ISO 9000 族标准问世，于是有了 QA 的功能，这是现在很多传统的质量管理部门的两个职能和架构。随着质量管理科学发展的与时俱进，管理学家们又提出了 QE 理论，一些管理先进的公司也正在实际工作中应用 QE 理论。QE 的产生是传统的质量管理向现代质量管理迈进的必然产物。

对于 QE 究竟是做什么的，当下有三种比较典型的定义。

（1）第一种认为 QE 是进行质量规划、设计、改良的工作，主要归纳为 5 个方面：①制订质量管理计划；②制定质量检验规范；③设计检验量具；④质量管理制程解析、实验和改善；⑤处理质量事故。

（2）第二种认为 QE 的职责包括：①负责从样品到量产这一整个生产过程的产品质量控制活动，寻求通过测试、控制及改进流程，以提升产品质量；②负责解决产品生产过程中所出现的质量问题，处理质量异常及质量改善；③产品质量状况跟进，处理客户投诉并提供解决方案；④制定各种与质量管理相关的检验标准与文件；⑤指导企业的质量改善，分析与改进不良材料。

（3）第三种是把 QE 的职责概括为 10 个方面：①质量体系中 QE 的监督功能；②质量设计中 QE 的流程督导；③质量保证中 QE 的策划活动；④质量过程控制中 QE 的执行方法；⑤质量成本中 QE 的资料统计；⑥客户投诉处理中 QE 的对策分析；⑦质量持续改善中 QE 的主导跟踪；⑧质量管理手法中 QE 的宣传推广；⑨供应方管理中 QE 的审核辅导；⑩作业管理中 QE 行使 IE 的功能。

这三种定义其实是站在不同角度所做的定义。第一、二种定义主要是针对新品导入的质量工程，负责人在公司叫项目质量工程师（Project Quality Engineer，PQE），或者叫设计质量工程师（Design Quality Engineer，DQE）。第三种定义全面、清晰和具体，属于广义的定义，其中包括了 PQE/DQE，也包括了供应商管理质量工程师（Supplier-QE，SQE），甚至把质量分析和质量改进等功能也融入了 QE。从大多数企业的实际运作来看，QE 工程师通常是指新品导入的 PQE/DQE，或供应商管理的 SQE，或纯制造业的过程质量工程师（Process-QE，PQE）。不管是负责什么具体内容的 QE 工程师，如果他们还负责质量培训和改进等功能，甚至具备 6Sigma 绿带甚至黑带水平，那么就是很强的 QE 工程师了。

四、抓好质量培训和质量改进

管理控制是指管理者为保证实际工作与计划一致，有效实现目标而采取的一切行动。管理控制的基本类型：预先控制、同步控制、反馈控制。控制方法有：确定建立标准的范围，选择制定标准的方法、确定标准的表达形式。衡量工作绩效测量的预见性与及时性，采用科学的监测、考核方法、偏差分析。纠正行动，选择纠正方式，及时、迅速纠正。

　　质量管理除了 QA、QC 和 QE，还有其他职责吗？当然，如果在公司层面没有开展全面质量管理或者 6Sigma 功能，建议质量部门设置持续改进组织，可以放在 QA 功能，或单独设 6Sigma 功能，而负责这项工作的最好是一名具备丰富质量改进工作经验、能力很强的 6Sigma 黑带，该负责人除了负责质量改进，同时负责公司内部的质量管理培训。

　　质量管理培训也很重要，因为几乎所有公司在招聘非质量岗位的人员时，基本上不会要求候选人需要具备质量管理培训的学历或经历。所以，对这些人员，就需要在公司内进行质量管理培训，因为质量管理需要全员参与，每个人都或多或少会影响产品质量，可是许多人不具备质量管理知识，甚至许多质量管理人员都不具备专业的质量管理知识，所以质量管理培训显得尤为重要（图 5 - 3）。

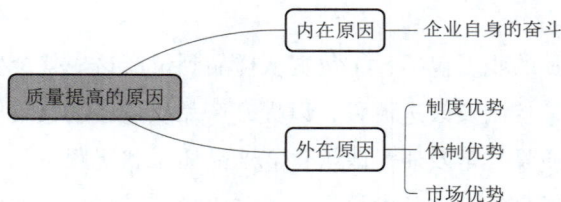

图 5 - 3　质量提高的原因

【教学视频】

质量管理前沿

学习单元二　全面质量管理

【学习目标】

1. 认识全面质量管理的内涵和特点。
2. 熟悉全面质量管理的构成要素。
3. 掌握全面质量管理的标准化工作。

【学情分析】

1. 学生对全面质量管理认识不够。
2. 学生实际演练机会较少。

【单元导入】

纽约市公园及娱乐部的主要任务是负责城市公共活动场所（包括公园、沙滩、操场、娱乐设施、广场等）的清洁和安全工作，并增进居民在健康和休闲方面的兴趣。

市民将娱乐资源看作重要的基础设施，因此，公众对该部门的重要性是认同的。该部门面临着管理巨大的系统和减少的资源，和美国的其他城市相比，纽约市的计划是庞大的，该部门将绝大部分资源投入现有设施的维护和运作，但是为设施维护和运作投入的预算比上年度削减了48%。

为了对付预算削减，并能维持庞大复杂的公园系统，该部门的策略包括：与预算和管理办公室展开强硬的幕后斗争，以恢复一些已削减的预算；发展公司伙伴关系以取得更多的资源；等等。除了这些策略，该组织采纳了全面质量管理技术，以求"花更少的钱干更多的事"。因此，该部门的策略是将全面质量管理逐步介绍到组织中，这种训练提供了全面质量管理的概念，选择质量改进项目和目标团队的方法，管理质量团队和建立全面质量管理组织的策略。虽然存在问题，但这些举措使全面质量管理在实施的最初阶段获得了相当的成功。

有关分析显示了该部门实施全面质量管理所获得的财政和运作收益，启动费用是223万美元，平均每个项目23万美元。总共节省了7 115万美元，平均每个项目一年节约71万美元。这个数字不包括间接和长期收益，只是每个项目每年直接节约的费用。

在全面质量管理技术执行五年后，情况出现了变化，新一任部长就任后，TQM执行计划被搁浅了，将前任部长确立的全面质量管理技术看作可以忽略的事情，大部分成员没有完全理解或赞成TQM哲学，认为只是前任部长遗留下来的东西。但是新任部长同样面临着削减的预算和庞大的服务系统的问题，却没有沿用前任部长采取的工具，其采用的是私有化、绩效管理等手段。

问一问：

在运用"全面质量管理"这一新工具时，应该考虑哪些因素的影响？

点评：

纽约市公园与娱乐管理部门面临着如何以较少的资源提高服务绩效的问题，在前期该部门将全面质量管理（TQM）确定为一项重要举措并取得了一定成效，但是到后期因为领导人变更而放弃该工具改用其他工具。

在该案例中，尽管"全面质量管理"这一工具与该局以"较少的成本维持庞大的服务系统"的目标是匹配的，而且该局在运用"全面质量管理"这一新工具时也考虑到在组织路线的影响并采取了一定策略以减少推行该工具的阻力，从而使该工具在经过一段时间尝试后被证明是达成目标的有效工具，但最终却因为领导人的变更而被抛弃。可见，决策者选择政策工具并不完全是理性的，这个案例的意义在于展现了政策工具选择面临的政治压力。

【应知应会】

随着科学技术和工业生产的发展，对质量要求也越来越高。20世纪50年代的大型、精密、复杂的产品要求具备更高的安全性、可靠性、经济性。这就要求人们运用"系统工程"的概念，把质量问题作为一个有机整体加以综合分析研究，实施全员、全过程、全企业的管理；60年代在管理理论上出现了"行为科学论"，主张改善人际关系，调动人的积极性，突出"重视人的因素"，注意人在管理中的作用，同时"产品责任"和"质量保证"等为很多企业所重视，需要企业加强内部质量管理，确保生产的产品使用安全、可靠。这些情况的出现，促使全面质量管理的理论逐步形成。

最早提出全面质量管理概念的是美国通用电气公司质量经理费根堡姆。1961年，他发表了《全面质量管理》一书，强调执行质量职能是公司全体人员的责任。他提出："全面质量管理是为了能够在最经济的水平上考虑到在充分满足用户要求的条件下进行市场研究、设计、生产和服务，把企业各部门的研制质量、维持质量和提高质量活动构成为一体的有效体系。"

20世纪90年代末，许多世界级企业的成功经验证明：全面质量管理（TQM）是一种使企业获得核心竞争力的管理战略。质量的概念也从狭义的符合规范发展到以顾客满意为目标，全面质量管理不仅提高了产品与服务的质量，而且在企业文化改造与重组的层面上，对企业产生深刻的影响，使企业获得持久的竞争能力。在围绕提高质量、降低成本、缩短开发和生产周期方面，新的管理方法层出不穷，其中包括并行工程（CE）、企业流程再造（BPR）等。

一、全面质量管理的内涵

所谓全面质量管理，是以质量管理为中心，以全员参与为基础，旨在通过让顾客和所有相关方受益而达到长期成功的一种管理途径。ISO 9000族质量管理标准、美国波多里奇奖、欧洲质量奖、日本戴明奖等各种质量奖及卓越经营模式、六西格玛管理模式等，都是以全面质量管理的理论和方法为基础的。

全面质量管理注重顾客需要，强调参与团队工作，并力争形成一种文化，以促进所有的员工设法、持续改进组织所提供产品、服务质量、工作过程等，它由结构、技术、人员和变革推动者四个要素组成（图5-4），只有这四个方面全部齐备，才会有全面质量管理这场变革。

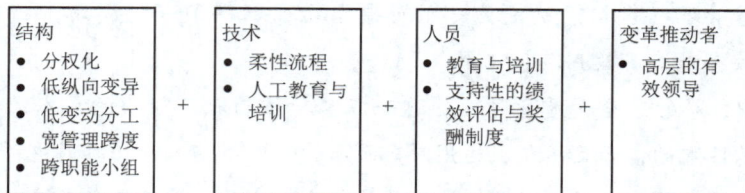

结构		技术		人员		变革推动者
• 分权化 • 低纵向变异 • 低变动分工 • 宽管理跨度 • 跨职能小组	+	• 柔性流程 • 人工教育与培训	+	• 教育与培训 • 支持性的绩效评估与奖酬制度	+	• 高层的有效领导

图5-4 全面质量管理的组成要素

全面质量管理的基本原理与其他概念的基本差别在于，它强调为了取得真正的经济效益，管理必须始于识别顾客的质量要求，使顾客对他们手中的产品感到满意，全面质量管理就是为了实现这一目标而指导人、机器、信息的协调活动。

二、全面质量管理的特点

全面质量管理有三个核心的特征，即全员参加的质量管理、全过程的质量管理和全面的质量管理。

（1）全员参加的质量管理，即要求全部员工，无论高层管理者还是普通办公职员或一线工人，都要参与质量改进活动。

（2）全过程的质量管理，是指在市场调研、产品的选型、研究试验、设计、原料采购、制造、检验、储运、销售、安装、使用和维修等价值链的各个环节中都把好质量关。其中，产品的设计过程是全面质量管理的起点，原料采购、生产、检验过程是实现产品质量的重要过程，而产品的质量最终是在市场销售、售后服务的过程中得到评判与认可。

（3）全面的质量管理是指用全面的方法管理全面的质量。全面的方法包括科学的管理方法、数理统计的方法、现代电子技术、通信技术等。全面的质量包括产品质量、工作质量、工程质量和服务质量。一个企业必须在抓好产品质量的同时，还要抓成本质量、交货期质量和服务质量。这些质量的全部内容就是所谓广义的质量概念，即全面质量。可见，质量管理必须对这种广义质量的全部内容进行管理。

$$全面质量 = 产品质量 + 成本质量 + 交货期质量 + 服务质量$$

另外，全面质量管理还强调以下观点。

①用户第一的观点，并将用户的概念扩充到企业内部，即下道工序就是上道工序的用户，不将问题留给直接用户。

②预防的观点，即在设计和加工过程中将"预防为主"作为核心，变管结果为管不良因素，消除质量隐患。

③定量分析的观点，只有定量化才能获得质量控制的最佳效果。

④以工作质量为重点的观点，因为产品质量和服务质量均取决于工作质量。

关注近期发布的两份企业排行。一份是中国企业五百强榜单，另外一份是财富杂志公布的世界五百强排行榜。结合多年来这两张榜单的变化，我们能够从国内、国际两个视角看出中国企业在哪些方面的成长和变化。

企业为什么做得这么好？我认为最主要是由于企业自身的奋斗，比如华为、海尔等。但是也离不开中国的制度优势（改革开放40多年）、体制优势（社会主义市场经济体制）、大市场的市场优势（中国14多亿人口的大市场，尤其是农村市场前景广阔，为智能家电、汽车、手机消费作出了巨大贡献），中国企业就是在这么一个外部环境中发展起来的。

1. 全面强化质量意识

首先，要提高认识，企业管理阶层在质量管理方面起着至关重要的作用。只有管理者加强了认识，才能做到全面强化质量意识。其次，通过会议宣传贯彻产品质量的重要性。着重强调人和产品的关系，如果某个人的工作到不了位，则有可能导致企业产品的质量过不了关。再次，定期制作警示的牌子，或将在企业现场拍摄的图片制成幻灯片形式，组织相关的人员，特别是组织操作的人员进行观看。最后，加强对相关人员的质量意识的教育工作，或通过签订"质量责任书"来对质量行为进行约束。

2. 提高员工的质量素质

在产品质量系统中，对产品质量的影响因素有很多种，可是人员的素质是影响质量最基础、最活跃和最有潜力的因素。企业要长期生存发展下去，必须不断更新工艺技术和设备，这时，员工的知识和技能也需要不断更新，需要不断地学习、培训、更新知识、提高技能。

3. 坚持"用户导向"质量观

产品和企业具有竞争力的重要表现就是要使用户满意。很多企业在发展的道路上都意识到，只有产品质量赢得顾客的信赖和满意，才能使企业自身的经济效益得到提高，才能够得到长足的发展，才能在竞争中立于不败之地。

4. 提高推行质量管理体系的执行力

实现企业各种目标的源动力就是执行力。执行力对于实现质量管理体系有效运行起着非常关键的作用。流程如果不好，可以通过执行发现不足并对其进行改善；不管多么好的流程，如果不去执行，也就成了夸夸其谈。质量管理体系运行需要企业全体员工的共同参与，怎样才能让所有员工围绕着体系要求积极工作呢？在质量管理体系推进过程中，不要让质量管理体系成为对员工的约束和制约，在推行过程中，不应该只是简单要求员工严格按照体系的规定做事，而更要帮助员工在满足要求的前提下，找到更为有效的做事办法。

5. 加强企业质量文化建设

质量文化对于产品质量也有着非常重要的作用，它对组织决策行为、经营行为、员工行为及企业发展方向起着保障和推动作用。一个企业要想在竞争中明确自己的优势地位，以质量为中心的企业文化建设是重点。

第一要加大宣传力度。企业要利用各大活动宣传产品质量管理的重要性，公开全面质量观念，真正把质量当作自己的生命，强化质量关系着企业的兴衰成败。关心产品质量管理工作。第二要培养员工的归属感，让他们把企业当成自己的家，树立强烈的忧患意识，对企业的未来和发展做到真心真意的关心，寻找一切机会提高产品质量、工作质量、生产效率，使企业做到可持续发展。第三要做到精神鼓励和物质奖励并重，宣传并及时奖励优秀质量管理工作中表现突出的人员，给予更多的关注，形成企业员工人人关心产品质量的良好氛围，使企业产品质量管理文化建设得到更好的发展。

三、全面质量管理的标准化工作

标准化工作的含义即企业通过制定与执行各种技术标准和管理标准，使企业的经营管理工作实现规范化、程序化，以提高工作的效率与产出的质量的一系列管理活动。

标准的类型包括：按所制定标准的对象不同，企业的标准可分为技术标准和管理标准。按标准的制定主体与适用范围不同，可将技术标准分为国际标准、区域标准、国家标准、专业标准和企业标准。

标准化工作是企业中的一项综合性基础工作，它为企业的生产经营活动建立一定的秩序，使企业的各种经济技术活动遵循共同的准则，使复杂的管理工作系统化、规范化、简单化，保证企业的生产经营系统能够高效、准确、连续不断地运行。

按照我国国家质量管理协会的定义，标准就是对重复性事物和概念所做的统一规定。它以科学技术和实践经验的综合成果为基础，经有关方面协商一致，由主管机构批准，以特定形式发布，作为共同遵守的准则和依据。按照 ISO 国际组织的定义，标准化是指在经济、技术、科学和管理等社会实践中，对重复性事物和概念通过制定发布和实施标准达到统一，以获得最佳秩序和社会效益。

标准化工作作为一项综合性的基础工作，与企业的生产、技术、经营管理等各项工作有着密切的联系，通过标准化工作有利于提高企业的整体经济效益，减少生产经营过程中的劳动消耗。企业标准化的范围越广，企业标准化的程度越高，给企业带来的经济效益就越大。它是提高产品质量和发展产品品种的重要手段。企业无论是生产还是评定和检验产品，都必须有一定的标准。产品标准为质量管理提供了目标，同时又起到揭示差距、鞭策后进的作用。一般来说，企业的标准化工作推行得越全面，产品质量的提高和产品品种的发展就越有保证。

（一）标准的类型

标准的类型总体上可以划分为技术标准、管理标准和工作标准三大类，见表 5 – 1。其中，技术标准包括基础标准、产品标准、方法标准、安全卫生与环境标准等；管理标准包括管理业务标准、质量管理标准、程序标准等；工作标准包括专用工作标准、通用工作标准、管理工作标准等。

表 5 – 1　标准的类型

标准类型	具体类型
技术标准	基础标准、产品标准、方法标准、安全卫生与环境标准等
管理标准	管理业务标准、质量管理标准、程序标准等，如 ISO 9000 等
工作标准	专用工作标准、通用工作标准、管理工作标准等

（二）标准的分级与编号

在目前的经济环境中，标准总共被分为三级：第一级为国际标准，国际标准是全球统一的，如 ISO、IEC 等；第二级为区域标准，如 CEN 等；第三级为国家标准，如我国制定的国家标准等（表 5 – 2）。

表 5 - 2 标准的分级和编号

标准分级	标准编号
国际标准	ISO：国际标准化组织 IEC：国际电工委员会 ITU：国际电信联盟等
区域标准	CEN：欧洲标准化委员会 CMEN：中美地区泛美标准化委员会 APSC：亚太标准化委员会等
国家标准	1 级，国家标准； 2 级，行业标准； 3 级，地方标准； 4 级，企业标准

【教学视频】

全面质量管理的特点   全面质量管理的内涵及特点

学习单元三 智能制造下的质量管理

【学习目标】

1. 认识人工智能的实践应用。
2. 熟悉智能时代质量管理体系成败的关键点分析。
3. 掌握智能时代如何培养优秀的质量队伍。

【学情分析】

1. 学生对职场情景认识不够。
2. 学生实际演练机会较少。

【单元导入】

刨根问底，找出"元凶"

当你作为一名企业的质量工程师，看到一位工人，正将铁屑撒在机器之间的通道地面上。

你怎么用 5Why 的方法询问问题呢？

你问："为何你将铁屑撒在地面上？"他答："因为地面有点滑，不安全。"

你问："为什么会滑，不安全？"他答："因为那儿有油渍。"

你问："为什么会有油渍？"他答："因为机器在滴油。"

你问："为什么会滴油？"他答："因为联结器漏油。"

你问："为什么会泄漏？"他答："因为联结器内的橡胶油封已经磨损了。"

问一问：

你认为什么是智能制造下的质量管理？

点评：

如果上述案例中的五个问题问到第一个为什么就结束了，那么结果是什么？将铁屑撒到地上好像还是正当的；问到第二个为什么，那么把油渍去除干净即可；问到第三个为什么，那么拿个容器把油接住即可。前面四个为什么都没有找到问题的根本原因，问到第五个为什么，问题的根本原因找到了，需要更换橡胶油封。所以，这种喜欢打破砂锅问到底的精神特别值得大家学习。上面所举的五问"为什么"，并不是要我们学习它的这种形式，不是所有的问题都要问五次。有的可能问一两个"为什么"，就问到点子上了；而有的可能需要问十次，才能问到问题的根本。我们学习的是这种提问的实质，即刨根问底，找出"元凶"。

【应知应会】

一、人工智能的实践应用

人工智能和区块链这两种技术将会重新设计人类使用技术的模式，到 2030 年，由于自动化，将有近 30% 的工作面临消失的风险，工人们必须掌握新的技能以胜任新的挑战。在这个瞬息万变的时代，终身学习是大势所趋。今天，人工智能或机器人系统几乎可以在生活中的每一个角落找到。人工智能甚至被应用到癌症检测技术中，最近的研究表明，人工智能比皮肤科医生能更熟练地诊断皮肤癌。我们也不要忘记智能聊天机器人的出色表现。尽管人工智能自 20 世纪 60 年代初就出现了，但最近它在线上购物领域掀起了一场变革，因为领先的零售商正在使用机器学习算法来了解客户的偏好，并提供个性化的推荐。

毫无疑问，人工智能正从各个角度悄无声息地包围我们，而且它的潜力还在不断地被释放。普华永道的一份报告揭示了这将会在多大程度上影响我们的经济。报告显示，人工智能将在未来 20 年推动全球经济增长，创造并取代同样多的就业岗位。人工智能带来的变化是划时代的。在人类历史上，只有极少数技术的出现会颠覆一切。农业、车轮、印刷机，然后是蒸汽、化工、石油、电力，以及微处理器。我们正在经历这样的时刻：2017 年，总部位于伦敦的 DeepMind 开发的围棋机器人（AlphaGo）击败了人类围棋高手柯洁，这个具有象征意义的日子被载入了史册。那么为什么人工智能如此具有革命性呢？因为之前的技术革命发现了改善人类生活的方法，今天的这场革命找到了自动获取信息的方法。因此，改善人类命运的前景是前所未有的。

拓展阅读

智能制造企业 TOP100：海尔智家、航天科工、浪潮

2019 年 9 月 11 日，以"创未来新互联网的使命"为主题的 2019 中国新互联网企业 TOP100 乌镇发布暨创未来新互联网论坛，在浙江桐乡举办。大会发布了《2019 中国新互联网企业·智能制造企业 TOP100》榜单，其中海尔智家、航天科工、浪潮位列前三，排名前十的企业还有华为、中国中车等企业。

当前世界正处于新一轮科技革命和产业变革的历史交汇点，智能技术与制造技术融合已成为智能制造的新趋势。据悉，本次榜单的研发，联合了产、学、研等多方的力量，力图站在新一轮科技革命和产业变革的历史交汇点上作出评审和推选。不论是以 COSMOPlat 工业互联网平台入围的海尔智家，还是以航天云网入围的航天科工等企业，都已构建了成熟的工业互联网平台。其中，排名首位的海尔智家，是中国最早一批探索智能制造转型升级的企业，自 2012 年就开始智能制造转型的探索实践，从大规模制造转型大规模定制。

《中国企业报》集团社长吴昀国表示："此次百强榜单的新生代创新型企业，正在超速成长，他们的强势表现，让互联网经济形成涵盖'衣、食、住、行、娱、育'的全产业链生态，或将重塑行业的竞争生态。"

海尔 COSMOPlat 已孕育出的房车、农业等众多行业物联生态，为全球用户带来"衣、食、住、行、康、养、医、教"等全方位的美好生活体验。其中，依托 COSMOPlat 平台为用户定制的海尔智慧家庭已入驻全国 1 000 万用户家中，用户随时可以体验到：走进家中，空调自动调至适宜的温度，智慧厨房里的智慧冰箱可以为你推荐食谱，并与其他厨电设备联动，制作可口佳肴……在"智家云"战略布局下，海尔不仅在智慧成套的基础上为用户提供智慧场景服务，更以"场景生态"满足了用户对智慧家庭最本质的需求：不仅要连接产品，更要连接生活。

同时，这份榜单也传递出一个信号：搭上智能制造的高速列车，智能家居正在加速发展。当我们把视角放在 TOP10，会发现海尔智家、华为、美的、格力都不约而同地将"智能家居"作为发展的重点。在智能制造发展的大趋势中，家居智能化进程将进一步加快，智能家居从最初级、单品化的智能迈入更系统的"智能家居生态圈"，在提高国家制造业创新能力的同时，还共同为人们创造智慧美好生活方式。

——资料来源：海尔官网

讨论：

1. 请在网上查找有关海尔 COSMOPlat 平台的信息。

2. 你了解"智慧家庭"吗？根据你接触到的信息，说说什么是智慧家庭。

3. 中国的智能制造将会有怎样的发展前景？

二、智能时代质量管理体系成败的关键点分析

在智能时代，质量管理体系建设是一项复杂的系统工程，牵涉到企业的方方面面，非一个普普通通的质量工程师所能胜任的。首先，ISO 9001 负责人不仅要具备优秀的专业素质，很强的发现问题和解决问题的能力，还必须具备抗挫能力，推进 ISO 9001 不仅要遇到很多阻力，并且从工作性质上也会带来很大的职业压力。因为在很多人看来，其他岗位的人都有固定的工作安排，忙忙碌碌，唯独 ISO 9001 工程师在从事那些不紧不慢的"表面工作"，这会给 ISO 9001 人员造成职业恐慌感。其次，ISO 9001 负责人还必须具备很强的组织能力、沟通能力和协调能力。因为推进 ISO 9001 要去发现流程中不合理的问题，并组织改进，那么需要人际技巧去沟通和说服，并组织相关人员参与改进。再次，就是要求 ISO 9001 负责人要有丰富的工作经验，对公司的产品及流程非常熟悉，这样才能发现公司的真正质量管理问题。最后，要善于学习和总结。只有具备以上这些条件，ISO 9001 负责人才能胜任质量体系管理工作，提高质量体系运行的效果。

三、智能时代培养优秀质量队伍

在智能时代，企业的质量管理部门主要由质量工程师和质量检验员组成，其中质量工程师的能力和素质是影响质量部门工作绩效的关键因素。要能够培养出合格的 QC 检验员和质量工程师，领导者的素质和水平尤为重要。可以说，一个部门员工的能力如何，首先要看这个部门领导的水平如何。如果部门领导的水平不高，则员工的表现一般也好不到哪儿去，即使有个别能力强的员工，一般也待不长，另谋高就了。所以，优秀的领导不仅自己能力要强、要大度，而且还要有自知之明，并重用不同特长的人才，甚至包括和自己意见不一致的人才。否则，便有可能出现"将熊熊一窝"的局面。究竟怎样才算是一个合格的质量工程师呢？

（1）在指出质量问题时，质量工程师必须以事实和数据说话，并指出质量问题的影响程度有多大。因为日常工作中大大小小的质量问题很多，质量工程师应有个优先次序解决那些影响大的质量问题，而不要疲于应对鸡毛蒜皮的小问题。因此需要对影响大的质量问题用事实和数据加以量化，搞清楚问题的影响程度和严重程度，利用 20/80 原则及轻重缓急的顺序与责任者一同进行分析，并协助改善，这样才能够促成问题的解决。

（2）质量工程师不仅能够用事实和数据来指出质量问题，而且能够提出建设性的、可行的解决思路和（或）方案。

（3）在面对某些棘手的质量问题时，质量工程师需要挺身而出，主动帮助甚至替代责任者解决难题。这对质量工程师来说是一大考验，需要的是质量工程师的责任感、勇气和气量。

（4）质量工程师能在公司成功解决数个质量难题，建立起个人威望，树立良好的个人品牌，从而把自己锻造成优秀的质量工程师，甚至是质量专家。

（5）质量工程师更要做一名合格的"警察"，否则质量人员就会变得没有原则，以后质量标准可能就会受到挑战。

上面五点都是非常受非质量部门欢迎的质量工程师的工作表现，但有的时候不能完全站在他们的立场看待问题，特别是需要对某些质量问题进行严肃判断并进行快速整改的时候。在这个时候，不能当"泥瓦匠""和稀泥"，或当"木匠""睁一只眼闭一只眼"，应该当"铁匠""硬碰硬"。所以，当某部门如果确实有不符合质量要求的事项时，质量人员绝不能当"泥瓦匠"或"木匠"，必须是"铁匠"。

【教学视频】

智能时代如何培养优秀质量队伍

拓展阅读

智能时代要培养优秀质量工程师以下五大技能和四种习惯。

五大技能：①深厚的质量管理知识，一般而言，质量工程师需要懂得 ISO 9001、数理统计、统计过程控制原理、测量系统分析、实验设计、抽样理论、6Sigma 得到绿带甚至黑带认证。②丰富的质量管理经验，特别是针对质量问题进行分析和改进的实战经验。③突出的组织协调能力，质量工程师经常会遇到各种各样的质量问题，很多质量问题通常是需要跨部门解决的。④敏锐的数字分析和逻辑判断能力。⑤做报告的技能。优秀的质量工程师不仅要会做技术，而且必须有很强的撰写报告的能力。质量工程师需要经常动手写一些报告向供应商反馈质量问题，向客户答复质量问题，向管理层及其他相关人员反馈和分析质量状况。这时，报告的质量可以影响客户对公司的印象，管理层对质量问题的态度。因此，质量报告很重要，也就需要具备相应的能力，比如数据分析能力、语言组织能力及清晰的解决问题的思路。

四种习惯：①喜欢主动沟通。②喜欢去现场"望、闻、问、切"，这是说质量工程师遇到质量问题的时候要亲自去现场确认问题，并像中医那样"望、闻、问、切"，用眼睛、耳朵、嘴巴、肢体等来确认问题，最后通过大脑的综合分析找到问题的解决方案。③喜爱广泛阅读、认真学习和缜密思考。④喜欢问问题、善问"为什么"？优秀的质量工程师要会问问题，特别要会问"为什么"，善于问"为什么"，目的是找到问题的根源。

【模块小结】

通过认识质量管理的新发展，质量管理的新功能，掌握建立质量工程（QE）职能及抓好质量培训和质量改进；通过全面质量管理的内涵和特点，全面质量管理的构成要素，掌握全面质量管理的标准化工作。通过人工智能的实践应用，熟悉智能时代质量管理体系成败的关键点分析，掌握智能时代如何培养优秀的质量队伍。

【课外阅读——"二十大时光"】

以"质"促"效"，助推质量强企建设

【思考与练习】

一、案例分析

从肯德基的经营思想和电视广告营销看全面质量管理的实施

肯德基是世界最大的炸鸡快餐连锁企业，在全球拥有上万家餐厅。肯德基的名字"KFC"是英文 Kentucky Fried Chicken 的缩写。肯德基创始于 1930 年，创始人哈兰·桑德斯经过学习和研究，创造了由 11 种香料和特有烹饪技术合成的炸鸡秘方，在家乡美国肯塔基州开了一家餐厅，其独特的口味深受顾客欢迎。1935 年，肯塔基州为表彰他为肯塔基州餐饮事业的贡献，特授他为肯德基上校，满头白发及山羊胡子的上校形象已成为肯德基最著名的国际品牌的象征。1987 年，肯德基在北京开设了第一家餐厅，截至 2019 年年底，百胜中国在中国大陆 1 300 多个城镇经营着 9 200 家餐厅，其中肯德基门店数达到 6 534 家，必胜客门店数为 2 281 家，其他餐厅门店数为 385 家。

作为全球著名企业，肯德基的立业宗旨用肯德基自己的话来说：肯德基的使命是成为世界上最受欢迎的餐饮品牌；肯德基的期望是给予每一位顾客绝佳风味的食品、愉悦的用餐体验和再次光临的价值；肯德基注重对员工的培训，期望给予员工充满关爱的家庭归属感，让所有员工都能成长发展，并对肯德基这个大家庭及其他成员的发展作出贡献；肯德基期望将此大家庭扩展到事业上的各种伙伴，包括加盟伙伴、供应伙伴等；肯德基也关爱社会，期望永远在市场中领先，期望拥有最好的人才及足够的财力做该做的事；肯德基期望保持最佳的获利状态，让投资者愿意支持肯德基的发展，并期望拥有世界一流的利润管理能力。可见，肯德基的经营思想是地道的全面质量管理思想，它在中国的成功与其将全面质量管理应用到管理的所有方面有关，特别在营销上它推行全面质量营销。下面就肯德基的电视广告作分析。

（1）肯德基的广告对象面向社会和家庭的各类层次，有少年儿童、青年男女、康乐老人、学生和白领工薪阶层等，十分广泛。但其定位重心是永远充满朝气和勇于挑战的年轻人，肯德基认定社会中最活跃的成员能带动肯德基的飞跃。

（2）肯德基的重要广告语有三条："有了肯德基，生活好滋味！""立足中国，融入生活！""有你就有肯德基！"它们充分显现了肯德基的广告营销策略。因此，肯德基电视广告的内容和场景既丰富又多彩，极其贴近顾客群的生活，亲和力极强！其中宣扬"生活好滋味"的著名题材有以下五种。

①以快乐生活为题材的，如《哈姆乐园》《骨肉相连》。

②以男女感情为题材的，如《秋千女孩的心思》《寒风中的温暖》。

③以学习、工作为题材的，如《加班》《校巴》。

④以旅游趣闻为题材的，如外带肯德基全家桶享受露营野趣的《露营》。

⑤以家庭温馨为题材的，如《不约而同》《无所不在》。

（3）肯德基的广告极力揣摩并迎合顾客的消费心理。例如，迎合顾客喜爱美食的心理，推出各种新鲜的甚至有异国情趣的美食《泰国风味》《韩国泡菜猪肉卷》《墨西哥鸡肉卷》《新奥尔良烤鸡腿堡》《葡式蛋挞》等，宣扬美食天下全在肯德基。又如迎合顾客需要健康生活、均衡营养的心理，推出《均衡生活》两则广告：其中一则针对工作紧张、进餐匆促的上班族，形象夸张地提出为什么把肚皮带在身上跑，从而推出肯德基的均衡美食；另一则对一个活泼可爱、吵着"要吃鸡翅"的小女孩，肯德基的一位员工姐姐笑容可掬地对她说："小妹妹，肉好吃，蔬菜也要多吃噢！"广告非常亲切动人。同时这两则题材，还充分展现了肯德基员工为顾客着想的服务精神，拉近了员工与顾客的亲密关系。

（4）为了立足中国，肯德基的广告极力营造适合中国国情和人文环境的经营氛围。譬如春节广告里，肯德基上校也穿唐装，推出"来肯德基点新年套餐，将'哆啦A梦'带回家"。为了争夺更多客源，肯德基还融入中国菜肴，推出标准化的中国传统名菜，有"正宗粤味，一卷上瘾"的咕咾鸡肉卷、老北京鸡肉卷、川香辣子鸡、寒稻香蘑饭、香菇鸡肉粥、海鲜蔬菜汤等。

（5）肯德基的广告编辑深具故事性和欣赏性，常有悬念和搞笑，如《哪里有鱼?》《牙医如何使害怕诊疗的病人张口?》等，效果很好。

（6）肯德基广告还积极宣传肯德基的社会贡献，其中有一则广告主题是肯德基的曙光奖学金帮助一个来自贫困山区的女孩圆了大学梦，后来又使她进入肯德基这个给人以精神动力的大家庭。

根据上述分析，肯德基所推行的全面质量管理是相当成功的，其可取之点有四，可供实施全面质量管理的组织借鉴。

（1）明确理想：立足并尽量扩大市场。

（2）全面质量管理的核心是了解、确定并满足顾客和其他相关方的需求，组成和谐协调的共同体。

（3）融入顾客生活，采用与顾客十分贴近的、亲切的营销策略和广告内容，确保将建立亲密关系贯彻到全面质量管理的所有要素中去。

（4）坚持营销创新。

——案例来源：百度文库

请结合案例说一说其中体现的全面质量管理知识有哪些？

二、模块测试

（一）多选题

1. 全面质量管理的核心特征是（　　）。

    A. 全员参加的质量管理　　　　　　B. 全部的质量管理

    C. 全面的质量管理　　　　　　　　D. 全过程的质量管理

2. 质量管理标准的类型总体上可分为（　　）。

    A. 技术标准　　　　B. 管理标准　　　　C. 工作标准　　　　D. 营销标准

（二）判断题

1. 企业质量管理是产品和服务的经营者通过内部控制制度对质量进行管理的活动。

                                    （　　）

2. 为了把质量管理体系建设成高效、有用的基础设施，需要一名有责任心的负责人才行。

                                      （　　）

3. 管理控制是指管理者为保证实际工作与计划一致，有效实现目标而采取的一切行动。

                                      （　　）

4. 技术技能是指管理者掌握与运用与所管理的系统相关的某一专业领域内的知识、技术和方法的能力。

                                      （　　）

5. 质量管理只需要质检部门人员参与即可，每个人都或多或少会影响产品质量。

                                      （　　）

6. 所谓全面质量管理，是以质量管理为中心，以全员参与为基础，旨在通过让顾客和所有相关方受益而达到长期成功的一种管理途径。（　　）

7. 全面质量管理注重顾客需要，强调参与团队工作，并力争形成一种文化。（　　）

8. 全员参加的质量管理，即要求一线工人参与质量改进活动。（　　）

9. 全过程的质量管理，指在市场调研、产品的选型、研究试验、设计、原料采购、制造、检验、储运、销售、安装、使用和维修等价值链的各个环节中都把好质量关。（　　）

10. 全面质量＝产品质量＋成本质量＋服务质量。（　　）

11. ISO 9001 负责人还必须具备很强的组织能力、沟通能力和协调能力。（　　）

12. 企业的质量管理部门主要由质量工程师和质量检验员组成。（　　）

13. 优秀的质量工程师要会问问题，特别要会问"为什么"。（　　）

14. 在指出质量问题时，质量工程师必须以理论为依据，并指出质量问题的影响程度有多大。 （　　）

15. ISO 9001 负责人要有丰富的工作经验，对公司的产品及流程非常熟悉，这样才能发现公司的真正质量管理问题。 （　　）

（三）简答题

在运用"全面质量管理"这一新工具时，应该考虑哪些因素的影响？

（四）实训题

1. 深入企业进行调查，根据企业调查访问获得的信息资料，组建模拟公司；以自愿为原则进行分组，6～8 人为一组，建"××（大学生模拟）公司"；竞聘与选举公司总经理，每个人都要起草竞聘演讲稿，以模拟公司为单位组织竞聘，并投票选举总经理；设计本公司的质量管理组织形式、组织机构，指定人员分工。

2. 以模拟公司为单位，利用课余时间，选择 1～2 个中小企业进行调查与访问；在调查访问之前，每组需根据课程所学知识经过讨论制定调查访问的提纲，包括调研的主要问题与具体安排，具体问题可参考下列问题。

（1）该企业质量管理系统的构成状况。

（2）质量管理者的分类，并重点访问一位管理者，了解其职位、工作职能、胜任该职务所必需的管理技能，以及所采用的质量管理方法等情况。

（3）对企业质量管理对象的调查与分析。

（4）该企业的质量管理一般环境与任务环境。

企业营销管理

营销是我们普通人改变命运的战略性武器，你可以白手起家，但不能手无寸铁。如果你一生中只需要学习一门课，那就是营销！

——路长全

【能力目标】

通过本模块的学习，能够认识企业营销管理前沿理论；掌握营销管理的基本技能，并在今后加以运用。

【素质目标】

能够对企业营销管理有较为清楚的认识，理解企业营销管理的重要性；培养学生认识市场、把握市场、驾驭市场的能力，为学生进入社会后尽快适应营销岗位、提升自身素质打下坚实的基础。

【知识结构】

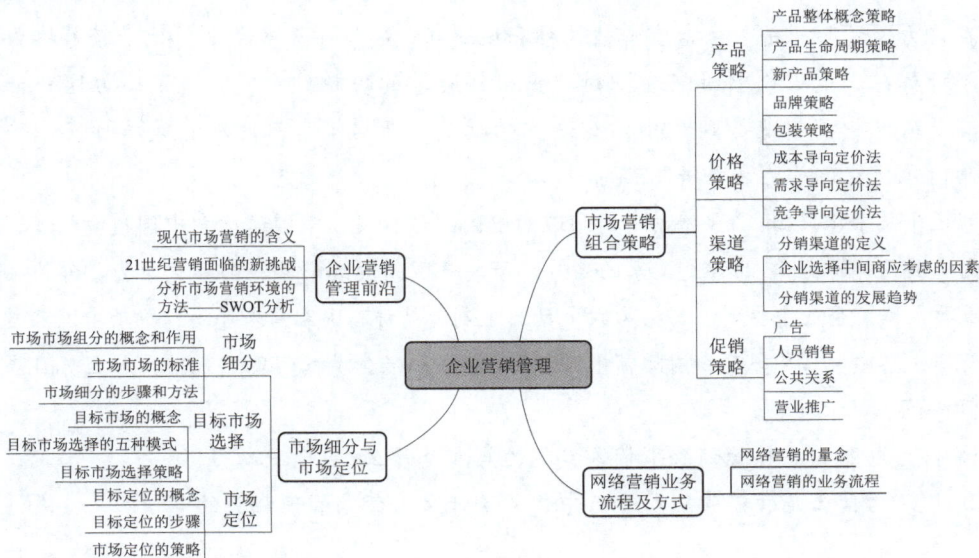

学习单元一　企业营销管理前沿

【学习目标】

1. 能够准确理解营销管理的核心理念。
2. 掌握多种营销观念及其适用情况。
3. 能够运用所学的现代市场营销理念。

【学情分析】

1. 学生对企业营销管理认识不够。
2. 学生实践机会较少。

【单元导入】

格力电器的品牌营销故事

2019 年年底，由中央电视台举办的"2019 中国品牌强国盛典"在京隆重召开，盛典现场发布了"十大年度榜样品牌"，格力电器名列其中，是唯一上榜的家电企业。盛典高度赞赏格力在创新发展和品牌国际化方面取得的成就，认为格力"对主业的专注让产品行销全球，对技术的专心让创新保持活力，对制造的专一让世界爱上中国造"。

格力的营销目标就是要让全世界的人都信赖格力空调，这种信赖来源于格力质量完美的产品、优异的售后服务和精细化的企业制度。董明珠始终认为，真正的竞争对手是自己，因为格力已经成为空调业的领导者，唯有不断挑战自己、持续创新，才能创领世界，保持行业制高点。

在格力，董明珠是一位富有奉献精神和挑战精神的领导。多年来，她带领着格力实现了两个跨越：一是从"中国制造"到"中国创造"的跨越，成功打造了格力这一世界品牌；二是从"中国创造"到"中国智造"的跨越，开启了真正的智能家居时代，并以格力太阳能光伏空调作为该系统工程的核心。

习近平总书记提出："要推动中国制造向中国创造转变，中国速度向中国质量转变，中国产品向中国品牌转变。"品牌是国家的名片，事关一国的国际形象和国际竞争力。作为品牌建设的重要主体，企业需要更多"格力式"的自主创新精神和国家需求导向，推动中国品牌在市场占有率、忠诚度、美誉度和国际领导力方面的持续增长，共同实现"让世界爱上中国造"。

问一问：

1. 格力电器的品牌营销故事带给我们的启发是什么？
2. 你认为什么是营销管理？生活中你做了什么与营销管理相关的事情？

一、现代市场营销的含义

现代市场营销学侧重于微观，建立在对现代商品供求关系深刻认识的基础上，突出强调了参加交换的人们不只是现在进行交易的人们，还包括有购买可能的潜在顾客。同时，还强调了人们的购买需求和购买能力，大大拓宽了商品交换关系的视野。以企业的角度来理解市场，卖主构成行业，买主则构成市场。哪里有需求，哪里就有市场，"市场"就是"需求"。

现代市场营销，就是在不断变化的市场环境中，企业或其他组织以满足消费者需求为中心，进行的一系列综合性商务活动。现代市场营销观念不断产生和完善，如出现了社会市场营销、战略营销、关系营销、绿色营销、AI 营销、网络营销、整合营销、品类营销和全球营销等，共同构成了当今营销时代的新特征。现代市场营销吸收了其他学科的精华，成为一门多学科交叉的、应用性较强的、综合性的管理学科。

步入 21 世纪以后，以往的那种不计后果的逐利模式渐渐限制了企业的发展，因此众多企业纷纷开始寻求改变，绿色营销进入人们的视野，绿色营销强调企业在营销活动中，要顺应时代可持续发展战略的要求，注重地球生态环境保护，促进经济与生态环境协调发展，以实现企业利益、消费者利益、社会利益及生态环境利益的协调统一。我们普遍感觉到正是那种过度掠夺式的消费方式和不可持续的生产方式，造成了这种威胁到人类生存和发展的环境危机，传统的生产方式和企业行为缺乏生态观念，那种对自然资源采取杀鸡取卵、竭泽而渔的方法，追求一己的、一时的高效益、高速度的经济增长，必然会造成环境污染和生态破坏，严峻的现实要求我们必须由单纯经济目标向追求"经济—生态"双重目标转变，资源配置逐步向"可持续发展战略"转变。企业只要抓住机遇，积极行动起来，强化绿色观念，提高企业的综合竞争力，促进企业在新技术方面的创新和对原有技术的改造，就会使企业从粗放式经营向集约型经营转变，为企业带来更多的利益和更好的发展前景。我们可以从这些界定中概括得出，绿色营销是以满足消费者和经营者的共同利益为目的的社会绿色需求管理，以保护生态环境为宗旨的绿色市场营销模式。

经过不断的理论实践，我们对绿色营销的概念有了更加具体、深入的理解，绿色营销也就是指社会和企业在充分意识到消费者日益提高的环保意识和由此产生的对清洁型无公害产品需要的基础上，发现、创造并选择市场机会，通过一系列理性化的营销手段来满足消费者及社会生态环境发展的需要，实现可持续发展的过程。

通过对上述概念的理解，我们可以得出，绿色营销的本质就是按照环保与生态原则来选择和确定营销组合的策略，是建立在绿色技术、绿色市场和绿色经济基础上的、对人类的生态关注给予回应的一种经营方式。绿色营销既不是诱导顾客消费的手段，也不是企业塑造公众形象的"美容法"，它是一个导向持续发展、永续经营的过程，其最终目的是在化解环境危机的过程中获得商业机会，在实现企业利润和消费者满意的同时，达成人与自然的和谐相处。

绿色营销强调社会效益与企业经济效益统一在一起。企业在制定产品策略的实施战略决策时，既要考虑到产品的经济效益，同时又必须考虑社会公众的长远利益与身心健康，这样，产品才能在大市场中站住脚。社会公众绿色意识的觉醒，使他们在购买产品时不仅考虑对自己身心健康的影响，也考虑对地球生态环境的影响，谴责破坏生态环境的企业，拒绝接受有害于环境的产品、服务和消费方式，只有国家、企业和消费者三者同时牢牢树立绿色意识并付诸实施，绿色营销才能蓬勃发展。实施绿色营销是国际公认的未来企业发展的方向，同时也是国际经济贸易活动的大势所趋。现在，不少国家已作出明文规定，无环境标志的产品，进口时将受到数量和价格方面的限制。重视和取得绿色标志，树立企业良好的环保形象，将会成为企业追求的重要目标，环保产业将成为国际贸易竞争的新热点，绿色营销将是国际市场营销的重点，绿色营销也将成为中国企业参与国际市场竞争、提高在国际市场的竞争力的重中之重。通过一些系列的研究，我们知道绿色营销有利于企业从粗放式经营向集约化经营的转变，因此，企业就必须采用先进技术，进行技术改造，改变能耗大、效益低的粗放经营形式，努力提高资源、能源的利用率和劳动生产率，使生产经营活动不对环境造成破坏或尽量少造成破坏。也就是说，绿色营销过程就是企业实现技术升级和可持续发展的过程。

我国企业，特别是大型企业，应当顺应世界经济和营销管理的这种发展趋势，抓住机遇，积极行动起来，实施绿色营销、强化绿色观念、开发绿色产品、开拓绿色市场、制定绿色价格、开辟绿色渠道、实施绿色公关、树立绿色形象，形成一套完整的绿色营销体系，努力提高营销管理和企业管理水平，提高企业的综合竞争力，为中国经济的腾飞和中华民族屹立于世界民族之林作出贡献。

二、21 世纪营销面临的新挑战

我们正在面对知识经济时代的来临及其严峻挑战。经济全球化、高新技术发展特别是信息科技产业的崛起、金融危机和全球企业并购之风的兴起，预示着未来的营销从观念、规划到方式都将发生深刻变化。一些学者将这些变化方向归纳为"学习"型营销：善于学习、创新和运用新知识的组织将是最大的赢家。菲利普·科特勒曾经预言，新世纪初市场销售领域将出现十大新趋势。

（1）电子商务的发展，使批发和零售之间出现了实质性非居间化。

（2）零售店交易量减少，它们更多是在推销"体验"而不是产品。

（3）建立客户信息库，根据某客户的特别需要提供"定制商品"，成为公司时尚。

（4）商家在通过富于想象力的方法来超过消费者期望方面做了出色的工作。

（5）公司重视并对个别客户、产品和销售渠道进行利润核算。

（6）许多公司进一步树立忠实于客户的远见。

（7）公司的活动和需要，更多依赖外部资源和合作。

（8）现场销售人员拥有更多的特许权限。

（9）大量的电视广告、报纸杂志广告消失，互联网广告兴起。

（10）公司不可能长久地保持其竞争优势，除非他们具有尽快地学习和尽快跟上形势变化的能力。

可见，学习、研究市场营销学，是知识经济时代的要求，是迎接新世纪挑战、适应环境变化的需要。市场营销通过营销战略与策略的创新，指导新产品的开发经营，降低市场风险，促进新科技成果转化为生产力，充分发挥科技作为第一生产力在经济增长中的作用。

市场营销的发展，扩大了内需和国际市场，吸引外资，缓解了经济增长中的供求矛盾和资金、技术等方面问题，开拓了更大的市场空间。市场营销为第三产业的发展开辟了道路，专业的市场营销调研、咨询机构的发展，直接促进第三产业的繁荣和发展。市场营销强调经营与环境的协调，倡导保护环境，绿色营销，有利于经济的可持续发展。市场营销也为企业成长提供了组织管理、营销计划的制订、执行与控制方法。

总之，市场营销是促进企业健康、持续成长的方法和路径。另外，打造有影响力的跨国公司，研究和运用现代企业营销管理理论也是必不可少的。

测一测

讨论未来十年市场销售领域将出现的新趋势有哪些？

三、分析市场营销环境的方法——SWOT 分析

1. 市场营销环境分析

企业市场营销环境包括直接营销环境和间接营销环境。直接营销环境又称为微观环境，是指与企业紧密相连，直接影响企业营销能力的各种参与者，包括企业本身、市场营销渠道企业、顾客、竞争者及社会公众。微观环境直接影响与制约企业的营销活动，多半与企业有或多或少的经济联系，也称作业环境。

间接营销环境又称为宏观环境，是指影响微观环境的一系列巨大的社会力量，主要是人口、经济、政治法律、科学技术、社会文化及自然生态等因素。宏观环境一般以微观环境为媒介，去影响和制约企业的营销活动，在特定场合也可直接影响企业的营销活动。

2. SWOT 分析

环境威胁是指环境中不利于企业营销的因素的发展趋势，对企业形成挑战，对企业的市场地位构成威胁。这种挑战可能来自国际经济形势的变化，也可能来自社会文化环境的变化。例如国内外对环境保护要求的提高，某些国家实施"绿色壁垒"，这对某些生产不完全符合环保要求的产品的企业，无疑也是一种严峻的挑战。

市场机会只对企业营销活动富有吸引力的领域，在这些领域，企业拥有竞争优势。环境

机会对不同企业有不同的影响力，企业在每一特定的市场机会中成功的概率，取决于其业务实力是否与该行业所需要的成功条件相符合，如企业是否具备实现营销目标所必需的资源，企业是否能比竞争者利用同一市场机会获得较大的"差别利益"。

企业面对威胁程度不同和市场机会吸引力不同的营销环境，需要通过环境分析来评估环境机会与环境威胁。企业最高管理层可采用"威胁分析矩阵图"和"机会分析矩阵图"来分析、评价营销环境，又称为 SWOT 分析法，其中 S（Strengths）是优势、W（Weaknesses）是劣势，O（Opportunities）是机会、T（Threats）是威胁，如图 6-1 所示。

（1）威胁分析。对环境威胁的分析，一般着眼于两个方面：一是分析威胁的潜在严重性，即影响程度；二是分析威胁出现的可能性，即出现概率。威胁分析矩阵如图 6-2 所示。

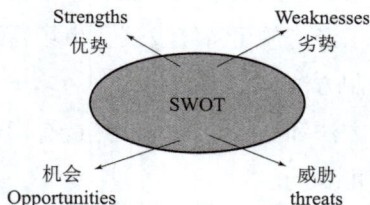

图 6-1   组织（企业）的内外部环境 SWOT 分析

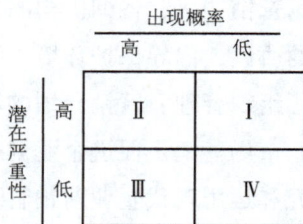

图 6-2   威胁分析矩阵

在图 6-2 中，处于 II 位置的威胁出现的概率和影响程度都大，必须特别重视，制定应对策略；处于 IV 位置的威胁出现的概率和影响程度均小，企业不必过于担心，但应注意其发展变化；处于 I 位置的威胁出现概率虽小，但影响程度较大，必须密切注意监视其出现与发展；处于 III 位置的威胁影响程度较小，但出现的概率大，也必须充分重视。

（2）机会分析。机会分析主要考虑其潜在的吸引力（盈利性）和成功的可能性（企业优势）大小。机会分析矩阵图如图 6-3 所示。

在图 6-3 中，处于 I 位置的机会，潜在的吸引力和成功的可能性都大，有极大可能为企业带来巨额利润，企业应把握战机，全力发展；而处于 IV 位置的机会，不仅潜在利益小，成功的概率也小，企业应改善自身条件，注视机会的发展变化，审慎而适时地开展营销活动。

用上述矩阵法分析、评价营销环境，可能出现下面 4 种不同的结果。市场营销环境如图 6-4 所示。

对市场机会的分析，还必须深入分析机会的性质，以便企业寻找对自身发展最有利的市场机会。

（1）环境市场机会与企业市场机会。市场机会实质上是"未满足的需求"。伴随着需求的变化和产品生命周期的演变，会不断出现新的市场机会。但对不同企业而言，环境机会并非都是最佳机会，只有理想业务和成熟业务才是最适宜的机会。

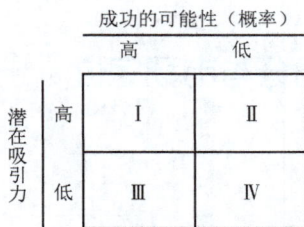

成功的可能性（概率）

图 6 - 3　机会分析矩阵图

威胁水平

图 6 - 4　市场营销环境

（2）行业市场机会与边缘市场机会。企业通常都有其特定的经营领域，出现在本企业经营领域内的市场机会，即行业市场机会，出现于不同行业之间的交叉与结合部分的市场机会，则称之为边缘市场机会。一般说来，边缘市场机会的业务，进入难度要大于行业市场机会的业务，但行业与行业之间的边缘地带，有时会存在市场空隙，企业在发展中也可利用市场空隙发挥自身的优势。

（3）目前市场机会与未来市场机会。从环境变化的动态性来分析，企业既要注意发现目前环境变化中的市场机会，也要面对未来，预测未来可能出现的大量需求或大多数人的消费倾向，发现和把握未来的市场。

3. 企业营销对策

在环境分析与评价的基础上，企业对威胁与机会水平不等的各种营销业务，要分别采取不同的对策。

对理想业务，应看到机会难得，甚至转瞬即逝，必须抓住机遇，迅速行动；否则，丧失战机，将后悔莫及。

对冒险业务，面对高利润与高风险，既不宜盲目冒进，也不应迟疑不决，坐失良机，应全面分析自身的优势与劣势，扬长避短，创造条件，争取突破性的发展。

对成熟业务，机会与威胁处于较低水平，可作为企业的常规业务，用以维持企业的正常运转，并为开展理想业务和冒险业务准备必要的条件。

对困难业务，要么应努力改变环境，走出困境或减轻威胁，要么应立即转移，摆脱无法扭转的困境。

【教学视频】

分析市场营销环境的方法 - SWOT 分析

学习单元二　市场细分与市场定位

【学习目标】

1. 理解市场细分的概念及作用。
2. 掌握市场细分的标准和方法，能对消费者市场进行简单细分。
3. 掌握目标市场选择策略。
4. 理解市场定位的概念，掌握市场定位策略。

【学情分析】

1. 学生对企业目标营销（STP）的三个步骤认识不够。
2. 学生实践机会较少。

【单元导入】

销售奇迹的诀窍

有一个偏僻的小县城。县城里有这样一个人，做挂面做了36年，而且36年来只做这一件事，做成了全国第一。市值达到60亿；16年营业收入超20亿，纯利润1.4亿。

他叫陈克明，他是中小板上市公司克明面业的创始人，人称"面痴"。陈克明的企业研制出了300多种规格的挂面，在全国建立了1 000多个销售网点，成为行业第一，这就是实力，当你的产品不需要你去跑市场，而是市场逼着你走时，你就是"王"了。克明面业股份有限公司创始人陈克明从1984年开始从事挂面生产研究，经过多年的奋力拼搏，现已发展成为国内挂面行业领先的民营食品高科技企业。

克明面业始终专注于中高端挂面的研发、生产及销售，高度重视产品质量安全，采用获得10多项国家专利的制面设备和生产工艺生产的"陈克明"牌营养、强力、如愿、高筋、礼品、儿童等多个挂面规格产品推向市场，以其"柔韧、细腻、口感好，易熟、耐煮、不糊汤"的独特品质，赢得了广大消费者的好评。以品牌为保障，克明面业建立了遍布全国的完整的营销体系，并与包括沃尔玛、家乐福、麦德龙、大润发、永辉等国际国内卖场在内的几千家大、中型连锁超市实现对接合作。同时，还在天猫、京东建立了电子商务平台，更便捷地服务于终端消费者。"一面之交、终生难忘"，"陈克明"品牌广告语传遍大江南北。未来，克明面业将以"打造百亿企业，传承百年美食"为目标，励精图治，以崭新的形象开创中国挂面产业现代化新局面。

克明使命：奉献健康食品，创享幸福生活

使命释义
第一是业务范畴：专业做食品，在食品行业做相关多元化
第二是产品定位：即放心、健康、便捷
第三是通过为消费者提供健康食品及美味体验，让客户享受幸福的生活
第四是通过为员工提供成长舞台，让员工能够创造幸福的生活

克明愿景：打造百亿企业，传承百年美食

愿景释义
明确企业规模，在未来十年营业收入做到百亿
要成为百年老店，不为短期利益牺牲长期利益，坚持走可持续发展道路
坚持主营业务在食品行业
用现代食品科技传承经典中华美食文化

克明价值观：诚信、创新、合作、感恩

诚信：真诚相待，言而有信
创新：打破常规，持续改善
合作：团结一心，携手共赢
感恩：滴水之恩，涌泉相报

企业理念

管理理念：以人为本，绩效导向，简单高效，持续发展
人才理念：用人所长，容人所短
品质理念：产品即人品，质量即生命，怀敬畏之心，行守护之责
客户理念：快速响应，用心服务

问一问：

克明面业是如何做市场细分和市场定位的？你认为什么是市场细分与市场定位？生活中你做了什么与市场定位相关的事情？

【应知应会】

一、市场细分的概念和作用

1. 市场细分的概念

市场细分就是根据整体市场上顾客需求的差异性，以影响顾客需求和欲望的某些因素为依据，将一个整体市场划分为两个或两个以上消费者群体的过程。每个需求特点相近的消费者群体就构成了一个子市场，即细分市场。市场细分实际上就是一个将异质市场分成若干个同质市场的过程，或者说市场细分就是依据顾客需求差异"同中求异，异中求同"的过程。

2. 市场细分的作用

①市场细分有利于企业发现新的市场机会。

②市场机会就是市场上客观存在的，但尚未得到满足或未能充分满足的消费需求（与大众化营销比较）。

③市场细分有利于增强企业的应变能力，提高竞争能力。

④市场细分有利于提高企业的经济效益。

⑤市场细分有利于提高社会效益，是"同中求异，异中求同"的过程。

二、市场细分的标准

市场细分的基础是顾客需求的差异性，所以凡是使顾客需求产生差异的因素都可以作为市场细分的标准。各类市场的特点不同，因此市场细分的标准也有所不同。消费品市场的细分标准可以概括为地理因素、人口统计因素、心理因素和行为因素四个方面，每个方面又包括一系列的细分变量。

1. 按地理因素细分

企业根据消费者所在的地理位置、地形气候等因素来细分市场，然后选择其中一个或几个分市场或子市场作为目标市场。对于销路广阔的消费品，地理细分往往是进行市场细分的第一步。尤其像我国，幅员辽阔，人口和民族众多，风俗差异很大，则更是这样。

2. 按人口统计因素细分

按人口统计因素细分，就是按年龄、性别、职业、收入、家庭人口、家庭生命周期、民族、宗教、国籍等变数，将市场划分为不同的群体。人口变数比其他变数更容易测量，且适用范围比较广，因而人口变数一直是细分消费者市场的重要依据。

3. 按心理因素细分

按心理因素细分，就是将消费者按其生活方式、性格、购买动机、态度等变数细分成不同的群体。

（1）生活方式。通俗地讲，生活方式是指一个人怎样生活。人们追求的生活方式各不相同，如有的追求新潮时髦，有的追求恬静、简朴，有的追求刺激、冒险，有的追求稳定、安怡。西方的一些服装生产企业，为"简朴的妇女""时髦的妇女""有男子气的妇女"分别设计不同服装；烟草公司针对"挑战型吸烟者""随和型吸烟者""谨慎型吸烟者"推出不同品牌的香烟，均是依据生活方式细分市场。

（2）性格。消费者的性格与他们对产品的选择有很大的关系。性格可以用外向与内向、乐观与悲观、自信与顺从、保守与急进、热情与老成等词句来描述。性格外向、容易感情冲动的消费者往往好表现自己，因而他们喜欢购买能表现自己个性的产品；性格内向的消费者则喜欢大众化，往往购买比较平常的产品；富于创造性和冒险心理的消费者，则对新奇、刺激性强的商品特别感兴趣。

（3）购买动机。即按消费者追求的利益来进行细分。消费者对所购产品追求的利益主要有求实、求廉、求新、求美、求名、求安等，这些都可作为细分的变量。以购买牙膏为例，有些消费者购买洁龈牙膏，主要是为了保持牙齿洁白；有些消费者购买芳草牙膏，主要是为了防治龋齿、牙周炎。正因为这样，企业要按照不同的消费者购买商品时所追求的不同利益来细分消费者市场。企业可根据自己的条件，权衡利弊，选择其中某一个追求某种利益的消费者群为目标市场，设计和生产出适合目标市场需要的产品，并且用适当的广告媒介和广告词句，把这种产品的信息传达到追求这种利益的消费者群。

4. 按行为因素细分

按行为因素细分，就是按照消费者购买或使用某种商品的时间、购买数量、购买频率、对品牌的忠诚度等变数来细分市场。

（1）购买时间。许多产品的消费具有时间性，烟花爆竹的消费主要在春节期间，月饼的消费主要在中秋节以前，旅游点在旅游旺季生意最兴隆。因此，企业可以根据消费者产生需要、购买或使用产品的时间进行市场细分，如航空公司、旅行社在寒暑假期间大做广告，实行优惠票价，以吸引师生乘坐飞机外出旅游；商家在酷热的夏季大做空调广告，以有效增加销量；双休日商店的营业额大增，而在元旦、春节期间，销售额则更大等。因此，企业可根据购买时间进行细分，在适当的时候加大促销力度，采取优惠价格，以促进产品的销售。

（2）购买数量。根据消费者使用某一产品的数量大小细分市场。通常可分为大量使用者、中度使用者和轻度使用者。大量使用者人数可能并不很多，但他们的消费量在全部消费量中占很大的比重。

（3）购买习惯。按购买习惯划分，可以把消费者细分为四类不同的消费者群：①铁杆品牌忠诚者。这类消费者群在任何时候都只购买某一种品牌，一贯忠诚于某一种品牌。②几种品牌忠诚者。这类消费者群忠诚于两三种品牌。③转移的忠诚者。这类消费者群从忠诚于某一种品牌转移到忠诚于另一种品牌。④非忠诚者。这类消费者群购买各种品牌，并不忠诚于某一种品牌。

每一个市场都包含有不同程度的上述四种类型的消费者群。在有些市场，铁杆品牌忠诚者为数众多，这种市场叫作品牌忠诚市场。某些企业要想进入这种市场是困难的，即使已进入，要想提高市场占有率也是困难的。企业通过分析研究上述四种类型的消费者群，可以发现问题，以便采取适当措施，改进市场营销工作。例如，企业在分析研究时发现有"转移的忠诚者"，他们从前忠诚于本企业的品牌，现在转移到忠诚于其他品牌，这说明本企业的市场营销工作有缺点，需要立即采取适当措施，改进市场营销工作。又如，企业的管理当局发现有"非忠诚者"，他们不喜欢本企业的品牌，就应采取适当措施（如提高产品质量、加强广告宣传等）来吸引他们，促进销售。还须指出，企业的管理当局分析研究上述四种类型的消费者群时必须持慎重态度。例如，假设某些消费者连续购买某一品牌，从表面现象看，这类消费者群似乎一贯忠诚于该品牌，是铁杆品牌忠诚者，但是如果深入分析研究就会发现他们之所以会这样，是因为这种品牌的价格偏低，或者是因为没有其他代用品，这些消费者不得不购买该品牌，所以这种购买类型并不能说明这些消费者是铁杆品牌忠诚者。

测一测

企业应从哪几个方面进行市场细分呢？

三、市场细分的步骤和方法

1. 市场细分的步骤

市场细分主要分为七个步骤，如图 6-5 所示。

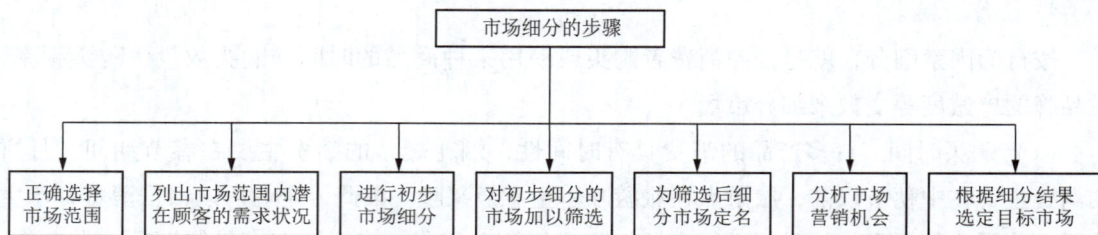

图 6-5   市场细分的主要步骤

2. 市场细分的方法

企业在运用细分标准进行市场细分时必须注意以下问题：第一，市场细分的标准是动态的。市场细分的各项标准不是一成不变的，而是随着社会生产力及市场状况的变化而不断变化。如年龄、收入、城镇规模、购买动机等都是可变的。第二，不同的企业在市场细分时应采用不同标准。因为各企业的生产技术条件、资源、财力和营销的产品不同，所采用的标准也应有区别。第三，企业在进行市场细分时，可采用一项标准，即单一变量因素细分，也可采用多个变量因素组合或系列变量因素进行市场细分。下面介绍几种市场细分方法。

（1）单一变量因素法。单一变量因素法即用一个因素对市场进行细分，如按性别细分化妆品市场，按年龄细分服装市场等。如服装企业，按年龄细分市场，可分为童装、少年装、青年装、中年装、中老年装、老年装；或按气候的不同，可分为春装、夏装、秋装、冬装。这种方法简便易行，但难以反映复杂多变的顾客需求。

（2）综合因素法。综合因素法是选择两个或三个细分依据进行市场细分的方法，这时可以借助二维或三维坐标图，直观地显示细分市场的状况。

市场细分案例：太和服饰市场选择（图 6-6）。

图 6-6   太和服饰市场选择

以太和服饰的市场细分为例，首先，把消费者市场按年龄标准进行细分，可以细分为六个市场：20 岁以下、20～30 岁、30～40 岁、40～50 岁、50～60 岁，60 岁以上人群。太和服饰选择 20～30 岁，30～40 岁的两个细分市场作为目标市场。这个目标市场大概有 4 亿人的规模，在这 4 亿人群当中，按性别进行划分，又分为男性市场和女性市场。太和服饰选择男性市场作为细分市场，大概有 2 亿消费者群体。在这 2 亿男性人群中，按照文化程度进行划分，可分为：初中以下、高中和中专、大专、大学、硕士和博士人群。太和服饰选择大专、大学、硕士作为目标人群，这一人群有约 2 000 万人，又按职业标准进行细分后，市场又可细分为金领、白领、粉领和蓝领人群，如果选择白领人群作为目标客户群的话，太和服饰的市场规模是 500 万人，在这 500 万的白领人群当中，又按照性格进行划分，又可以细分为喜欢前卫的、庄重的、浪漫的、保守的人群。太和服饰选择庄重性格的人群作为目标客户群，市场规模约为 200 万人，如果其中约有 10% 的人群最终购买了太和服饰，每人每年花费 2 000 元，那么太和服饰的未来市场销售额就能达到 4 亿元。

（3）系列标准法。系列标准法就是根据影响消费者需求的各种要素，按照一定的顺序由少到多、由粗到细，由简至繁进行细分的方法。如鞋就可按照一定顺序细分为城市和农村市场，城市市场又可分为男性和女性市场，女性市场又可细分为老、中、青、少儿市场，中年市场又可分为高、中、低收入市场等。

四、目标市场选择

1. 目标市场的概念

所谓目标市场，就是在市场细分的基础上，企业决定要进入的最佳市场部分或子市场，即企业的产品或劳务所要满足的特定消费者群。企业的一切营销活动都是围绕目标市场来进行的，选择和确定目标市场，明确企业的具体服务对象，关系到企业目标的落实，是企业制定营销策略的出发点。

2. 目标市场选择的五种模式

通过对有关细分市场的评估，企业会发现一个或几个值得进入的细分市场。这时，企业需要进行选择，即决定进入哪个或哪些细分市场。企业选择目标市场范围的模式或目标市场覆盖模式，主要有以下五种，如图 6-7 所示。图中 P1、P2、P3 代表不同档次、规格的产品，M1、M2、M3 代表不同的细分市场。

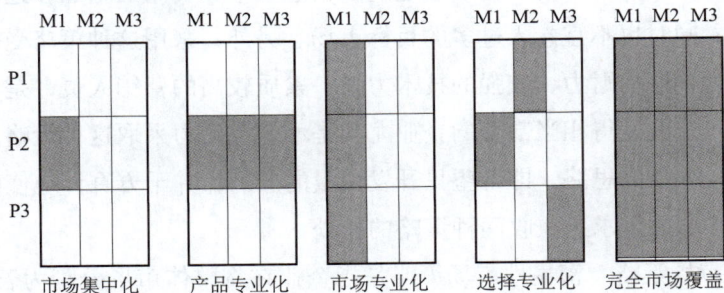

图 6-7　目标市场选择的五种模式

3. 目标市场选择策略

目标市场一旦选定，就应考虑采用怎样的营销策略进入目标市场。根据目标市场的独特性和企业自身的情况，有三种目标市场策略可供选择。

（1）无差异性市场策略。无差异性市场策略是指企业把整体市场看作一个大的目标市场，不进行细分，用一种产品、统一的市场营销组合对待整体市场。实行此战略的企业基于两种不同的指导思想。第一种是从传统的产品观念出发，强调需求的共性，漠视需求的差异。因此，企业为整体市场生产标准化产品，并实行无差异的市场营销战略。实行无差异战略的另一种思想是：企业经过市场调查之后，认为某些特定产品的消费者需求大致相同或较少差异，比如食盐，因此可以采用大致相同的市场营销策略。

采用无差异性市场策略的最大优点是成本的经济性。大批量的生产销售，必然降低单位产品成本；无差异的广告宣传可以减少促销费用；不进行市场细分，相应减少了市场调研、产品研制与开发，以及制定多种市场营销战略、战术方案等带来的成本开支。

无差异性市场策略的缺点是消费者的需求偏好具有极其复杂的层次，某种产品或品牌能够受到市场普遍欢迎的情况是很少的。即便一时能赢得某一市场，如果竞争企业都如此仿照，就会造成市场上某个局部竞争非常激烈，而其他部分的需求却没有得到满足。

（2）差异性市场策略。这是一种以市场细分为基础的目标市场策略，它是指企业选择两个或两个以上的细分市场为目标，推出多种产品，采用不同的市场营销组合手段，凭借产品与市场营销的差异性去分别满足不同顾客群需要的市场策略。差异性市场策略的特征是小批量、多品种生产，全方位营销。

采用这种策略的优点是可生产多种产品，能够更好地满足各个细分市场的需要，因而通常都能使总销售量增加，提高市场占有率，同时可以使企业在细小的市场上占有优势，提高企业声誉，树立良好的企业形象。从今后的趋势看，随着生产的发展、人民生活水平的提高，消费者的需求将越来越多样化，将会有越来越多的工商企业实施这种目标市场策略。

该策略的缺点是销售费用、成本增加，营销活动复杂化。所以，必须限制在这样一个范围内，即销售额的扩大所带来的利益必须超过营销总成本和费用的增加，这就要求企业既不能选错目标市场，同时也不宜卷入过多的目标市场。另外，采用这种策略受企业资源和能力的制约较大，较为雄厚的财力、较强的技术力量、素质较高的营销人员，是实施差异性市场策略的必要条件，这就使得相当部分的企业尤其是小企业无力采取这种策略。因此，一些企业家现正在开辟一种新的思路，即希望只开发少量的产品，并千方百计地使每一种产品能够满足消费者多种多样的需求，兼收两种策略的长处。

（3）密集性市场策略。密集性市场策略是指企业在将整体市场分割为若干细分市场后，只选择其中某一细分市场作为目标市场，为该市场开发一种理想的产品，实行密集营销，其指导思想是把企业的人、财、物集中用于某一个细分市场，或将几个性质相似的小型市场归并为一个细分市场，不求在较多的细分市场上都获得较小的市场份额，而要求在这一目标市场上得到较大的市场份额。

该策略的优点是可节省市场营销费用，增加盈利，而且还可提高产品与企业的知名度，必要时还可迅速扩大市场，从而巩固企业的市场地位，提高竞争能力。这种策略对一些小企业尤为适用。如有的汽车厂只生产吉普车或工具车，某服装厂只生产女上装或男衬衫，某拖拉机厂只生产专门适宜于山区使用的手扶拖拉机等。

这种策略的缺点是风险大，缺乏多样性，易受竞争的冲击。因为企业所选定的目标市场范围较小，一旦目标市场情况恶化，如出现强大的竞争者，或需求突然发生变化，企业就会陷入困境，就会产生"把所有的鸡蛋放在一个篮子里"的危险。因此，采用这一策略的企业必须密切关注目标市场的需求动向，制定应急措施，加强风险防范意识，并在具有一定实力时扩大市场范围，以分散经营风险。

五、市场定位

企业通过市场细分确定目标市场后，如果该细分市场上已经有竞争者捷足先登，甚至竞争者已经占领了有利的市场地位，这时，企业就要考虑进行有效的市场定位。

1. 市场定位的概念

市场定位就是指企业根据所选目标市场的竞争情况和消费者对产品某种特征的重视程度及自己的优势，塑造出本企业产品与众不同的鲜明个性或良好形象，并把这种鲜明个性或良好形象有效地传递给消费者的方法。

2. 市场定位的步骤

（1）调查研究影响企业定位的因素。

（2）竞争者的状况；目标顾客对产品的评价标准；企业的潜在竞争优势。

（3）确定本企业产品的个性和市场形象。

（4）准确地传播企业的市场定位观念。

3. 市场定位的策略

企业可以从多种角度进行市场定位，以形成自己的竞争优势。企业一般可选择的定位策略有以下几种。

（1）属性定位。产品属性包括制造该产品时采用的原料、技术、设备及该产品的功能、产地、历史等因素。属性定位即根据产品这些特定的属性来定位。如日本电器、瑞士手表、贵州茅台、西湖龙井等产品就是按产地及相关因素定位。当企业的某种或几种属性是竞争对手的产品所不具备的时，企业应强调这些特性。

（2）利益定位。利益包括顾客购买产品时追求的利益和购买产品所获得的附加利益。利益定位就是根据产品所能满足的需求或所提供的利益、解决问题的程序来定位。例如：在汽车市场上，奔驰追求变化舒适，宝马让顾客感受驾驶本身的乐趣，劳斯莱斯与凯迪拉克推崇至尊的贵族品位等；小天鹅集团向顾客作出的"终身保修"的承诺；等等。这些都是按产品提供的利益定位的，都能吸引一大批顾客。

（3）质量—价格定位。这是指结合质量和价格定位。一是强调质价相符，在企业产品价格与同类产品相比更高的情况下，强调产品具有高质量，一分钱一分货；二是强调质高价低，物有所值，以加速市场渗透，提高市场占有率。华龙集团提出的"同等质量比价格，同等价格比质量"的口号，就是这种定位方式。这时除了要向顾客传递产品的低价实惠，还要重视产品质量信息的传递，否则会造成产品定位档次降低，使定位策略失败。所以，华龙集团在营销中同时还宣传"加质加量不加价"。

（4）使用者定位。这是以产品指向某一类特定的使用者来定位，根据这些顾客的看法塑造恰当的形象。如广东客家酒总公司生产的"客家娘酒"，定位为"女人自己的酒"，突出这一特性，对女性消费者就很具吸引力，塑造了一个相当于"××是男士之酒"的强烈形象，不仅可在女士的心目中留下深刻的印象，而且还会成为不能饮高度酒的男士指名选用的品牌。又如：德国的宝马车和奔驰车都以优质高档来占领市场，但它们之间却不存在直接竞争，这是因为它们的使用者定位截然不同。"奔驰是别人开的，宝马是自己开的"，具体地说，奔驰的使用者以企业董事长、银行经理、政府要员居多，他们通常年龄较大，一般都配有专职司机；而宝马的使用者多为年轻的经理、部门主管及专业人士，他们喜欢自己驾驶汽车。

（5）竞争定位。根据与竞争有关的属性或利益来进行定位，即以竞争产品定位为参照，突出强调"人无我有，人有我优"。如海尔产品在服务竞争中强调的是"真诚服务到永远"；美国的七喜汽水定位是"非可乐"，强调它与可乐类饮料的不同，不含咖啡因，是代替可口可乐和百事可乐的清凉解渴饮料。

以上定位策略往往可以同时交替使用。企业在市场定位过程中，还应避免四种主要的定位失误：第一是定位过度，即有些产品言过其实，让人很难相信这些特点，对其产生怀疑；第二是定位混乱，即企业对其产品推出的差异过多或定位变化频繁，致使消费者对其只有一个混乱的印象；第三是定位过宽，不能突出产品的差异性，很难在顾客心目中树立独特、明显的形象；第四是定位过窄，只着重针对某一部分人的需要而忽视其他对此钟爱的顾客，痛失良机。

【教学视频】

市场细分

市场定位

学习单元三　市场营销组合策略

1. 了解产品整体概念的基本含义；掌握产品生命周期理论的基本原理及其在营销实践中的作用；了解新产品的概念、分类；掌握品牌与包装策略的运用。

2. 学习与把握商品定价的概念和方法，能用所学理论知识指导的"定价策略"的相关认知活动。

3. 明确分销渠道的概念；能准确理解分销渠道中间商选择应考虑的因素；了解分销渠道新的发展趋势。

4. 能够根据企业的经营环境、目标客户，为企业产品制定科学合理的促销组合策略。

【学情分析】

1. 学生对市场营销组合策略认识不够。
2. 学生实践机会较少。

【单元导入】

同样是咖啡，其销售价格为什么竟有天壤之别？

有人曾对咖啡做过销售试验，发现如下有趣现象：当咖啡被当作普通的产品卖时，一杯可卖5元；当咖啡被包装为精美商品时，一杯就可以卖到一二十块钱；当其加入了服务，在咖啡店中出售时，一杯最少要几十块钱；但如果能让咖啡成为一种香醇与美好的体验，则一杯就可卖到上百块甚至是好几百块钱。

问一问：

同样是咖啡，当销售方式发生变化时，其价格为什么竟然有如此大的差别，它说明了什么？

【应知应会】

企业市场营销活动往往是对各种营销策略的综合运用。在每项营销决策中，都体现了几种营销策略在不同层次上的相互复合。从总体上看，企业的营销策略包含四大基本营销策略的组合，即著名的"4Ps"理论：产品（Product）、价格（Price）、促销（Promotion）、渠道（Place）策略（图6-8）。而每个营销策略又包括若干具体手段，如产品策略中的品质、包装、特色等。所以，每项营销决策不仅是四种基本策略的组合，也是各种具体手段的子组合。产品策略主要研究新产品开发、产品生命周期、品牌策略等，是价格策略、促销策略和渠道策略的基础。价格策略又称定价策略，主要研究产品的定价、调价等市场营销工具。促销策略是将组织与产品信息传播给目标市场的有计划性的行销活动，它主要的焦点在于与消费者沟通。渠道策略是指为了达到产品分销目的而启用的销售管道。它代表企业（机构）在将自身产品送抵最终消费者之前，所制定的与各类分销商之间的贸易关系、成本分摊和利益分配方式的综合体系。

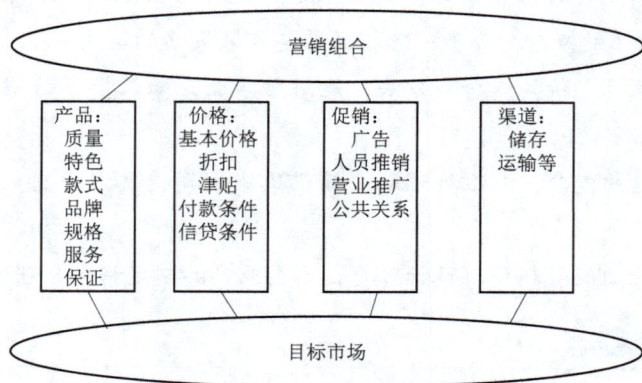

图 6 - 8   四大基本营销策略

一、产品策略

产品一般是指通过交换提供给市场的，能满足消费者或用户某一需要和欲望的任何有形物品和无形服务。

1. 产品整体概念策略

产品整体概念策略把产品分为有形的实物和无形的服务。有形的实物主要包括产品实体及其品质、特色、式样、品牌和包装等；无形体的服务包括可以给消费者带来附加利益和心理上的满足感及信任感的售前、售中、售后服务及产品形象、企业声誉等。此外，思想、主意、计谋等同样能够满足消费者的某种需要或欲望，因此也是产品。产品整体概念策略把产品分为核心产品、有形产品、附加产品三部分（图 6 - 9）。

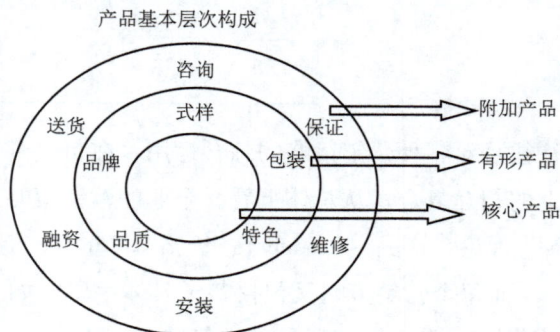

图 6 - 9   产品基本层次构成

2. 产品生命周期策略

（1）产品生命周期的概念。产品生命周期是指某产品从进入市场到被淘汰退出市场的全部运动过程。产品生命周期一般分为产品投入阶段、市场成长阶段、市场成熟阶段和市场衰退阶段四个阶段（图6-10）。

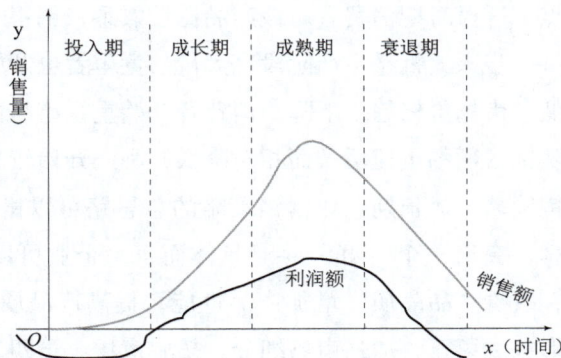

图6-10　产品市场生命周期曲线图

（2）产品生命周期各阶段特征与营销策略。

1）投入期的市场特点和营销策略。

①投入期的市场特点其主要特征是：生产批量小，制造成本高，产品的设计还需改进，生产方法还没有最后确定，产量不稳定。作为新产品，需努力推广宣传知名度，这时期的市场推广费用及广告费用的支出往往达到最高点。此时销售渠道刚刚建立，销量有限，因此企业承担的风险很大，而利润额较少，甚至亏损。

②投入期的市场营销策略：根据投入期的市场特点，企业总的策略思想应该突出一个"准"字，有准确的市场定位和准确的市场营销组合策略。短期内迅速扩大销售量，占领市场，同时收集销售反馈信息。一般有四种策略可供选择。

a. 快速撇脂策略，即选择高价格和高水平的促销方式迅速推出新产品，迅速抢占市场、取得较高的市场占有率。采取该策略需要具备以下市场环境与条件：市场有较大潜力，消费者有求新求异心理，急于求购，并愿意付出高价；企业面临竞争威胁，需要创建高价名牌的形象，迅速形成消费者对该产品的偏好。

b. 缓慢撇脂策略，即以高价格和低促销费用的方式推出新产品面向市场，以求取较高的利润。采取该策略需要具备以下市场环境与条件：市场规模较小，消费者已熟悉该产品，并愿意出高价购买；竞争者较少，竞争威胁不大。

c. 快速渗透策略。实行低价格和高促销费用的方式推出新产品的策略消费者，较快地提高市场占有率，以迅速占领市场，以低价格赢得市场。采取该策略需要具备以下市场环境与条件：市场容量很大，消费者对产品缺乏了解，但对价格比较敏感；竞争者多，竞争比较激烈；产品单位成本可以随着生产规模及销售量迅速下降。

d. 缓慢渗透策略。实行低价格和低促销费用的方式推出新产品，获取相对较高的净利，以低价格扩大市场份额，以较低的促销来获取相对较高的净利。采取该策略需要具备以下市场环境与条件：市场容量较大，市场需求价格弹性较大，促销弹性较小，消费者对价格比较敏感，存在较多潜在竞争者的威胁。

2）成长期的市场特点和营销策略。

①成长期的市场特点：这段时期消费者对该产品比较熟悉，销售习惯基本形成，销售量迅速增长；产品基本定型，步入大批量生产阶段，大量的竞争者也开始生产此类产品，竞争比较激烈；产品成本降低，市场价格趋于下降；消费者开始重视产品性能、质量、特色与品牌；单位产品促销费用随销售额的迅速增长而相对降低，利润开始较大幅度地提高。

②成长期的市场营销策略：成长期企业营销策略的总思路可以概括为：抢占市场份额，加快推广速度，创出名牌，突出一个"好"字。具体而言，企业可以采取的营销策略主要有以下四个方面：第一，改善产品品质，增加产品性能，提高产品质量。第二，加强促销，创建名牌，树立良好的形象。第三，加强市场细分，拓展市场。第四，重视产品价格、渠道与促销方式的巧妙组合，开拓新的市场等。

3）成熟期的市场特点和营销策略。

①成熟期的市场特点：在成熟期的市场中，产品销售量增长缓慢，市场需求量逐渐趋于饱和；生产量很大，生产成本降到最低程度；产品的服务、广告和推销工作十分重要，销售费用不断提高；利润达到最高点，并开始下降；很多同类产品进入市场，市场竞争十分激烈。

②成熟期的市场营销策略。成熟期企业营销策略的总思路可以概括为：巩固市场地位，延长成熟期限，护好名牌，突出一个"争"字。具体而言，成熟期企业的营销重点是维持市场占有率并积极扩大产品销售量，争取利润最大化。企业可以采取的营销策略有市场改进策略、产品改进策略、营销组合改进策略。

4）衰退期的市场特点和营销策略。

①衰退期的市场特点：产品销售量急剧下降，性能和质量更好的新产品吸引了消费者的注意力；产品价格降到最低水平，利润迅速下降，已无利可图，甚至出现亏损现象；大量的竞争者退出市场；消费趋势发生新的变化，消费习惯与偏好已经转移；停留在市场上的企业也开始减少服务，削减营销费用，处于维持经营的状态。

②衰退期市场营销策略：在衰退期，企业面临着销售量和利润直线下降、大量竞争者退出市场、消费者的消费习惯已发生转变等情况，此时，企业应突出一个"转"字。可供选择的营销策略有维持策略、集中策略、收缩策略、放弃策略。

3. 新产品策略

市场营销学中的新产品是从市场和企业两个角度界定的，是指某个市场上第一次出现的产品或某个企业第一次生产销售的产品。新产品可分为全新产品、换代产品、改进产品、模仿产品四类。

新产品决定进入市场，企业的任务就是抓住时机进行推广，把新产品引进市场并使消费者普遍接受。新产品的市场扩散过程是指新产品在市场上取代老产品的过程，或者是指新产品逐步被广大消费者接受的过程。很明显，新产品的市场扩散强调的是企业在产品生命周期中的引入期和快速成长期的对策，其要点是根据新产品的特点和不同消费者的心理因素，以及消费者接受新产品的一般规律，有效地运用市场营销组合，加速新产品的市场扩散。

4. 品牌策略

品牌是用以识别某个销售者或某群销售者的产品或服务，并使之与竞争对手的产品或服务区别开来的商业名称及其标志，通常由文字、标记、符号、图案和颜色等要素组合构成。品牌是一个集合概念，它包括品牌名称和品牌标志两部分。品牌名称是指品牌中可以用言语称呼的部分，也称"品名"，如"长虹""海尔""康师傅"等。品牌标志也称品标，是指品牌中可以被认出，易于记忆，但不能用言语称呼的部分，通常由图案、符号或特殊颜色等构成。

5. 包装策略

包装是指对某一品牌商品设计并制作容器或包扎物的一系列活动。一般说来，商品包装应该包括商标或品牌、形状、颜色、图案和材料等要素。人们常用"三分人才，七分打扮""人靠衣裳，佛靠金装"来形容穿衣打扮对于人的重要性。有道是"货卖一张皮"，人们把包装比喻为"沉默的推销员""心理的推销手段"，就充分说明了包装在现代市场营销活动中的重要作用。

测一测

简述产品生命周期的策略。

二、价格策略

价格作为营销因素组合中最活跃的因素，它应对整个市场变化作出灵活的反应。当然，这种变化必须受价值规律的制约，它主要是受市场状况、消费者行为，以及国家的政策、法令等因素的影响。在影响定价的几种因素中，成本因素、需求因素与竞争因素是影响价格制定与变动的主要因素。

企业的定价导向可以划分为成本导向、需求导向和竞争导向三大基本类型。

1. 成本导向法

（1）成本加成定价法。成本加成定价法就是在产品单位销售成本的基础上，加上一定的预期利润，从而形成产品价格的一种方法。用公式表示为：

$$单位产品价格 = 单位销售成本 \times （1 + 综合加成率）$$

【案例分析1】

某企业生产一种皮包，单位销售成本为100元，企业规定的综合加成率为25%，求该皮包的销售价格。

解：$100 \times （1 + 25\%） = 125$（元）

答：按成本加成定价法，该皮包的销售价格应确定为 125 元。

（2）盈亏平衡定价法。盈亏平衡定价法就是根据盈亏平衡点原理进行定价的一种方法。盈亏平衡点又称保本点，是指在一定价格水平下，企业的销售收入刚好与同期发生的费用额相等，收支相抵，不盈不亏时的销售量，或在一定销量前提下，使收支平衡的价格。用公式表示为：

$$单位产品保本价格 = 固定总成本 \div 预计销售量 + 变动成本$$

$$产品保本销售量 = 固定总成本 \div （销售价格 - 变动成本）$$

【案例分析 2】

某企业经营的女式皮鞋应摊固定成本为 4 万元，每双女式皮鞋进价为 200 元，销售费用和税金为 20 元，即每双女式皮鞋变动成本为 220 元。若企业每年预期销量为 1 000 双，每双女式皮鞋售价定为多少时，企业才能保本？如果该企业采取与竞争者同样的价格300 元出售，其收支相抵、不盈不亏的销售量多少？

解：女式皮鞋保本价格 $= 40\ 000 \div 1\ 000 + 220 = 260$（元）

女式皮鞋保本销售量 $= 40\ 000 \div （300 - 220） = 500$（双）

答：按盈亏平衡定价法，每双女式皮鞋售价定为 260 元时，企业才能保本。如果每双女式皮鞋售价 300 元，则只需出售 500 双就能保本。

（3）目标收益率定价法。目标收益率定价法又叫作目标利润定价法或者目标回报定价法，企业根据总成本和估计的总销售量，确定期望达到的目标收益率，然后推算价格。计算步骤如下：

步骤 1：确定目标收益率。

$$目标收益率 = 1/投资回收期$$

$$投资收益率 ROI = 税后净利润 \div 投资额$$

步骤 2：确定单位产品的目标利润额 $=$（投资总额 $+$ 目标收益率）$\div$ 预期销售量

步骤 3：计算单位产品价格 $=$ 单位产品成本 $+$ 单位产品目标利润额

【案例分析 3】

如果上例中该企业希望达到的目标利润为 2 万元，问每双女式皮鞋售价应定为多少时，企业才能实现目标利润？

解：$（40\ 000 + 20\ 000） \div 1\ 000 + 220 = 280$（元）

答：按目标收益率定价法，当每双女式皮鞋定价为 280 元时，企业就能实现 2 万元的目标利润。

（4）边际贡献定价法。边际贡献定价法又叫变动成本定价法，是指在变动成本的基础上，加上预期的边际贡献确定价格的定价方法。其计算公式为：

产品价格 = 单位变动成本 + 边际贡献

边际贡献 = 产品单价 – 产品单位变动成本

边际贡献的作用是补偿固定成本。当产量达到盈亏平衡点时，说明固定成本补偿完毕，企业做到了收支平衡。可见，只要边际贡献大于零，每多出售一件产品，就能对固定成本有所补偿。在市场竞争激烈，企业订货不足，存在剩余生产能力时，可以考虑采用边际贡献定价法。

【案例分析4】

某企业生产电冰箱的能力为每年 1 万台，固定成本为 300 万元，单位变动成本为 1 300 元，产品原售价为 2 000 元。目前订货只有 8 000 台。现一家外商提出订购 2 000 台，但其出价最高只有 1 500 元。问这笔订货是否可以接受？

分析：从表面看，单位产品保本价格为 3 000 000 ÷ 10 000 + 1 300 = 1 600（元），外商出价1 500元，每台要亏损 100 元。但如果我们作进一步分析，就会发现：每台变动成本为 1 300 元，每多销售一台的边际贡献为 1 500 – 1 300 = 200（元）。如果接受这笔订货，可获边际贡献 200 × 2 000 = 40（万元）。固定成本 300 万元总是要支出的，而且已分配到已订货的8 000台中去，这个企业生产能力有闲置，因此，如果接受这笔订货，不仅不亏本，反而可以增加利润 40 万元，或者说可以增加 40 万元补偿固定成本。

答：由于该企业订货不足，存在剩余生产能力，按边际贡献原则分析，接受这笔订货是有利可图的。

2. 需求导向法

（1）理解价值定价法。理解价值定价法就是根据消费者对商品的理解认识程度和需求程度来决定价格的一种定价方法。企业要在市场上推出一种新产品时，应首先从产品的功能、款式、质量、服务及广告宣传等方面为产品树立一个完整的形象，并估计出消费者对这种产品的认识程度和需求程度，即理解价值，以此定出产品的初始价格，然后估算这个初始价格水平下的销售量、成本和盈利，最后确定实际价格。可见，理解价值定价法的关键，是企业要对消费者理解的相对价值有一个正确的估计和判断。

（2）反向定价法。反向定价法是指企业根据产品的市场需求状况，通过价格预测和试销、评估，先确定消费者可以接受和理解的零售价格，然后逆向倒推批发价格和出厂价格的定价方法。

（3）需求差异定价法。需求差异定价法就是以销售对象、销售地点、销售时间等条件变化所产生的需求差异，尤其是以需求强度差异作为定价基本依据的一种定价方法。

（4）比较定价法。比较定价法就是根据企业对产品需求弹性的研究和市场营销调研结果来决定价格的一种定价方法。

3. 竞争导向法

（1）通行价格定价法。通行价格定价法也叫随行就市定价法，就是将本企业产品价格与同行业产品的现行市场价格水平保持一致的一种定价方法。

（2）竞争价格定价法。竞争价格定价法就是根据本企业产品的实际情况及与竞争对手的产品差异状况来确定价格的一种定价方法。定价步骤是：首先，将市场上竞争产品价格与企业估算价格进行比较，分为高于、等于、低于三个价格层次；其次，将本企业产品的性能、质量、成本、产量等与竞争企业进行比较，分析造成价格差异的原因；第三，根据以上综合指标确定本企业产品的特色、优势及市场地位，并在此基础上，按企业定价目标，确定产品价格；最后，跟踪竞争产品的价格变化，及时分析原因，相应调整本企业的产品价格。

（3）投标定价法。投标定价法就是买方引导卖方通过竞争成交的一种定价方法。一般由买方（招标人）发出招标公告，卖方（投标人）竞争投标，密封递价，招标人从中择优选定。一般而言，报价高，利润大，但中标机会就小；报价低，中标机会大，但利润小，其机会成本可能要大于其他投资方向。因此，报价时不仅要考虑实现企业目标利润，也要结合竞争状况考虑中标概率。一般来说，投标报价时，应预测对手的报价，计算本企业的费用和预期利润，然后提出自己的报价。

企业在确定最终价格时，还需要考虑其他各种因素的影响，采取各种灵活多变的定价策略，如新产品定价、折扣定价、心理定价、差别定价等策略。企业制定价格后，还得经常监测环境的变化，并适当调整价格，以求更好地在市场上生存和发展。

三、渠道策略

1. 分销渠道的定义

在今天的市场交易中，企业出于人力和资金的考虑，大多数产品都不是由生产者直接卖给最终消费者的，在生产者和消费者之间，存在着大量执行不同功能的企业或机构促进交易的完成。因此，分销渠道是指产品或服务从生产者向消费者转移的过程中，取得这种产品和服务的所有权或帮助所有权转移的所有企业和个人。其具体任务是，把商品从生产者转移到最终用户手中，使用户能在适当的时间、地点得到满足自己需求的产品或服务。

2. 企业选择中间商应考虑的因素

中间商是企业产品分销渠道的重要组成部分。在市场营销活动中，中间商既能为制造商和消费者带来方便，又可以解决或缓解产需之间在时间、空间、产品结构、数量之间的矛盾，为制造商生产的产品顺利进入消费领域创造条件。企业对中间商的选择应考虑以下七个条件。

（1）中间商的服务对象是否与制造商所要达到的市场面相一致，即企业所要选用的中间商的经营范围，应该与制造商的产品销路基本对口，这是最基本的条件，如专门生产高档服装的制造商，应选择有名的服装商店，或选择大型的综合商厦设立专柜销售。

（2）中间商的地理位置是否与制造商产品的用户相接近，即选择零售商的地理位置较好地发挥其储存、分销、运输的功能和是否有利于降低销售成本。

（3）中间商的商品构成中是否也有竞争者的产品。具体地说，如果本企业的产品优于竞争者的产品而价格又不高的话，则适宜选择这个中间商；否则不宜选用。

（4）中间商的职工素质及服务能力。如果中间商在销售商品的过程中能够向顾客提供比较充分的技术服务与咨询指导，具有懂技术、善经营、会推销的营销职工队伍，则适宜选择这个中间商；否则不宜选用。

（5）中间商的储存、运输设备条件。选择的中间商要具备经营本企业产品的必要的仓库、运输车辆等储运设施设备。

（6）中间商的资金力量、财务和信誉状况。资金力量雄厚，财务状况良好，信誉度高的中间商，不仅能及时付款，而且能够对有困难的制造商给予适当的帮助，有利于形成制造商与中间商的联合或密切结合；否则，中间商的财务状况不好，信誉度不高，不仅不利于产品销售，甚至给制造商带来风险。

（7）中间商的营销管理水平和营销能力。如果中间商的经营者不仅是行家里手，而且精明强干，工作效率很高，企业管理井然有序，办事效率高，显然推销能力就强，产品销售业绩就好，否则就难以使产品占领市场。

由此可见，制造商对中间商的选择是否恰当，不仅关系到营销渠道是否畅通无阻，而且关系到产品销路的好坏和企业营销活动的成效。因此，制造商应全面考虑以上条件，慎重选择。

3. 分销渠道新的发展趋势

分销渠道及渠道中各成员之间的关系不是一成不变的，伴随着新的商业业态的出现和渠道成员关系及营销策略的变化，分销渠道系统亦在新变化中呈现出新的发展趋势。

（1）直接渠道系统的发展。传统的直接营销是指上门推销。随着科技的发展，特别是社会信息化，直接渠道系统内容日益丰富，直邮广告、电话直销、电视直销、邮购直销、网络直销、会议直销五彩缤纷，尤其是互联网的商用化开发普及，工商企业设立网址，开设电子商场（网上商场）进行网上销售，已成为一种具有广阔发展前景的最新的直销商业形态。

（2）垂直渠道系统的发展。垂直渠道系统近年来最重要的发展趋势是一改传统的销售渠道中生产者、批发商和零售商互相分设，为着各自利益讨价还价，各行其是，忽视渠道整体利益的状态，而由生产者、批发商和零售商组成一种统一的联合体。不管在联合体中由谁处于支配地位，彼此都形成了统一的兼顾整体利益的系统。其基本特征在于专业化管理和集中执行的网络组织有利于消除渠道成员之间的冲突，能够有计划地取得规模经济效益和最佳的市场效果。

垂直渠道系统主要有三种类型。

①公司垂直渠道系统。它是指由一家公司拥有和统一管理若干个制造商和中间商，控制整个渠道，同时开展生产、批发和零售业务。

②管理式垂直渠道系统。它是由一个规模大、实力强的企业出面组织，由它来管理协调

生产和销售的各个环节。名牌制造商有能力从零售商那里得到强有力的贸易合作和支持。

③契约式垂直渠道系统。它是由各自独立的公司,在不同的制造商和中间商为了获得其单独经营而不能取得的经济效益时,以契约形式为基础组成的一种联合体,包括特许经营系统、批发商倡办的自愿连锁组织、零售商合作组织等。

(3)水平渠道系统的发展。水平渠道系统是指由同一层次上的两个或两个以上的公司为共同开拓新的市场机会而联合开发的营销机构。当一个企业无力单独进行开发或承担风险,而相互合作有利于优势互补,能产生协同效应时,企业间就谋求这种合作。企业间的联合行动可以是暂时的,也可以是永久的,还可以创立一个专门的营销公司,这被称为共生营销。

(4)多渠道系统的发展。多渠道系统是指通过两条或两条以上的渠道将产品送到同一个或不同的目标市场。建立多渠道营销系统,可以增加市场覆盖面,降低渠道成本,更好地满足顾客需要,扩大产品销售,提高经济效益,但多渠道营销也有可能产生渠道冲突。因此,企业实行多渠道营销必须要加强渠道的控制与协调,使多渠道系统健康发展。

四、促销策略

企业开展营销活动,不仅要开发适销对路的产品,制定有竞争力的价格,选择恰当的分销渠道,还要通过各种方式向目标市场传递和沟通信息,引导和刺激消费者的购买行为,即进行必要的促销活动,从而提高产品的销量。正确制定并合理运用促销策略是企业在市场竞争中取得经营优势、获取经济利益的重要保障。

促销是企业市场营销组合中必不可少的一个环节。促销的方式主要有广告、人员推销、营业推广、公共关系四种。促销组合是指企业根据促销活动的需要,对人员推销、广告、营业推广和公共关系等促销方式进行有计划、有目的的综合运用,使各种促销活动相互配合,最大限度地发挥整体效果,借以顺利实现企业目标。

促销组合是企业根据产品的特点和营销目标,综合各种影响因素,对各种促销方式的选择、编配和运用。各种促销方式的比较见表6-1。

表6-1　各种促销方式比较

促销方式	优势	劣势	常用方法	适用范围
人员推销	在建立购买者偏好、信念和促进行动方面最为直接、有效;面对面的接触便于建立关系、培养感情、说服顾客	市场覆盖面有限,成本较高;推销队伍的管理较复杂	上门推销、柜台推销、会议推销	多适用于产业用品的促销
广告	传递企业及产品信息,树立品牌形象,增加短期销售,信息覆盖面广	对单个顾客的针对性较弱;制作、发行总体成本较高	电视广告、报纸广告、网络广告、广播广告、户外广告等	较适用于消费品的促销

续表

促销方式	优势	劣势	常用方法	适用范围
营业推广	形式多样、刺激性强、吸引注意、激发需求、产生兴趣，促使潜在顾客快速行动，短期效果明显	频繁使用此法会引起顾客的疑虑和反感，不利于提升品牌形象	奖金或礼品、附赠积分、招待会、延期付款、低息贷款、以旧换新等	适用于消费品的促销
公共关系	可信性强、降低顾客抵触心理，加强信赖，建立品牌的长期形象	见效慢，非直接促销	公益活动、记者招待会、演讲、研讨会、慈善捐助、赞助等	较适用于塑造企业形象

人员推销与其他非人员推销方式最大的不同是销售人员直接与潜在顾客接触，而且信息沟通过程具有双向性。人员推销的一般过程包括寻找顾客、接近顾客、沟通洽谈、达成交易、跟踪服务等。

广告即营利性的商业广告，是指广告主以促进销售为目的，付出一定的费用，通过特定的媒体传播商品或劳务等有关经济信息的大众传播活动。广告的要素包括广告主、广告费用、广告媒体和广告信息。

营业推广又称销售促进，是指为刺激早期需求或激发较强的市场反应而采取的能够迅速产生鼓励购买作用的促销活动。这些活动既包括对消费者的促销（如样品、折价券、赠品等），也包括对中间商的促销（如购货折扣、合作广告、免费商品、商品推销津贴、经销商销售竞赛等），还包括对销售人员的促销（如分红、比赛、推销集会等）。

公共关系是指企业为了使社会广大公众对本企业商品有好感，在社会上树立企业声誉，选用各种手段，与其相关的各种内部、外部公众建立良好关系的促销方式。其内容不仅包括与顾客的关系，与供应商、分销商的关系，还包括与竞争者的关系。

【教学视频】

市场营销组合策略

学习单元四　网络营销业务流程及方式

【学习目标】

1. 了解网络营销的概念。

2. 能够准确理解网络营销的业务流程。

3. 掌握网络营销方式及其适用情况。

【学情分析】

1. 学生对企业网络营销认识不够。

2. 学生实践机会较少。

【单元导入】

京东市值一天增长 200 亿！

据中国基金报 2020 年 5 月 16 日报道，京东发布 2020 年第一季度财报，营收及利润均超出市场预期。其中，京东第一季度的营收更是实现了 20.7% 的同比增长。截至第一季度末，过去 12 个月的活跃购买用户数同比增长 24.8%，达到 3.874 亿；京东的员工更是达到 26 万人，超过 BAT 的总和。

财报出炉后，京东盘前涨幅一度高达 5.7%，开盘后更是迅速创下了 51.01 美元的股价新高，收盘最终涨 3.86%，市值一天增长 200 亿元人民币。一季度营收增长超 20%，净利润超 10 亿，京东凭借着自有物流的优势，逆势实现了营收和利润的超预期表现。

在活跃用户方面，截至 2020 年 3 月 31 日，京东过去 12 个月的活跃购买用户数为 3.874 亿，较去年同期增长 24.8%，和上一季度的 18.6% 相比有所提升。京东物流在全国共运营了超过 730 个仓库，包含京东物流管理的云仓面积在内，仓储总面积约 1 700 万平方米。京东旗下的达达集团的京东到家平台还联合了沃尔玛、永辉、华润万家、七鲜超市等商超和菜市场，保障全国 700 余县市的蔬菜蛋奶等生鲜物资供给。京东旗下的京东健康平台紧急上线药品、医疗器械、心理咨询等多款产品。

京东集团 CEO 刘强东表示，"第一季度强劲的用户增长体现出消费者越来越依靠京东来满足生活中方方面面的需求，对京东提供的丰富优质产品选择和一流服务的承诺充满信心。"

问一问：

京东营收逆势增长的原因有哪些？

【应知应会】

《2020 年中国互联网发展趋势报告》中指出，2020 年 2 月，中国互联网用户已达 10.8 亿，下沉市场流量争夺已经结束，适龄人口的互联网化进程已完成，但市场仍然存在增长机会，10 岁以下与 65 岁以上的低幼人群及银发人口达 3.2 亿，低幼市场与银发市场仍然存在增长机会。消费互联网终场之战：无论是用户、资本还是行业环境，消费互联网的终场之战在 2020 年正式打响，强者赢、平者让、庸者亡。大型互联网企业将会投入更多的资源到企业服务、人工智能、工业互联网、机器人等更具想象力的领域。

2020 年上半年，娱乐、生鲜食品、在线办公、在线教育、医疗资讯等线上需求强劲，带动相关互联网平台收入和业务量大幅增长，支撑整个互联网和相关服务业维持正增长态势。随着网络技术的不断发展，"直播"已经成为商贸流通企业的标配，传统线下销售模式受到冲击，线下店铺经营受阻，企业纷纷试水"网络直播"，网络直播成为线下店铺复工的工具，网红带货、店主直播、导购直播等多样化的网络直播纷纷涌现。当下，直播已经发展成为电商在新时代的新产业，直播带货呈现出极强的爆发性，正在创造一个千亿级的新市场。

一、网络营销的概念

网络营销的全称为网络直复营销，属于直复营销的一种形式，是企业以电子信息技术为基础，以计算机网络为媒介和手段进行的各种营销活动（包括网络促销、网络分销、网络服务等）的总称。

狭义地说，网络营销是指组织或个人基于开放便捷的互联网，对产品、服务所做的一系列的经营活动，从而达到满足组织或个人需求的全过程，例如在淘宝、京东、拼多多、抖音、快手等平台上销售，见表 6 – 2。

表 6 – 2　各大平台直播布局

公司名称	入局时间	板块名称	购买方式	品类	模式
淘宝	2016 年	淘宝直播	淘宝	服装、化妆品、珠宝类产品等	商家
京东	2017 年	京东直播	京东	家电	商家达人带货
快手	2017 年	快手直播	快手小站、淘宝、有赞、魔筷、京东、拼多多	食品、生活用品、化妆品、珠宝类产品	达人带货
抖音	2017 年	抖音直播	抖音小店、淘宝、京东	食品、生活品类、化妆品	达人带货
拼多多	2019 年	多多直播	拼多多	农产品、生活用品、视频、3C 数码产品等	商家带货、产地直播
微信	2019 年	微信公众号直播	有赞		
微博	2019 年	微博种草直播	微博小店、淘宝、有赞	化妆品、时尚品类	达人带货
小红书	2019 年	小红书直播	小红书商城	化妆品、时尚品类	达人商家带货

广义地说，网络营销贯穿于企业开展网络活动的整个过程，包括信息收集、信息发布等，可见网络营销具有很强的实践性特征，从实践中发现网络营销的一般方法和规律，比空洞的理论更有实际意义。

网络营销好比一个系统工程，涉及很多方面，需要结合企业自身的实际情况，对市场需求进行分析，做好网络营销计划，最终才能实现网络营销对企业宣传的推广作用。

二、网络营销的业务流程

网络营销的业务流程可以拆解成网络营销平台、市场定位、免费推广渠道、付费推广渠道、销售流程五个部分，如图 6 - 11 所示。

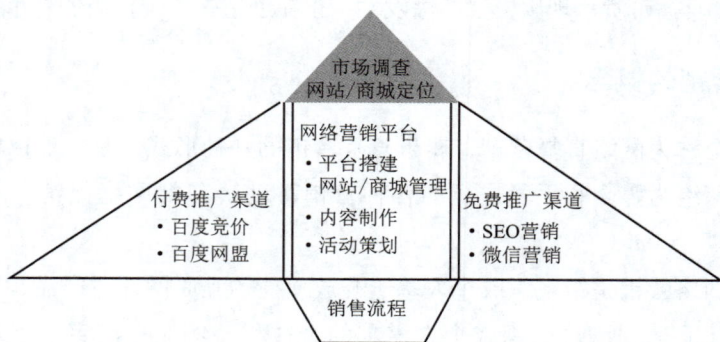

图 6 - 11　网络营销内容

1. 调查与定位

在网络营销中，市场调查和网站/商城定位决定了网络营销的方向。

（1）市场调查。市场调查是指用科学的方法，有目的、系统地收集、记录、整理和分析市场情况，了解市场的现状及其发展趋势。对于网络营销的决策者来说，可以根据市场调查深入了解用户的需求或欲望，这样更能有针对性地进行营销。

（2）网站/商城定位。网站/商城定位是为了聚焦细分市场进而达到最佳营销效果。网站/商城定位的核心在于锁定目标用户群、进行市场细分，进而达成有针对性的推广效果。

2. 网络营销平台

在网络营销中，网络营销平台容纳网络营销的信息、方法、工具等，包括平台搭建、网站/商城管理、内容制作和活动策划。

（1）平台搭建。网络营销活动以产品销售或服务推广为主，进行营销活动让消费者进行购买或支付，一般网络平台搭建为网站/商城搭建、官网建设、网店开设等。如今很多大型互联网公司都搭建了自己的官方网站/商城，同时入驻天猫、京东等电商平台。例如小米科技，不仅搭建了自己的小米网站，同时在天猫和京东也都有自己的官方旗舰店。

（2）网站/商城管理。企业无论是入驻电商平台还是自己搭建网站/商城，都需要对网站/商城平台进行管理，包括基础功能的上线维护、商品的上下架等。当然，入驻和自建网站/商城的管理模式不一样，前者简单易用、搭建快速，缺点是自定义功能不强；后者自定义功能强大，缺点在于技术要求高。

（3）内容制作。就像进行线下推广需要做海报或宣传单一样，网络营销也需要进行内容制作，这些内容视营销渠道而异，比如邮件营销需要制作邮件内容、软文推广需要写软文等。

（4）活动策划。举办活动是如今很多企业的营销推广方式，基于某些特殊节日而进行推广事半功倍，比如策划"双十一"活动，利用节日进行营销活动。

3. 推广渠道

网络营销要想有效进行，需要推广。随着网络营销的蓬勃发展，推广的渠道越来越多，变化也越来越快。从传统的邮件、博客、论坛等渠道，到视频营销、搜索引擎营销等，再到现在的微博、微信、直播、今日头条等社交渠道，呈现碎片化的趋势。网络推广分为免费推广和付费推广。

（1）免费推广。推广在某种程度上可以说等于曝光次数，让更多的人看到你的营销信息。免费推广的渠道包括 SEO 营销、微信营销、微博营销、自媒体营销等，这些营销方式都是免费的，特别适用于资金少、实力弱的小企业，但是竞争也很激烈。

（2）付费推广。付费推广是需要花费一定的金钱，通过有偿付费的方式在网络上投入广告，以此扩大推广范围，从而使企业能更好地在网络上获得更多的盈利。常见的有百度竞价、百度网盟等。

4. 销售流程

在网络营销中，销售流程也非常重要，做好销售流程可以有效地提高重复购买率，通过二次营销、粉丝运营、内容运营等活动与客户保持一定关系可以提升复购率和品牌忠诚度。

【教学动画】

什么是网络营销

三、网络营销方式的比较

网络营销方式是对网络营销资源和网络营销工具的合理利用，是网络营销各项职能得以实现的基本手段。常用的网络营销方式有传统营销方式、社交营销方式、线上线下方式、付费营销方式。表 6－3 是网络营销各个渠道的特点和分析，对于不同企业，建议要结合用户的特点去做网络营销，选择合适的网络营销渠道和方式。

表 6－3　网络营销各渠道特点分析

营销方式	定义	方式方法	特点
传统营销方式	传统营销方式是较早时期，互联网上绝大部分企业选择的营销模式，也是最普遍的一种营销模式	SEO 搜索引擎优化、电子邮件营销、论坛营销、问答营销、博客营销、QQ 营销、百度推广等	花费不高，流量相对精准，但流量会越来越少。能满足市场宣传，品牌宣传、扩大知名度等的需求

续表

营销方式	定义	方式方法	特点
社交营销方式	社交营销是通过 SNS 网站这种网络应用平台，利用其各种功能进行宣传推广，从而提升品牌知名度，以促进产品销售为目的的活动	微信营销、微博营销、社区营销、移动社区（APP类）、新媒体营销等	花费不高，流量精准，流量大。表现形式丰富、内容权威、有吸引力等特点，能满足需求市场宣传、品牌宣传、扩大知名度等的需求
线上线下方式	线上线下营销即 O2O 营销方式，是指线上营销线上购买带动线下经营和线下消费。O2O 通过打折、提供信息、服务预订等方式，把线下商店的消息推送给互联网用户，从而将他们转换为自己的线下客户	团购、有赞等	花费不高，流量精准，流量大
付费营销方式	付费推广需支付一定的费用来达到推广网站的目的	SEM、CPS 广告模式、门户网站合作、新闻传播推广、网址导航推广、来电付费、群发推广等	花费高、表现形式常规，操作简单，流量不精准，流量大

【教学视频】

网络营销业务流程

【模块小结】

现代市场营销，就是在不断变化的市场环境中，企业或其他组织以满足消费者需求为中心，进行的一系列综合性商务活动。现代市场营销吸收了其他学科的精华，成为一门多学科交叉的、应用性较强的、综合性的管理学科。包括市场细分、市场定位、目标市场选择等。

聚焦主业拓宽市场 科技创新驱动未来

【思考与练习】

一、案例分析

我国直播行业发展概况分析

2020 年，中国在线直播用户规模达到 5.60 亿人。观看直播逐渐成为人们的上网习惯之一，而如此庞大的直播用户体量是直播电商行业商业变现的基础。

我国网络直播始于 2005 年，9158 最先开创视频聊天业务，呱呱、YY、六间房等跟进者涌现，形成直播模式的雏形。2014—2016 年进入爆发期，主流视频网站纷纷布局直播业务；2017 年以后，在政策与资本双重压力下行业迎来洗牌，老牌 PC 端直播逐渐没落，淘宝直播、抖音、快手等直播平台迅速壮大。据艾媒咨询统计，2020 年直播已经覆盖了全部行业，淘宝提供的数据显示，直播成交金额增速最快的是汽车、大家电、图书等传统上需要与线下商家结合的商品。

根据 Mob 研究院发布的《2020 中国直播行业风云洞察》显示，直播行业收入来源于直播打赏、广告收入、会员收入、游戏推广、佣金分成五大渠道（图 6-12）。其中以游戏和才艺为主的泛娱乐直播平台核心营收来源于直播打赏，占比超过 90%；以商品交易为主的直播电商核心营收来源于佣金分成，与用户形成双向互惠的关系。

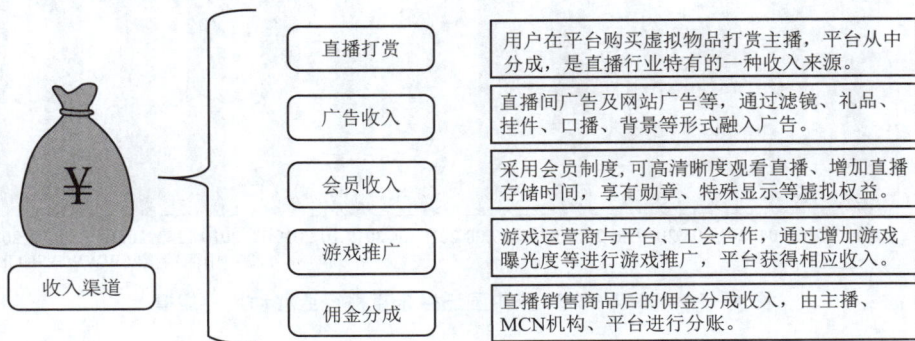

收入渠道		
	直播打赏	用户在平台购买虚拟物品打赏主播，平台从中分成，是直播行业特有的一种收入来源。
	广告收入	直播间广告及网站广告等，通过滤镜、礼品、挂件、口播、背景等形式融入广告。
	会员收入	采用会员制度，可高清晰度观看直播、增加直播存储时间，享有勋章、特殊显示等虚拟权益。
	游戏推广	游戏运营商与平台、工会合作，通过增加游戏曝光度等进行游戏推广，平台获得相应收入。
	佣金分成	直播销售商品后的佣金分成收入，由主播、MCN机构、平台进行分账。

图 6-12　直播行业收入来源

资料来源：Mob 研究院、中商产业研究院整理。

2020 年以来，直播行业迎来发展新机遇，直播卖货一度火爆。据中国互联网络信息中心（CNNIC）发布的第 45 次《中国互联网络发展状况统计报告》数据显示，截至 2020 年 3 月，我国网络直播用户规模达 5.60 亿，较 2018 年年底增长 1.63 亿，占网民整体的 62.0%（图 6－13）。

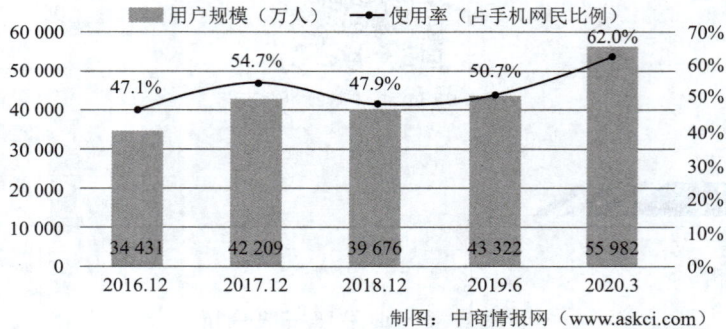

图 6－13　2016—2020 年中国网络直播用户规模及使用率情况

数据来源：CNNIC、中商产业研究院整理。

根据 Mob 研究院发布的《2020 中国直播行业风云洞察》显示，2020 年 3 月我国泛娱乐直播行业移动用户规模超过 1.5 亿人（图 6－14）。从整体用户规模来看，近一年内，泛娱乐直播行业移动用户规模波动较小，基本维持在 1.6 亿量级。市场进入存量竞争阶段，未来各大平台将会探索更多元的商业模式。泛娱乐直播包含游戏直播和娱乐直播。

案例来源：东方财富网

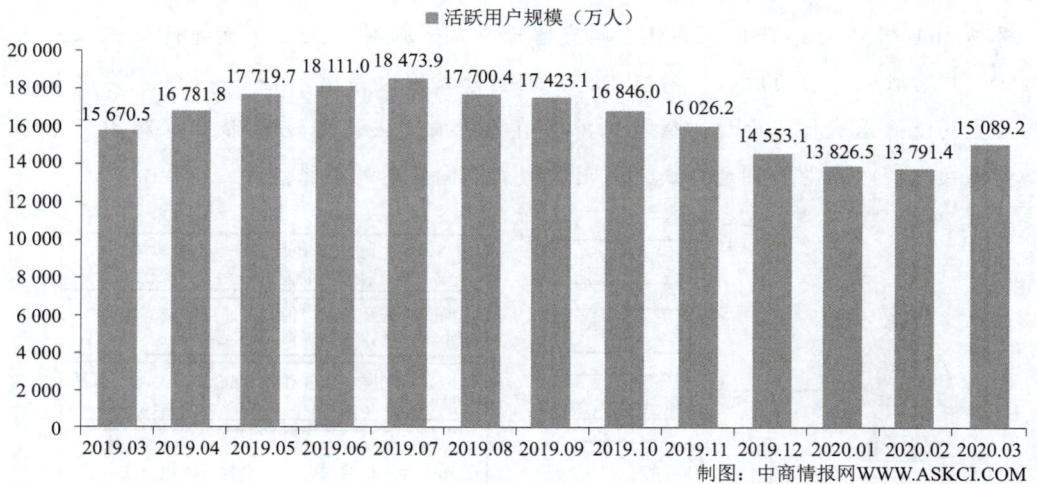

图 6－14　2019—2020 年中国泛娱乐直播行业移动用户规模

请结合案例说一说直播卖货一度火爆的原因有哪些？

二、模块测试

（一）多选题

1. 市场细分的作用是（　　　）。

    A. 市场细分有利于企业发现新的市场机会

    B. 市场细分有利于增强企业的应变能力，提高竞争能力

    C. 市场细分有利于提高企业的经济效益

    D. 市场细分有利于提高社会效益是"同中求异，异中求同"的过程

2. 市场的细分标准包括（　　　）。

    A. 地理因素　　　　B. 人口统计因素　　　C. 心理因素　　　D. 行为因素

3. 目标市场选择策略有（　　　）。

    A. 无差异性市场策略　　　　　　　　B. 差异性市场策略

    C. 密集性市场策略　　　　　　　　　D. 综合性市场策略

4. 产品生命周期一般分为（　　　）。

    A. 产品投入阶段　　B. 市场成长阶段　　C. 市场成熟阶段　　D. 市场衰退阶段

5. 企业的定价导向可以分为（　　　）。

    A. 成本导向　　　　B. 需求导向　　　　C. 供给导向　　　　D. 竞争导向

6. 促销的方式主要有（　　　）。

    A. 广告　　　　　　B. 人员销售　　　　C. 营业推广　　　　D. 公共关系

7. 网络营销的业务流程可以拆解为（　　　）。

    A. 网络营销平台　　B. 市场定位　　　　C. 免费推广渠道　　D. 付费推广渠道

    E. 销售流程

8. 常用的网络营销方式有（　　　）。

    A. 新媒体营销方式　B. 社交营销方式　　C. 线上线下方式　　D. 付费营销方式

（二）判断题

1. 对冒险业务，机会与威胁处于较低水平，可作为企业的常规业务，用以维持企业的正常运转，并为开展理想业务和冒险业务准备必要的条件。　　　　　　　　　（　　　）

2. 现代市场营销，就是在不断变化的市场环境中，企业或其他组织以满足消费者需求为中心，进行的一系列综合性商务活动。　　　　　　　　　　　　　　　　　（　　　）

3. 市场营销强调经营与环境的协调，倡导保护环境，绿色营销，不利于经济的可持续发展。　　　　　　　　　　　　　　　　　　　　　　　　　　　　　　　　（　　　）

4. 市场营销是促进企业健康、持续成长的方法和路径。　　　　　　　　　　（　　　）

5. 市场细分就是根据整体市场上顾客需求的差异性，以影响顾客需求和欲望的某些因素为依据，将一个整体市场划分为两个或两个以上消费者群体的过程。　　　　（　　　）

6. 按人口因素细分，就是将消费者按其生活方式、性格、购买动机、态度等变数细分

成不同的群体。（　　）

7. 单一变量因素法即用一个因素对市场进行细分。（　　）

8. 无差异营销战略是指企业把整体市场看作一个大的目标市场，不进行细分，用一种产品、统一的市场营销组合对待整体市场。（　　）

9. 属性定位就是根据产品所能满足的需求或所提供的利益、解决问题的程序来定位。

（　　）

10. 产品整体概念策略是指产品有形的实物。（　　）

11. 产品生命周期是指某产品从进入市场到被淘汰退出市场的全部运动过程。（　　）

12. 品牌是用以识别某个销售者或某群销售者的产品或服务，并使之与竞争对手的产品或服务区别开来的商业名称及其标志，通常由文字、标记、符号、图案和颜色等要素组合构成。（　　）

13. 产品是营销因素组合中最活跃的因素。（　　）

14. 分销渠道及渠道中各成员之间的关系不是一成不变的，伴随着新的商业业态的出现和渠道成员关系及营销策略的变化。（　　）

15. 网络营销的全称为网络直复营销，属于直复营销的一种形式，是企业以电子信息技术为基础，以计算机网络为媒介和手段进行的各种营销活动（包括网络促销、网络分销、网络服务等）。（　　）

16. 在网络营销中，市场调查和网站/商城定位决定了网络营销的方向。（　　）

17. 网络营销要想有效进行，无须推广。（　　）

18. 传统营销方式是对网络营销资源和网络营销工具的合理利用，是网络营销各项职能得以实现的基本手段。（　　）

19. 网络营销好比一个系统工程，涉及很多方面，需要结合企业自身的实际情况，对市场需求进行分析，做好网络营销计划，最终才能实现网络营销对企业宣传的推广作用。

（　　）

（三）简答题

网络营销的业务流程有哪些？

（四）实训题

1. 调研你熟悉的三家企业，判断其网络营销的营销方式？

2. 以某一企业为背景，通过调查，分析其市场营销观念是否符合现代市场经济的发展要求，并进一步说明树立正确的市场营销观念对于企业开展市场营销活动的重要性。

企业人员与文化管理

人们塑造组织，而组织成型后就换为组织塑造我们了。

——丘吉尔

【能力目标】

通过本模块的学习，能够掌握人力资源管理的各类工作任务；掌握企业文化的建立方法，并在今后加以运用。

【素质目标】

能够对企业人力资源管理有较为清楚的认识，理解人力资源规划与开发对一个企业的重要性；理解企业文化管理的重要性，能够为企业建立合适的企业文化。

【知识结构】

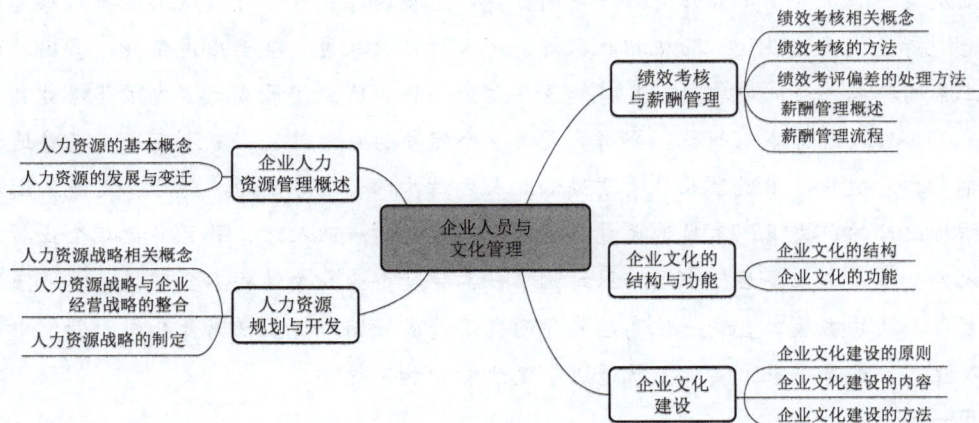

学习单元一　企业人力资源管理概述

【学习目标】

1. 企业人力资源管理的含义和职能。
2. 人力资源管理的内容和作用。
3. 中国企业人力资源管理存在的主要问题。
4. 人力资源管理的发展趋势。

【学情分析】

1. 学生不了解人力资源管理的含义。
2. 学生不了解企业中人力资源管理工作的具体内容。
3. 学生对职场情景认识不够。
4. 学生实际演练机会较少。

【单元导入】

　　飞龙集团在一开始只是一个注册资金只有75万元，员工只有几十人的小企业，而仅仅一年时间就实现利润400万元，第二年实现利润6 000万元，随后两年都超过2亿元。短短几年，飞龙集团可谓飞黄腾达，"牛气"冲天。但第四年飞龙集团突然在报纸上登出一则广告——飞龙集团进入休整，然后便不见踪迹了。这是为什么？随后，消失两年的飞龙集团董事长姜伟突然出现并坦率地承认飞龙的失败是人才管理的失误。

　　飞龙集团除扩大生产经营的第一年向社会严格招聘营销人才外，从来没有对人才结构认真地进行过战略性设计。随机招收人员、凭人情招收人员，甚至出现亲情、家庭、联姻等不正常的招收人员的现象，而且持续3年之久。作为已经发展成为国内医药保健品前几名的公司，外人或许难以想象，公司竟没有一个完整的人才结构，竟没有一个完整地选择和培养人才的规章。出现了人员素质偏低，人才结构不合理等问题。随后，飞龙集团在无人才结构设计的前提下，盲目地大量招收中医药方向的专业人才，并且安插在企业所有部门和机构，造成企业高层、中层知识结构单一，导致企业人才结构不合理，严重地阻碍了一个大型企业的发展。直到一位高层领导的失误造成营销中心主任离开公司，营销中心一度陷入混乱。这样一来，实际上就造成了无法管理和不管理。

　　问一问：

　　请问主要是什么原因导致了飞龙集团的失误？

一、人力资源的基本概念

（一）资源的含义

资源是"资财的来源"（《辞海》）。在经济学上，资源是为了创造财富而投入生产活动中的一切要素。按照这种界定，人们可以将资源分成两大类：其一，是物质资源，如自然资源、资本资源和信息资源等；其二，就是人力资源。我们通常讲的资源，包括人、财、物。

（二）人力资源的含义

人力资源不同于一般的资源，它的特殊性主要表现在以下几个方面。

（1）人力资源是一种"活"资源，而物质资源是一种"死"资源。物质资源只有通过人力资源的有效开发、加工和制造才会产生价值。

（2）人力资源是指存在于人体内的体力资源和智力资源。从企业的角度考察人力资源，则是指能够推动整个企业发展的劳动者的能力的总称。它包括量和质两个方面。从量的角度划分，人力资源包括现实的劳动能力和潜在的劳动能力；从质的角度划分，人力资源包括智力劳动能力和体力劳动能力。

（3）人力资源是创造利润的主要来源。特别是在高新技术等行业，人力资源的创新能力是企业利润的源泉。

（4）人力资源是企业可以开发的资源。人的创造能力是无限的，通过对人力资源的有效管理可以极大地提高企业的生产效率，从而实现企业的目标。

（三）人力资源管理的职能

人力资源管理具有以下几个方面的功能。

（1）获取职能，人力资源管理根据企业目标确定的所需员工条件，通过规划、招聘、考试、测评、选拔、获取企业所需人员。获取职能包括工作分析、人力资源规划、招聘、选拔与使用等活动。

（2）整合职能，通过企业文化、信息沟通、人际关系和谐、矛盾冲突的化解等有效整合，使企业内部的个体、群众的目标、行为、态度趋向企业的要求和理念，使之形成高度的合作与协调，发挥集体优势，提高企业的生产力和效益。

（3）保持职能，通过薪酬、考核，晋升等一系列管理活动，保持员工的积极性、主动性、创造性，维护劳动者的合法权益，保证员工在工作场所的安全、健康、舒适的工作环境，以增进员工满意感，使之安心满意的工作。

（4）评价职能，对员工工作成果、劳动态度、技能水平及其他方面作出全面考核、鉴定和评价，为作出相应的奖惩、升降、去留等决策提供依据。评价职能包括工作评价、绩效考核、满意度调查等。其中绩效考核是核心，它是奖惩、晋升等人力资源管理及其决策的依据。

（5）发展职能，通过员工培训、工作丰富化、职业生涯规划与开发，促进员工知识、技巧和其他方面素质提高，使其劳动能力得到增强和发挥，最大限度地实现其个人价值和对企业的贡献率，达到员工个人和企业共同发展的目的。

（四）人力资源管理的任务

人力资源管理的基本任务，就是根据企业发展战略的要求，通过有计划地对人力资源进行合理配置，搞好企业员工的培训和人力资源的开发，采取各种措施，激发企业员工的积极性，充分发挥它们的潜能，做到人尽其才，才尽其用，更好地促进生产效率、工作效率和经济效益的提高，进而推动整个企业各项工作的开展，以确保企业战略目标的实现。

具体地讲，现代企业人力资源管理的任务主要有以下几个方面。

（1）通过规划、组织、调配和招聘等方式，保证一定数量和质量的劳动力和各种专业人员加入并配置到企业生产经营活动中，满足企业发展的需要。

（2）通过各种方式和途径，有计划地加强对现有员工的培训，不断提高他们的文化知识与技术业务水平。

（3）结合每一个员工的具体职业生涯发展目标，搞好对员工的选拔、使用、考核和奖惩工作，做到能发现人才、合理使用人才和充分发挥人才的作用。

（4）采用各种措施，包括思想教育、合理安排劳动和工作，关心员工的生活和物质利益等，激发员工的工作积极性。

（5）根据现代企业的制度要求，做好工资、福利等工作，协调劳资关系。

（五）人力资源管理的内容

人力资源管理活动主要包括人力资源规划、职务分析与工作设计、招聘与选拔、培训与开发、员工的使用与调配、绩效管理、薪酬管理、职业生涯管理和劳动关系管理，如图7-1所示。

图7-1　人力资源管理活动

二、人力资源管理的发展与变迁

（一）人力资源管理的发展过程

人力资源管理可以追溯到很久以前，从其产生的背景和演变的过程看，它是伴随着管理实践、管理理论的发展向前发展的。所以，我们依据管理实践、管理理论发展的不同阶段，将人力资源管理的发展过程划分为三个阶段。

1. 科学管理阶段

（1）工作定额原理。

（2）激励性的计件工资制。

（3）管理职能与执行职能区分原理。

2. 人事管理阶段

（1）树立人事管理意识。

（2）建立企业培训体系。

（3）制定合理的绩效考核方案。

3. 现代人力资源管理阶段

（1）管理人的视野更加开阔。

（2）管理的内容更加丰富。

（3）组织对人的管理，是企业管理者共同参与的重要工作。

（4）培训与职业生涯管理，成为人力资源部门的重要职责。

（5）管理的内容更具有系统性。

（二）中国企业人力资源管理的发展历史及现状

1. 中国企业人力资源管理的发展历程

第一阶段（1949—1966 年）——形成和发展时期。这一阶段主要是新中国人力资源管理制度的形成和发展时期。在这一阶段中，又分为三个小阶段：萌芽期（1949—1952 年）、起步期（1952—1957 年）和发展期（1957—1966 年）。

第二阶段（1966—1976 年）——受挫时期。

第三阶段（1978 年至今）——改革创新阶段。从 1978 年中国实行改革开放政策到现在，是我国人力资源管理制度的改革创新时期。

2. 中国企业人力资源管理面临的问题

中国企业人力资源管理面临的问题包括人力资源机构的设置、人力资源管理职能的特点、人力资源管理对组织战略的支撑和推动作用、人力资源的激励机制、人力资源竞争的外在环境现状等。以上问题，是在改革开放的过程中出现的一些问题，因此，要求人力资源管理者与整个社会共同努力，克服困难，坚持不懈地按人力资源管理的客观规律办事，使我国的人力资源管理工作赶上和超过国外先进水平。

（三）人力资源管理的发展趋势

（1）管理重心转向对知识型员工的管理。

（2）人力资源管理的全球化、信息化。

（3）人力资源管理的服务性。

（4）人力资源管理的人本化。

（5）企业文化将成为人力资源管理的核心。

（6）人力资源管理职能外包。

（7）建立学习型组织的趋势将进一步得到加强。

【测一测】

1. 人力资源的内涵是什么？人力资源管理的质量和数量构成如何？

2. 人力资源管理经历了哪几个发展阶段？

3. 人力资源管理的未来发展趋势如何？

【教学视频】

企业招聘

学习单元二　人力资源规划与开发

【学习目标】

1. 熟悉人力资源规划工作程序。

2. 掌握预测人员需求与供给的方法。

3. 掌握制定人员供给计划与培训计划的方法。

【学情分析】

1. 学生对人力资源规划的含义不理解。

2. 学生对职场情景认识不够。

3. 学生实际演练机会较少。

【单元导入】

手忙脚乱的人力资源经理

D集团在短短5年之内由一家手工作坊发展成为国内著名的食品制造商，企业最初从来不定什么计划，缺人了，就现去人才市场招聘。企业日益正规后，开始每年年初定计划：收入多少，利润多少，产量多少，员工定编人数多少等，人数少的可以新招聘，人数超编的就要求减人，一般在年初招聘新员工。可是，因为一年中不时地有人升职、有人平调、有人降职、有人辞职，年初又有编制限制不能多招，而且人力资源部也不知道应当多招多少人或招什么样的人，结果人力资源经理一年到头都往人才市场跑。

近来由于高级技术工人 3 名退休，2 名跳槽，生产线立即瘫痪，集团总经理召开紧急会议，命令人力资源经理 3 天之内招到合适的人员顶替空缺，恢复生产。人力资源经理两个晚上没睡觉，频繁奔走于全国各地人才市场和面试现场之间，最后勉强招到 2 名已经退休的高级技术工人，使生产线重新开始了运转。人力资源经理刚刚喘口气，地区经理又打电话给他，说自己公司已经超编了，不能接收前几天分过去的 5 名大学生，人力资源经理不由怒气冲冲地说："是你自己说缺人，我才招来的，现在你又不要了！"地区经理说："是啊，我两个月前缺人，你现在才给我，现在早就不缺了。"人力资源经理分辩道："招人也是需要时间的，我又不是孙悟空，你一说缺人，我就变出一个给你？"

很多企业都出现过这种情况，以前没觉得缺人是什么大事情，什么时候缺人了，什么时候再去招聘，虽然招来的人不是十分令人满意，但对企业的发展也没什么大的影响，所以从来没把时间和金钱花在这上面。即使是在企业规模利益扩大以后，也只是每年年初做人力资源定编计划，而对于人力资源战略性储备或人员培养都没有给予足够的重视，认为中国人多得是，不可能缺人。造成这种现象的原因是：中国市场在 20 世纪 90 年代以前处于"机会主义"时期，企业的成功往往几乎不需要战略，抓机会、抓资源、抢速度、快节奏成为中国企业的制胜之道。中国企业的这种战略无意识状态，使它不需要对组织的人力资源进行长远的规划，即使有战略，竞争战略的模糊性和易变性也使规划无从进行。因此企业并不需要人力资源规划。

随着市场的日益规范，企业的日益壮大，企业出现了发展的瓶颈——缺少人才，想要进一步发展壮大、想要可持续发展、长盛不衰必须依靠源源不断的人才。但是，很多企业仅限于发现缺人，却不知道为什么缺人，以及如何解决这一问题。

问一问：

1. 案例中的人力资源经理为何一直忙于人员招聘却总是难以得到很好的效果？

2. 在本案例中，如果你是这位人力资源经理，你会怎么做呢？

一、人力资源战略相关概念

人力资源战略是企业为实现公司战略目标而在雇佣关系、甄选、录用、培训、绩效、薪酬、激励、职业生涯管理等方面所做决策的总称。通过科学的分析预测组织在未来环境变化中人力资源的供给与需求状况，制定必要的人力资源获取、利用、保持和开发策略，确保组织在需要的时间和需要的岗位上，对人力资源在数量上和质量上的需求，使组织和个人获得不断地发展与利益，是企业发展战略的重要组成部分。

（一）基本概念

1. 企业经营战略

彼得·德鲁克提出三个经典问题：我们的事业是什么？我们的事业将是什么？我们的事

业应该是什么？为我们提供了战略思考的框架和方向。

企业经营战略是企业为了提升优势而制定的长远目标，以及与目标相适应的行为计划。回答企业未来做什么，怎么做的问题。

2. 类型

企业的战略多种多样，千差万别，这里主要分析与人力资源战略有密切关系的企业经营战略，即企业基本竞争战略、企业文化战略。

（二）人力资源战略

1. 概念

人力资源战略是指根据企业战略来制定人力资源管理计划和方法，并通过人力资源管理活动来实现企业的战略目标。

2. 人力资源战略的分类

（1）美国康奈尔大学的人力资源战略基于人力资源战略与企业竞争战略的关系，把人力资源战略划分为以下三类。

①诱引战略。这种战略与成本领先的战略相联系，主要通过丰厚的薪酬去诱引和培养人才，从而形成一支稳定的高素质的员工队伍。一般严格控制员工数量。

②投资战略。主要通过聘用数量较多的员工，形成人才的备用库。企业通常与员工建立长期工作关系，注重员工培训与提高。员工工作保障较高。企业十分重视员工，视员工为主要投资对象。企业通常以创新性产品取胜，生产技术一般较为复杂。

③参与战略。企业谋求员工有较大的决策参与机会和权力。员工在工作中有更多自主权，管理人员提供必要的咨询与帮助。企业注重团队建设、自我管理和授权管理。提高员工的参与性、主动性和创新性，增强员工的归属感。

（2）史戴斯和顿菲的研究。人力资源战略可能因企业变革的程度不同而采取以下四种战略。

①发展式战略。着重个人和团体的发展，内部招募和奖励，企业总体文化及绩效管理制度的重要性。

②任务式战略。着重业绩、有形奖励、功能性技巧训练，强调事业单位文化。

③家长式战略。中央控制人事职务，强调工作程序、一致性和督导训练；人力资源体制建立在产业的奖励和协议上。

④转型式战略。重组组织和企业文化，实行裁员缩减开支，外聘行政要员。

二、人力资源战略与企业经营战略的整合

组织战略是组织发展的指南，而人力资源战略作为组织战略的一个重要组成部分，其重要性也越来越受到组织的重视。

1. 人力资源战略

由于人力资源战略从属于企业的经营战略，要制定有效的人力资源战略，必须首先明确

企业经营战略。

成本领先战略企业多为集权式管理，官僚式企业文化，企业技术成熟，市场成熟，强调员工稳定一致的表现，易于采用诱引式战略，即通过丰厚的薪酬和严格控制员工数量。

产品差别化战略，是发展式文化。企业处在不断成长和创新过程中，成败取决于员工的创造性。应采用投资式战略，注重员工的培训与开发，强调创新。

市场焦点战略，依赖于员工的共同参与，大家庭式文化，应采用参与式战略，重视员工归属感的培养和合作参与精神。

2. 人力资源战略与企业发展战略的配合

（1）集中式单一产品发展战略与家长式人力资源战略的配合。

（2）纵向整合式发展战略与任务式人力资源战略的配合。

（3）多元化发展战略与发展式人力资源战略的配合。

三、人力资源战略的制定

（一）人力资源战略制定的原则

人力资源战略制定应遵循以下三个原则。

（1）内部一致性原则。强调人力资源战略系统的各模块之间的匹配及各模块与人力资源战略的匹配。

（2）外部一致性原则。一方面，人力资源战略的制定要与外部环境和谐一致；另一方面，也要充分考虑人的因素，以实现人与组织的协同发展。

（3）动态发展性原则。人力资源战略的制定要面向未来，要有一定的预见性，能够在一定时间内适应外部环境的变化。

（二）人力资源战略制定的流程

人力资源战略制定的流程包括内外环境分析、战略制定、战略实施和战略评估，如图 7-2 所示。

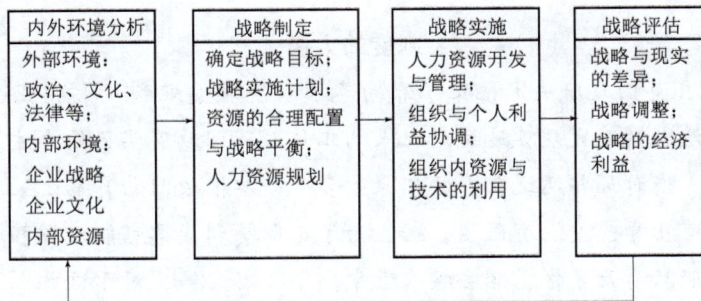

图 7-2　人力资源战略制定的流程

1. 人力资源战略的程序是什么？
2. 人力资源规划的内容包括哪些？

【教学视频】

人力资源规划与开发

学习单元三　绩效考核与薪酬管理

【学习目标】

1. 熟悉绩效考核工作内容。
2. 掌握绩效考核的方法。
3. 掌握制定绩效考核方案的方法。

【学情分析】

1. 学生对绩效考核的含义不理解。
2. 学生对职场情景认识不够。
3. 学生实际演练机会较少。

【单元导入】

制度的力量

18世纪末期，英国政府决定把犯了罪的英国人统统发配到澳大利亚去。一些私人船主承包从英国往澳大利亚大规模地运送犯人的工作。英国政府实行的办法是以上船的犯人数支付船主费用。当时那些运送犯人的船只大多是一些很破旧的货船改装的，船上设备简陋，没有什么医疗物资，更没有医生，船主为了牟取暴利，尽可能地多装人，使船上条件十分恶劣。一旦船只离开了岸，船主按人数拿到了政府的钱，对于这些人是否能远涉重洋活着到达澳大利亚就不管不问了。有些船主为了降低费用，甚至故意断水断食。3年以后，英国政府发现：运往澳大利亚的犯人在船上的死亡率达12%，其中最严重的一艘船上424个犯人死了158个，死亡率高达37%。英国政府花费了大笔资金，却没能达到大批移民的目的。

英国政府想了很多办法。每一艘船上都派一名政府官员监督，再派一名医生负责犯人和医疗卫生，同时对犯人在船上的生活标准做了硬性的规定。但是，死亡率不仅没有降下来，有的船上的监督官员和医生竟然也不明不白地死了。原来一些船主为了贪图暴利，贿赂官员，官员如果不同流合污就被扔到大海里喂鱼了。政府支出了监督费用，却照常死人。

政府又采取新办法，把船主都召集起来进行教育培训，教育他们要珍惜生命，要理解去澳大利亚去开发是为了英国的长远大计，不要把金钱看得比生命还重要，但是情况依然没有好转，死亡率一直居高不下。

一位英国议员认为是那些私人船主钻了制度的空子。而制度的缺陷在于政府给予船主报酬是以上船人数来计算的。他提出从改变制度开始：政府以到澳大利亚上岸的人数为准计算报酬，不论你在英国上船装多少人，到了澳大利亚上岸的时候再清点人数支付报酬。

问题迎刃而解。船主主动请医生跟船，在船上准备药品，改善生活，尽可能地让每一个上船的人都健康地到达澳大利亚，一个人就意味着一份收入。

自从实行上岸计数的办法以后，船上的死亡率降到了1%以下。有些运载几百人的船只经过几个月的航行竟然没有一个人死亡。

问一问：

1. 案例中的英国政府先期为降低运输中的死亡率都做了哪些努力，其未能达成目的的原因是什么？

2. 你从这个案例中读出了哪些对企业管理的启示？

一、绩效考核相关概念

（一）绩效管理的概念

绩效管理（Performance Management）是指员工的工作行为、表现及其结果。对组织而言，绩效就是在数量、质量及效率等方面完成任务的情况；对员工个人来说，则是上级和同事对自己工作状况的考核。

（二）绩效考核的概念

绩效考核（Performance Appraisal）是对员工工作业绩的考核和评定，即根据工作目标或一定的绩效标准，采用科学的方法，收集、分析、评价和传递有关某一个人在工作岗位上的工作行为表现和工作结果方面的信息，对员工的工作完成情况、职责履行程度等进行定期的评定，并将评定结果反馈给员工的过程。

（三）绩效考核的原则与特点

1. 绩效考评的原则

（1）对于成果产出可以有效进行测量的工作，采用结果导向的考评方法。

（2）考评者有时间观察下属的需要考评的行为时，采用行为导向的考评方法。

（3）上述两种情况都存在，应采用两类或其中某类考评方法。

（4）上述两种情况都不存在，可以考虑采用品质特征导向的考评方法，如图解式量表评价法或采用综合性的合成方法，以及考试中心等方法。

2. 绩效考评的类型及特点

（1）上级考评：管理人员是被考评者的直接上级主管，能客观评价，占 60%～70%。

（2）同级考评：被考评者的同事，对其潜质、工作能力、工作态度和工作业绩了如指掌，受人际关系的影响，占 10%。

（3）下级考评：被考评者的下级，对其工作方式、行为方式、实际成果有比较深的了解，心存顾虑，占 10%。

（4）自我考评：对自己的绩效进行考评，调动积极性，受个人因素的影响。

（5）外人考评：指部门或小组以外的人员，不了解考评者及其能力、行为和实际工作的情况，缺乏准确性。

二、绩效考核的方法

（一）行为导向型主观考评方法

（1）排列法：也称排序法、简单排列法，是绩效考评中比较简单易行的一种综合比较的方法。优点：简单易行，花费时间少，减少考评中过宽或趋中的误差。缺点：主观比较，有一定的局限性，不能用于比较不同部门的员工，员工也不能得到关于自己的优缺点的反馈。

（2）选择排列法：也称交替排列法。优点：有效的一种排列方法，上级可以直接完成排序工作，还可以扩展到自我考评、同级考评和下级考评的其他考评的方式中。

（3）成对比较法：也称配对比较法、两两比较法。优缺点：能够发现每个员工在哪些方面比较出色，哪些方面存在不足和差距，在涉及人员范围不大、数量不多的情况下采用本方法。

（4）强制分布法：也称强迫分配法、硬性分布法。优缺点：可以避免考评者过分严厉或过分宽容的情况发生，克服平均主义。如员工的能力呈偏态，该方法就不适合了，只能把员工分为几类，难于比较，不能为诊断工作问题提供准确可靠的信息。

（二）行为导向型客观考评方法

（1）关键事件法也称重要事件法。将有效或无效的行为称为"关键事件"。本方法具有较大的时间跨度，可以贯穿考评期的始终，与年度、季度计划密切结合在一起。

特点：为考评者提供了客观的事实依据；考评的内容不是员工的短期表现，而是一整年的表现；以事实为依据，保存了动态的关键事件记录，可以全面了解下属是如何消除不良绩效、如何改进和提高绩效的。

缺点：对关键事件的观察和记录费时费力；能做定性分析，不能做定量分析；不能具体区分工作行为的重要性程度，很难使用该方法在员工之间进行比较。

（2）行为锚定等级评价法，也称为行为定位法、行为决定性等级量表或行为定位等级法。缺点：设计和实施的费用较高。优点：对绩效的考量更精确。参与设计的人员多，对本岗位熟悉，专业技术强，精确度高；绩效考评标准明确。评价标准明确；具有良好的反馈功能；具有良好的连贯性和较高的信度。

（3）行为观察法，也称行为评价法、行为观察量表法、行为观察量表评价法。优点：克服了关键事件不能量化、不可比，以及不能区分工作重要性的缺点。缺点：编制量表费事费力，完全从行为发生的频率考核员工，使考评者和员工双方忽视行为过程的结果。

（4）加权量表法：是行为量表法的另一种表现形式。优点：打分容易，核算简单，便于反馈。缺点：适用范围较小。

（三）结果导向型评价方法

目标管理法：由员工与主管共同协商制定个人目标，个人目标依据企业的战略目标及相应的部门目标而确定，并与他们尽可能一致；该方法用于可观察、可测量的工作结果作为衡量员工工作绩效的标准，以制定的目标作为对员工考核的依据，从而使员工的个人目标与组织目标保持一致，减少管理者将精力放到与组织目标无关的工作上的可能性。

三、绩效考评偏差的处理方法

1. 考评的偏差

（1）考评标准缺乏客观性和准确性。

（2）考评者不能坚持原则，随心所欲，亲者宽、疏者严。

（3）观察不全面，记忆力不好。

（4）行政程序不合理、不完善。

（5）政治性考虑。

（6）信息不对称，资料数据不准确，以及其他因素的影响等。

2. 绩效考评公正性的系统

（1）公司员工绩效评审系统。

（2）公司员工申诉系统绩效面谈是整个绩效管理中非常重要的环节，应给予充分的重视。

绩效管理制度的策略的具体办法：采取"抓住两头，吃透中间"的策略，即获得高层领导的全面支持，赢得一般员工的理解和认同，寻求中间各管理人员的全心投入。

3. 绩效面谈的种类

（1）绩效计划面谈。

（2）绩效指导面谈。

（3）绩效考评面谈。

（4）绩效总结面谈。

绩效反馈的基本要求：有效的绩效反馈具有针对性、真实性、及时性、主动性和能动性。

4. 分析工作绩效差距的方法

（1）目标比较法：将考评期内员工的实际工作表现与绩效计划的目标进行对比。

（2）水平比较法：将考评期内员工的实际业绩与上一期（或去年同期）的工作业绩进行比较。

（3）横向比较法：在各部门或单位之间、各个下属成员之间进行横向的对比。

通过以上三种方法比较工作绩效上的差距和不足。

四、薪酬管理概述

（一）整体报酬体系和薪酬

一位员工为某一个组织工作而获得的所有各种他认为有价值的东西称为报酬（Reward）。这种报酬的概念也就是所谓的整体报酬，它既包含实物概念，又包含心理上的收益。

薪酬的构成依据是否可体现为现金收入来划分，可分为直接报酬和间接报酬。其中，直接报酬包括基本薪酬、可变薪酬（短期激励和长期激励），而间接报酬（福利和服务）主要包括社会保险、其他福利和各种服务，如图 7-3 所示。

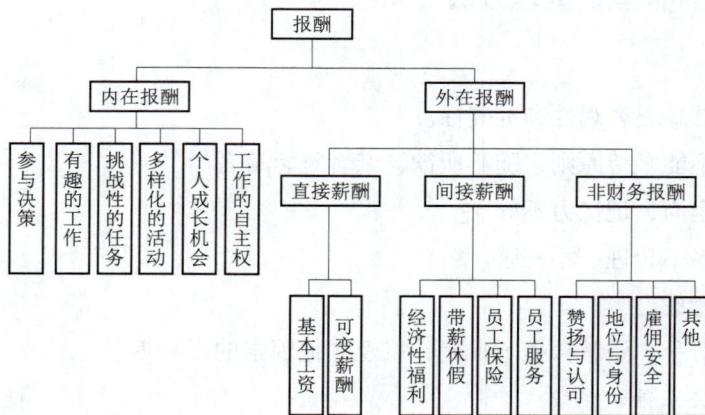

图 7-3　薪酬的构成

（二）薪酬管理的目标

（1）公平性。公平性是指员工对于企业薪酬管理系统，以及管理过程的公平性、公正性的看法或感知。

（2）有效性。有效性是指薪酬管理系统在多大程度上能够帮助组织实现预定的经营目标。

（3）合法性。合法性是指企业的薪酬管理体系和管理过程是否符合国家的相关法律规定。

五、薪酬管理流程

（一）薪酬调查

1. 薪酬调查的概念

薪酬调查是指企业为了做好薪酬管理决策，通过各种正常手段，获取相关企业各职务的薪酬水平及国家、地区、行业相关信息的过程。

2. 薪酬调查的种类

根据调查方式，薪酬调查可分为正式薪酬调查和非正式薪酬调查；依据调查组织者，正式薪酬调查分为商业性薪酬调查、专业性薪酬调查和政府薪酬调查。

3. 薪酬调查的原则

（1）被调查企业自愿的情况下获取薪酬数据。

（2）调查的资料要准确。

（3）调查的资料要随时更新。

4. 薪酬调查的渠道

（1）企业之间的相互调查。

（2）委托专业机构进行调查。

（3）从公开的信息中了解。

（4）从流动人员中了解。

（二）岗位评估

1. 薪酬的均衡

企业进行薪酬管理时，要注意薪酬的外部均衡（竞争性）和内部均衡（公平性）。外部均衡含义：员工薪酬水平与同地域同行业薪酬水平保持一致。外部均衡失调：高于和低于外部平均水平。内部均衡含义：内部员工之间薪酬水平与其工作成绩成比例。内部均衡失调：差距过大、差距过小。

2. 岗位评估含义及作用

岗位评估的含义：企业为了某些特定的目的，通过一些方法来确定企业内部工作与工作之间的相对价值。

岗位评估的作用有以下四点。

（1）使全员对薪酬看法趋于一致和满意，使各类工作与其对应的薪酬相适应。

（2）建立企业内部连续的岗位等级，让等级引导员工工作效率。

（3）建立企业内部岗位之间的联系，进而组成企业整体薪酬支付系统。

（4）为新设岗位找到恰当薪酬标准。

3. 岗位评估的原则

（1）核心性原则：岗位评估对岗不对人。

（2）相对性原则：岗位评价是评价岗位的相对价值，并非绝对价值。

（3）一致性原则：岗位评价通过同一套评估标准进行评估。

（4）参与性原则：岗位评价结果直接影响每个员工的工资水平，影响岗位的重要性，所以要让员工都参与进来，让他们产生认同感。

（5）公开性原则：过程透明，结果公开。

4. 岗位评估的方法

岗位评估的方法包括岗位参照法、分类法、排列法、评分法、因素比较法。

（三）简单薪酬体系的设计

（1）标准：针对企业需要、贴近企业实际、反映员工业绩、调动员工积极性、薪酬内部外部均衡。

（2）四项准备工作：进行薪酬调查和岗位评估；设计恰当的薪酬结构；确定薪酬的等级和范围；制定薪酬的调整政策。

（3）薪酬设计的原则：公平性、适度性、安全性、认可性、经济性、平衡性和刺激性。

（4）简单薪酬设计的使用范围：企业人员数量较少（少于30人）；企业的核心骨干人员流动的风险性较小；企业没有专门的人事负责人。

（5）简单薪酬的结构：月收入＝工资＋奖金＋福利＋津贴。

（6）工资形式：计时工资和计件工资。

（7）工资制度：职务工资制、职能工资制和结构工资制。

【测一测】

1. 简述整体报酬体系的定义及构成。
2. 简述薪酬的基本构成。

【教学视频】

绩效考核与薪酬管理

学习单元四　企业文化的结构与功能

【学习目标】

1. 了解企业文化的内涵与特征。
2. 了解企业文化的类型。

3. 熟悉企业文化的构成要素。

4. 掌握企业文化的建设模式与步骤。

【学情分析】

1. 学生不了解企业文化的含义。

2. 学生不了解企业文化建设的具体内容。

3. 学生对职场情景认识不够。

4. 学生实际演练机会较少。

【单元导入】

信赖——因为专注、专业、专家，所以值得信赖！

专业获得信赖，信赖获得发展。江苏通信置业管理有限公司（以下简称"通信置业"）在江苏通信行业后端有多年积累的经验，2005年，曾因优质的物业管理被南京电信称为"通信运营商的好管家"。为谋求进一步发展，通信置业用行动和成绩赢取南京电信的信赖。2008年1月，通信置业争取到江宁区三个主营业厅的经营管理。为迅速提升服务品质和运营水平，通信置业抽调精兵强将，在江宁营业厅强化窗口服务，推行规范化管理，通过全面的培训提高营业员的服务能力和素质，开展"多说一句话""每天一点进步"等活动，提高营业员的工作积极性。通信置业用自己的奉献精神和实实在在的成绩赢得了南京电信的信赖。通信置业借助与南京电信成功的合作形成了良好的口碑，又顺利赢得了各地市电信的信赖，顺利与宿迁等多市电信达成合作营销协议，企业发展空间得到有效拓展。2007—2018年，通过不懈的努力，公司共有代营、自有营业厅53家，业务收入连续4年保持50%以上的增长，为南京电信顺利开展各项业务作出有效的支撑。

问一问：

1. 案例中的企业文化是什么？

2. 结合案例，谈谈如何通过企业文化的建立来实现公司的发展壮大。

一、企业文化的结构

（一）企业文化的含义

企业文化是指一个企业独特的价值标准、传统、观点、道德、规范；是企业里不成条文但被员工普遍遵循的信念和习惯作风。

成熟的企业文化是很稳定的，不会因条件和环境的变化而轻易改变。企业文化一旦形成，即使外面的条件变得恶劣，它也是不会改变的。

（二）企业文化的结构

企业文化根据不同的内容可分为精神文化、制度文化、行为文化和物质文化四个层次，如图 7 - 4 所示。

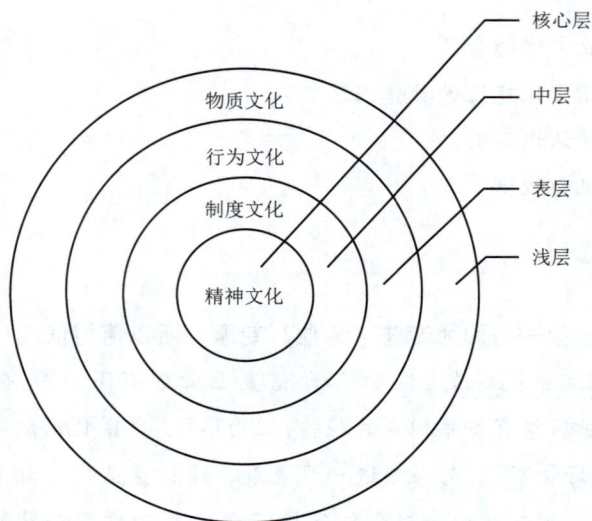

图 7 - 4　企业文化的结构

1. 精神文化

精神文化是现代企业文化的核心层，是指企业在生产经营中形成的独具本企业特征的意识形态和文化观念，它包括企业价值观、企业宗旨、企业愿景、企业精神和企业伦理等。

（1）企业价值观。价值观是价值主体，在长期的工作和生活中形成的对于价值客体的总的根本性的看法，是一个长期形成的价值观念体系，具有鲜明的评判特征。

（2）企业宗旨。企业宗旨是关于企业存在的目的或对社会发展的某一方面应做出的贡献的陈述，有时也称为企业使命。

企业宗旨是其存在的原因和理由，为企业确立了经营的基本指导思想、原则、方向、经营哲学等。

（3）企业愿景。企业愿景就是企业全体人员内心真正向往的关于企业的未来蓝图，是激励每个成员努力追求和奋斗的企业目标。企业愿景更清晰和具体，有更多量化的成分，也融入了更强烈的竞争意识。

（4）企业精神。企业精神是企业在整体价值观体系的支配和滋养下，在长期经营管理中精心培养而逐渐形成的，是全体成员共同意志、彼此共鸣的内心态度、意志状况、思想境界和理想追求。

（5）企业伦理。企业伦理又称为企业道德，是指人类社会依据对自然、社会和个人的认识，以是非、善恶为标准，调整人与社会关系的行为规范和准则。

2. 制度文化

制度文化是指具有本企业文化特色的各种规章制度、道德规范和职工行为准则的总称，是企业为实现自身目标对员工的行为给予一定限制的文化。它具有共性和强有力的行为规范的要求。

3. 行为文化

行为文化是指企业员工在生产经营、学习娱乐中产生的活动文化，它包括企业经营、教育宣传、人际关系活动、文娱体育活动中产生的文化现象。

4. 物质文化

物质文化是指企业员工创造的产品和各种物质设施等所构成的器物文化。其包括企业产额、企业外貌、企业名称、标志等。

二、企业文化的功能

企业文化的功能就是其在企业生产过程中，与企业内部、外部相互联系和作用的能力。根据国内外管理学者的论述，以及我国企业文化建设的实践总结，具体来说，企业文化主要有如下五种功能。

（一）导向功能

导向功能是指企业文化对企业职工的价值及行为取向的引导作用。企业文化反映的是企业整体的共同价值观、共同追求和共同利益，作为企业导向的有力工具，能够把企业员工引导到企业所确定的特定目标的方向上来，能够使员工个体的思想、观念、追求和目标与企业所要求的特定目标一致，使人们百折不挠地去为实现企业特定目标努力奋斗。企业文化的这种导向功能，正是企业发展的力量所在。

（二）凝聚功能

凝聚功能是指企业在生产经营实践中，企业文化有种能把全体员工聚合在一起，形成强大的整体力量的能力。社会心理学家认为，在社会系统中，能将个体凝聚的主要是一种心理的力量，而非生物的力量。企业文化正是通过企业成员的习惯、知觉、信念、动机、期望等文化心理来沟通人们的思想，将个人的思想、意识、情感、动机、信念、追求统一到企业的共同价值取向和整体观念上来，对企业目标、价值、观念、行为准则产生认同感、使命感、归属感、自豪感，潜意识地产生一种强烈的向心力和凝聚力，使企业发挥出巨大的整体效应的力量。

（三）激励功能

激励功能是指企业文化能够起到使职工振奋精神、增强信心、奋发向上、为实现企业目标保持高昂斗志的作用。在良好的企业文化氛围中，职工受到尊重和信任，每个成员作出的贡献，都会得到人们的肯定、领导的赞赏和集体的褒奖，使人感到满意、受到鼓舞，才能产生奉献的热情，进而选准下一个奋斗目标。企业文化的这种启发、诱导，刺激人们潜在的热情、干劲、能力和智慧的功能，是企业活力的源泉。

（四）规范功能

规范功能是指企业文化能够起到控制、约束、规范企业和职工行为的作用。企业文化通过一系列有形的、正式的、成文的、强制性的规章制度和无形的、非正式的、不成文的、非强制性的行为准则，不断强化职工的道德观念、整体观念、纪律观念，潜意识地遵守、自觉地规范和约束组织与个人的行为。企业文化要求组织成员自觉采取工作、行事和沟通的共同行为方式，知道此时此地为人做事的方法，从而产生企业的整体效应。

（五）辐射功能

辐射功能是指企业文化向外扩散和传播的能力。企业文化的开放性特征决定它的全方位辐射功能，对内在企业内部的部门与部门、单位与单位之间有感染辐射能力，对外也可以向其他企业或其他社会群体辐射。企业文化的辐射功能，促进了信息交流，能起到互相影响、互相学习和借鉴的作用，推动自身企业文化建设和发展，对社会文化的发展也有积极影响，促进企业、社区的精神文明建设。

【教学视频】

企业文化结构与功能

学习单元五　企业文化建设

【学习目标】

1. 了解企业文化的含义、结构、功能等基本知识。
2. 熟悉企业文化的建设原则及内容。
3. 掌握企业文化的建立方法。

【学情分析】

1. 学生不了解企业文化对企业和员工的意义。
2. 学生不了解企业文化的具体结构和功能。
3. 学生对职业情景认识不够。

【单元导入】

世界上最著名的多元化经营企业就是 GE 公司。杰克·韦尔奇在上任 GE 的 CEO 后，就曾向管理大师彼得·德鲁克请教，当时德鲁克提出了一系列严峻的问题，他问："如果你当初不在这家企业，那么今天你是否还愿意选择加入进来？"如果答案是否定的话，"你打算对这家企业采取些什么措施？"杰克·韦尔奇说："问题很简单，不过，也非常深刻。这些问题对 GE 来说尤其发人深省。我们经营的行业是如此之多。在那个时候，如果你要留在某个企业，那么企业有盈利这一个理由就足够了。至于对业务方向进行调整，把那些利润低、增长缓慢的业务放弃，转入高利润、高增长的全球性行业，这在当时根本不是人们优先考虑的事情。"

正是在这些问题的启发下，杰克·韦尔奇提出了 GE 的核心经营理念：数一数二战略。也就是不同行业的各部门，必须达到行业的第一名或第二名，凡是不能达到要求的业务都必须整改、出售或关闭。越是多元化经营的企业，越需要资源的合理配置，要扶持优势部门，淘汰劣势部门，更为重要的是，要能够洞察到那些真正有前途的行业并加入其中，并且坚持做到行业里数一数二的位置。

为此，杰克·韦尔奇铁腕治理公司，出售了多项业务和生产线，解雇了大批员工，因而被人们称为"中子弹杰克"。为了实现数一数二战略，杰克·韦尔奇还在公司采取了一系列措施，包括大力消除官僚主义、构建扁平管理架构、倡导坦诚精神、鼓励在行动中学习、提倡无边界行动、施行全球化商务、6δ 管理等。

结果在短短 20 年时间里，就使通用电器的市值增长了 30 多倍，杰克·韦尔奇本人也被誉为世界第一 CEO。其实我们可以研究世界上每一个伟大公司，都可以找到它的核心经营理念，而且它们的一切核心工作都围绕着核心经营理念。

问一问：
企业在建立企业文化时要思考哪些方面的因素？

随着社会环境的不断变化、企业自身的不断发展，企业文化需要随之进行调整、升级，不同的时期、不同的企业战略、不同的员工队伍、不同的产品结构，都需要不同的企业文化与之相适应。企业文化不是一成不变的，需要随环境的变化而不断升级、发展。

一、企业文化建设的原则

1. 以人为本的原则

以人为本就是把人视为管理的主要对象和企业最重要的资源。企业文化模式必须以人为中心，充分反映人的思想文化意识，通过企业全体人员的积极参与，发挥首创精神，企业才能有生命力，企业文化才能健康发展。一方面，企业文化作为一种管理文化，它需要强调对人的管理，并把强调"人"的重要性有机地融合到追求公司的目标中去。另一方面，企业员工不仅是企业的主体，还是企业的主人，企业要通过尊重人、理解人来凝聚人心，企业文化要通过激发人的热情、开发人的潜能，来极大地调动人的积极性和创造性，使企业的管理更加科学，更有凝聚力。在企业文化建设过程中，要正确处理好企业领导倡导与员工积极参与的关系。必须做到每一个环节都有员工参与，每一项政策的出台必须得到广大员工认可，自始至终形成一个全员参与、相互交融的建设局面，从而实现员工价值升华与企业蓬勃发展的有机统一，实现国有资产保值增值和员工全面发展的有机统一。

2. 讲求实效的原则

进行企业文化建设，要切合企业实际，符合企业定位，一切从实际出发，不搞形式主义，必须制定切实可行的企业文化建设方案，借助必要的载体和抓手，建立规范的内部管控体系和相应的激励约束机制，逐步建立起完善的企业文化体系。要以科学的态度，实事求是地进行企业文化的塑造，在实施中起点要高，要力求同国际接轨、同市场接轨，要求精求好，搞精品工程，做到重点突出、稳步推进。要使物质、行为、制度、精神四大要素协调发展、务求实效，真正使企业文化建设能够为企业的科学管理和企业发展目标的实现服务。

二、企业文化建设的内容

行为文化是企业文化的主体，是企业员工在生产经营和人际关系中产生的活动文化。它主要包括两大类，一类是关于企业生产经营方面的活动，另一类是关于企业内部人与人之间的行为活动。推进行为文化主要是指：规范礼仪、仪式、会议、公司活动规格和标准；抓好员工的行为养成规范，综合参照德、美、日等国的员工行为养成要素，结合行业和企业特点；强化对员工的职业化训练，使其文明程度普遍提高；建立并完善《公司员工行为规范》，并抓好推进落实；提炼和倡导"作风"；选树和宣传优秀的集体与个人典型，通过典型反映公司的文化品位，树立公司和人的良好形象；深入开展"职业道德、社会公德、家庭美德"教育，形成员工"三德"标准和良好行为。

制度文化是与管理科学息息相关的，它体现了一个企业在管理过程中的规范化，并影响着企业行为，进而延伸到企业文化中去。规范制度文化主要是指：在研究制定企业发展方向和目标，加强企业管理过程中，主动导入企业文化概念，"以人为本"的管理思想得到充分体现和落实；牢固树立企业文化建设就是加强企业管理的意识，使企业文化与加强企业管理融会贯通、密不可分；进一步改革和完善企业的劳动制度、人事制度、分配制度、绩效考核等各项管理制度，使企业管理制度符合现代企业制度要求，并且日益与国际管理接轨；进行专业化扁平化管理流程再造，使管理工作走上制度化、程序化、规范化运作轨道；干部员工自我管理意识和能力进一步增强；按照贯标及认证标准，修改和完善公司的各种管理制度及工作程序，并认真抓好落实；建立有效的企业文化建设考评机制。

三、企业文化建设的方法

企业文化建设是一个庞大的工程，它包含的内容很多，这里将从核心层面、行为（制度）层面、视觉传播层面三个层面进行阐述。

（一）核心层面

核心层面包含企业精神、企业使命、企业目标、经营哲学、价值观念、企业道德、经营理念、管理理念、服务理念等。核心层面的建设还可以细分更多的内容，如质量管理理念、企业用人原则、环境保护理念等，可以根据企业自身的情况来确定需要建立哪些内容。

（二）行为（制度）层面

企业文化建设的行为制度层面包括两个方面，一方面是指渗透于企业一般管理经营制度中的企业文化核心层面的要求内容。例如：生产现场管理制度中的环境行为；财务管理制度中的做人准则；客户服务制度中的企业道德和价值观念等。企业制度是在生产经营实践活动中所形成的，对人的行为带有强制性，并能保障一定权利的各种规定。从企业文化的层次结构看，企业制度属中间层次，它是精神文化的表现形式，是物质文化实现的保证。企业制度作为职工行为规范的模式，使个人的活动得以合理进行，内外人际关系得以协调，员工的共同利益受到保护，从而使企业有序地组织起来为实现企业目标而努力。另一方面专指企业文化的相关制度，如企业人际关系行为准则；员工着装规定；维护企业利益制度等，这方面的内容很多，需要根据企业所在行业、生产特点、环境特点、经营性质来确定如何建立。

（三）视觉传播层面

这一层面的主要内容有以下三个方面。

（1）企业的内部形象特征，主要是通过对员工的宣传、教育、培训产生影响，从而体现企业员工的精神面貌，如员工参与企业管理的热情；员工维护企业利益的主人公精神；员工乐于奉献的敬业精神等。

（2）企业的外部形象特征，如招牌、门面、徽标、广告、商标、服饰、营业环境等，这些都给人以直观的感觉，容易形成印象；它是企业内部要素的集中体现，如人员素质、生产经营能力、管理水平、资本实力、产品质量等。

（3）这一层面主要体现的是企业通过报纸、电视、广播、公关、客户口碑等手段展示、宣传企业形象。

测一测

1. 企业文化对企业的发展有什么重要的作用？

2. 企业文化的功能有哪些？这些功能是如何表现出来的？

【教学视频】

企业文化建设

【模块小结】

　　本模块通过运用案例分析的行式学习了企业人力资源管理的职能、人力资源管理的发展趋势、人力资源规划的工作流程、企业文化的建设模式与步骤等知识点，学生可以结合书中的二维码进行具体学习，通过学习学生可以了解企业人力资源管理与企业文化在企业管理中的重要性，要学以致用，对今后的工作有所帮助。

【课外阅读——"二十大时光"】

以文化自信推动国有企业高质量发展

【思考与练习】

一、单选题

1. 现代人力资源管理中，"以人为本"的理念是指（　　　）。

   A. 把人当成"上帝"，一切都服从、服务于"上帝"

   B. 把人当成组织中最具活力、能动性和创造性的要素

   C. 坚持群众路线，尊重群众意见

   D. 关心员工生活，提高员工物质文化生活水平

2. 在人力资源规划中，为了保持组织在中、长期内可能产生的职位空缺而制定的人力资源规划称为（　　　）。

   A. 人力分配规划　　　B. 调配规划　　　C. 晋升规划　　　D. 招聘规划

3. 绩效反馈最主要的方式是（　　　）。

   A. 绩效面谈　　　B. 绩效辅导　　　C. 绩效沟通　　　D. 绩效改进

4. 企业文化的灵魂和企业的旗帜是（　　　）。

　　A. 企业哲学　　　　　　B. 企业价值观　　　　C. 企业精神　　　　D. 企业目标

5. 企业对新员工上岗前进行的培训称为（　　　）。

　　A. 培训　　　　　　　　B. 岗前培训　　　　　C. 脱产培训　　　　D. 在职培训

6. 当人们认为自己的报酬与劳动之比，与他人的报酬与劳动之比相等，就会有较大的激励作用，这种理论称为（　　　）。

　　A. 公平理论　　　　　　B. 效用理论　　　　　C. 因素理论　　　　D. 强化理论

二、多选题

1. 现代人力资源管理不仅强调通过制度进行管理，更重要的是通过（　　　）进行管理。

　　A. 文化　　　　　　　　B. 方法　　　　　　　C. 思想　　　　　　D. 政策

　　E. 技术

2. 下列表述中，人力资源规划的作用有（　　　）。

　　A. 人力资源规划是组织战略规划的核心部分

　　B. 人力资源规划是组织适应静态发展需要的重要条件

　　C. 人力资源规划是各项人力资源管理实践的起点和重要依据

　　D. 人力资源规划有利于控制人工成本

　　E. 人力资源规划有利于调动员工的积极性

3. 人力资源和其他资源不同，它主要具有（　　　）。

　　A. 社会性　　　　　　　B. 共享性　　　　　　C. 可测量性　　　　D. 能动性

　　E. 可开发性

4. 绩效的多因性是指绩效的优劣不是取决于单一的因素，而要受到主、客观多种因素的影响，即（　　　）。

　　A. 激励　　　　　　　　B. 技能　　　　　　　C. 环境　　　　　　D. 机会

　　E. 过程

5. 同一企业内部不同员工薪酬水平不同，是由于（　　　）因素的影响。

　　A. 员工的绩效　　　　　B. 员工的岗位　　　　C. 员工的能力　　　D. 工会的力量

　　E. 员工的工龄

6. 企业文化的所有构成要素是一个有机的整体，具体包括（　　　）。

　　A. 企业制度文化　　　　B. 企业精神文化　　　C. 企业价值观　　　D. 企业社团活动

　　E. 企业物质文化

三、简答题

1. 与自然资源相比，人力资源有哪些特点？

2. 请比较现代人力资源管理与传统人事管理的异同。

3. 简述企业文化构成要素及关系。

企业财务管理与成本控制

没有"尽善尽美"的战略决策。人们总要付出代价。对相互矛盾的目标、相互矛盾的观点及相互矛盾的重点，人们总要进行平衡。最佳的战略决策只能是近似合理的，而且总是带有风险的。

——彼得·德鲁克

【能力目标】

通过本模块的学习，能够认识企业财务管理的重要性，成本费用充分地体现出企业资源的具体耗费情况，控制成本费用是企业内部控制不可或缺的组成部分；掌握日常企业管理的重要内容。

【素质目标】

能够对财务管理有较为清楚的认识，理解财务管理的方法对企业发展的重要性；理解成本控制在企业中的重要性，能够建立完善的成本控制制度，强化成本费用的控制，推动企业的可持续发展。

【知识结构】

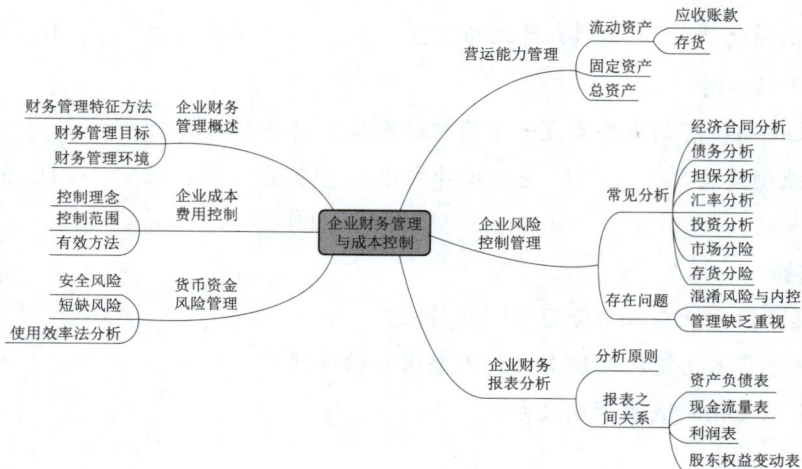

学习单元一　企业财务管理概述

【学习目标】

1. 认识财务管理的对象和内容。
2. 熟悉财务活动和财务关系。
3. 掌握财务管理的环境。

【学情分析】

1. 学生还没有步入职场的意识。
2. 学生对企业财务情况了解得不够。
3. 学生对财务管理在企业中的重要性认识不够。
4. 学生实际演练机会较少。

【单元导入】

青鸟天桥的财务管理目标

北京北大青鸟有限责任公司（简称"北大青岛"）和北京天桥百货股份有限公司（简称"北京天桥"）发布公告，宣布北大青鸟通过协议受让方式受让北京天桥部分法人股权。北大青鸟出资 6 000 多万元，拥有了天桥商场 16.76% 的股份，北京天桥百货商场更名为"北京天桥北大青鸟科技股份有限公司（简称青鸟天桥）"。此后天桥商场的经营滑落到盈亏临界点，面对严峻的形势，公司决定裁员，控制成本，以谋求长远发展。

经过有关部门的努力，对面临失业职工的安抚有了最为实际举措，公司董事会开会决定，同意给予终止合同职工适当的经济补助，同意参照解除劳动合同的相关规定，对 283 名终止劳动合同的职工给予人均 1 万元、共计 300 万元左右的一次性经济补助。这场风波总算平息。这次停业让公司丢掉了 400 万元的销售额和 60 万元的利润。

问一问：

1. 根据案例中介绍的情况看，你能否推断该公司的财务目标是什么？
2. 你认为青鸟天桥的最初财务管理决策是合理的吗？
3. 请结合青鸟天桥案例说说你得到了什么启示。

【应知应会】

一、财务管理基本概念

财务管理是基于企业再生产过程中客观存在的财务活动和财务关系而产生的，是企业组织财务活动、处理企业与各方面财务关系的一项经济管理工作，是企业管理的重要组成部分。

（一）财务管理内涵

财务管理就是对财务的管理，是企业组织财务活动、处理财务关系的一项经济管理工作，其目的是实现资金或资本的运筹效率和效果。

（二）财务管理活动

财务管理活动包括筹资活动、投资活动、资金营运活动、资金分配活动。

（1）筹资活动。筹资是指企业为了满足投资和用资的需要，筹措和集中所需资金的过程。企业的筹资渠道主要有两大类：一是企业自有资本；二是借入资本。

（2）投资活动。企业筹集资金的目的是把资金用于经营活动，以谋求最大的经济效益。投资是指将筹集的资金投入使用的进程，包括内部使用资金和对外投放资金。

企业在投资过程中，必须考虑投资规模（为确保获取最佳投资效益，企业应投入资金数额的多少）；同时，企业还必须通过投资方向和投资方式的选择，来确定合理的投资结构，以提高投资效益，降低投资风险。

（3）资金营运活动。企业在日常生产经营过程中，会发生一系列的资金收付。企业的营运资金，主要是为满足企业日常营业活动的需要而垫支的资金，营运资金的周转与生产经营周期具有一致性。因此，企业应千方百计加速资金的周转，以提高资金的利用效果。

（4）资金分配活动。企业将资金投放和使用后，必然会取得一定的收获，这种收获首先表现为各种收入而最终以利润（或亏损）的形式体现出来。所以，广义地说，分配是指对企业各种收入进行分割和分派的过程；而狭义的分配则仅指对利润尤其是净利润的分配。

上述财务管理活动的四个方面相互联系、相互依存，共同构成了企业财务管理活动的完整过程，同时也成为财务管理的基本内容。

（三）财务关系

财务关系是指企业直接利益相关者之间的关系。

（1）企业与政府之间的财务关系：权利和义务的关系，所有权性质的投资与受资的关系。

（2）企业与投资者之间的财务关系：所有权性质的投资与受资的关系。

（3）企业与债权人之间的财务关系：债权与债务的关系。

（4）企业与受资者之间的财务关系：所有权性质的投资与受资的关系。

（5）企业与债务人之间的财务关系：债权与债务的关系。

（6）企业内部各单位之间的财务关系：企业内部各单位之间利益分配的关系。

（7）企业与员工之间的财务关系：社会主义按劳分配的关系。

（四）财务管理的特征表现

（1）财务管理是价值管理。

（2）财务管理是综合性管理。

（3）财务管理控制功能较强。

（4）财务管理的内容广泛。

（五）财务管理方法

（1）财务预测：根据企业财务活动的历史资料，考虑现实的要求和条件，对企业未来的财务活动作出较为具体的预计和测算的过程。

（2）财务决策：选出最佳方案的过程，是按照财务战略目标的总体要求，利用专门的方法对各种备选方案进行比较和分析。

（3）财务预算：根据财务预测信息和财务决策选择的方案，确定预算期内各种预算指标的过程。

（4）财务控制：在生产经营过程中，以预算任务和各项定额为依据，对各项财务收支进行事前、事中、事后控制。

（5）财务分析：根据企业财务报表等信息资料，采用专门方法，系统分析和评价企业财务状况、经营成果及未来趋势的过程。财务分析的方法主要有比较分析、比率分析和综合分析。

测一测

企业财务管理方法主要包含哪些？

二、财务管理目标

财务管理目标是企业进行财务活动所要达到的根本目的，它决定着企业财务管理的基本方向。财务管理总体目标是企业全部财务活动需要实现的最终目标，是企业开展一切财务活动的基础和归宿。目前最具代表性的财务管理目标主要有以下三种。

（一）利润最大化

以利润最大化作为财务管理目标的原因有三：一是人类从事生产经营活动的目的是创造更多的剩余产品，在商品经济条件下，剩余产品的多少可以利用利润这个价值指标来衡量；二是在自由竞争的资本市场中，资本的使用权最终属于获利最多的企业；三是只有每个企业都最大限度地获得利润，整个社会的财富才可能实现最大化，从而带来社会的进步和发展。因此，以利润最大化作为理财目标，有其合理的一面。企业追求利润最大化，就必须讲求经济核算，加强管理，改进技术，提高劳动生产率，降低产品成本。这些措施都有利于资源的合理配置，有利于经济效益的提高。

但是，以利润最大化作为理财目标在实践中还存在以下难以解决的问题。

（1）这里的利润额是指企业一定时期实现的利润总额，没有考虑利润发生的时间，即没有考虑货币的时间价值。显然，今年获利 100 万元和明年获利 100 万元对企业的影响是不同的。

（2）利润额是一个绝对数，没有考虑企业的投入和产出之间的关系。无法在不同时期、不同规模企业之间以利润额大小来比较、评价企业的经济效益。例如，同样获得 100 万元的利润，一个企业投入资本 1 000 万元，另一个企业投入 900 万元，哪一个更符合企业的目标？如果不与投入的资本额相联系，就难以作出正确的判断。

（3）没有考虑到获取利润和所承担风险的大小。在复杂的市场经济条件下，忽视获利与风险并存，可能会导致企业管理当局不顾风险大小而盲目追求利润最大化。一般而言，报酬越高，风险越大。例如，同样投入 1 000 万元，本年获利 100 万元，其中，一个企业获利为现金形式，而另一个企业的获利则表现为应收账款。显然，如果不考虑风险大小，就难以正确地判断哪一个更符合企业的目标。

（4）利润是按照会计期间计算出的短期阶段性指标。追求利润最大化会导致企业财务决策者的短期行为，只顾实现企业当前的最大利润，而忽视了企业长远的战略发展。例如，忽视产品开发、人才开发、生产安全、设备更新等事关企业长远发展的开支项目，这种急功近利的做法最终只能使企业在市场竞争中处于劣势。因此，将利润最大化作为企业的理财目标存在一定的片面性。

（二）股东财富最大化

1. 股东财富的确定

$$股东财富 = 股票数量 \times 股票价格$$

当股票数量一定的前提下，股票价格达到最高时，股东财富达到最大。

2. 股东财富最大化作为财务管理目标的优点

能够考虑到取得收益的时间因素和风险因素；能够克服企业在追求利润上的短期行为；能够充分体现企业所有者对资本保值与增值的要求。

3. 以股东财富最大化作为财务管理目标的缺点

以股东财富最大化作为财务管理目标只适用于上市公司，对非上市公司则很难适用；股票价格的变动是受诸多因素影响的综合结果，它的高低实际上不能完全反映股东财富或价值的大小；实际工作中可能会导致公司所有者与其他利益主体之间产生矛盾与冲突。

（三）企业价值最大化

1. 公司价值的确定

公司价值是指公司全部资产的市场价值，即公司资产未来预期现金流量的现值。

$$公司价值 = 债券市场价值 + 股票市场价值$$

2. 公司价值最大化作为财务管理目标的优点

考虑了货币的时间价值和投资的风险价值；反映了对公司资产保值、增值的要求；有利于克服公司的短期行为；有利于社会资源的合理配置，实现社会效益最大化。

三、财务管理环境

财务管理环境也称理财环境，是影响企业财务活动、财务关系和财务管理的各种因素的总和。

（一）经济环境

财务管理作为一种微观管理活动，与其所处的经济管理体制、经济结构、经济发展状况、宏观经济调控政策等经济环境密切相关。

1. 经济管理体制

经济管理体制是指在一定的社会制度下，生产关系的具体形式，以及组织、管理和调节国民经济的体系、制度、方式及方法的总称，分为宏观经济管理体制和微观经济管理体制两类。宏观经济管理体制是指整个国家宏观经济的基本经济制度，而微观经济管理体制是指国家的企业体制及企业与政府、企业与所有者的关系。宏观经济体制对企业财务行为的影响主要体现在企业必须服从和服务于宏观经济管理体制，在财务管理的目标、财务主体、财务管理的手段与方法等方面与宏观经济管理体制的要求相一致。微观经济管理体制对企业财务行为的影响与宏观经济体制相联系，主要体现在如何处理企业与政府、企业与所有者之间的财务关系。

2. 经济结构

经济结构一般是指从各个角度考察社会生产和再生产的构成，包括产业结构、地区结构、分配结构和技术结构等。经济结构对企业财务行为的影响主要体现在产业结构上。一方面，产业结构会在一定程度上影响甚至决定财务管理的性质，不同产业所要求的资金规模或投资规模不同，不同产业所要求的资本结构也不一样。另一方面，产业结构的调整和变动要求财务管理作出相应的调整与变动，否则企业日常财务运作艰难，财务目标难以实现。

3. 经济发展状况

任何国家的经济发展都不可能呈长期的快速增长之势，而总是表现为"波浪式前进，螺旋式上升"的状态。当经济发展处于繁荣时期，经济发展速度较快，市场需求旺盛，销售额大幅度上升。企业为了扩大生产，需要增加投资，与此相适应则需筹集大量的资金以满足投资扩张的需要。当经济发展处于衰退时期，经济发展速度缓慢，甚至出现负增长，企业的产量和销售量下降，投资锐减，资金时而紧缺、时而闲置，财务运作出现较大困难。另外，经济发展中的通货膨胀也会给企业财务管理带来较大的不利影响，主要表现在：资金占用额迅速增加；利率上升，企业筹资成本加大；证券价格下跌，筹资难度增加；利润虚增、资金流失。

4. 宏观经济调控政策

政府具有对宏观经济发展进行调控的职能。在一定时期，政府为了协调经济发展，往往通过计划、财税、金融等手段对国民经济总运行机制及子系统提出一些具体的政策措施。这些宏观经济调控政策对企业财务管理的影响是直接的，企业必须按国家政策办事，否则将寸步难行。例如，国家采取收缩的调控政策时，会导致企业的现金流入减少、现金流出增加、资金紧张、投资压缩。反之，当国家采取扩张的调控政策时，企业财务管理则会出现与之相反的情形。

企业财务管理要想取得成功，必须认真研究和深刻认识所面临的环境。但是，从目前情况来看，许多企业并没有对财务管理环境引起足够的或者说应有的重视，甚至有许多企业管理者认为财务管理环境是一个较为空泛的概念，也有业内人士认为财务管理环境的研究空间范围有限，其实并非如此。

（二）财务管理的法律环境

财务管理的法律环境是指企业和外部发生经济关系时所应遵守的各种法律、法规及规章。市场经济是一种法治经济，企业的一切经济活动总是在一定法律规范范围内进行的。一方面，法律提出了企业从事一切经济业务所必须遵守的规范，从而对企业的经济行为进行约束；另一方面，法律也为企业合法从事各项经济活动提供了保护。企业财务管理中应遵循的法律法规主要包括以下内容。

（1）企业组织法。企业是市场经济的主体，不同组织形式的企业所适用的法律是不同的。按照国际惯例，企业划分为独资企业、合伙企业和公司制企业，各国均有相应的法律来规范这三类企业的行为。因此，不同组织形式的企业在进行财务管理时，必须熟悉其企业组织形式对财务管理的影响，从而作出相应的财务决策。

（2）税收法规。税法是税收法律制度的总称，是调整税收征纳关系的法规规范。

（3）财务法规。企业财务法规制度是规范企业财务活动、协调企业财务关系的法令文件。我国目前企业财务管理法规制度有企业财务通则、行业财务制度和企业内部财务制度三个层次。

（4）其他法规，如《中华人民共和国证券法》《中华人民共和国票据法》《中华人民共和国中国人民银行法》等。

（三）金融市场环境

金融市场是指资金筹集的场所。广义的金融市场，是指一切资本流动（包括实物资本和货币资本）的场所，其交易对象为货币借贷、票据承兑和贴现、有价证券的买卖、黄金和外汇买卖、办理国内外保险、生产资料的产权交换等。狭义的金融市场一般是指有价证券市场，即股票与债券的发行和买卖市场。金融市场的分类如下。

（1）按交易的期限可分为短期资金市场和长期资金市场。短期资金市场是指期限不超过一年的资金交易市场，因为短期有价证券易于变成货币或作为货币使用，所以也称货币市场。长期资金市场是指期限在一年以上的股票和债券交易市场，因为发行股票和债券主要用于固定资产等资本货物的购置，所以也称资本市场。

（2）按交易的性质可分为发行市场和流通市场。发行市场是指从事新证券和票据等金融工具买卖的转让市场，也称初级市场或一级市场。流通市场是指从事已上市的旧证券或票据等金融工具买卖的转让市场，也称次级市场或二级市场。

（3）按交易的直接对象可分为同业拆借市场、国债市场、企业债券市场、股票市场和金融期货市场等。

（4）按交割的时间可分为现货市场和期货市场。现货市场是指买卖双方成交后，买方当场或几天之内付款、卖方交出证券的交易市场。期货市场是指买卖双方成交后，在双方约定的未来某一特定的时日才交割的交易市场。

【教学视频】

企业财务管理概述

学习单元二　企业成本费用控制

【学习目标】

1. 了解企业产品成本费用控制理念。
2. 熟悉企业成本费用范围。
3. 掌握成本费用控制的方法。

【学情分析】

1. 学生还没有步入职场的意识。
2. 学生对企业成本和费用的了解不够。
3. 学生对成本和费用的认识存在混淆现象。
4. 学生实际演练机会较少。

【单元导入】

　　生产电视机的工厂，公司经营用房每年租金支出 15 000 元，购买设备支出 300 000 元，可使用 5 年，第一年购买生产材料支出 100 000 元，用于推广产品支出 150 000 元，生产工人工资支出 200 000 元，办公费支出 50 000 元，支付罚金共计 50 000 元，全年收入 950 000 元。

　　问一问：

　　请计算，本企业成本是多少？有哪些属于费用？本企业这一年是盈利还是亏损？

【应知应会】

一、成本费用控制理念

成本费用的额度应与产生的效益相配比，如投资收益与筹资成本的配比，经营成本与经营收益的配比。

1. 全过程成本费用控制理念

（1）上游成本控制：研发与设计阶段——运用价值工程和质量成本控制生产经营成本；料、工、费消耗——运用定额预算和作业成本法。

（2）下游成本控制：销售和客户的服务成本——结合理财目标控制销售和管理费用。

2. 建立全员成本费用控制理念

成本费用控制需要建立责任中心，指标分解，全员参与。

（1）企业要求每个员工有这样的观念：控制费用与控制质量一样，从商业活动的最上游开始并贯穿整个过程。

（2）"人人参与"成本，个个追求效益。

3. 建立大成本费用理念

成本费用的概念是广泛的，除一般的成本费用外，还要考虑机会成本、拮据成本、税收成本等。沃尔玛是世界成本控制的优秀典范，其主要通过以下几个方面控制成本。

（1）提倡节约，杜绝浪费。降低行政费及销售费，没有高档家具，乘坐普通商务车、经济舱，住中档旅馆，吃小餐馆。

（2）严防盗窃，减少损耗。从"跑冒滴漏"抓起，制止徇私舞弊。

（3）利用信息化系统提高运营效率。总部可在一小时内对全球4 000多家分店各种商品的库存量、上架量和销售量全部盘点一遍，商品从发出订单到接货并摆上货架只需36小时。

（4）提高毛利率和降低售货成本，全球采购，直接向工厂采购。

（5）降低固定资产折旧费。

二、成本费用控制范围

（一）存货成本控制

存货成本控制主要包括采购、生产和保管中的成本控制。

（1）权责分配和职责分工应当明确，机构设置和人员配备应当科学合理。

（2）存货请购依据应当充分适当，请购事项和审批程序应当明确。

（3）存货采购、验收、领用、盘点、处置的控制流程应当清晰，对存货预算、供应商的选择、存货验收、存货保管及重要存货的接触条件、内部调剂、盘点和处置的原则及程序应当有明确的规定。

（4）存货成本核算方法、跌价准则计提等会计处理方法应当符合国家统一的会计制度的规定。

（二）主营业务成本分析

（1）主营业务成本构成说明。

（2）成本计划完成情况分析。

（3）分析影响成本计划完成情况的因素。

（4）运用价值工程原理对成本分析。

（5）成本发展趋势分析。

（三）管理费用控制

管理费用控制包括发展性费用、防护性费用、不良性费用和管理性费用。

（四）审计风险和纳税调整：劳务费、招待费等

根据销售费用结构控制销售费用，销售费用结构分析如下。

（1）与业务量有直接关系的费用。

（2）与业务量无直接关系的费用。

（3）支出在当期，受益在未来的费用。

（五）信用成本控制

1. 基础控制制度

根据均衡赊销带来的利益和增加的机会成本、收账费用、坏账损失制定信用政策，并严格执行信用政策。

2. 实行销售与收款报告制度

在销售与发货各环节设置相关的记录，填制相应的凭证，建立完整的销售登记制度，并加强销售订单（合同）、销售计划、发货单、运货凭证、销售发票等文件和凭证的相互核对工作，销售部门应设置销售台账及时反映各种商品等销售的开单、发货、收款情况形成销售报告。

3. 均衡信用缺失所带来的损失

（1）制度变迁的原因。经济资源由政府通过行政命令在自己所属各单位之间进行配置，信用只是资源配置的一种辅助手段。

（2）企业自身的原因。企业信用的缺失，除制度变迁的原因外，企业自身起着决定性作用。

测一测

企业应从哪几个方面控制成本和费用？

三、成本费用控制的有效方法

（一）加强成本费用管理、控制工作

（1）企业成本水平的高低直接决定着企业产品盈利能力的大小和竞争能力的强弱。控制成本、节约费用、降低物耗，对于企业具有重要意义。财务部门要发挥自身拥有大量价值信息的优势，运用量本利分析法，合理测定成本最低、利润最大的产销量，减少无效或低效劳动；改变现行产品成本出现浪费后再控制的做法和只注重在生产过程中抓成本控制的行为，从产品的设计、论证抓起，把技术进步、成本控制和经济效益有机地结合起来，把成本浪费消灭在产品的"源头"，实现财务部门抓成本管理的事前参与和超前控制。

（2）抓好采购成本、销售成本、管理费用等支出的管理，采购成本管理要重点抓好原辅材料的价格、质量结构和存量，要认真研究原辅材料的市场和采购策略，按照货比多家、比质比价、择优选择的原则进行采购；销售成本控制重点放在销售费用上，压缩库存，清欠货款，减少资金占用和利息支出；管理费用的控制重点放在业务招待费、差旅费上，严格审批手续，真正把管理费用管好、控制好。

（二）认真编制和执行财务预算，实现财务管理预算化

（1）财务管理要适应市场经济的要求，编制并执行财务预算十分必要。企业财务预算是由销售、生产、现金流量等各个单项预算组成的财务责任指标体系。它以企业目标利润为财务预算目标，以销售前景为预算的编制基础。综合考虑市场和企业生产营销诸因素，涵盖了企业主要发展指标。

（2）财务预算是财务预测和财务决策的具体化，是企业计划的货币反映，也是组织实施财务控制的依据。财务预算一经确定，企业各部门要围绕实现财务预算开展经济活动，企业决策执行机构按照财务预算的具体要求，按季分月滚动下达预算任务，财务部门按照预算方案跟踪实施财务控制和管理，严格执行各项财务政策，及时反映和监督预算的执行情况，适时实施必要的财务制约手段，把财务管理的方法策略全部融贯于执行预算的过程中，促进企业形成以财务预算为主对经济行为进行定量约束的格局。

（三）利用信息化手段，使用专业的成本管理软件

通过使用专业的成本费用预算软件代替复杂的手工核算，又为成本费用控制及预算管理软件轻松实现财务集中管控，数据集中、管理集中，报表的时效性等保障基础数据的准确性。同时加强了费用预算管理，实现了管理会计的职能，提高了整个公司的财务管控能力和整体运营效率，同时提高风险控制和绩效控制能力。

（四）更新知识，提高财会人员的业务素质，充分适应现代企业管理的要求

（1）财务管理作用发挥如何，关键在于财务人员。必须进一步提高财务人员的素质，财务管理人员不仅要懂得会计核算，更重要的是要善于理财，即如何发挥财务管理的职能。

财会人员除了应具备较扎实的专业知识，还要求熟悉国家法律、法规制度，对社会环境（包括政治因素、经济因素、企业因素等）有一定的观察力和预测能力，以及具有较强的管理能力。

（2）要充分发挥计算机在会计核算和财务管理方面的作用，通过采用商品化会计软件，会计凭证的制作更加规范。入账及时，数据准确，系统能够自动生成会计报表，从而以高质量的会计信息参与企业的经营决策。会计电算化的应用为尽快实现由记账型向管理型的转变、实现财务管理质的飞跃奠定了基础。

（五）突出资金管理，构建适应现代企业需要的资金管理体制

1. 企业必须建立有序的资金循环机制

强化资金统一管理，集中调度，有偿使用，内部使用资金模拟银行结算，保持合理的筹资结构，适度负债经营，力求降低筹资成本和筹资风险。财务部门要克服重商品信用轻资金信用的现象，务求保持良好的融资信誉，形成借—还—借的良性态势。

2. 强化资金的机构管理，保持资金构成的合理化

合理的资金占用结构是保证资金发挥最大效能的前提，财务部门运用财务测算方法确定最佳购存点上的资金结构，扭转企业在资金配置上畸轻或畸重的现状；改变财务部门坐等货款回笼的被动局面，采取机动、多变的结算方式，加大财务部门对资金运筹的调控力度，监督以货币回笼为中心的销售责任制的实施。时刻注意资金运转偏差，适时实施资金结构调整。

3. 加强对外投资的管理

盲目投资造成资金浪费是资金低效的重要原因。财务部门要多方收集企业外部的有用信息，主动研究市场，自觉参与企业投资项目的测算论证，加强长期投资的可行性研究，树立投资汇报观念，考虑货币时间价值和风险价值，准确比较项目的投资回报率和筹资成本率，追求投资效益最大化；对投资项目定期审计，加大对在建工程的财务监督，跟踪考核项目的资金使用效果。

4. 加强资金补偿积累

财务部门要监控企业资金的分流，防止过多分流到工资福利、非生产投资等方面。合理制定税后利润分配政策，尽可能用于企业扩大再生产，促进企业自我流动发展。

（六）大力加强财会工作建设，提高会计工作质量

会计基础工作是整个财会工作的关键。会计基础工作水平一般，不提高，财会工作就不能大发展，财会工作的质量也无从谈起，财务管理的职能也就不能很好地运用发挥。企业要以《会计基础工作规范》为标准，检查会计基础工作中存在的问题，找差距、定措施、严格考核、严格把关、严格纪律、严格管理，建立健全内部财会制度，结合自身生产经营特点和管理要求制定内部财务管理办法，为改善企业财务管理水平创造条件，使财务基础工作水平提高，从而真正提高会计工作质量。

（七）领导重视财会工作

财会工作的顺利开展与企业领导的高度重视和大力支持是分不开的。企业领导要选派思想素质好、责任心强、业务水平高的人员充实财务班子，做到任人唯贤。要更新观念，树立财务管理是企业管理的核心的新观念，使企业员工尤其是企业领导都懂得财务管理的重要性，增强财务管理意识。

【测一测】

"一掷千金"忽视成本控制——风雨爱多

"爱多 VCD，好功夫"的广告走进央视，花 8 200 万元争得 5 秒钟的播放权。年销售额从 2 亿骤增到 16 亿。为打垮新科推出"买 1 000 送 700 礼品"半年耗掉 1.5 亿元。占有45% 股份的合伙人陈天南要求退股，霎时供销商、传媒一起发难，爱多没落。

问一问：

1. 分析企业失败的原因。
2. 应如何走出误区？

【教学视频】

企业成本费用控制

学习单元三　货币资金的时间价值与风险管理

【学习目标】

1. 认识企业货币资金安全的风险。
2. 熟悉企业货币资金时间价值的计算。
3. 熟悉企业应对货币资金短缺风险的方法。
4. 掌握货币资金使用效率风险及其管理。

【学情分析】

1. 学生还没有步入职场的意识。
2. 学生对企业货币资金的了解不够。

3. 学生对资金风险的意识不够。

4. 学生实际演练机会较少。

【单元导入】

如果有一家公司欠你公司贷款200万，你是现在收到货款还是两年之后再收到货款？如果给你200万，你是愿意投资，还是愿意把钱存在银行？

一、货币资金的时间价值

（一）资金时间价值的概念

1. 资金的时间价值

资金的时间价值是指资金在时间推移中的增值能力，是社会劳动创造价值能力的一种表达形式。一般货币不会增值，只有与劳动力结合的资金、不断循环周转的资金才会增值，才有时间价值。

2. 货币时间价值

货币时间价值也称资金时间价值，是指资金在周转使用中由于时间因素而形成的差额价值。货币时间价值的实质是资金周转使用后的增值额。通常情况下，它是指没有风险也没有通货膨胀情况下的社会平均利润率，是一定量货币资金在不同时点上的价值量差额。

3. 利息与利率

利息与利率是资金时间价值的基本形式，它们都是社会资金增值的一部分，是社会剩余劳动力在不同部门的再分配。

利息是指占用资金使用权所付的代价或放弃资金使用权所获得的报酬。

利率是指一定时间内所得到的利息额与本金之比，通常以百分数表示，它是计算利息的尺度。

（二）资金时间价值的计算

1. 终值与现值

（1）终值。终值也称本利和（记为F），是指现在一定量的资金在未来某一时点上的价值。如图8-1所示为第n期期末的价值。

（2）现值。现值也称本金（记为P），是指未来某一时点上的一定量的资金相当于现在时点的价值。如图8-1所示为第1期期初的价值。

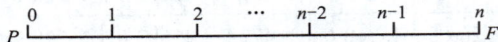

图8-1 终值

2. 单利终值和单利现值

资金时间价值的计算经常使用的符号有：

P 为现值（本金）；

F 为终值（本利和）；

i 为利率；

I 为利息；

n 为计息期数。

3. 复利方式计算终值与现值

复利是指本金生息，利息也生息的计息方式，俗称"利滚利"，即每期产生的利息并入本金一起参与计算下一期利息的计息方式。在不断资本化的条件下，资本的积累应该用复利方式计算终值与现值。复利如图 8 - 2 所示。

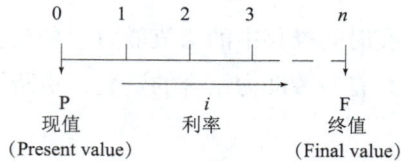

图 8 - 2　复利

（1）复利终值的计算（已知现值求终值）。复利终值是指一定量的货币在若干期之后按复利计算的本利和。其计算公式为：

$$F = P \times (1 + i)^n$$

其中，$(1 + i)^n$ 为复利终值系数或一元的复利终值，通常记为 $(F/P, i, n)$，可通过"一元复利终值系数表"（表 8 - 1）查找相应值。该表的第一行是利率 i，第一列是计息期数 n，行列交叉处即相应的复利终值系数。

表 8 - 1　一元复利终值系数表

期数	1%	2%	3%	4%	5%	6%	7%	8%	9%	10%
1	1.01	1.02	1.03	1.04	1.05	1.06	1.07	1.08	1.09	1.1
2	1.020 1	1.040 4	1.060 9	1.081 6	1.102 5	1.123 6	1.144 9	1.166 4	1.188 1	1.21
3	1.030 3	1.061 2	1.092 7	1.124 9	1.157 6	1.191	1.225	1.259 7	1.295	1.331
4	1.040 6	1.082 4	1.125 5	1.169 9	1.215 5	1.262 5	1.310 8	1.360 5	1.411 6	1.464 1
5	1.051	1.104 1	1.159 3	1.216 7	1.276 3	1.338 2	1.402 6	1.469 3	1.538 6	1.640 5
6	1.061 5	1.126 2	1.194 1	1.265 3	1.340 1	1.418 5	1.500 7	1.586 9	1.677 1	1.771 6
7	1.072 1	1.148 7	1.229 9	1.315 9	1.407 1	1.503 6	1.605 8	1.713 8	1.828	1.948 7
8	1.082 9	1.171 7	1.266 8	1.368 6	1.477 5	1.593 8	1.718 2	1.850 9	1.992 6	2.143 6
9	1.093 7	1.195 1	1.304 8	1.423 3	1.551 3	1.689 5	1.838 5	1.999	2.171 9	2.357 9
10	1.104 6	1.219	1.343 9	1.480 2	1.628 9	1.790 8	1.967 2	2.158 9	2.3674	2.593 7

【案例分析1】

保利物业公司现在存入银行200万元，存期3年，年利率8%，每年计息一次，则到期可以取出的现金为：

$$F = P \times (1 + i)^n = 200 \times (1 + 8\%)^3 = 100 \times (F/P, 8\%, 3)$$
$$= 200 \times 1.2597 = 251.94（万元）$$

查"一元复利终值系数表"可查出，当利率为8%，$n = 3$时，复利终值系数（F/P，8%，3）为1.2597。

（2）复利现值的计算（已知终值计算复利现值）。复利现值是指在复利计息条件下，将来某一特定时点的款项相当于现在的价值。复利现值是复利终值的逆运算。其计算公式为

$$P = F \times (1 + i)^{-n}$$

其中，$(1 + i)^{-n}$为复利现值系数，符号为（P/F，i，n），可通过"一元复利现值系数表"查找相应值。

【案例分析2】

如果银行利率为10%，为在5年后获得50 000元，则现在应存入银行的资金应为：

$$P = F \times (1 + i)^{-n} = F \times (P/F, i, n) = 50\ 000 \times 0.6209 = 31\ 045（元）$$

查表8-2一元复利现值系数表，利率为10%，期数为5的复利现值系数是0.6209。

表8-2 一元复利现值系数表

期数	1%	2%	3%	4%	5%	6%	7%	8%
1	0.990 1	0.980 4	0.970 9	0.961 5	0.952 4	0.943 4	0.934 8	0.925 9
2	0.980 3	0.961 2	0.942 6	0.924 6	0.907 0	0.890 0	0.873 4	0.857 3
3	0.970 6	0.942 3	0.915 1	0.889 0	0.863 8	0.838 6	0.816 3	0.793 8
4	0.961 0	0.923 8	0.888 5	0.854 8	0.822 7	0.782 1	0.762 9	0.735 0
5	0.951 5	0.905 7	0.862 6	0.821 9	0.783 5	0.747 3	0.713 0	0.680 6
6	0.942 0	0.888 0	0.837 5	0.790 3	0.746 2	0.705 0	0.666 3	0.630 2
7	0.932 7	0.870 6	0.813 1	0.759 9	0.710 7	0.665 1	0.622 7	0.583 5
8	0.923 5	0.853 5	0.789 4	0.730 7	0.676 8	0.627 4	0.582 0	0.540 3
9	0.914 3	0.836 8	0.766 4	0.702 6	0.644 6	0.591 9	0.543 9	0.500 2
10	0.905 3	0.820 3	0.744 1	0.675 6	0.613 9	0.558 4	0.508 5	0.463 2
期数	9%	10%	11%	12%	13%	14%	15%	
1	0.917 4	0.909 1	0.900 9	0.892 9	0.865 0	0.877 2	0.869 6	
2	0.841 7	0.826 4	0.811 6	0.797 2	0.783 1	0.769 5	0.756 1	
3	0.772 2	0.751 3	0.731 2	0.711 8	0.683 1	0.675 0	0.657 5	
4	0.708 4	0.683 0	0.658 7	0.835 5	0.613 3	0.582 1	0.571 8	
5	0.649 9	0.620 9	0.593 5	0.567 4	0.542 8	0.519 4	0.497 2	

续表

期数	9%	10%	11%	12%	13%	14%	15%	
6	0.536 3	0.564 5	0.534 6	0.506 6	0.480 3	0.455 6	0.432 3	
7	0.547 0	0.513 2	0.481 7	0.452 3	0.425 1	0.399 6	0.375 9	
8	0.501 9	0.488 5	0.433 9	0.403 9	0.376 2	0.350 6	0.328 9	
9	0.460 4	0.424 1	0.390 9	0.360 6	0.332 9	0.307 5	0.284 3	
10	0.422 4	0.385 5	0.352 2	0.322 0	0.294 6	0.289 7	0.247 2	

测一测

某企业购买一项设备，有两种付款方案。方案一：一次性付款4 000元；方案二：首次付款2 000元，2年后付2 200元。设同期银行存款利率为8%，问如何选择？

二、认识企业资金安全的风险

货币资金（以下简称资金），包括库存现金、银行存款和其他资金。其他资金是指外埠存款、银行汇票存款、银行本票存款、信用卡存款、信用保证金存款、存出投资款等。企业的资金风险可分为安全风险、短缺风险和使用效率风险三大类。目前人们关注较多的是第一类风险，而实际上后两类风险对企业经营的影响更重大、更广泛，也更难以识别和评估，需要更高的管理理念与管理技巧，下面分而论之。

（一）资金安全风险及其管理

资金安全风险主要是指资金被挪用、诈骗和贪污的风险。这类风险主要源自企业内部控制的不完善，如没有很好地执行内部牵制原则，同一人兼任不相容职务等。

企业可以采用以下方法来识别资金安全风险。

1. 制作事件清单

在事件清单中详细列明企业资金账目内控不健全的种种表现，如不兼容、职务未分离或授权审批制度不健全等，并对各事件进行分析，以确定各事件对资金安全的影响程度。

2. 面谈与问卷调查

可通过面谈、问卷调查的方式就影响资金安全的一些潜在事件取得公司管理者、员工及其他利益相关者的见解与经验，集思广益。

3. 流程图分析

对涉及资金收付的业务进行流程图分析，确定风险点，以利有效控制。资金安全风险管理重在防范，通过建立良好的内控环境、健全资金管理的内控机制来堵住各种安全漏洞，特别要注意以下几点。

（1）建立健全授权审批制度，按照规定的权限和制度办理资金收付业务。

（2）贯彻内部牵制原则，确保不兼容岗位相互分离、制约和监督，加强员工职业道德和安全意识教育。例如，空白支票、印章应分别由不同的人保管，出纳不得兼任稽核等。

（3）加强内部审计。内部审计可协助管理当局监督控制措施和程序的有效性，及时发现内部控制的漏洞和薄弱环节。

（二）资金短缺风险及其管理

资金短缺风险是指企业不能及时、足额地筹集到生产经营所需资金，从而导致企业放弃供应商提供的现金折扣，低价甚至亏本出售存货和项目，无法及时清偿债务导致信用等级恶化、被迫破产重组或被收购等。

如何判断一个企业是否存在资金短缺风险呢？可以从静态和动态两方面入手。

（1）从静态分析，一个企业的资金存量（包括交易性金融资产）占总资产的比例若在行业中处于低位水平，则可能存在一定的资金短缺风险；将资金存量与短期有息负债进行比较，可以更好地把握单个企业资金短缺的严重程度，以及按时偿还债务的紧迫性。

（2）从动态分析，可以结合资产负债表、现金流量表及相关信息，仔细分析企业的应收应付、存货的增减情况、经营活动和投资活动产生的现金流状况及发展趋势，从动态上评估企业的资金余缺，以准确地把握企业资金短缺的风险性质与大小。

（三）引发企业资金短缺风险的内部因素

（1）激进的筹资政策，即过多地采用短期甚至临时性负债方式筹资以满足长期性流动资产的需要。

（2）宽松的信用政策，赊销过多且信用期限较长会产生大量的应收账款，一旦银根紧缩、经济衰退，客户不能及时足额偿还货款，企业资金链就极易断裂。

（3）片面追求生产规模和市场占有率，投资项目过多且周期较长。由于我国目前企业债（公司债）市场尚不发达，企业资金主要来源于银行短期借款，短款长用易造成现金短缺风险。

（4）过多采用债务方式融资，未能根据行业特点和企业发展战略确定合理的资本结构等。

三、企业应对资金短缺风险的方法

企业资金短缺风险的形成也与外部因素有关，包括中央银行的货币政策、资本市场的状况，以及宏观经济是处于增长阶段还是已经陷入衰退等。

（1）从经营战略上高度重视资金短缺风险。

（2）优化资本结构，长钱长用，短钱短用，避免因资金占用与资金供应在期限上搭配不当而造成资金短缺风险。

（3）提高预算，特别是现金预算的编制水平，尽可能准确地预计企业所需的外部融资额和融资时间。有不少企业在编制年度预算时，往往比较重视预计损益表的编制，对整体预测的重要性认识不足。计划期内需要多少资金？短期的还是长期的？何时需要？内部能不能满足？是否需要外部融资？如果预算管理水平不高，现金管理就可能无的放矢。

（4）加强经营性营运资本的管理。企业在生产经营过程中产生的应付账款、应付职工薪酬、应交税金等是不带息的，属于"自动生成的资金"，企业应该管好用好，并与银行的短期借款相协调，以便及时、足额地筹集季节性、周期性流动资产增长所需的资金。

（5）拓展融资渠道，灵活运用各种融资工具。随着我国金融市场特别是资本市场的发展，企业融资渠道不断拓宽，不仅可以向银行借款，还可以发行短期融资券、中期票据、企业债（公司债）、可转债等，上市公司还有增发、配股等再融资方式。广大的中小企业还可以运用"供应链融资"，以及地方政府支持的"中小企业集合债融资"等工具。

（6）保持财务弹性。财务弹性是一种良好的财务状态，在这种财务状态下，经营和投资一旦出现较大量的资金需要时，企业可以较低的交易成本及时、足额地筹集到资金。企业不能一味追求资金使用效率而忽视了资金的流动性和经营的安全性。即使在经营状况较好、融资比较便利时，也应适当控制负债比率，保持融资能力，以满足生产经营过程中临时性、突发性事件引起的资金需要。

四、货币资金使用效率风险及其管理

资金使用效率风险可以定义为多余现金获得的收益低于贷款利率。

（一）形成企业资金使用效率风险的主要原因

（1）预算（特别是现金预算）编制不准确。不少企业的现金预算只能做到年度，至多分解到季度，不能分解到月或周。

（2）企业集团内部资金调度不畅。企业集团内部的子公司有的现金流充裕，有的紧缺，集团总部本可以实现内部调动以提高现金使用效率，但由于实行分权管理且缺乏内部资金调度机制，资金充裕的子公司为方便使用，不愿将现金调往公司总部，宁愿以活期存入银行。

（3）现金管理能力不强。很多企业错误理解"现金为王"的理念，片面追求现金充裕对经营安全性的保障，只知道融资"圈钱"，不太关注提高资金的使用效率，也缺乏这方面的能力。例如，许多上市公司利用增发和配股圈了不少钱，却普遍出现了募集资金闲置或更改用途的现象。如2007年，皖能电力将募集资金用于申购新股，南京港股份有限公司、浙江海亮股份有限公司将募集资金用于补充流动资金等。

（二）企业提高资金的使用效率策略

（1）提高预算管理水平。通过准确的预测编制出较高水平的预算，特别是现金预算，一方面可以降低企业的现金储备量，另一方面也可以掌握剩余资金的可利用期限。

（2）加强应收账款的催收，快速回笼资金。企业可根据产品的市场占有率、质量、品种、规格及价格等方面的竞争能力确定合理的信用标准，在收入与增加的应收账款机会成本、收账费用、坏账成本之间取得良好的平衡。

（3）利用"现金池"管理方式，盘活集团资金。"现金池"的基本操作模式：集团以公司总部的名义设立集团现金池账户，通过成员公司向总部以委托贷款的方式，每日定时将成员公司账户上的资金划到现金池账户。集团企业以现金池中的资金及其统一向银行申请获得的授信额度为保证，约定各成员单位的日间透支额度。日终，以总部向成员公司归还委托贷款的方式，将现金池账户中的资金划拨到成员企业账户用以补足透支金额。"现金池"管理作为先进的资金集中管理方式，已被越来越多的大型企业所采用。

（4）谨慎投资有价证券。企业投资有价证券，一定要在风险（违约风险、流动性风险、到期日风险等）与收益之间进行慎重权衡，选择合适的有价证券进行投资，以在可承受的风险限度内最大化地提高现金使用效率。

（5）分派现金股利，进行股份回购。当企业现金过多且缺乏投资机会时，最好的回报股东的方式就是实施现金分红或股份回购。国内企业如佛山照明，上市以来累计分给股东的现金红利远高于其从股市中的融资，被称作"现金奶牛"。

【教学视频】

企业货币资金风险管理

学习单元四　企业营运能力管理

【学习目标】

1. 认识流动资产营运能力管理。
2. 熟悉固定资产营运能力管理。
3. 掌握总资产营运能力管理。

【学情分析】

1. 学生还没有步入职场的意识。
2. 学生对企业营运能力的了解不够。
3. 学生对营运能力的意识不够。
4. 学生实际演练机会较少。

【单元导入】

长安汽车：产品结构调整，存货周转率有所提高

长安汽车2018年存货周转率为5.3，到了2019年存货周转率为6.59。也就是说，公司将汽车从存货到完成销售的时间从2018年的67.8天缩短到了54.65天。而在这一年，由于产品结构调整见效及研发能力持续提高等原因，公司的经营业绩得到了提高。实现营业收入同比提高30.61%，净利润同比提高142.37%。

统计数据显示，在2019年，汽车行业上市公司的存货周转情况整体上都出现了改善，如福田汽车、江淮汽车等公司。

【应知应会】

一、流动资产营运能力管理

企业营运资产的利用及利用能力如何，将从根本上决定企业的经营状况和经济效益。

营运能力主要反映企业利用资产的效率，即反映企业资产管理的效率。通常是通过资产的周转速度来反映企业的资产营运能力。

营运能力分析能够评价一个企业的经营水平和管理水平，甚至预期其发展前景，对各个利益主体来说关系重大。

（一）应收账款周转率计算与分析

应收账款是企业因对外销售商品、材料，提供劳务等而应向购货或接受劳务单位收取的款项。其周转速度主要通过计算和分析应收账款周转率及应收账款周转天数两个指标。这两个指标的具体计算公式如下：

应收账款周转率＝赊销净额/应收账款平均余额

应收账款周转天数＝计算期天数/应收账款周转率

事实上，为消除季节性的影响，最好采用月度应收账款平均余额计算，但外部分析人员限于数据的可获得性，一般以年度数据代替。

计算公式中的赊销净额是指不包括现销收入的销售净额，但赊销净额作为企业的商业秘密并不对外公开，因此外部分析者难以获得，一般以营业收入代替。

在市场经济条件下，应收账款的存在是必然的，过高和过低都可能对企业造成不利的影响，而化解这一不利因素的最佳途径就是加快应收账款的周转速度。

一般来说，应收账款周转率越高，平均收现期越短，说明应收账款收回的速度越快；否则，企业的营运资金会过多地停滞在应收账款上，影响企业资金的正常运转。

（二）存货周转率计算与分析

存货周转速度分析一般有两个指标，即存货周转率（次数）和存货周转天数。

存货周转率的计算有两种方法，一种是以存货成本为基础，另一种是以营业收入为基础，两者计算的存货周转率有不同的意义。

以存货成本为基础的存货周转率运用较为广泛，因为与存货相关的是营业成本，它们之间的对比更符合实际，能够较好地表现存货的周转状况，反映企业存货的管理效率。

以营业收入为基础的存货周转率维护了资产运用效率比率各指标计算上的一致性，由此计算的存货周转天数与应收账款周转天数建立在同一基础上，从而可以直接相加，便于确定营业周期和评估资产的变现能力。

因为本专题关注的是存货的营运能力，所以采用以营业收入为基础的计算方法。具体计算公式如下：

$$存货周转率（次数）＝营业收入净额/存货平均余额$$
$$存货周转天数＝计算期天数/存货周转率$$

测一测

企业流动资产管理主要从哪几个方面分析？

二、固定资产营运能力管理

（一）固定资产周转速度指标计算

固定资产周转速度指标包括固定资产周转率（次数）和固定资产周转天数。

固定资产周转率计算公式如下：

$$固定资产周转率＝营业收入净额/固定资产平均余额$$

固定资产周转天数计算公式如下：

$$固定资产周天数＝计算期天数/固定资产周转率$$

（二）固定资产余额计算方法

固定资产余额有两种计算方法。一种是按固定资产原值计算，其理由是固定资产的生产能力并非随着其价值的逐渐转移而相应降低；再者，使用原值能够避免因所采用的折旧政策的不同造成人为差异，便于企业不同时期或不同企业之间的比较。

另一种是按固定资产净值计算，即按固定资产原值减去累计折旧后的余额计算，其理由是固定资产原值并非一直全部被企业占用，其价值的磨损部分已逐步通过折旧收回，只有采用净值计算，才能真正反映一定时期内企业实际占用的固定资产。

【案例分析1】

三一重工的固定资产周转率分析

从表8－3所示的数据计算得知，三一重工公司2021年平均固定资产比上年减少了

2.98%；但由于2021年的营业收入净额比上年减少了23.05%，其下降速度高于平均固定资产的下降速度。

表8-3　三一重工的固定资产周转

项目	2021年	2019年	2018年
营业收入净额/万元	2 336 687	3 036 472	3 732 789
期初固定资产/万元	1 608 232	1 618 880	1 491 739
期末固定资产/万元	1 522 594	1 608 232	1 618 880
平均固定资产/万元	1 565 413	1 613 556	1 555 310
固定资产周转率/次	1.49	1.88	2.40
固定资产周转天数/天	241.61	191.49	150

结果是2021年固定资产周转率比2019年降低了20.75%，固定资产周转天数比上年增加了26.17%，说明公司固定资产的利用效率有所下降。

（三）固定资产周转率的分析

对固定资产营运能力进行分析时，结合企业过去和企业现状评价更合理。

一般周转率越高，反映固定资产利用效率越高。但高周转率也可能是由于设备老化即将折旧完毕造成的，这可能会导致较高的生产成本，带来较低的企业利润，使企业将来固定资产的更新改造更加困难。

如果固定资产周转率较低，通常意味企业生产能力过剩。

三、总资产周转率计算与管理

（一）总资产周转率计算公式

$$总资产周转率 = 营业收入净额/平均资产总额$$

总资产周转速度也可用周转天数表示，其计算公式如下：

$$总资产周转天数 = 计算期天数/总资产周转率$$

$$= 计算期天数 \times 平均资产总额/营业收入净额$$

总资产周转率是一个包容性很强的综合指标，从分析评价的角度来说，它受到流动资产周转率、应收账款周转率和存货周转率等指标的影响。

对总资产周转率的分析评价要考虑企业的行业特征和经营战略。

对于同行业企业总资产周转率的分析，要结合企业的销售净利率和权益乘数、净资产收益率来综合衡量。

（二）计算有形产权比率

$$产权比率 = 负债总额/（股东权益总额 - 无形资产） \times 100\%$$

三种营运能力分析如图 8 - 3 所示。

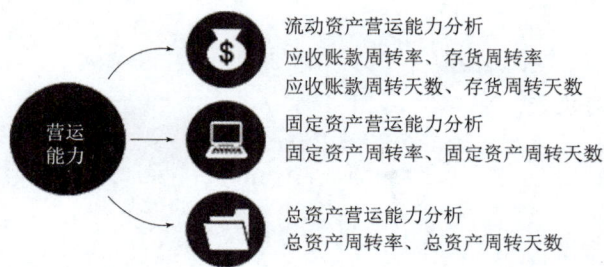

图 8 - 3　三种营运能力分析

【案例分析 2】

中联重科股份有限公司的财务能力分析

分析资料：中联重科股份有限公司 2020 年财务报表有关数据如下。

利润表和现金流量表有关数据：

营业收入净额 90 000 元；现销收入 10 000 元；利息支出 4 500 元；营业成本 41 130 元；利润总额 18 800 元；净利润 6 204 元；经营活动现金流量净额 7 550 元。

资产负债表数据见表 8 - 4。

表 8 - 4　中联重科股份有限公司资产负债表

资产	年末余额/元	年初金额/元	负债和所有者权益	年末余额/元	年初金额/元
流动资产			流动负债		
货币资金	3 750	12 500	短期借款	15 725	9 162.50
应收款项净额	18 750	21 250	应付账款	10 525	5 000
存货	18 750	1 612.50	流动负债合计	26 250	14 162.50
流动资产合计	41 250	35 362.50	非流动负债合计	18 750	15 000
非流动资产			负债合计	45 000	29 162.50
固定资产净值	41 250	31 000	所有者权益		
非流动资产合计	41 250	31 000	股本	11 250	11 250
			资本公积	13 625	13 500
流动资产			流动负债		
			未分配利润	6 150	6 000
			所有者权益合计	37 500	37 200
资产总计	82 500	66 362.50	负债和所有者权益总计	82 500	66 362.50

要求：根据上述资料，计算中联重科股份有限公司 2020 年下列指标。

（1）流动比率。

（2）速动比率。

（3）现金比率。

（4）应收账款周转次数。

（5）存货周转天数。

（6）资产负债率。

（7）产权比率。

【案例解析】

（1）流动比率 = 41 250/26 250 = 1.571

（2）速动比率 = （41 250 - 18 750）/26 250 = 0.857

（3）现金比率 = 3 750/26 250 = 0.143

（4）应收账款平均余额 = （18 750 + 21 250）/2 = 20 000（元）

　　赊销净额 = 90 000 - 10 000 = 80 000（元）

　　应收账款周转次数 = 80 000/20 000 = 4（次）

（5）存货平均余额 = （18 750 + 1 612.50）/2 = 10 181.25（元）

　　存货周转次数 = 41 130/10 181.25 = 4.04（次）

　　存货周转天数 = 360/4.04 = 89.11（天）

（6）资产负债率 = （45 000/82 500）×100% = 54.55%

（7）产权比率 = （45 000/37 500）×100% = 120%

问一问：

流动比率与速动比率的区别在哪里？请写出流动比率与速动比率的公式，进行对比。

【教学视频】

企业营运能力分析——格力

学习单元五　企业风险控制管理

【学习目标】

1. 认识企业经营中常见的风险。

2. 熟悉企业风险管理中存在的问题。

3. 掌握企业风险控制的管理方法。

【学情分析】

1. 学生还没有步入职场的意识。
2. 学生对企业风险的了解不够。
3. 学生对企业风险控制的意识不够。
4. 学生实际演练机会较少。

【单元导入】

企业风险控制案例分析－短债长用之痛

从 2018 年开始，海龙公司的信用评级就一直被下调，到 2019 年山东海龙主体长期信用等级由 "BB＋" 下调至 "CCC"，评级展望为 "负面"。

虽然有政府的不断输血，但公司还是没能避免破产的命运，海龙公司发布停牌公告，公司将进行破产重组，据报道，公司负债总金额高达 70 亿，是什么原因造成了公司的破产呢？发现公司的流动负债年年超过流动资产，企业的短期偿债能力很差，这与企业近年来战略上的冒险、短债长用的策略失误是分不开的。

企业主营业务利润率受经济环境的影响，持续下降，于是公司采用借债的方式进行融资发展，形成了短债长用的局面，加之企业的非主营业务过多，导致资金不断紧张，最终使企业破产。

可见维持一定的营运资本对企业的财务安全是十分重要的。

企业应保持适当的营运资本规模。

多少营运资本为合理，并没有统一的标准。不同行业的营运资本规模有很大差别。此外，除短期借款外的流动负债通常不需要支付利息，如果企业除短期借款外的流动负债过少，则说明企业利用无息负债扩大经营规模的能力较差。

请结合案例说一说企业应从哪些方面控制风险？

【应知应会】

一、企业经营中常见风险

每个企业在经营中都有可能发生风险，如何化解和减少风险是企业经营者必须进行研究的。首先要明确有哪几种风险，然后有的放矢地采取措施。只有加强风险意识，进行科学的管理和决策，建立起相应的制度才能避免风险的发生。从目前市场环境来看主要有以下七种风险。

（1）经济合同风险。经济合同风险是指企业在履行经济合同过程中，对方违反合同规定或遇到不可抗力影响，造成本企业的经济损失。因此，企业在进行经营和产品合同签订后的履约及赔偿责任问题。合同签订后还应密切注视其执行情况，要有远见地处理随时发生的变化。

（2）债务风险。债务风险是指企业举债不当或举债后资金使用不当致使企业遭受损失。为了避免企业资产负债，企业应控制负债比率。

（3）担保风险。担保风险是指为其他企业的贷款提供担保，最后因其他企业无力还款而代其偿还债务。企业应谨慎办理担保业务，严格审批手续，一定要完善反担保手续以避免不必要的损失。

（4）汇率风险。汇率风险是指企业在经营进出口及其他对外经济活动时，因本国与外国汇率变动，使企业在兑换过程中遭受的损失。企业平时就要随时注意其外币债务，密切注视各种货币的汇率变化，以便采取相应措施。

（5）投资风险。投资风险是指因投资不当造成投产企业经营的效益不好，投资资本下跌。企业对此应采取措施：在项目投资前，一定要让各职能部门和项目评审组一起进行严格的、科学的审查和论证，不能盲目运作。对外资项目更不能做风险承诺，也不能做差额担保和许诺固定回报率。

（6）产品市场风险。产品市场风险是指因市场变化、产品滞销等原因导致跌价或不能及时卖出自己的产品。产生市场风险产生的原因有三个。

①市场销售不景气，包括市场疲软和产品产销不对路。

②商品更新换代快，新产品不能及时投放市场。

③国外进口产品挤占国内市场，必须对症下药。

（7）存货风险。存货风险是指因价格变动或过时、自然损耗等损失引起存货价值减少。这时企业应马上清理存货，生产时要控制投入、控制采购、按时产出、加强保管。

二、企业风险管理中存在的主要问题

（一）混淆风险管理与内部控制的关系

许多企业的管理者将内部控制与企业管理和风险管理等同起来，常常产生这样的误解：内部控制可保证企业成功并使其财务报告绝对合法；内部控制可以防止企业决策的失误；建立了内部控制就等于实施了科学管理；等等。两者混淆的关键，在于没有看到内部控制管理是风险管理的本质性要求。

（二）过分关注内部控制细节而忽视企业风险管理

企业把主要精力放在所有细小的、微不足道的控制上，如有些企业差旅费报销的规定长达数十页，极其烦琐，表面上控制得很好，但浪费了许多管理资源，还会忽视企业的重大风险。

（三）　只重视内部控制设计而疏于其执行效果，使企业承担巨大风险

任何一个公司都或多或少存在一定的内部控制，否则，公司无法正常运行。公司把大量的精力放在设计内部控制上，而在如何保证制度实施方面，则缺乏应有的措施。在具体控制活动和监督等方面存在缺陷，所以很难保证已设计好的内部控制能够得到执行。如果企业用这一纸空文来管理，势必会带来巨大风险，最终走向灭亡。

（四）　对风险管理缺乏足够重视

与国际领先企业相比，除了我国的金融、保险等高风险行业非常重视风险管理，大部分企业尚没有对风险管理加以应有的重视，风险管理尚处于起步阶段，过分强调企业的增长和效益，没有处理好增长、效益和风险之间的平衡，在企业风险管理方面存在诸多差距。缺乏如 COSO《企业风险管理——整体框架》那样的权威框架对企业风险管理的指导；有的风险是可以定量的，因此，部分企业重视采取大量复杂的技术来管理这些风险。但是，一些定性的风险却被忽视，如声誉风险、管制风险、遵循风险、安全风险和政治风险等，企业缺乏系统和全面的风险管理。

三、企业风险管理的主要方法

风险管理的每一个过程都需要有相应的工具和方法，以提高风险管理的绩效水平，特别是对具有风险管理自身特点的风险识别、风险分析和风险应对策略。

（一）　风险识别方法

通过以下的风险识别方法，可以帮助风险管理人员有效地识别风险。

（1）分解原则：就是将项目管理过程中复杂的难于理解的事物分解成比较简单的容易被认识的事物，将大系统分解成小系统，这也是人们在分析问题时常用的方法（如项目工作分解结构 WBS）。

（2）故障树（Fault Trees）法：就是利用图解的形式将大的风险分解成各种小的风险，或对各种引起风险的原因进行分解，这是风险识别的有利工具。该法是利用树状图将项目风险由粗到细、由大到小分层排列的方法，这样容易找出所有的风险因素，关系明确。与故障树相似的还有概率树、决策树等。

（3）专家调查法：在风险识别阶段的主要任务是找出各种潜在的危险并作出对其后果的定性估量，不要求作出定量的估计，有些危险很难在短时间内用统计的方法、实验分析的方法或因果关系论证得到证实，如市场需求的变化对项目经济效益的影响、同类软件开发商对本组织的竞争影响等。该方法主要包括集思广议法和德尔菲法（Delphi）两种。其中后者是美国著名咨询机构兰德公司于 20 世纪 40 年代初发明的。它主要依靠专家的直观能力对风险进行识别，即通过调查意见逐步集中，直至在某种程度上达到一致，故又叫专家意见集中法。

风险分析是在风险识别的基础上对项目管理过程中可能出现的任何事件所带来的后果的

分析，以确定该事件发生的概率，以及与可能影响项目的潜在的相关后果。风险分析的出发点是揭示所观察到的风险的原因、影响和程度并提出和考察备选方案。

（二）风险分析的目的

（1）对项目诸风险进行比较和评价，确定它们的先后顺序。

（2）从整体出发弄清各风险事件之间确切的因果关系，以便制订出系统的风险管理计划。

（3）考虑各种不同风险之间相互转化的条件，研究如何才能化威胁为机会，同时也要注意机会在什么条件下会转化为威胁。

（4）进一步量化已识别风险的发生概率和后果，减少风险发生概率和后果估计中的不确定性。

四、风险控制的分析方法

对确定风险，一般可采取回避风险、预防风险、自留风险和转移风险四种方法。

（1）回避风险。回避风险是指主动避开损失发生的可能性。它适用于对付那些损失发生率高且损失程度大的风险。虽然回避风险能从根本上消除隐患，但这种方法明显具有很大的局限性。其局限性表现在，并不是所有的风险都可以回避或应该进行回避。

（2）预防风险。预防风险是指采取预防措施，以减少损失发生的可能性及损失程度。预防风险涉及一个现实成本与潜在损失比较的问题：若潜在损失远大于采取措施所支出的成本，就应采用预防风险手段。

（3）自留风险。自留风险是指自己非理性或理性地主动承担风险。非理性是指对损失发生存在侥幸心理或对潜在的损失程度估计不足，从而暴露于风险中；理性是指经正确分析，认为潜在损失在承受范围之内，而且自己承担全部或部分风险比购买保险更经济划算。所以，在作出理性选择时，自留风险一般适用于对付发生概率小，且损失程度低的风险。

（4）转移风险。转移风险是指通过某种安排，把自己面临的风险全部或部分转移给另一方。通过转移风险而得到保障，是应用范围最广、最有效的风险管理手段。保险就是转移风险管理手段之一。其次通过合同将部分高风险的业务和工作外包也是转移风险的一种常用方式。

测一测

根据管理过程中的风险识别主要回答以下问题。

1. 有哪些风险应当考虑？

2. 引起这些风险的主要因素是什么？

3. 这些风险所引起后果的严重程度如何？

企业财务报表分析——格力

学习单元六　企业财务报表分析

【学习目标】

1. 了解财务分析的原则和作用。
2. 熟悉财务报表之间的关系。

【学情分析】

1. 学生还没有步入职场的意识。
2. 学生对企业财务分析的内容了解不够。
3. 学生对企业财务风险的意识不够。
4. 学生实际演练机会较少。

【单元导入】

海亮股份 2017 年半年度经营分析会圆满举行

2017 年上半年，浙江海亮股份有限公司依托强大而明晰的市场战略快速发展，各基地、各部门协同作战、开拓创新，各项工作开展得如火如荼，取得了令人瞩目的成绩。

半年度经营分析会，既是承上启下的"轴承"会议，也是对各大基地、利润中心的一次"期中考"。

此次会议共分为四个议程。

会议第一议程，由财务管理中心、采购管理中心、人力资源中心、质量管理中心、项目指挥部、运营中心进行工作汇报。

在第二议程上，上午海亮国际贸易有限公司、美国 JMF 公司及海亮（安徽）铜业总经理对各自公司的运营情况进行了汇报。

下午的第三议程上，上越利润中心及营销/美国公司、铜管道事业部和广东铜业对半年度工作完成情况进行了深入总结。各公司、部门就所取得的成就、存在的问题进行分析，并对下半年的工作计划进行详细说明，推动更快更好地落实年度计划。

最后，董事长朱张泉做了总结汇报。随后从中国经济形势及行业形势分析、上半年经营目标完成情况简要分析、上半年亮点工作总结及存在的主要不足、下半年经营目标及重点工作安排四大方面进行了深入分析，并对下半年的工作进行指导部署。

【应知应会】

一、企业财务分析的原则

（一）宏观与微观相结合

（1）宏观即宏观环境，包括国家的汇率、利率、环保等因素。

（2）微观即企业自身，包括竞争战略、经营模式等方面。

在进行财务分析的过程中，不仅需要关注企业自身，而且需要关注外部环境的变化及其对企业的影响。

【案例分析】

2015 年中国钢铁行业陷入全面亏损原因分析

中国钢铁工业协会（下称"中钢协"）统计数据显示，2015 年全国重点钢铁企业实现销售收入 2.89 万亿元，同比下降 19.05%；亏损 645.34 亿元，亏损面 50.5%，亏损企业产量占会员企业钢产量的 46.91%。

从上市公司的角度看，钢企亏损的"悲壮"景象更为明显。据界面新闻记者统计，截至 2016 年 2 月 2 日，共有 29 家上市钢企发布 2015 年业绩预告，其中 21 家预亏，仅 8 家预盈。

问题：钢铁行业为何会陷入全面亏损之境地呢？

（1）钢铁行业是周期性行业，其兴衰总是紧跟着国内经济运行趋势而走。随着中国经济下行压力加大，固定资产投资（主要是房地产投资）骤降，使钢材需求持续下降。

周期性行业是指和国内或国际经济波动相关性较强的行业，其中典型的周期性行业包括大宗原材料（如钢铁、煤炭等）、工程机械、船舶等。

（2）产能过剩是钢铁行业难以走出"冰冻期"的主因。数据显示，2014 年粗钢产量为 8.23 亿吨。而根据冶金工业规划研究院采用下游行业消费法计算的数值，2014 年钢铁需求量约为 7.02 亿吨。

（二）共性与个性相结合

（1）所谓共性，主要是指行业共性，要求进行财务分析时将企业置于同业中，关注所处行业的发展背景、经营特性、竞争状态等，而非将企业看作孤立的个体。

（2）所谓个性，是指企业自身的经营规模、资源条件、运营现状等，要求进行财务分析时充分考虑对象的特殊性，分析方法的选择、标准值的确定、偏差原因的追溯等都应该结合企业自身的经营特点，从企业实际经营出发，而非一概以同业标杆为准绳。

企业资产结构特征与企业类型如表8－5所示。

表8－5　资产结构特征与企业类型

企业类型	关键成功资产	关键成功资产占资产总额比例
贸易型企业	流动资产	一般大于70%
生产型企业	固定资产	一般大于50%
投资型企业	长期股权投资	一般大于70%
科技型企业	无形资产	一般大于35%

（三）动态与静态相结合

财务分析的基础资料是财务报表，而财务报表是反映某一时点或某一时期财务状况、经营成果的会计资料，仅针对某期财务报表的分析可以称为静态分析。这种分析无法展现企业财务状况的发展变化过程。

而动态分析则克服了这一缺陷，其一动态分析是强调分析应关注企业从过去到现在的变化过程，预测企业将来的变化趋势；其二动态分析是强调分析应贯穿企业经营过程，跟踪其经营动态，而非仅注意经营结果。

（四）财务与业务相结合

针对企业财务状况进行的分析几乎是传统财务分析工作的全部内容，随着企业经营环境的变化，管理思想的更新，越来越多的管理者开始关注非财务因素，即业务动因的分析，诸如对产品质量的分析、对客户的分析、对市场的分析、对人力资源的分析、对品牌文化的分析等，在一定程度上更能反映企业的长久发展潜力。

因此，将财务与业务相结合的分析原则能够弥补就财务论财务的缺陷，是对单纯财务视角的有益补充。

平衡计分卡实例如图8－4所示。

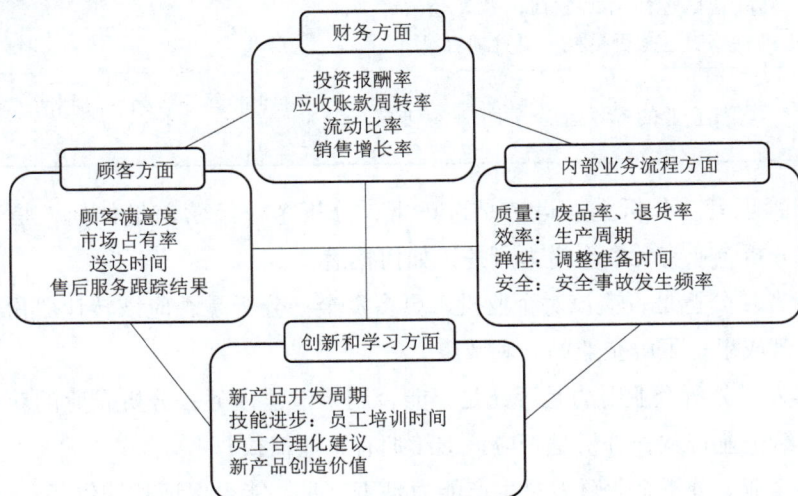

图8－4　平衡计分卡

二、企业财务报表分析

（一）财务报表分析的含义

财务报表分析是以企业的财务报表和其他资料为基本依据，采用专门的分析工具和方法，从财务报表中寻找有用的信息，有效地寻求企业经营和财务状况变化的原因，从而对企业的财务状况、经营成果和现金流量进行综合与评价的过程。

（二）财务报表分析的目的

1. 遵循的原则

遵循的原则如图 8 - 5 所示。

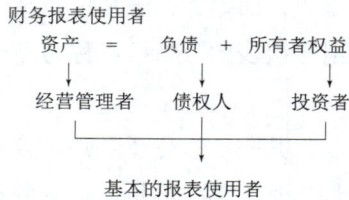

```
                    财务报表使用者
            资产  =  负债  +  所有者权益
             ↓        ↓        ↓
         经营管理者  债权人   投资者
             └────────┼────────┘
                      ↓
                 基本的报表使用者
```

图 8 - 5　遵循的原则

2. 分析主体的关系

主体的关系见表 8 - 6。

表 8 - 6　主体的关系

分析主体	分析目的	分析重点
债权人	判断企业还本付息的能力，以决策是否给企业提供信用，提供多少信用，以及是否需要提前收回债权等	短期债权人：企业当前的财务状况，流动资产的流动性和周转率
权益投资人	评价企业业绩，以决策是否投资及否转让已经持有的股权；考查经营者业绩，以决定是否更换主要管理者等	长期债权人：企业长期收益能力和资本结构
经理人员	监控企业的有效运营，并且改善业绩	企业的财务状况、盈利能力和持续发展的能力

（1）经营管理者。分析企业运转是否正常；分析企业经营前景如何，是否需要转产、投资或筹资；分析企业有无资金潜力可挖，如何挖潜。

（2）投资者。分析是否应该对企业投入更多资金；分析是否应该转让股份，抽回投资；了解企业的经营成果；了解企业的分利政策。

（3）债权人。分析企业财力是否充足，能否用来清偿债务；分析企业的获利状况如何；分析是否应该给企业贷款；分析是否应该继续拥有企业债权。

（4）其他企业。分析企业财力及生产能力是否充足，能否保证长期供货；分析是否应该提供销售信用；分析是否应该增加投入，控制联营企业生产经营；分析是否应该延长付款期。

（5）国家经济管理、税务部门和企业职工。分析企业自有资金和银行贷款情况；分析企业实现利润和投资利润率；分析企业职工收入和劳动就业情况。

（三）财务报表分析方法

（1）趋势分析法。趋势分析法是根据企业连续若干会计期间（至少三期）的分析资料，运用指数或动态比率的计算，比较和研究不同会计期间相关项目的变动情况和发展趋势的一种财务分析方法，也叫动态分析法。

趋势分析的目的在于找出引起企业财务状况和经营成果变动的主要项目；分析变动趋势的性质是否有利；预测企业将来的发展趋势。

趋势分析法存在的意义就在于我们不可以单凭一期的数字或仅做两期的比较就评价企业财务状况、经营业绩和现金流量，因为企业某一方面的情况及其变动有可能会受到一些偶然性或意外因素的影响。

为了排除偶然性或意外因素的影响，从而更清楚地了解企业业绩的发展历程和趋势，以及发现我们认为需要解释和进一步调查的问题，应该将分析的窗口期延长至三期及三期以上。

（2）趋势分析法的种类，包括水平分析法和垂直分析法。

① 水平分析法。水平分析法又称横向比较法，是在比较报表中用金额、百分比的形式，对每个项目的本期或多期的金额与基期的金额进行比较分析，编制出横向比较报表，以观察企业财务状况与经营成果的变化趋势。

当基数为负，而下一期间的数额为正（或正相反）时，就无法计算出有意义的百分比变动值。如果基期没有数值，也不能算出百分比变动值。即使基期有数值，但如果下一年度没有数值，变动值就是减少 100% 。

比较分析法的本质，简而言之就是对比分析，发现差异。

变动额 = 报表某项目分析期金额-报表同项目基期金额

一般而言，变动额度多少为异常，应视企业资产基础或收入基础而定，变动幅度超过20% 则应视为异常，当然这也不是绝对的，还需要结合项目的性质来判断。

② 垂直分析法。报表结构反映出各项目的相互关系及各项目所占的比重。

报表垂直分析法是通过计算资产负债表中各项目占总资产或权益总额的比重，分析评价企业资产结构和权益结构变动的合理程度。

从静态角度分析就是以本期资产负债表为分析对象，分析评价其实际构成情况。从动态角度分析就是将资产负债表的本期实际构成与选定的标准进行对比分析，对比的标准可以是上期实际数、预算数和同行业的平均数或可比企业的实际数。对比标准的选择视分析目的而定。

（四）资产负债表的分析

1. 资产负债表的概念

资产负债表是反映企业在某一特定日期财务状况的会计报表，时点表示图如图 8 - 6 所示。

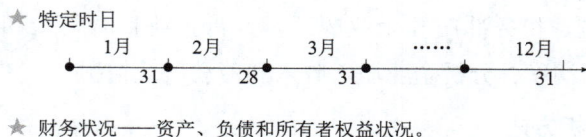

　★ 特定时日

　★ 财务状况——资产、负债和所有者权益状况。

图 8 - 6　时点表示图

2. 资产负债表的结构

资产负债表的结构如图 8 - 7 所示。

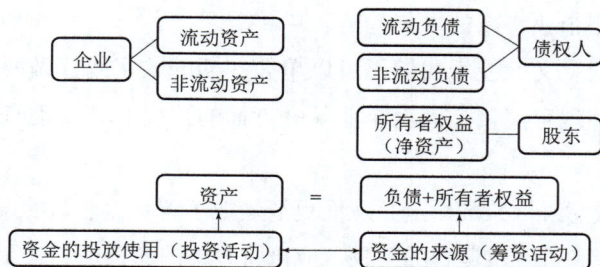

图 8 - 7　资产负债表的结构

3. 资产负债表的作用

（1）揭示经济资源总量及其分布形态。

（2）反映企业资金来源及其构成情况。

（3）获取企业资产流动性水平信息。

（4）提供分析企业偿债能力的信息。

4. 资产项目分析

（1）货币资金的分析。企业为了满足交易性、投机性及预防性的需要，必须持有一定量的货币资金。从财务管理角度来看，过低的货币资金持有量会影响企业的正常经营活动及短期偿债能力，过高的货币资金持有量会降低资金的收益性，增加持有的机会成本，在一定程度上反映出企业的货币资金管理不善。

企业资产规模、业务收支规模。一般来说，企业货币资金的规模应与资产规模、业务收支规模相匹配。资产总额越大，业务收支越频繁，相应的货币资金规模也越大。

行业特点。不同的行业有不同的业务特点，因而其合理的货币资金规模也有所不同。例如，零售企业与制造企业在相同的资产规模下，其货币资金的规模可能相差很大。

企业筹资能力。一般来说，若企业的筹资能力强，能较迅速地筹集到所需的资金，则没有必要持有大量的货币资金，企业的货币资金规模会较小；反之，若企业的筹资能力较差，在短期内很难筹集到所需资金，就需要持有一定规模的货币资金作保证。

（2）应收账款分析。对应收账款的分析可以从以下几方面进行。

①判断应收账款规模的合理性。

②应收账款规模变动的原因分析。

③应收账款账龄分析。

④应收账款的债务人分析。

⑤坏账准备计提的合理性分析。

判断应收账款规模的合理性，首先应结合企业所处行业进行分析。企业应收账款规模还与生产经营规模和信用政策有直接联系。

最后，巨额的应收账款也有可能是因为应收账款质量不高，存在长期挂账且难以收回的账款，或因客户发生财务困难，暂时难以偿还所欠货款。

（3）存货的分析。存货是企业的一项重要资产，在流动资产甚至总资产中占有很大的比重，因此在会计期末应以正确的金额将其列示于资产负债表中。

存货的计价直接影响销货成本的确定，从而影响当期的损益，因此，企业要加强对存货的管理与控制，并对其进行正确的确认与计量。

存货会计分析应从以下几方面进行。

①存货真实性分析。

②存货跌价准备分析。

③存货的结构分析。

④存货的计价分析。

（4）对固定资产的分析可以从以下几方面进行。

①固定资产的规模分析。首先应对其总额进行判断，即将固定资产与资产总额进行比较。这种分析应当结合行业、企业生产经营规模及企业生命周期来进行。

②固定资产的结构分析。一般而言，生产用固定资产所占比重越大，说明企业固定资产的质量越高。未使用和不需用固定资产对固定资产的有效利用是不利的，应该查明原因，采取措施，积极处理，压缩到最低限度。

③固定资产减值分析。考虑企业对固定资产的使用目的；考虑固定资产在企业被利用的状态如何；固定资产的资产减值损失不得转回。

（五）利润表的分析

1. 利润表概念

利润表是反映企业在一定会计期间经营成果的报表。例如，反映1月1日至12月31日经营成果的利润表，因为它反映的是某一期间的情况，所以又称为动态报表。有时，利润表也称为损益表、收益表，可以用来评价经营成果和投资效率。

2. 新会计准则下的利润表设计

利润表格式见表8-7。

表 8-7　利润表

会企 02 表

编制单位：	××××年××月	
项目	本期金额/元	上期金额/元（略）
一、营业收入		
减：营业成本		
营业税金及附加、销售费用		
管理费用、财务费用、资产减值损失		
加：公允价值变动收益（损失以"-"号填列）		
投资收益（损失以"-"号填列）		
其中：对联营企业和合营企业的投资收益		
二、营业利润（亏损以"-"号填列）		
加：营业外收入		
减：营业外支出		
其中：非流动资产处置损失		
三、利润总额（亏损总额以"-"号填列）		
减：所得税费用		
四、净利润（净亏损以"-"号填列）		
五、每股收益		
（一）基本每股收益		
（二）稀释每股收益		

3. 利润表分析内容

（1）利润表增减变动分析。

（2）利润表结构分析。

（3）利润表重要项目分析。

分析技术：水平分析、垂直分析、行业比较。

【案例分析 1】

沈阳飞跃电子科技公司利润表水平分析

沈阳飞跃电子科技公司利润表（表 8-8）增减变动分析评价。

表 8-8　沈阳飞跃电子科技公司利润表

项目	2020 年度利润/元	2019 年度利润/元	增减额/元	增减/%
一、营业收入	44 293 427	34 777 181	9 516 246	27.36
减：营业成本	29 492 530	23 004 541	6 487 989	28.20

续表

项目	2020 年度利润/元	2019 年度利润/元	增减额/元	增减/%
营业税金及附加	415 854	280 266	135 588	48.38
销售费用	5 312 516	4 395 125	917 391	20.87
管理费用	2 099 715	1 777 554	322 161	18.12
研发费用	3 994 145	3 210 433	783 712	24.41
财务费用	1 308 254	494 371	813 883	164.63
资产减值损失	419 358	789 140	− 369 782	− 46.86
加：公允价值变动损益	− 128 328	115 566	− 243 894	− 211.04
投资收益	122 666	59 437	63 229	106.38
其中：对联营企业和合营企业的投资收益	19 877	24 267	− 4 390	− 18.09
二、营业利润	1 245 393	1 000 754	244 639	24.45
加：营业外收入	1 098 296	906 133	192 163	21.21
减：营业外支出	81 146	179 153	− 98 007	− 54.71
其中：非流动资产处置损失	37 154	23 927	13 227	55.28
三、利润总额	2 262 543	1 727 734	534 809	30.95
减：所得税费用	350 608	276 283	74 325	26.90
四、净利润	1 911 935	1 451 451	460 484	31.73
归属于母公司股东的净利润	1 660 199	1 252 158	408 041	32.59
少数股东损益	251 736	199 293	52 443	26.31
五、每股收益				
（一）基本每股收益	1.24	0.93	0.31	33.33
（二）稀释每股收益	1.20	0.92	0.28	30.43

优势：

（1）营业收入（+27.36%）、营业利润（+24.45%）、利润总额（+30.95%）都有显著增长，企业经营趋势良好。

（2）销售费用的增长幅度（+20.87%）、管理费用的增长幅度（+18.12%）均低于营业收入的增长幅度（+27.36%），说明企业内部管理效率提高。

存在的问题：

（1）财务费用显著上升（+164.63%），说明企业负债比重加大，财务风险加大。

（2）公允价值变动损益下降幅度很大（−211.04%），且表现为亏损，说明公司在 2020 年部分投资性资产发生了贬值。

【案例分析 2】

沈阳飞跃电子科技公司利润表结构分析

对 ZTE 利润表（表 8–9）结构分析评价。

表 8–9 ZTE 利润表

项目	2020 年占比/%	2019 年占比/%
一、营业收入	100	100
减：营业成本	66.58	66.15
营业税金及附加	0.94	0.81
销售费用	11.99	12.64
管理费用	4.74	5.11
研发费用	9.02	9.23
财务费用	2.95	1.42
资产减值损失	0.95	2.27
加：公允价值变动损益	−0.29	0.33
投资收益	0.28	0.17
其中：对联营企业和合营企业的投资收益	0.04	0.07
二、营业利润	2.82	2.87
加：营业外收入	2.48	2.61
减：营业外支出	0.18	0.52
其中：非流动资产处置损失	0.08	0.07
三、利润总额	5.12	4.96
减：所得税费用	0.79	0.79
四、净利润	4.33	4.17

优势：

（1）销售费用与管理费用占营业收入的比重略下降（−1.02%），说明公司管理效率提高。

（2）净利润占营业收入的比重略上升（＋0.18%），说明企业对成本与费用的控制能力整体在加强。

存在的问题：

营业外收入占利润总额的比重偏大，接近利润总额的 50%，这种非经常性收益将不具有持续性，不能反复出现，使利润数值缺乏稳定性，下半年企业利润总额将可能大幅下降。

（六）现金流量表分析

1. 现金流量表总体分析

现金流量表（表 8 – 10）总体分析包括水平分析和结构分析。

现金流量表的水平分析即通过对现金流量表的每个项目前后期的增减变动来观察企业现金流的变化情况，对异常变动的原因和后果进行分析；现金流量表的结构分析是指在现金流量表有关数据基础上，分析现金流入、现金流出的构成和现金余额的形成原因。现金流量表结构分析还可以分成现金流入结构分析和现金流出结构分析。

表 8 – 10　现金流量表

项目	金额/元
一、经营活动产生的现金流量	
二、投资活动产生的现金流量	
三、筹资活动产生的现金流量	
四、汇率变动对现金的影响	
五、现金及现金等价物净增加额	
六、期末现金及现金等价物余额	
现金流量表补充资料	

2. 经营活动现金流量分析

经营活动现金流量反映了企业的自我"造血"功能，是企业现金的主要来源。相对于净利润而言，企业的经营活动现金流量更能反映企业真实的经营成果。

净利润是根据权责发生制原则计算出来的，只是账面上的盈利，并不代表企业实际的可支配资源的增加。

经营活动现金流量则反映了企业资金的充裕程度，在经营活动现金净流量为正时，金额越大，说明企业的资金越充裕，就有越多的资金用于进一步扩大经营规模。反之，若企业的经营活动现金净流量长期为负，则说明企业所得并非"真金白银"，更多的可能是体现为应收债权形式，并且其现金形式的收入已经不能支持其现金形式的支出，这使得企业盈利质量下降，风险加大，对企业经营十分不利。

（1）经营活动产生的现金流量小于零。在这种情况下，企业正常的经营活动产生的现金流入不足以支付企业经营活动引起的现金流出。在企业的初创期，由于大量的扩大生产、开拓市场的活动及产能没有达到规模经营的水平，经营活动的现金流量会出现负值，这是企业成长过程中的正常现象。

处于成长期的企业，虽然创造的现金不断增加，但由于还处在不断地扩大再生产过程中，一般不会有很充裕的现金流量。

企业处于成熟期以后，经营活动的现金流量若仍然是负的，则必须采用一定手段向短期周转中补充资金，否则会面临资金链断裂的情况，甚至导致企业破产。

在企业的衰退期，由于新产品的出现和市场占有率的逐渐下滑，在后期经营现金流量一般也会是负的，这也是企业发展过程中的正常现象。

（2）经营活动产生的现金流量等于零。这种情况下，企业正常的经营活动产生的现金流入刚好可以满足企业经营活动引起的现金流出，企业的经营现金流量处于平衡状态。这种情况下，企业仅仅弥补了付现成本，非付现成本没有得到货币补偿。

从短期看，企业无须注入资金，仍然可以维持周转。从长期来看，一旦需要重新购置固定资产，企业就面临着资金危机，必须采用一定手段融资，否则无法更换设备继续生产。

（3）经营活动产生的现金流量大于零，但是无法完全弥补非付现成本。在这种情况下，企业的经营活动现金流入足以使经营付现成本得到货币补偿，但是无法完全弥补折旧、摊销等非付现成本。由于折旧、摊销费用不需要立即支付现金，企业的日常开支并不困难，甚至会有一部分结余。但是由于积攒起来的资金不足以重新购置固定资产，企业从长期来看仍然面临危机。

（4）经营活动产生的现金流量大于零并且刚好可以弥补非付现成本。这种情况下，企业摆脱了日常经营在现金流量方面的压力，企业经营活动产生的现金流量刚好能够弥补企业的付现成本和非付现成本，维持经营活动的简单再生产，但是无法为企业的扩大再生产和进一步发展提供资金。

（5）经营活动产生的现金流量大于零并且在弥补非付现成本后仍有剩余。这种情况下，企业的经营现金流量完全弥补非付现成本后仍有剩余的资金可以用于投资活动等，有利于企业的长期可持续发展，是企业运行的一种良好状态。企业富余的现金可以用于购置设备，从而扩大企业的生产规模，使企业获得更大的未来发展潜力。

3. 投资活动现金流量分析

投资活动现金流量是指企业长期资产的购建和不包括现金等价物范围在内的投资及其处置活动产生的现金流量。

在企业的初创期和成长期，会有大规模的投资活动，从而导致企业的投资现金流量小于零。在企业的衰退期，随着产品销量的减少，一般会对固定资产等长期投资进行处置，此时企业的投资现金流量一般会大于零。

4. 筹资活动现金流量分析

筹资活动是指导致企业资本及债务规模和结构发生变化的活动，包括吸收投资、发行股票、借入和偿还资金、分配利润等活动。

如果该项的现金净流入量大幅增加，说明企业需要从外部大量筹集资金。如果筹资活动的现金净流出量大幅增加，则说明企业外部筹资规模正在收缩。

三、财务报表之间的关系

（一）从经济活动到财务报表

企业经济活动与报表之间的关系如图 8-8 所示。

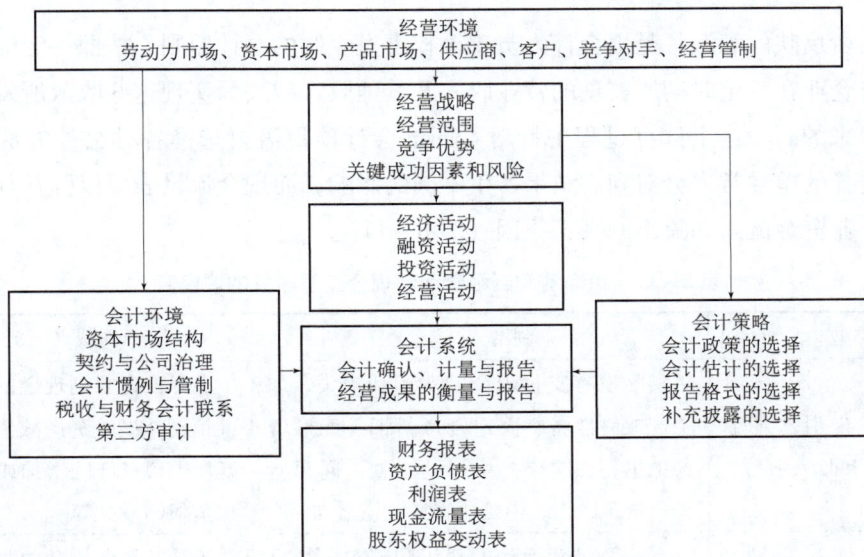

图 8-8　企业经济活动与报表之间的关系

（二）财务报表之间关系整体描述

财务报表可以在某一时点或一段时间内联系在一起。资产负债表是存量报表，它报告的是在某一时点上的价值存量。利润表、现金流量表和股东权益变动表是流量报表，它们度量的是流量，或者说是两个时点的存量变化（图 8-9）。

图 8-9　存量与流量关系示意

（三）不同财务报表之间的具体关系

1. 资产负债表与利润表的关系

（1）如果企业实现盈利，通常企业首先需要按《中华人民共和国公司法》的规定提取盈余公积，这会导致资产负债表盈余公积期末余额增加。

（2）如果企业进行利润分配，那么在实际发放之前，资产负债表其他应付款（应付股利）期末余额会发生相应增加。

（3）如果净利润还有剩余，则反映在资产负债表中的未分配利润项目当中。

2. 资产负债表与现金流量表的关系

在不考虑交易性金融资产的前提下，现金流量表中的现金及现金等价物净增加额等于资产负债表中的货币资金期末余额与期初余额两者之间的差额。

3. 资产负债表与股东权益变动表的关系

资产负债表中股东权益项目的期末余额与期初余额之间的差额，应该与股东权益变动表中的股东权益增减变动金额合计数相一致。

4. 利润表与现金流量表的关系

利润表所反映的利润，是由会计人员遵循权责发生制的会计原则，按照一定的会计程序与方法，将企业在一定时期所实现的营业收入及其他收入减去为实现这些收入所发生的成本与费用而得来的。在这个计算过程中针对不同的会计项目需要选择各种会计方法和会计估计，由于选择的差异常常会对利润结果产生不同的影响，而现金流量表可以弥补利润表的缺陷，揭示企业资金流入和流出的真正原因（表8-11）。

表8-11　由净利润到经营活动现金流量净额的调整表

类型	调增（＋）	调减（－）
调整实际未引起现金收付的费用和收入项目	实际没有支付现金的费用和损失，如资产减值准备、固定资产折旧、无形资产摊销、长期待摊费用的摊销、递延所得税资产减少、递延所得税负债增加	实际没有收到现金的收入，如冲销已计提的资产减值准备；递延所得税资产的增加或递延所得税负债的减少等
调整不涉及经营活动的费用和收入项目	不涉及经营活动的费用和损失，如投资损失、财务费用、非流动资产处置损失、固定资产报废损失、公允价值变动损失	不涉及经营活动的收入，如投资收益、财务收益、非流动资产处置收益、固定资产报废收益、公允价值变动收益
调整经营性应收项目和应付项目	经营性应收项目减少，如应收账款、存货减少	经营性应收项目增加
	经营性应付项目增加，如应付账款增加	经营性应付项目减少

【教学视频】

资产负债表分析

【模块小结】

本模块通过运用案例分析的形式学习了财务管理的目标、财务管理环境、企业成本费用的控制、在企业生产运营中对货币风险管理、企业营运的能力管理、企业风险控制管理等知识点，同学们可以结合书中的二维码进行具体学习，通过学习让同学们了解企业财务管理与成本控制在企业管理中的重要性，要学以致用，对今后的工作有所帮助。

【课外阅读——"二十大时光"】

基层发展典型案例——"五面红旗"村

【思考与练习】

一、思考题

通过案例分析企业的财务状况。

李宁是中国知名运动品牌，随着时代的发展公司的经营情况有所变化，请结合图表分析犹如"过山车"的李宁公司。分析内容如下。

1. 运用趋势分析法来分析李宁公司近十年的收入，利润情况。

2. 分析李宁公司销售增长率的变化（表 8 – 12），对企业以后的决策起到哪些作用？

表 8 – 12　李宁公司经营状况表

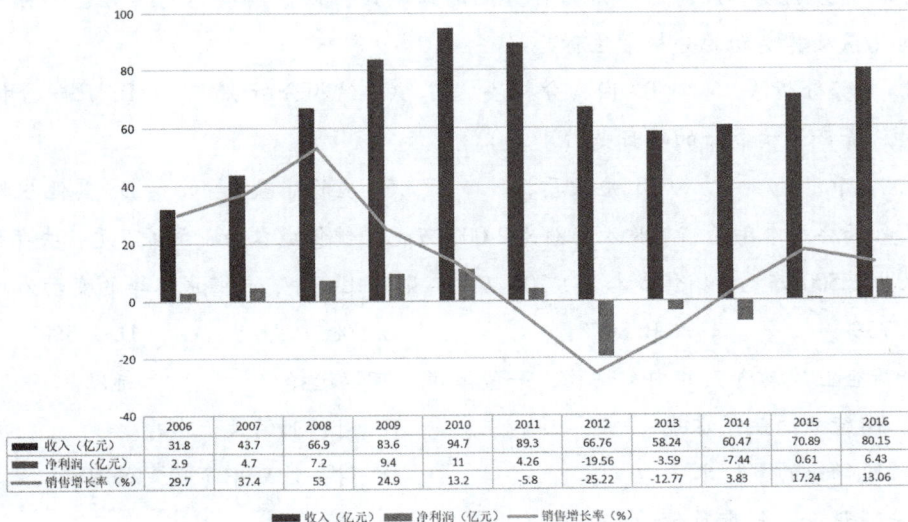

	2006	2007	2008	2009	2010	2011	2012	2013	2014	2015	2016
收入（亿元）	31.8	43.7	66.9	83.6	94.7	89.3	66.76	58.24	60.47	70.89	80.15
净利润（亿元）	2.9	4.7	7.2	9.4	11	4.26	-19.56	-3.59	-7.44	0.61	6.43
销售增长率（%）	29.7	37.4	53	24.9	13.2	-5.8	-25.22	-12.77	3.83	17.24	13.06

二、模块测试

（一）名词解释

1. 财务管理

2. 企业财务活动

3. 财务管理的目标

4. 企业财务关系

（二）单选题

1. 股份公司财务管理的最佳目标是（　　　）。

    A. 总产值最大化　　　B. 利润最大化　　　C. 收入最大化　　　D. 股东财富最大化

2. 企业同其所有者之间的财务关系反映的是（　　　）。

    A. 经营权与所有权关系　　　　　　　B. 债权债务关系

    C. 投资与受资关系　　　　　　　　　D. 债务债权关系

3. 企业同其债权人之间的财务关系反映的是（　　　）。

    A. 经营权与所有权关系　　　　　　　B. 债权债务关累

    C. 投资与受资关系　　　　　　　　　D. 债务债权关系

4. 企业同其被投资单位之间的财务关系反映的是（　　　）。

    A. 经营权与所有权关系　　　　　　　B. 债权债务关系

    C. 投资与受资关系　　　　　　　　　D. 债务债权关系

5. 企业同其债务人之间的财务关系反映的是（　　　）。

    A. 经营权与所有权关系　　　　　　　B. 债权债务关系

    C. 投资与受资关系　　　　　　　　　D. 债务债权关系

6. 以财务报表中某一关键项目的数额作为基数或整体，并将构成这一关键项目的各部分数额分别换算成对该整体的百分比即结构比，以了解整体与部分、部分与部分之间关系及其变动的分析方法称为（　　　）。

    A. 趋势分析法　　　B. 因素分析法　　　C. 结构分析法　　　D. 比率分析法

7. 对总资产影响最大的项目是（　　　）。

    A. 货币资金　　　B. 应收票据　　　C. 应收账款　　　D. 其他应收款

8. 已知丙公司本年的销售收入总额为 2 000 万元，销售成本为 1 500 万元，去年的销售收入为 1 500 万元，销售成本为 1 200 万元，则相比去年，销售成本率的变动为（　　　）。

    A. 75%　　　B. 80%　　　C. 5%　　　D. −5%

9. 分析企业流动资产的内部结构，一般来说，可以选择（　　　）为标准。

    A. 同行业的最高水平　　　　　　　　B. 同行业的最低水平

    C. 同行业的平均水平　　　　　　　　D. 财务计划中不确定的目标

10. 一般说来，短期负债的风险要（　　　）长期负债。

    A. 高于　　　B 低于　　　C. 等于　　　D. 不确定

（三）判断题

1. 在企业经营引起的财务活动中，主要涉及的是固定资产和长期负债的管理问题，其中关键是资本结构的确定。　　　　　　　　　　　　　　　　　　　　（　　　）

2. 企业与所有者之间的财务关系可能会涉及企业与法人单位的关系、企业与商业信用

者之间的关系。 （ ）

3. 股东与管理层之间存在着委托—代理关系，双方目标存在差异，因此不可避免地会产生冲突，一般来说，这种冲突可以通过一套激励、约束和惩罚机制来协调解决。 （ ）

4. 企业的信用程度可分为若干等级，等级越高，信用越好，违约风险越小，利率水平越高。 （ ）

5. 一项负债期限越长，债权人承受的不确定因素越多，承担的风险也越大。 （ ）

（四）简答题

1. 简述企业的财务活动。

2. 简述企业的财务关系。

（五）论述题

试述股东财富最大化是财务管理的最优目标。

企业创新战略

战略管理不是一个魔术盒，也不只是一套技术。战略管理是分析式思维，是对资源的有效配置。计划不只是一堆数字。战略管理中最为重要的问题是根本不能被数量化的。

——彼得·德鲁克

【能力目标】

通过本模块的学习，能够认识战略与战略领导力，掌握大数据战略思维，并能够理解企业成长与战略性社会责任的关系，认识到合作战略会为企业带来创新，理解通过收购实现创新的方法，并在今后加以运用。

【素质目标】

能够对新时代战略领导力有较为清楚的认识，理解大数据战略思维；理解企业的成长离不开战略的创新，并能够应用到今后的工作和学习中，遵守职业规范。

【知识结构】

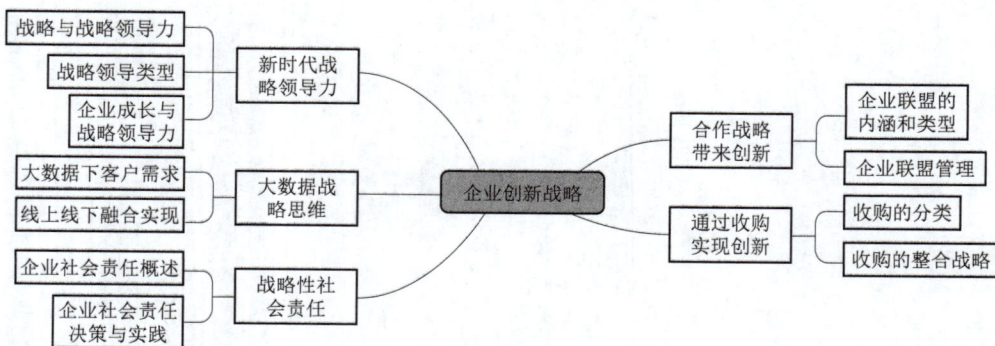

学习单元一　新时代战略领导力

【学习目标】

1. 认识战略与战略领导力的含义。
2. 掌握战略领导类型。
3. 能够理解企业成长与战略领导力直接的关系。

【学情分析】

1. 学生对企业现状存在模糊认识。
2. 学生往往不理解战略的真正含义。
3. 学生对企业成长过程认识不够。
4. 学生接触实际案例机会较少。

【单元导入】

谁与争锋——华为还是小米？

华为在互联网时代冷静思考，坚持"乌龟精神"，实施开放、合作、创新的策略，按实缴纳专利使用费，最终以价格和技术的破坏性创新彻底颠覆了通信产业的传统格局。而小米手机则捧红了"互联网思维"，以营销、设计与生产为核心竞争力的小米模式开拓了巨大的"蓝海市场"。创新，要华为还是小米？

华为"技术派"：开放、合作、创新

在华为的"管理词典"中，"创新"一词出现的频率并不高，任正非在他创业 20 多年来的上千次讲话和可见的文件中提及"创新"一词似乎也很少。尤其在"互联网思维"风靡整个中国产业界的当下，任正非却在华为 15 万员工中大谈以乌龟精神追赶龙飞船，要求上上下下"拒绝机会主义"，沿着华为既定的道路，不被路旁的鲜花干扰，坚定信心地朝前走……

过去 20 多年，全球通信行业的最大事件是华为的意外崛起，华为以价格和技术的破坏性创新彻底颠覆了通信产业的传统格局，从而让世界大多数普通人都能享受到低价优质的信息服务。

华为的创新从用户需求开始。整个企业的研发流程，建立在理性决策的基础上，建立在市场需求——显性的客户需求与隐性的客户需求之上。在创新过程中坚持开放合作，这包括专利互换、支付专利费等。光支付给美国高通公司的知识产权费用，累计已经超过 7 亿美元。任正非有一个比喻，千军万马攻下山头，到达山顶时，发现山腰、山脚全被西方公司的基础专利包围了，怎么办？唯有留下买路钱：交专利费，或者依靠自身的专利储备进行专利互换。不要存侥幸心理，不能幻想把在中国市场成功的一套打法应用到国际市场。过去华为与很多西方竞争对手都建立过合作研发的组织，与德州仪器、摩托罗拉、IBM、英特尔、朗讯等成立联合实验室，与西门子、3COM、赛门铁克（Symantec）等西方公司成立合资企业。

华为在研发体制上的重大创新之一，是与全球诸多大客户包括沃达丰等运营商建立了28个联合创新中心，这不但是创举，而且曾经被华为的竞争对手们仿效，却由于成本等因素，而鲜有模仿成功。所以，华为的创新信奉的是西方规则、美国规则。华为每年要向西方公司支付2亿美元左右的专利费，每年拿出1亿多美元参与一些研发基金，并且参与和主导了多个全球行业的标准组织。

小米"模式派"：营销、设计与生产

小米的营销主要通过社交网络传播，成本极低。很多人认为，互联网模式就是"绕过经销商，直达客户"。其实，互联网营销的成本未必比传统媒体低多少。门户网广告、关键词搜索、页面点击、cookie推送等互联网营销方式都会吞噬大量的利润。但是，微博和微信朋友圈的"口碑营销"却不会。雷军作为微博"大V"，利用网络经济的马太效应，制造着一个个话题，大量获取真实粉丝，低成本流量大幅扩大。

为发烧而生的小米"设计"。雷军是互联网出身，对互联网产品有着高于同行的认识。于是，在智能手机还没有走进大众视野的时候，先行推出MIUI和MIUI社区，掌控了大量"发烧友"资源。每天都有小米的工作人员在MIUI社区上和粉丝沟通，改进产品设计。而小米也一直坚持一周一个版本的更迭。这种迭代速度，也保证了MIUI的高质量。小米成功地抓住了"发烧友"这个群体，小米认识到，"发烧友"是智能手机用户的"意见领袖"。掌握了这个群体的口碑，就掌握了大量从非智能机转向智能机的用户流量。

先订货，再生产，再出货，基本零库存。通过预付模式，小米成功地降低了库存成本。在预付模式下，利用出货时间与预定时间的时间差，极大缓解了硬件成本压力。利用大量的用户订单进行单机型生产，非常容易形成产品线上的规模经济。

小米通过剔除营销费用，提升用户价值。小米的成功在于其营销费用占比极低，2013年，营销费用占收入比重仅为3.2%。小米的核心竞争力也来源于此。然而，小米的营收中，94%来自手机销售，仅1%来自包括移动游戏在内的软件服务。小米是通过硬件盈利的，软件不赚钱，这一点绝非"互联网思维"，这凸显了小米模式的困境。

正如西门子所说："只要你精力旺盛，你就在成长；一旦你成熟了，你也就开始腐烂了。只有不断地寻找新的生长点和发展点，你才会不断地前进。不管你有多大年纪，只要你保持创造的欲望，你就能像孩子般地充满活力。只有坚信自己可以创造的人，才可能有所创造。西门子公司就是在不断地创新中向前迈进的。创新固然需要巨大的风险，但是任何一家成功经营的企业都离不开创新这个核心。我们公司从一开始就将创新作为企业的灵

魂。"正是不断地创新、创新、再创新，这才有了西门子公司今天的成就。

问一问：

1. 案例中是什么为企业带来了希望和未来？
2. 在本案例中，华为和小米的优势在于哪些战略创新？

【任务导入】

你认为什么是战略？你知道战略领导力的含义吗？

【经典案例分享】

新时代战略领导力——华为还是小米？

【应知应会】

一、战略与战略领导力

（一）战略领导力的概念

战略领导力是领导力的一个子集，是作为战略家的领导者所应具备的领导能力的总和。一些学者如霍斯莫、希特、索西克、德特立、海因特哈伯、弗雷德里奇、克罗斯安、维拉等，都对战略领导力进行过定义。归结前人观点，战略领导力是组织制定并执行战略的战略，它的核心在于构建组织的动态能力，目标是组织的持续发展。战略领导力的特征有：第一，强调愿景等长远的复合型目标；第二，注重组织的整体平衡；第三，强调领导者的榜样作用；第四，关注结果而非过程；第五，强调情境控制而非对被领导者的影响。

从直观上看，战略领导力是"领导力"与"战略"的结合，包括了构建愿景、指明战略实现路径、制定发展策略、构建基于战略的组织结构、合理分配战略资源、平衡关键利益相关者的利益及谋求组织可持续发展等内容。

（二）战略领导力的结构

根据中国科学院领导力课题组对战略领导力模式的研究成果，战略领导力的结构包含愿景、路径、结构、均衡和持续五个层面，如图 9-1 所示。

这五个层面之间相互联系、相互影响，路径、结构、均衡、持续四个层面都受到愿景层面的直接影响，它们围绕着组织的愿景展开，以实现愿景为目标，存在着闭环的因果逻辑联系（图9-2）。为实现特定的组织愿景，必须设计相应的发展路径；而为了能沿着所设计的路径运行，又必须建构适合的组织结构与流程。其中，组织结构与流程的核心就是分配战略资源的机制。在分配资源的过程中，必然会牵涉利益相关者的平衡问题，要保证组织能适变、应变与和谐发展；另外，还要均衡现实与未来的资源需要，增强组织柔性，开展传承计划，以有效应对变革；最后，组织将根据情境变化调整、强化愿景，并选择相应发展路径，从而开始新一轮的循环。

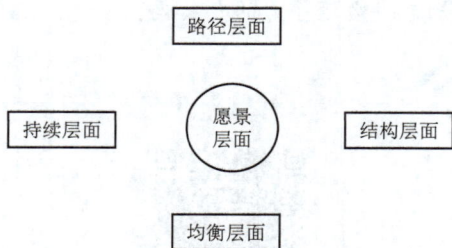

图9-1　战略领导力的结构

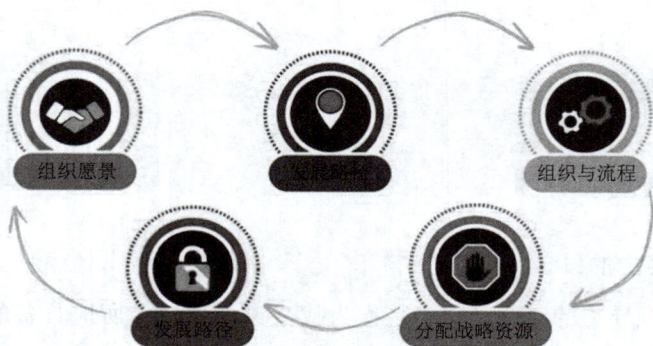

图9-2　五个层面的关系

测一测

请说出战略领导力的五个层面。

【教学视频】

战略领导力的五个层面

二、战略领导类型

（一）合法性领导力

通用汽车公司前任总裁、杰出的商界战略领导人阿尔弗雷德·斯隆这样阐述他对战略领导的看法："企业的战略目标是通过投入的资源创造满意的回报，而且如果回报不能令人满意，就必须纠正缺陷或将资源流向别处。"

斯隆的话清楚地暗示对投资回报的积极追逐是企业的基本抱负。整体看来，他的看法除得到社会的认同外，也得到其他商界领导人的认同。斯隆和其同代人并没有合法性领导的需要。作为社会的主要经济结构，企业的中心地位是显而易见的。企业界内部和外部的普遍看法是，基本的游戏规则是自由放任——企业有在社会最小干预下追逐利润的自由。当然，"自由企业"偶尔需要政府的保护。但这是低于优先任务的，通常授权给参谋性质的公共关系部门办理。

非营利组织是由政府和公众创办的。它们的合法性通过补贴不断得到确认，其行政阶层的工作就是提供分配的公共服务。

现如今所有主要社会公共机构的合法性都受到挑战和重新检查。企业、大学、医院、邮政局的本来角色问题成了标题新闻，这是政府的当务之急，对受到影响的社会公共机构的经理们来说也是一个挑战。这一挑战是社会从工业化时代向后工业化时代转变的征兆。在工业化时代的几百年间社会价值观念和抱负变得清晰、稳固，各种社会公共机构建立和发展起来以体现这些价值观念。当前社会价值观念急剧变化的主要后果之一是提出了现有社会公共机构延续的合法性和存在的理由问题。在过去类似的动荡社会转变发生时，导致了一些社会公共机构的消失，而剩下的那些被改造了，为新社会服务而设计的新的社会公共机构就此诞生。

如果这个问题出现，战略领导需要今天的经理们具备观念、态度和技能，而这往往是他们所缺失的。为了积极地处理合法性问题，领导人需要理解超出企业界范围的社会问题。他们还需要像所有优秀的政治家们那样，理解在决定 ESO 的大政方针时分享权力的集团和个体的思想观点。除理解外，他们还需要尊重和普遍容忍对立的思想观点的态度。作为战略领导的实践者需要处理政治过程的技能：谈判、冲突避免、冲突解决。简而言之，扮演合法性领导角色的经理需要国务活动家或政治家那样的才能。

（二）决策领导

我们已经看到战略领导人过去对合法性领导缺乏兴趣。现在我们转向关注战略决策领导，它是选择 ESO 战略行动推力的过程。由于总经理对战略领导缺乏认识，无须谈及非营利组织。它们的战略行动通常是递增的和可变的，取决于政治力量的互动和环境的影响。

从整个商界来看，人们发现合法性领导的缺乏超过了进取性决策领导的补偿。速度增长、产品与服务的激增、有私营企业参与的市场的不断扩大令人印象深刻。但在整体上，正如我们在论述抱负时已经分析过的，决策领导的进取性、理性和成功有明显区别。它是分层次的，从发明和带头发展的少数进取企业，到追随领先者脚步的大多数企业，再到消极抵制发展的极少数企业。

即使在大企业，创造性决策领导经常是与企业高层中有魅力的、具有创业精神的和强有力的关键个体结合在一起的。在美国，通用汽车的阿尔弗雷德·斯隆、宝丽来的埃德温·兰德、德州仪器（Texas Instruments）的帕特·帕蒂森（Pat Patterson）、亨利·福特、IBM 的老沃森和小沃森（Watson）、道格拉斯航空（Douglas Aircraft）的唐纳德·道格拉斯（Donald Douglas），以及许多其他人的名字，都是与技术和营销发展的开拓性行为结合在一起的。

由公司总部承担战略决策领导会增加企业面临棘手的合法性问题。例如，这种情况最近发生在了通用汽车。该公司所有分部的战略行为都受类似的政府条例的影响已是显而易见。

现如今，在工商企业中可以发现几种类型的战略决策领导：①战略领导属于公司总部以下层次总体管理阶层的情况；②技术专家是战略领导人的"加尔布雷思式"情况；③越来越常见的公司管理阶层管理企业战略领域的组合、较低层次的总经理负责组合内部各个领域的情况。

总体来看，虽然商界的决策领导是进取的和成功的，但领导的理性显然是混合的。首先，许多战略领导人坚持把企业抱负建立在利润最大化基础上，即使是在其他人群的价值观念必会影响抱负的明显情况下。

其次，战略行动的选择在许多情况下不是最令人满意的。在某种程度上，这种不满意是因为政治影响，使战略领导偏离了选择的方向。在某种程度上，原因是领导人自身"信息的无理性"，是对外部环境的感知被扭曲的结果。在某种程度上，原因是"文化无理性"——追求熟悉战略并在它们对企业变得无理性后仍长期与其一致的经理们的坚持。

这类组织的无理性时常导致战略领导人的过时。当经理们拒绝对变化的环境作出反应，他们的战略行为就会出现机能障碍。这类经理们迟早要为失去机会和失败承担责任、名声扫地和被那些准备为变化作出反应的人取而代之。

我们最后的评论是用战略决策领导处理系统的角色和分析问题解决过程。现如今，有一种奇特的似是而非的矛盾说法，认为战略角色是管理最复杂和最重要的方面，战略决策的过程是所有管理决策过程中最缺乏系统性的过程。这并不是说决策过程不用缜密思考和深思熟虑，而是说在战略决策中要处理的问题的复杂性与研究解决方案的正式分析的程度之间存在相反关系。

解释这种矛盾说法的原因有很多。首先，许多经理和学者仍把战略决策过程看作难以理解的行为，他们的基本的创造力和远景被使他们系统化的企图破坏掉了。因此，有些观察家建议在战略上的动荡时期经理们应该放弃系统，回归建立在经验和直觉基础上的"简单管理"。许多并不打算系统化他们的战略思维的经理们欣然接受了这一建议。

其次，仅仅到 20 世纪前为止，战略决策并不是重点。因此，管理系统和问题解决过程是为了满足非战略决策和过程的需要而建立的。

再次，系统的战略决策与流行的、根据过去的经验预计未来（预先性）、稳定的、反应性的文化是格格不入的。

最后，系统的战略决策技术是在 20 世纪发明的，仍在缓慢发展中。处理逻辑推力的那部分技术发展顺畅。失去了战略决策领导的心理—社会—政治方面的理解和技术。

但除了这些意见，现如今有比通常认为的更多对战略决策的系统研究。资本预算过程是所有企业的标准，新投资计划和并购分析也是如此。多数企业的研发活动都采用项目评价技术和系统。研发预算是年度预算过程的一部分。越来越多的企业决策依靠环境监控。长期计划普及了，战略计划在经过十年酝酿期后终于出现了。

预计未来并不难。实际上，当企业面临的问题是新颖的、与以前的经验无关时，直觉和经验就变得无效。因此，除权宜之计外，退回到凭直觉的"简单管理"是不可能的。更可取的是加强搜寻具有解决新颖的、复杂的、非结构化问题的天赋才能的、有创造力的经理。通过新教学技术，这些经理们的才能会越来越得到发展和培养。战略系统不仅会越来越多地取代新的有创造力的个体，而且以基本的战略信息和复杂环境的分析支持他们。系统也会越来越多地满足战略领导人相互多种联系的需要。

（三）行动领导

将决策领导与行动领导分开是人为的，因为二者是"同一块硬币的两面"，在时间和空间上是分不开的。许多决策过程研究指出一个事实，即把领导分为先"计划"后"执行"并不表示决策和行动在复杂的连续反馈模型中是交织在一起的战略实际。

但是，为了阐述清楚，分开还是有用的，因为这两个决策面需要战略领导人的不同努力，需要不同的技能和才干。决策领导需要安排信息、智能、问题解决技能和开发战略行动方式的创造力。首先，行动领导需要安排社会力量和激励以开展决策活动，即使后果可能是不想要的。其次，行动领导需要安排解决战略决策的执行，即使执行过程导致不想要的行为变革。行动领导确保解决困难的、棘手的问题的意志，决策领导确保创造性地解决这些问题。

在战略推力稳定时对两种领导的需要最少。对推力的进取性的需要逐渐增加。两种领导的最大需要是在推力水平发生对 ESO 的主导文化不利的变化期间。如后面所述，领导人引导这类情境的能力受制于他们掌握的权力。

推力转变所需要的智力的和社会的领导技能的结合只在杰出的个体身上发现。战略领导人经常要么有智能，要么有社会魅力。这种两重性导致几种行为类型。第一种类型是"分析麻痹症"，计划由不切实际的领导人制订与修正，但不见后续行动。第二种类型是"战略实用主义"，战略领导人不相信分析和创造力。这通常导致渐进的"胡乱应付"的战略行为。第三种类型是前面讲过的管理过时的变体，目光远大、有创造力的领导人扩大企业活动的领域和范围，但不能安排社会力量转化为利润的扩大。其他领导人被引进取代原有领导人，管理产品和市场的开发，整合并购的子公司，管理新建的合资企业。

领导技能还有其他很多方面，如沟通。话要说得清楚是沟通的首要一环，说话模棱两可，就会造成对方的误解。有时因句子结构错误，表达的意思不清楚而影响沟通，特别是一些正式场合，如演讲，必须清楚，因为你没有第二次去澄清自己观点的机会。

【案例分析】

通用汽车公司的前身是 1903 年由戴维·别克创办的别克汽车公司，1908 年，美国最大的马车制造商威廉姆·C. 杜兰特买下了别克汽车公司并成为该公司的总经理，同时推出 C 型车。为了推销这种汽车，杜兰特迅速建立了一个经销网络并吸引了大笔订单，远远超出了公司的生产能力。此时，别克汽车公司已经成为全美主要汽车生产商，杜兰特很想结束当时汽车工业数百家公司并存的局面，因而大力支持本杰明·克里斯科将别克、福特、马克斯韦尔—布里斯科、奥兹等几家主要汽车公司合并的建议，但协商因福特公司要价达 800 万美元之巨而以失败告终。同年，杜兰特以别克汽车公司和奥兹汽车公司为基础成立了一家汽车控股公司——通用汽车公司（GM），1909 年又合并了另外两家汽车公司——奥克兰汽车公司和凯迪拉克汽车公司。

一百年以来，通用汽车及其产品已触及全球无数消费者的生活。经历了一百年的创新和发展，从 1908 年 9 月 16 日最不被看好的开始到斯隆（Alfred Sloan）著名的"不同的钱包、不同的目标、不同的车型"战略；从全球第一款量产跑车到第一款燃油效率达到每百公里 3.53 L 燃油（80 英里每加仑）的汽车；从收购雪佛兰、欧宝、沃克斯豪这些世界著名汽车品牌到如今重点发展新型"绿色"动力推进技术，通用汽车发展的市场已远远超出公司诞生地。

测一测

请结合案例说一说所举案例中体现的理论知识有哪些。

三、企业成长与战略领导力

战略领导力的最终目的是利用现有机会并创造新机会。

（一）诱导性战略

为了保持长期有效性，战略领导力必须能够在熟悉的环境中抓住和利用现有机会。因此，高层管理者通常采取一种自上而下的战略过程，将组织深层的战略行动（能够显著投入关键资源的人）和公司战略联结起来，追求路径清晰的成长机会。这一过程称为诱导性战略过程（Induced Strategy Process），将行动和战略相结合以把握机会。诱导性战略过程中战略领导力的另一种作用是与当前的产品市场紧密匹配，英特尔公司的安迪·格鲁夫将这种战略领导力称为给组织"定向"（"vectoring" the organization）。但是，这种战略引航者也有使发展的动力变为惯性的风险，并经常被现有环境锁定。尤其是当公司取得杰出成就时，更容易被禁锢于特定环境中，就像英特尔和微软在 PC 行业的例子一样。另外，这些重大的成长机会最终往往减少（如 PC 受到平板电脑的冲击），甚至不复存在（如小型计算机、化学成像和传真机）。

（二）创业精神的员工

公司往往幸运地拥有一些具有创业精神的员工，他们尝试在新兴环境中发现新的商业机会，由下至上地开展，这被称为自主性战略过程（Autonomous Strategy Process）。通过自主性战略过程，企业能够探索现有战略之外的新机会，这往往来自那些创业型员工依据新的环境要素将组织竞争力拓展到其他领域。另外，自主性战略过程中战略领导力的作用还体现在保持企业的演化能力。这些自主性战略行动往往对公司现有战略起到补充作用，能够在面对替代风险的早期阶段发出信号，如颠覆性技术。为了维持这种自主性战略过程，打破现有环境的局限，许多大型公司都采用了促进多样性的方法，如 3M 公司的"15% 规则"和谷歌的"20% 时间"。惠普首席战略官比尔·布劳内尔表示，惠普实验室（公司研发部门）的"臭鼬工厂"计划就是因这个目的而设计的。

（三）自主性战略

自主性战略过程时常带来不同的战略领导力挑战，这与诱导性战略过程有所不同。因为自主性战略活动很可能分散在组织的多个部分，需要进行整合以创造出全新的、能够推动公司发展的力量（后面我们将提供惠普公司的三个例子）。这种集聚力和规模效应需要高管的支持，因为他们能够勾画出一个新业务领域的战略，来说服其他主管"交出"那些看似孤立的自主性战略项目。另外，这些高管需要得到高层的支持，以便必要时获取互补资产扩大新业务。

推动自主性战略活动的高管需要投入很多精力劝说高层调整企业战略，将自主性战略举措整合到诱导性过程中，共同推动公司进步。前 IBM 公司 CEO 郭士纳回忆起一个有力的例子。时任 IBM 集成系统服务公司主管的丹尼·威尔士（Dennie Welsh）曾向郭士纳建议，全球化服务未来是 IBM 的一个巨大的机遇，尽管当时服务环节只是销售部下的一个子部门。郭士纳说道："我的大脑一下子被点燃了。不仅是因为他说出了我曾作为客户时所想要的东西，还因为他懂得客户在什么时候愿意掏腰包——这不只是 IBM 未来的商业机会，也意味着整个行业即将重构，围绕解决方案而不是零散的碎片。"

另一个例子是关于"自上而下"的苹果公司为 iPad 开发多点触控技术（Multi-Touch）。尽管史蒂夫·乔布斯在自传中提到是他要求团队在屏幕上实现多点触控，但是团队领导者乔纳森·伊夫（Jonathan Ive）却有不同的回忆：他说他和团队在 MacBook Pro 的触控板上开发多点触控技术的同时，尝试将其拓展到屏幕上。他们用投影仪展示了设想的结果。伊夫告诉他的团队："这将改变一切。"但是他没有马上向乔布斯报告，因为这是团队成员在空闲时间进行的研究，他不想打消他们的积极性。"因为乔布斯有的时候很武断，我不想在别人面前向他展示这个，"伊夫回忆道，"他可能会说：'这东西根本没用，别扯了。'"

能否利用这些自主性战略举措取决于公司高级主管的战略认知能力（Strategic Recognition Capacity）。战略认知意味着有的管理者（一开始可能只有少数几个人）能够从潜在的活动中察觉到行业里正在发生的细微变化，这些变化常常意味着未来即将出现的机会或威胁。另外，这些管理者愿意并且能够将他们的洞察传递给其他同事或更高级的管理人员，为后续变革的开展打下基础。一位惠普实验室的科学家提到了一个有力的例证："迪克·哈克本（Dick Hackborn）在喷墨打印机的项目中起到了关键作用，他说这是惠普应该做的事。"

像惠普这样拥有较高战略领导力的公司往往清楚，诱导性活动和自主活动对于企业决策都起到举足轻重的作用，才会允许放权和松散的组织设计以保持一定比例的自主活动。也正因为如此，高管能够选择合适的时机（当自主活动表现出可行性时）将其整合到诱导性过程中，应对环境动态性。自主性战略活动很可能失败，因此需要合适的战略领导力原则来决定终止哪一些活动，以及何时终止。如果没有这样的原则，那些没有前景的自主性战略活动将会造成资源浪费，破坏创业型员工的职业发展。

战略环境确定（Strategic Context Determination）是自主性战略决策过程的一部分，正是在这种情况下战略领导力才得以发挥作用。战略环境确定有助于解决新涌现的自主性战略举措与现有企业战略之间的紧张关系。

【测一测】

1. 请说出自主性战略对公司有哪些益处。

2. 在【单元导入】案例中，如果你是华为或小米公司的领导者，你会对公司提出哪些战略对策呢？

【教学视频】

新时代战略领导力

学习单元二　大数据战略思维

【学习目标】

1. 认识大数据战略思维的含义。

2. 掌握大数据下客户需求的变化。

3. 能够理解线上与线下融合实现的重要性。

【学情分析】

1. 学生对企业现状存在模糊认识。
2. 学生往往不理解战略的真正含义。
3. 学生对企业成长过程认识不够。
4. 学生接触实际案例机会较少。

【单元导入】

赵勇的"三板斧"与长虹的智能化战略

2014年3月31日，长虹集团董事长赵勇再次站在长虹智能空调CHiQ的新品秀会场，"赵布斯"与现场情景剧亦庄亦谐地互动，让发布会现场充满了喜感。这是赵勇第三次为长虹CHiQ系列新品发布"站台"，从CHiQ电视到CHiQ冰箱，再到CHiQ空调，赵勇节奏紧凑地向智能家电挥了"三板斧"，赚足了市场的眼球，也赢得了资本市场的认可，从2014年的1月1日到3月31日期间，上证指数上涨3.13%，而同期四川长虹和美菱电器分别上涨了12.24%和23.75%。

作为一个老牌家电企业，获得资本市场的认可非常不易，而更难的是在当下和不远的未来去获得新兴消费群体的认可。

赵勇的"三板斧"不仅仅是挥向智能家电，更希望挥出长虹的未来。"长虹现在是一个智能终端的企业，是一个大数据的企业"，赵勇认为。

赵勇希望以"三板斧"为先导的智能化战略让长虹摆脱了传统家电制造企业的身影。在2013年10月份，长虹首次发布公司面向互联网时代的全新战略规划和产业布局。在长虹"新的三坐标战略"体系中，首次提出将智能化、网络化和协同化作为新的三坐标体系的发力方向，通过各类智能化的终端，与网络化的云服务平台和相应的大数据商业模式开发，再引入协同一体化的解决方案，最终在互联网时代激活长虹原有的家电、手机、信息等各类消费电子业务，从而在消费市场上释放新的竞争力，进而为长虹系品牌注入新的活力。

最终要让长虹的"新三坐标战略"落地，还需要有智能化的终端，或者需要有打动消费者的产品或应用，长虹CHiQ电视、冰箱、空调的陆续发布也被视作这一战略的执行。CHiQ电视被视为"中国首台实现三网融合的新智能终端"，具有分类看、多屏看、带走看和随时看的功能；CHiQ冰箱通过云图像识别技术，实现省心、省事、省钱；而CHiQ空调基于人体感状态感知技术，主动识别人体物理、生理和心理，以及周围环境状态，适时动态调节空调各项运行参数，通过多种应用场景模式而不是纯粹的功能来满足用户需求，开创了"软件+应用场景模式"的发展新方向。

长虹三个月内发布的三大品类的智能产品吸引了不少关注，也为长虹下一步由点到面布局家庭互联网、构建智能家居落下了重要"棋子"。从产品和应用层面来看，虽谈不上"颠覆"，也不乏一些有价值的应用创新，但至少产品的开发思路有明显转变，以人为中心，以用户切实需求为研发重点。从行业层面看，长虹的CHiQ发布是家电企业在新环境下"蝶变"的尝试。在这点上，我们或许可以为赵勇鼓掌，为长虹叫好。在变革年代，积极拥抱变革，是一种"在路上"的心态，也是一种进取的态度。

问一问：

1. 案例中长虹的战略布局胜在哪里？

2. 通过案例思考，在大数据的今天企业和消费者在供需上发生了哪些变化？

【经典案例分享】

"三板斧"与长虹的智能化战略

【应知应会】

一、大数据下客户需求

（一）互联网时代的战略与创新

创新的主体往往是那些创业企业，它们要创新才能活下去。大企业在保持相同水平的创造性和自由度方面远远落后于创业企业。谈到支付宝，马云说，创新是"逼出来的"，支付宝的模式谈不上创新，甚至很愚蠢，就是"中介担保"。我们不想去创造一种新的商业模式，只不过是为了解决很现实的问题。互联网技术的普及，使创新的发生平民化、分散化，创新不一定由技术专家发起，也不一定集中在大企业内部。尤其在消费类电子产品行业，互联网技术培育了多样化创新的土壤（图9-3）。

图9-3　互联网的基本需求

在移动互联时代，每个创新企业都是创新浪潮中的一朵浪花，总是有的倒下，有的重新兴起，正是这些不断尝试新思维和新方式的企业推动了创新涌现。行业管制激发了阿里巴巴的创新，倾听用户成就了小米的创新，微信的创新则是现有产品和模式的混合……总之，我国企业的创新文化已经形成。国内已经有一批雄心勃勃的创新和创业企业。这些创业企业锐意进取，并不因为缺乏支持而畏步不前，善于在变化的世界中找到成功的诀窍。虽然创新资源有限，乃至一贫如洗，但国内的创业者却能够容忍风险，并在短时间内采取大胆的决定，他们相信自己可以实现"弯道超车"，甚至发现新的技术路径。在此背景下，他们中的很多人成为勇而无惧的创新者。

（二）移动互联时代的用户需求

如果能够明确问题是什么，便不再是问题。对于互联网，专家对于"什么是互联网思维"各抒己见，企业家面对互联网却焦虑不堪，根源便在于互联网影响的不确定性。每个企业都想拥抱互联网，可是不知从何做起。消费者在移动互联时代的消费习惯和内容已经大幅改变。互联网时代，各种创新层出不穷，哪个创新能够变成真正盈利的产品和服务呢？马化腾说，搞不懂年轻人，就搞不定产品和服务。互联网尤其是移动互联已经深刻影响人们的生活，企业需要充分考虑这个时代用户的习惯与偏好（图9-4）。

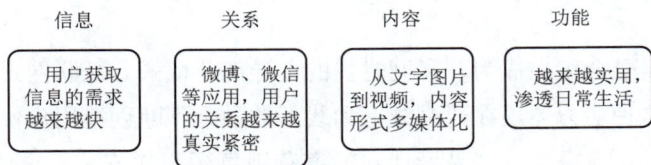

信息	关系	内容	功能
用户获取信息的需求越来越快	微博、微信等应用，用户的关系越来越真实紧密	从文字图片到视频，内容形式多媒体化	越来越实用，渗透日常生活

图9-4　用户需求

看不懂年轻人的喜好是每个传统企业最大的担忧。一个著名导演和女儿谈起电影《哈利·波特》系列的拍摄，导演父亲内行地说，这个镜头是如何拍摄的、那个场景是如何布置的……女儿的回答却"完全不是那么回事"。然后，告诉父亲那个是微缩景观、那个是电脑动画……导演父亲问为什么，女儿的回答是："因为我至少已经看过100遍。"

互联网时代的"粉丝经济"可能不再是简单地盲从，而是发自内心地喜爱和对于技术的苛求。与苹果手机的产品权威态势恰恰相反，小米手机发动"米粉"一起做智能手机、智能电视等，也是利用用户的知识和技术实现开放式创新。企业与用户零距离，倾听用户的声音。

2014年年初，一场演讲在万科总部进行，在万科总部会不时看到来自不同领域的专家为管理层讲课。所不同的是，此次演讲嘉宾是一位"90后"女生——经营情趣用品的互联网创业红人马佳佳，听众则是这些久经沙场的万科高层管理者。马佳佳从"70后""80后""90后"三代人的区别，讲到年轻人要结婚的理由，最后的答案却告诉万科高层，"90后"是理想化、个性化的一代，在互联网浪潮下成长的"90后"，压根不需要买房。

年轻人所能引领的思潮不可估量。值得注意的是，电影《小时代》迎合了互联网时代年轻观众的口味。所以，请听听年轻人的想法，"小伙伴儿们喜欢吗"，有时比行业专家要看得准。互联网正在"去权威化"，专家学者的知识创新不一定能够赶得上"百度文库"的更新速度，富有经验的管理学者也有必要弯腰向"90后"女生求教。这可能也是万科的初衷。互联网精神是什么，大家各有高见。正是因为观点的不同，才有了互联网创新的浪潮，每一个新思维都是其中的一朵浪花，推进移动互联时代的进步。基本而言，互联网精神是要零距离（倾听用户的声音）、网络化（保持开放与互联网接触）。只有这样，才能够准确发现用户需求，并快速满足、创造出用户价值。

测一测

简述互联网的今天客户需求与以前有什么不同。

互联网时代用户需求

二、线上线下融合实现

线上线下的虚实融合正在成为互联网时代的主导商业模式。互联网思维对于企业能力提出了全面的要求，这种能力体现在通过线上和线下的融合不断创造用户价值。虚实融合已经体现出平台的特征，企业需要从产品设计到渠道营销再到配送安装，全流程吸引用户参与，引领创新，满足用户个性化的体验和需求。

传统的对于线上和线下之间关系的理解可能会出现一些偏差，如认为消费者是线下体验、线上购买，企业则是线上和线下渠道的差异化，这是一种割裂的思维。在互联网时代，用户的需求是"个性化的全流程体验"，这表现在用户参与产品设计、友好的购物界面、全流程信息可视化、快捷的配送和安装服务。在线上，用户不仅需要友好的购物界面，还需要参与到产品的设计中去；在线下，用户不仅需要实体店良好的购物环境，还需要快捷的配送和安装服务。线上线下虚实融合的内涵已经不断得到扩张，只有全流程地给予用户最佳体验，才能满足互联网时代的用户需求。

（一）线上体验

1. 用户参与产品设计

线上的含义变得更加宽泛，不再仅仅是渠道和购买的概念，用户在线上越来越多地参与到产品设计中来。小米手机是用户在线上参与产品创新的典型，因为是用户自己设计的产品，更加能够满足其需求。小米手机无论操作系统，还是手机的功能，都体现了用户参与的理念。例如，标记陌生电话，每个手机用户都可以标记推销广告、电信诈骗等手机号码，通过云技术，当被标记的电话打给一部小米手机用户时，就能显示出这个号码被标记的类别和次数。小米手机 MIUI 系统最大的特色就是定制主题，"米粉"们创造了各种主题模式，其他小米用户可以自由下载，例如"自由桌面"就把现实中的工作桌面模拟放到屏幕上，而不是普通智能手机的模块化桌面。小米具有"互联网思想"，发动数百万网友一起做手机，"米粉"们热情参与，充分发表自己对于产品的意见，累计在小米论坛提交了超过 1.3 亿篇技术帖。用户参与设计的产品，更容易获得用户的认同，用户购买后愿意推荐给朋友。由于采用用户口碑营销，小米手机的广告投入几乎为零。

2. 友好的购物界面

在线上，天猫、京东、苏宁易购、亚马逊等电商平台的用户界面已经非常友好和完善。首先，产品推荐管理。电商平台采用大数据应用，发现用户的购物偏好，并向用户推荐他们可能要购买的产品。其次，管理用户预期。用户从网上下单那一刻开始，想在最短的时间内拥有产品。亚马逊的做法是在用户下单时，就给出预计的到货时间，使用户有心理预期。最后，全流程信息可视化。在网站上，持续更新产品出库、物流等订单信息，并随时通过邮件和短信的方式告知用户，保证用户全流程信息的可视化。由于信息的透明，用户了解产品的物流状态，消除了很多不必要的用户抱怨。

（二）线下的体验

在线下，实体店需要有良好的购物环境，更多的是氛围体验而不是产品展示。因为来到实体店的顾客，可能事前已经在网上充分了解产品的价格和功能。例如，海尔专卖店引入了麦当劳的店面设计经验，希望实体店的设计有一种文化氛围。通过研究比对商圈店和社区店进店人数与成交率的关系，海尔发现在商圈店顾客对于轻松舒适的休息区域要求更高。在做了店面调整之后，顾客在店面逗留的时间明显加长，成交率也相应提高。

但是，"最后一公里"是电商平台所面对的主要难题。现在，用户越来越多地在网上购买大件产品，如冰箱、电视等大家电，但物流准时送达还是非常困难，用户不但要求短时间内送达，还要求送装一次完成。通常行业的做法是，用户需要物流公司送货时需要在家签收，售后服务的安装又需要请假一天，这给用户造成了极大的不便。海尔日日顺物流通过与用户沟通和互动，推出了"24 小时按约送达，超时免单，送装同步"的服务，承诺在全国任何一个地方，只要用户购买产品就都能按约定时间送达，这个产品如果送晚了，就承诺"免单"，把订购的产品免费赠送给用户。送装一体又体现了物流不仅仅是配送问题，预约安装、售后服务全部在配送的时候完成，而海尔完善的营销和服务网络是完成这一承诺的主要支撑要素。

测一测

在【单元导入】案例中，如果你是案例中的领导者，你会对公司提出哪些战略对策？

【教学视频】

大数据战略思维

学习单元三　战略性社会责任

【学习目标】

1. 认识企业社会责任的含义及重要性。
2. 掌握企业社会责任的类型。
3. 能够理解企业社会责任在实践中的对策。

【学情分析】

1. 学生对企业现状存在模糊认识。
2. 学生往往不理解战略的真正含义。
3. 学生对企业成长过程认识不够。
4. 学生接触实际案例机会较少。

【单元导入】

华润置地可持续发展之道

作为华润集团旗下的地产业务的旗舰，华润置地始终坚持可持续发展之道，历经商海磨炼，如今已经成长为房地产行业领先的企业。

2014年7月26日，华润置地正式发布商业地产战略，并明确提出将致力于成为"中国商业地产领导者"的商业地产战略目标。据华润置地总裁唐勇介绍，按照目前的战略布局和开发速度，2017年和2018年，华润置地迎来商业项目开业的高峰期。"到2017年年底，华润置地有40多个商业项目投入运营，投入运营的零售物业建筑总面积超过600万平方米，年客流量达4.5亿；年累计购物营业额超过500亿元人民币，会员总数超200万人。"

华润置地在实现自身发展与价值创造的同时，在践行社会责任方面也得到了社会认可。近日，华润发布首份独立社会责任报告——《华润置地有限公司2013年社会责任报告》（以下简称"报告"），从社会责任、员工关怀、股东回报、业主服务、生态保护等各个维度进行了详细解读，并获得中国社会科学院综合评价"四星级"。

"践行社会责任是企业可持续发展的基石。"华润置地董事长吴向东在报告开篇中这样写道，一个企业，在创造经济价值的同时，还应该不断实现社会价值，包括对股东、员工、客户、合作伙伴、环境及社会承担应尽的社会责任。

七十多年前，身负领导重托，诞生于香港中环一个不起眼的小阁楼中的华润集团，如今已经发展为下设七大战略业务单元、19家一级利润中心、1 200多家实体企业、36万员工的大型多元化企业。

华润置地作为华润集团旗下的地产业务的旗舰，秉承了华润集团的社会责任理念，一直将社会责任纳入公司的发展战略，并通过践行社会责任，带动城市经济的发展，改善城市面貌，引领城市生活方式改变，实现企业与社会的和谐共存。

事实上，努力承担社会责任，不仅成为打造世界一流企业必备的条件，也正在成为华润置地作为央企成员的应有义务。

作为一个经济组织，华润实现了巨大的价值创造。2013年，华润置地全年实现综合营业额667.89亿元（713.89亿港元），净利润137.49亿元（146.96亿港元），比2012年分别增长60.9%和39.1%。其中，住宅开发业务营业额达到606.426亿元（48.18亿港元），同比增长68.3%；包括酒店经营在内的投资物业营业额达到43.24亿元（46.22亿港元），同比增长27.4%。

在创造价值的同时，华润在履行社会责任方面的实践更加丰富。其中，在社会公益方面，华润置地正积极参与华润希望小镇建设，为实现希望小镇村民"走水泥路、喝自来水、用清洁灶、上卫生厕、住整洁房"的目标，华润置地自2008年起陆续承担了8个希望小镇的民居改造、公共配套设施及市政基础建设。

据了解，在项目所在地，华润置地还不断完善周边配套设施，以方便居民出行，改善居民生活质量。具体举措包括：投资建设幼儿园、小学，并引入教育资源，以满足周边居民适龄儿童教育的需求，提高教育水平；投资建设市政道路、广场、消防站等公共设施，投资建设净菜超市等生活配套设施。

环境保护方面，华润置地在项目开发建设中，在保护原有生态的同时，还致力于投资建设污水处理厂，改善水环境质量。以海南（楼盘）万宁石梅湾项目为例，华润置地配套建设了总占地面积19 980平方米的污水处理厂，日处理污水规模达到10 000吨。

华润置地的一位负责人表示，无论是过去，还是未来，华润置地会始终把社会责任作为企业发展战略的重要组成部分，使更多有需要的人体验到真正的高品质。

问一问：

1. 案例中，华润置地的成功之处在哪里？

2. 通过阅读本案例你对企业社会责任有哪些不同的认识？

【经典案例分享】

华润置地可持续发展之道

【应知·应会】

一、企业社会责任概述

（一）企业社会责任的概念

企业社会责任（Corporate Social Responsibility，CSR）是指企业在其商业运作里对其利害关系人应负的责任。企业社会责任的概念是基于商业运作必须符合可持续发展的想法，企业除考虑自身的财政和经营状况外，也要加入其对社会和自然环境所造成的影响的考量。

利害关系人是指所有可以影响或会被企业的决策和行动所影响的个体或群体，包括员工、顾客、供应商、社区团体、母公司或附属公司、合作伙伴、投资者和股东。

（二）企业社会责任的分类

不管对企业的社会责任的争论如何，不可否认的是，现代企业越来越重视其应负担的社会责任。社会责任的分类有很多种方法，如可将一个企业所采取的社会责任行动分为以下八类。

（1）在制造产品上的责任：制造安全、可信赖及高品质的产品。

（2）在营销活动中的责任：如做诚实的广告等。

（3）员工教育训练的责任：在新技术发展完成时，以对员工的再训练来代替解雇员工。

（4）环境保护的责任：研发新技术以减少环境污染。

（5）良好的员工关系与福利：让员工有工作满足感等。

（6）提供平等雇用的机会：雇用员工时没有性别歧视或种族歧视。

（7）员工的安全与健康：如给员工提供舒适安全的工作环境等。

（8）慈善活动：如赞助教育、艺术、文化活动或弱势群体、社区发展计划等。

测一测

请用自己的语言说一说你对企业社会责任的理解。

企业社会责任的重要性

二、企业社会责任的决策与实践

（一）战略性企业社会责任的决策分析

一般来说，企业履行传统的社会责任往往是处于被动状态的，企业上下没有真正认识到履行相应社会责任对于自身的发展有何积极意义，这也使得其在履行相应社会责任时，始终是零散且不可持续的，而且传统的企业社会责任基本上没有关注过决策方面的问题。战略性企业社会责任则具有主动性、整体性、计划性和持续性的特点，战略性企业社会责任决策属于一个全新的研究领域。当前，在经济发展的同时各类社会问题也越来越严峻，从长远发展的角度来看，没有哪个企业拥有足够的能力和资源解决全部的社会问题。因此，选择并解决与自身能力相匹配的社会问题是企业有效履行战略性企业社会责任的关键所在。

结合已有的研究来看，战略性企业社会责任决策研究主要是从理论与实践两个方面入手的。2006 年，有学者提出了价值链模型和竞争环境钻石模型，在对企业与社会关系这一根本命题进行哲学反思的基础之上，重新审视并定义了企业与社会之间的关系，并将寻找共享价值机会作为战略性企业社会责任决策的根本出发点。共享价值理念在一定程度上颠覆了传统理论关于企业与社会对立的假设，跳出了传统企业社会责任的思维模式，将社会问题置于企业的核心位置。

在具体的研究中，不同学者对于战略性企业社会责任的决策有着不同的认识。例如，有的学者将企业与社会的关系看作一种相互依存的共生关系，并且将这种共生关系分为企业经营活动对社会的影响和社会环境对企业经营活动的影响两个类别。为了更加全面、系统地审视企业与社会之间的这两类关系，学者提出了两个战略性企业社会责任模型，即价值链模型和竞争环境钻石模型。企业价值链包含了企业的各种业务活动，具体有经营选址、采购、资源利用、物流、生产、产品分销等内容。而竞争环境钻石模型则提炼了企业外部竞争环境中的四个关键因素，即企业所处的环境、当地需求条件、企业生产要素投入条件、相关配套行业。

还有学者从战略性企业社会责任的特征入手，构建了五维评估法与四层过滤法。在研究中大部分学者认为现实社会中大多数企业社会责任都是非战略性的，战略性企业社会责任决策的关键就在于区别哪些是战略性企业社会责任，哪些是非战略性企业社会责任。学者建立的五维评估法认为，战略性企业社会责任与非战略性企业社会责任的特征主要有五个，即中心性、专用性、前瞻性、自愿性、可见性。只有具有了这五个特征，企业的社会责任行为才能与自己的价值创造活动紧密结合，展现其战略意义。而战略性企业社会责任的四层过滤法则是在上述五个特征的基础之上，对相关内容进行了更加深入细致地研究，其认为战略性企业社会责任特征包含六个方面的内容，即计划性、前瞻性、中心性、持续行动的长期性、投入大量资源的保障性、有效影响企业的内外业务运营的嵌入性，然后在此基础之上对战略性企业社会责任问题进行深入的研究与分析。

（二）战略性企业社会责任的实践分析

传统的企业社会责任理论往往将企业和社会看作两个对立面，认为两者之间只有博弈的关系而无法合作共赢，而企业社会责任理论强调企业与社会的相互依存关系。总体来说，战略性企业社会责任主要是通过强化企业战略、提升企业核心竞争力、创新商业机会和降低社会风险来创造企业和社会共享的价值。从利益回报机制的角度来看，具体分析如下。

1. 强化企业战略目标

企业生产经营活动绝不是盲目开展的，企业的基本战略主要体现在节约成本的同时优化产品质量、提高服务水平，战略性企业社会责任，能够更好地帮助企业实现基本战略目标。在履行战略性企业社会责任的过程中，企业需要结合自身的发展现状，从产品、技术资源及价值链活动特点等方面，寻找产品与技术创新的机会，开发多种类型的产品与材料，优化产业价值创造与支持过程，以达到提升企业生产效率和产品质量的目的，同时技术创新还可以有效降低各类资源能耗利用率，以达到降低企业生产与销售成本的目的，促使企业获得更高的利益回报。

而且产品创新得到用户的肯定，还可以快速有效地帮助企业获得用户认可，建立良好的企业形象，促使企业生产的产品、提供的服务能够区别于其他竞争对手，体现出企业经营的差异化，帮助企业更加具有目的性和针对性的履行各项社会责任。

2. 提升企业的核心能力

核心能力是指企业生产经营期间应用自身独特的专业知识、技能等多种元素构成的集合体，这种能力是其他同类型企业无法取代的。核心能力的来源主要包含流程、知识、技术和关系四个方面的内容。战略性企业社会责任之所以能够提升企业的核心竞争能力，就在于可以改进和优化企业作业流程，帮助企业积累更多的特殊技能及战略资源。

战略性企业社会责任可以融入企业战略和核心业务之中，并且对企业运营产生影响。从企业发展的角度来看，产品是其发展的核心所在，如何在实现战略性社会责任的同时，最大限度地提升产品价值一直以来都是企业的不懈追求，产品只有顺应时代发展的需求，不断调整其内核，吸引用户注意，才能保持长久的生命力，这也是企业战略性社会责任的重要体现。

例如，知名的手机品牌诺基亚就是因为产品没有及时跟上时代发展需要进行调整而被时代淘汰的，但是苹果公司在濒临破产之际，通过重新构想产品和调整市场定位，得以起死回生。除了提升产品价值，优化服务也是战略性社会责任得以有效履行的关键所在，当前，随着互联网的不断创新发展，用户在购买产品时所享受到的服务也更加全面，为用户提供针对性强的服务，能够提高用户的满意度，同时还能帮助企业树立更好的形象，有助于企业各项社会责任的落实。

3. 创造性的商业机会

对于企业来说，自身所面临的社会问题既是挑战也是机遇，相关学者表明，企业社会责任并不是成本、约束条件或是慈善行为，而是孕育机会、创造发展机遇的重要原动力。在战略性企业社会责任实践过程中，企业可以通过与多个利益相关者建立联系，帮助企业更好地认识和理解社会现实，并结合社会现实环境预见自身未来的社会发展需求，然后结合社会需求，生产出合适的产品，满足自身的发展需求。

4. 降低企业的社会风险

企业生产经营期间必将面临各种各样的风险。战略性企业社会责任要求企业吸引和留住优秀员工，激发员工的责任心、积极性及归属感，可以有效改善企业的工作环境，使得企业职工更好地为企业服务，为企业的发展注入新的活力，这样企业的经营风险也将会被大幅度降低。

测一测

1. 请结合"华润置地"案例说一说其中体现的理论知识有哪些。
2. 在【单元导入】案例中，华润置地在战略上所应用的社会责任类型有哪些？

华润置地可持续发展之道

【教学视频】

战略性社会责任

学习单元四　合作战略带来创新

【学习目标】

1. 认识企业联盟的含义。
2. 熟悉企业联盟的类型。
3. 掌握企业联盟后的管理战略。

【学情分析】

1. 学生对企业现状存在模糊认识。
2. 学生往往不理解战略的真正含义。
3. 学生对企业成长过程认识不够。
4. 学生接触实际案例机会较少。

【单元导入】

战略联盟案例思考

战略联盟在市场越来越开放的全球化竞争中扮演着至关重要的角色，它们是企业在全球市场上取得胜利的关键。如今，消费模式、信息技术、客户需求发生深刻变化，单打独斗不再是企业发展的明智之选，合纵连横、优势互补、整合资源，加速转型升级，成为众多企业打造生态系统、突破困局、引领时代的共同选择。我们首先来看看下面的这些例子。

（1）华为与韩国 SK 电信携手合作，共同开发 5G 网络技术。

（2）全球最大的无人机制造商大疆创新与微软合作，共同打造面向企业市场的先进无人机技术。

（3）中国电信携手海尔、创维、长虹、华为、中兴、Marvell、高通等多家公司共同成立智慧家庭产业联盟，以共同提升家庭信息化产品的功能和服务水平。

（4）阿里巴巴与新加坡南洋理工大学合作共同成立 AI 联合研究院，在人工智能领域开展全方位的合作，进一步探索人工智能前沿技术。

（5）美的集团与银河水滴、中科院自动化研究所达成战略合作协议，共同研发智能家电领域核心技术，尤其是家庭环境远距离步态识别技术，为行业提供创新的智能家电解决方案。

（6）小米公司和武汉大学合作，共建人工智能联合实验室，共同开展人工智能基础性、前瞻性、交叉性及战略性技术研究。

　　（7）阿里巴巴与百联集团达成战略合作，双方将在全业态融合创新、新零售技术研发等多个领域开展合作。

　　参与战略联盟的很多公司都是知名的公司，有实力的大公司，也有互联网公司，还有新兴的隐形冠军。

　　问一问：

　　1. 案例中这些企业为什么要建立战略联盟？如何确保战略联盟成功实施？

　　2. 通过该企业合作案例，反思什么是战略联盟。

【应知应会】

一、企业联盟的内涵和类型

（一）企业联盟的内涵

　　企业联盟是两个或多个企业为了实现某一共同的战略目标而形成的一种协作性的合作伙伴关系。企业联盟是通过外部合作伙伴关系而非通过内部增值来提高企业的经营价值，战略联盟可以采取从双方协议、契约到合资企业等多种形式而结成一个松散的非产权关系的联合体（图9-5）。

图9-5　企业联盟的内涵

　　联盟也称战略联盟，是两个或两个以上的企业或跨国公司为了达到共同的战略目标而采取的相互合作，共担成本、风险，共享经营手段甚至利益的联合行动。战略联盟是具有共同利益的企业之间以互补性资源为纽带，以契约形式为联结，组成的紧密或松散型的战略共同体。企业战略联盟的目的在于实现产品交换、共同学习和获得市场力量。

（二）联盟的类型

　　按照联盟成员之间的依赖程度划分，联盟可分为股权式联盟和契约式联盟。

1. 股权式联盟

股权式联盟分为两种：一种是对等占有型战略联盟，另一种是相互持股型战略联盟。对等占有型战略联盟是指双方母公司各拥有 50% 的股权，建立合资企业。相互持股型战略联盟是指各成员为巩固良好的合作关系，长期地相互持有对方少量的股份。

2. 契约式联盟

（1）技术交流协议。联盟成员间相互交流技术资料，通过知识的学习来增强企业竞争实力。

（2）合作研究开发协议。联盟成员分享各成员间的科研成果，共同使用科研设施和生产设备，在联盟内注入各种资源，共同开发新产品。

（3）生产营销协议。联盟成员共同生产和销售某一产品。

（4）产业协调协议。联盟成员建立全面协作与分工的产业联盟体系，一般多见于高技术企业中。股权式联盟依双方出资多少有主次之分，且对各方的资本、技术水平、市场规模、人员配备等有明确规定，股权多少决定着发言权的大小；契约式联盟中，各方一般处于平等和相互依赖的地位，在经营中各方保持其独立性。

测一测

简述联盟的类型。

【教学动画】

企业联盟的内涵

二、企业联盟管理

（一）联盟的人力资源管理

（1）寻找正确的领导者。联盟的成功在很大程度上依赖于管理合作企业主管人的性格和领导品质。合作企业中存在固有的冲突，关键是企业经理层如何学会平衡这些冲突。对企业领导者而言，平衡合作企业的利益与母公司的目标是一个相当困难的问题。高层的工作通常没有清楚的界线，因此，有更大的解释自由和回旋余地，这使高层管理者的角色、责任、决策过程更加复杂。例如，在合作企业的董事会上，联盟的健康与繁荣是第一任务，但在单独一方的公司战略会议上，情况并不一定是这样。高级企业经理们必须能处理这两种压力。

（2）建立一个团结的经理队伍。以团队战略来实施管理的总经理的能力，取决于能否为管理班子招募到合适的经理人员。不是每一位经理都适合与来自不同国家文化和公司文化的合作伙伴紧密合作的。一方面，公司需要挑选有能力去推进合作企业业务的经理；另一方面，这些经理必须有必要的外交手腕来有效处理不同联盟伙伴间微妙的关系和互动性。在寻找有才能的联盟经理时，一些跨国公司应集中注意寻找以下人员：通晓文化的技术人员、具有上进心的经理、善于听取意见的人、符合合作企业条件的经理，以及受双方尊重的联络人员。

（3）合作企业的职工安排。一般来说，合作企业的员工来自三个地方：合作总部、外部和子公司。企业可从总部抽调员工作为联盟的职员；也可在当地子公司的员工中挑选联盟公司的员工，这样可节省总部人事变动的费用。使用子公司的员工，公司可以在其全球战略中关键的三方——母公司总部、当地子公司的业务点及其联盟中创造连续的交流和合作。

（二）联盟的信任管理

在联盟伙伴之间的合作过程中，由于联盟内部的管理权关系模糊不清，合作伙伴关系的双重性及相互关系格局的复杂多变，联盟成员之间很难建立持久的信任关系。为此必须通过在联盟成员之间构建信誉机制，使合作伙伴间保持稳固而持久的信任关系，从而提高联盟的绩效并推动联盟关系的发展。

联盟方如果为了眼前的短期利益或局部利益而采取机会主义行为，不仅会招致对方的报复，最终还将会失去合作伙伴对自己的信赖；甚至在同行业中有损自身的声誉，为其未来的发展蒙上一层"阴影"，这对于企业来说是得不偿失的。

（三）联盟的文化协同

联盟成员之间只有设定共同的价值观、工作作风和文化观念才能顺利推进合作进程。联盟产生分歧的主要原因是文化的差异，所以任何公司都需要花更多的时间去了解其他联盟成员的组织结构、文化传统和个人动机等。

1. 要塑造共同的价值观

联盟产生分歧的重要原因常常是文化的差异，企业文化差异主要是指企业在长期经营过程中，往往容易形成独特的"企业个性"，不同企业有着不同的价值观和行为方式。而一旦结成联盟，由于合作伙伴分属不同的企业文化，在合作中难免发生管理方式甚至价值观的碰撞，致使联盟效率低下。杜邦与菲利浦在光盘生产上的合作并没有取得成功，从而未能合力与日本企业展开竞争，其主要原因就是文化上的冲突导致合作进程非常缓慢。因而联盟伙伴在合作过程中，应努力塑造共同的价值观和经营理念，并逐步统一双方不同的管理模式和行为方式。

2. 要树立双赢的合作观念

互惠互利的信念是联盟伙伴真诚合作的基础，只有通过合作双赢才能保证企业联盟关系的持续发展。在通常的竞争关系中，总是零和博弈，一方所得到的正是另一方所失去的，反之亦然。而企业之间组建战略联盟，只要合作成功，各方都是赢家，联盟成员间是一种正和博弈关系。因此必须转变惯常的思维方式，树立双赢的合作观念，保持双方持久的合作热情，才能最终提高联盟的绩效。

3. 要进行经常性的沟通和交流

联盟内的人员来自不同企业，有着不同的文化和习惯。能否使其保持良好的协作关系，并充分发挥其创造力，是提高联盟效率的关键。即联盟既要保持原先组织的创造性，但同时又要强调协调一致的组织性。为了顺利实现联盟的目标，必须创造条件使联盟各方克服语言、习惯、价值观、思维方式等方面的障碍。例如，法国艾尔卡和日本 NEC 在生产卫星电视天线时由于语言不通，双方都误以为对方负责生产相应的部件，等到产品模型做好时才发现这一疏漏，幸亏及时补救，才避免重大损失。由此可见重视语言文化和行为习惯沟通的必要性和重要性。所以，应鼓励人员间进行广泛、频繁的交流和沟通，花更多的时间去了解其他联盟成员的组织结构、文化传统及员工的行为方式等。

4. 要强调团队文化

企业联盟实际上是一个合作团队，合作是参与方共同的义务，因而要求形成目标一致的团队文化，这种文化不是以牺牲合作伙伴利益来服从整体目标，而是应用系统工程全面地考虑局部目标与整体目标的关系，并在项目实施中通过随时协调、沟通，达到局部目标与整体目标的一致。为此应在联盟过程中充分沟通信息、加强协调，促进团队文化的形成。

5. 要建立和谐的人际关系

和谐的人际关系往往有助于形成良好的合作氛围。在企业联盟的管理过程中，来自不同企业的管理人员之间通过建立良好的人际关系，可增强彼此在合作过程中的信任感。管理人员之间的个人情谊和相互信任能使他们在工作中协调一致，减少矛盾和摩擦。这种私人关系网可以在公司之间形成一种非正式的管理网络，它能有效地解决联盟双方在合作过程中所产生的种种问题。因为合作各方不可能制定一个完备的合作协议，在协议执行过程中，总会面临许多不确定性和利益冲突，而和谐的人际关系常常可以在相互沟通中化干戈为玉帛。

【案例分析】

国际企业战略联盟案例

2006 年 3 月 29 日，可口可乐公司与腾讯在上海联合举行"要爽由自己，畅享 3DQQ 秀"在线社区、腾讯 QQ 和 QQGame 将成为可口可乐、腾讯网络产品品牌的宣传平台。其实早在 2005 年，蒙牛和"超级女声"的合作已经体现了企业与媒体之间的战略合作关系。蒙牛赞助湖南卫视"超级女声"，当年便创造了蒙牛酸酸乳高额的销售业绩，张含韵为蒙牛代言也给"超级女声"的未来带来了希望。

测一测

请结合案例说一说所举案例中体现的理论知识有哪些？

合作战略带来创新

学习单元五　通过收购实现创新

【学习目标】

1. 认识企业收购的含义。
2. 熟悉企业收购的不同划分方式及类型。
3. 掌握企业收购后的管理战略。

【学情分析】

1. 学生对企业现状存在模糊认识。
2. 学生往往不理解战略的真正含义。
3. 学生对企业成长过程认识不够。
4. 学生接触实际案例机会较少。

【单元导入】

联想并购 IBM

2004 年 12 月 8 日，联想集团在北京宣布，以总价 12.5 亿美元的现金加股票收购 IBM 部门。协议内容包括联想获得 IBM 的台式机和笔记本的全球业务，以及原 IBM 的研发中心、制造工厂、全球的经销网络和服务中心，新联想在 5 年内无偿使用 IBM 及 IBM - Think 品牌，并永久保留使用全球著名商标 Think 的权利。借此收购，新联想一跃成为全球第三大 PC 厂商。联想在付出 6.5 亿美元现金和价值 6 亿美元联想股票的同时，还承担了 IBM5 亿美元的净负债，来自 IBM 对供应商的欠款，对 PC 厂商来说，只要保持交易就会滚动下去，不必立即支付，对联想形成财务压力。但对于手头上只有 4 亿美元现金的联想，融资就是必需的了。在 2005 年 3 月 24 日，联想宣布获得一项 6 亿美元 5 年期的银团贷款，主要用于收购 IBM 业务。收购后，联想集团的股权结构为：联想控股 46%，IBM 控股 18.9%，公众流通股 35.1%，其中 IBM 的股份为无投票权且 3 年内不得出售。为改善公司负债率高，化解财务风险，联想又在 2005 年 3 月 31 日，引进了三大战略投资者，得克萨斯太平洋集团（Texas Pacific Group，TPG）、美国泛大西洋投资集团（General Atlantic）、美国新桥投资集团（Newbridge Capital）分别出资 2 亿美元、1 亿美元、5 000 万美元，共 3.5 亿美元用于收购 IBM 业务之用。引入三大战略投资者之后，联想收购 IBM 业务的现金和股票也发生了变化，改为 8 亿美元现金和 4.5 亿美元的股票。联想的股权也随之发生了变化。联想控股持有 27%，公众股为 35%，职工股为 15%，IBM 持有 13%，三大战略投资者持有 10%（3.5 亿美元获得，7 年后，联想或优先股持有人可随时赎回）。三大战略投资者入股后，不仅改善了公司的现金流，更优化了公司的股权结构。

问一问：

1. 案例中联想收购 IBM 的成功之处在哪里？

2. 通过该企业收购案例，思考在收购后的进一步管理中应该采取哪些战略？

【经典案例分享】

联想并购 IBM

【应知应会】

一、收购（并购）的分类

（一）按是否通过中介机构划分

按并购是否通过中介机构，可以把企业并购分为直接收购和间接收购。

（1）直接收购。直接收购是指收购企业直接向目标企业提出并购要求，双方经过磋商，达成协议，从而完成收购活动。如果收购企业对目标企业的部分所有权提出要求，目标企业可能会允许收购企业取得目标企业新发行的股票；如果是全部产权要求，双方可以通过协商，确定所有权的转移方式。在直接收购情况下，双方可以密切配合，因此相对成本较低，成功的可能性较大。

（2）间接收购。间接收购是指收购企业直接在证券市场上收购目标企业的股票，从而控制目标企业。间接收购方式很容易引起股价的大幅上涨，还可能引起目标企业的强烈反应，因此，这种方式会导致收购成本上升，增加收购的难度。

（二）按并购双方的意愿划分

按企业并购双方的并购意愿，企业并购可划分为善意并购和恶意并购。

（1）善意并购。收购企业提出收购要约后，如果目标企业接受收购条件，这种并购称为善意并购。在善意并购下，收购价格、方式及条件等可以由双方高层管理者协商并经董事会批准。因为双方都有合并的愿望，所以这种方式的成功率较高。

（2）恶意并购。如果收购企业提出收购要约后，目标企业不同意，收购企业若在证券市场上强行收购，这种方式称为恶意收购。在恶意收购下，目标企业通常会采取各种措施对收购进行抵制，证券市场也会迅速对此作出反应，通常是目标企业的股价迅速上升。因此，除非收购企业有雄厚的实力，否则很难成功。

（三）按支付方式划分

按并购支付方式的不同，企业并购可以分为现金收购、股票收购、综合证券收购。

（1）现金收购。现金收购是指收购企业通过向目标企业的股东支付一定数量的现金而获得目标企业的所有权。现金收购在西方国家存在资本所得税的问题，这会增加收购企业的成本，因此在采用这一方式时，必须考虑这项收购是否免税。另外，现金收购会对收购企业的资产流动性、资产结构、负债等产生不利影响，所以应当综合考虑。

（2）股票收购。股票收购是指收购企业通过增发股票的方式获取目标企业的所有权。采用这种方式，收购企业可以把出售股票的收入用于收购目标企业，企业不需要动用内部现金，因此不至于对财务状况产生影响。但是，企业增发股票，会影响股权结构，原有股东的控制权会受到冲击。

（3）综合证券收购。综合证券收购是指在收购过程中，收购企业支付的不仅仅有现金、股票，而且还有认股权证、可转换债券等多种形式。这种方式兼具现金收购和股票收购的优点，收购企业既可以避免支付过多的现金，保持良好的财务状况，又可以防止原有股东控制权的转移。

（四）按收购资金来源划分

按收购资金来源渠道的不同，企业并购可分为杠杆收购和非杠杆收购。无论以何种形式实现企业收购，收购方总要为取得目标企业的部分或全部所有权而支出大笔的资金。收购方在实施企业收购时，如果其主体资金来源是对外负债，即在银行贷款或金融市场借贷的支持下完成的，就将其称为杠杆收购。相应地，如收购方在实施企业收购时，其主体资金来源是自有资金，则称为非杠杆收购。

测一测

收购方式主要包含哪些？

二、收购的整合战略

企业作为一个系统，可以按照一定的标准划分为若干个子系统。当两个或多个企业兼并为一体时，各企业子系统的一体化肯定要遇到很多困难。因此，企业兼并后会出现大量的整合问题，即使企业已经考虑到了战略匹配的问题，仍然要重视组织匹配的问题，如业务活动、管理方式、企业文化等。一项研究表明：有80%的收购公司没有分析被收购公司的组织匹配问题。企业整合的难点还在于整合时未能很好地处理利益相关者所关心的形形色色的问题，包括职位的流失、重组的责任，以及其他很多紧迫的问题。

（一）战略整合

战略整合包括战略决策组织的一体化及各子系统战略目标、手段、步骤的一体化。它是指兼并企业在综合分析目标企业情况后，将目标企业纳入其发展战略内，使目标企业的总资产服从兼并企业的总体战略目标及相关安排与调整，从而取得一种战略上的协同效应。

事实证明，并购一家在经营策略上不能互相配合的公司后患无穷，而如果并购主体双方能够互补，目标企业的发展能够有机地与并购企业的经营战略相整合，则会产生并购的正面效应，给并购双方带来价值的增加。

2013年，惠而浦以34亿元收购合肥三洋，对于惠而浦来说其目的是借在中国市场有品牌和渠道优势的合肥三洋来重振中国市场，弥补惠而浦在中国市场知名度小、销量少的现状。相比飘摇动荡中的三洋品牌，惠而浦则是一个"良伴"。或许中国消费者对于惠而浦的产品稍感陌生，但这个美国"大兵"在全球家电市场则称得上是当之无愧的"巨无霸"之一。此后的一季度净利润从2012年同期的9 200万美元大幅升至2.52亿美元。

（二）业务活动整合

业务活动的整合是指要联合、调整和协调采购、产品开发、生产、营销及财务等各项职能活动。并购后的企业可以将一些业务活动合并，包括相同的生产线、研究开发活动、分销渠道、促销活动等，同时放弃一些多余的活动，如多余的生产、服务活动，并协调各种业务活动的衔接。

从企业并购的动因分析可以看出，并购双方产销活动整合后产生的经营优势和规模效应也是并购企业追求的目的之一。因此，并购后的业务活动整合就成为此类并购成功与否的关键。

一般情况下，生产作业的整合可能比产品线的整合困难。产品线的整合通常涉及某些重复设备的处置，在业务活动的整合过程中，厂房设备的迁移费用是不可避免的，但可以通过降低生产成本、存货成本而提高整体利润水平，达到并购的目的。生产作业整合的效果通常需要一段时间后才能体现出来，在整合期间，由于大量的整合投入及适应过程，可能暂时降低企业的经营效率。

通常情况下，在企业并购完成后，并购企业应尽可能地将目标企业和本企业的人员在组织上予以合并，特别是财务、法律、研究开发等专业方面的人员。当然，业务活动的整合不可能一蹴而就，并购企业应视目标企业具体情况采取措施，分步骤进行整合。

2011 年，美的电器以 2.233 亿美元价格，收购开利拉丁美洲空调业务公司 51% 的股权，开利将继续持有 49% 的股权，美的、开利双方将联合经营和拓展拉丁美洲地区的空调业务。美的在拉美市场收购开利相关业务，强强联合的格局有利于巩固美的相关战略市场的竞争优势，对于美的完善全球布局、拓展自有品牌、强化本土经营、培育海外制造能力具有重要意义。

（三）管理方式整合

管理方式整合是指并购企业制定规范、完整的管理制度和规章，替代原有的制度与规章，以作为企业成员的行为准则和秩序的保障。一般情况下，并购企业均将优秀的管理制度移植到目标企业，以求与目标企业在管理上的一体化。其实，并购和自创的不同之处在于，并购企业可以取得一个现有且马上可以利用的管理制度，如果目标企业原有的管理活动良好，并购企业则可大胆拿来坐享其成。统一公司收购美国温德姆（Wyndham）饼干公司动机之一，就是希望引进该公司良好的配销制度。但是，如果目标企业内部管理混乱，并购企业则会采取措施，将其本身良好的管理程序转移至目标企业，以实现并购的预期效应。

新管理方式的推行，往往会遭遇许多困难。例如，当并购企业意欲改变目标企业的经营与控制制度时，碰到的最大的问题就是目标企业职员的抵触。他们可能认为，这些制度与管理也许适合并购企业，但是在目标企业则无生存土壤。因此，在管理方式整合时，并购企业应首先了解目标企业原有的制度，并根据并购双方之间经营管理的差异，制定适合目标企业情况的管理措施。

此外，管理方式整合的程度也随并购企业、并购目的不同而应有所区别。如果并购后并购企业完全将目标企业纳入自己的机体，则应逐步将目标企业的规划与控制制度纳入并购企业，以进行统一经营管理。尤其是在并购的目的是利用目标企业的行销资源时，更应加强在目标企业行销决策与管理控制上的配合，进行较深层次的整合；而如果并购目的是多元化经营，目标企业则可以保持相对独立。

（四）组织机构整合

随着并购双方业务活动与管理方式的整合，双方的组织机构也会发生变化。并购完成后，并购企业会根据具体情况调整组织机构。并购企业有时把目标企业作为一个相对独立的整体加以管理，有时又可能将目标企业进行分解，并入本企业的相应子系统。在调整组织机构时，并购企业要注意目标统一、分工协调、精干高效，使权责利相结合，明确相应的报告与协作关系，建立高效率的、融洽的、有弹性的组织机构系统。

（五）人事制度整合

人事制度整合是难度较大的问题，也是影响并购效率的重要因素。由于人才是企业最重要的资源之一，尤其是高层管理人员、技术人才与熟练工人。并购企业在人事问题上一定要谨慎，做到并购双方在人事上的一体化，防止因人心浮动而降低生产经营效率。

企业并购会给并购主体双方的经理人员及其他职工，尤其是目标企业职工的工作和生活带来较大影响。这种压力与混乱既包括对职工个性的影响，也包括工作安全感的丧失、人事与工作习惯的变动、文化上的不协调等。多数目标企业员工知晓本企业即将出售，难免忧心忡忡。因此，并购企业如何稳定目标企业人才，便成为人事制度整合的首要问题。并购企业对人才的态度将会影响目标企业职员的去留。如果并购企业重视人力资源管理，目标企业人员将会感到继续发展机会的存在，自然愿意留任。目标企业的管理人员及职工在"干中学"中积累了很多的专用人力资本，企业并购后要珍惜这份人力资本，采取实质性的激励措施，提供较优越的任用条件，留住目标企业人才。在留住目标企业优秀员工后，并购企业应考虑加强并购双方员工的沟通与交流。并购后双方的员工都会有一些顾虑，如并购企业员工担心失去原有位置，目标企业员工担心受到歧视，此时，沟通便成为一种解决员工思想问题、提高士气的重要方式。

在充分的沟通并了解目标企业的人事状况后，并购企业可制定原有人员的留任政策，调整人员以提高经营绩效。中国企业在用人方面总结出了一个较好的经验和方法，即"平稳过渡、竞争上岗、择优录用"。在并购完成后不急于调整，而是经过一段时间的熟悉和了解，根据职工的实际能力和水平，再定机构、定岗位、定人员，并通过考核，使各方面人才均能找到适合其实际能力的位置。这种方法既能充分发挥优秀人才的能量与作用，又能增强职工的竞争意识与紧迫感，进而能够调动职工队伍的潜力，实现并购双方技术人员和管理人员的优化组合。

（六）企业文化整合

并购后企业文化的整合就像人体器官的移植，要整合两个可能有排斥的企业文化，必须解剖文化的"基因"，对优秀的基因进行整合，而对平庸与低下的基因进行摒弃。但如果目标企业的组织文化比较落后，并购企业可以直接传播与嫁接优秀的文化。

【教学视频】

通过收购实现创新

【模块小结】

本模块通过运用案例分析的形式学习了战略与战略领导力、大数据战略思维、企业成长与战略性社会责任的关系、合作战略会为企业带来创新、收购实现创新的方法等知识，同学们可以结合书中的二维码进行具体学习，通过学习让同学们了解企业战略创新在企业管理中的重要性。

【课外阅读——"二十大时光"】

华为携手鞍钢和恩菲联合发布智能矿山融合 IP 工业网解决方案， 加速非煤矿山智能化进程

【思考与练习】

一、案例分析

亚联高科技有限责任公司企业文化

四川亚联高科技有限责任公司董事长王业勤坦言："一个没有优秀企业文化的企业是不可能持续、快速、健康发展的。"亚联原是个名不见经传的小企业，如今所取得的成就与亚联人注重企业文化建设密切相关。企业要想发展壮大，要想走得更远，就不能不把企业文化建设放在一个重要位置上，企业必须要有属于自己的灵魂。

亚联之所以能有今天的发展规模和良好态势，就是因为成功地运用企业文化这个软性组织，时时处处培育人、凝聚人。远见卓识的王业勤认为，21 世纪企业之间的竞争，必将伴随一场企业文化的竞争。

二、模块测试

（一）名词解释

1. 企业社会责任

2. 契约式联盟

3. 现金收购

4. 股票收购

（二）多选题

1. 以下属于企业社会责任中的慈善活动的是（   ）。

　　A. 赞助教育　　　　　B. 文化活动　　　　　C. 艺术活动　　　　　D. 社区发展计划

2. 按并购支付方式的不同，企业并购可以分为（   ）。

　　A. 现金收购　　　　　B. 综合证券收购　　　C. 股票收购　　　　　D. 契约式

3. 战略领导力是（   ）与（   ）的结合。

　　A. 战略　　　　　　　B. 领导力　　　　　　C. 策略　　　　　　　D. 方法

4. 战略领导力包括构建愿景、指明战略实现路径、制定发展策略、（   ）。

　　A. 构建基于战略的组织结构　　　　　　　　B. 合理分配战略资源

　　C. 平衡关键利益相关者的利益　　　　　　　D. 谋求组织可持续发展

5. 战略领导力（　　）层面受到愿景层面的直接影响，它们围绕着组织的愿景展开。

    A. 路径   B. 均衡   C. 结构   D. 持续

6. 收购的整合战略包括（　　）、人事制度整合、企业文化整合。

    A. 战略整合   B. 业务活动整合

    C. 管理方式整合   D. 组织机构整合

7. 按企业并购双方的并购意愿，可分为（　　）和恶意并购。

    A. 善意并购   B. 恶意并购   C. 股票收购   D. 现金收购

8. 战略性企业社会责任主要是通过（　　）来创造企业和社会共享的价值。

    A. 强化企业战略   B. 提升企业核心竞争力

    C. 创新商业机会   D. 降低社会风险

9. 企业提升客户线上体验可以通过加强（　　）来实现。

    A. 用户参与产品设计   B. 友好的购物界面

    C. 电话销售   D. 主动宣传活动

10. 企业联盟产生分歧的主要原因是文化的差异，所以任何公司都需要花更多的时间去了解其他联盟成员的（　　）等。

    A. 组织结构   B. 文化传统   C. 个人动机   D. 现金收购

（三）判断题

1. 联盟的类型按照联盟成员之间的依赖程度划分，可以分为股权式联盟和契约式联盟。

                                                          （　　）

2. 股权式联盟分为两种：一种是对等占有型战略联盟，另一种是相互持股型战略联盟。

                                                           （　　）

3. 战略领导力的结构包含愿景、路径、结构、均衡和持续五个层面。（　　）

4. 战略性企业社会责任要求企业吸引和留住优秀员工，激发员工的责任心、积极性及归属感。

                                                           （　　）

5. 战略环境确定是自主性战略决策过程的一部分，正是在这种情况下战略领导力才得以发挥作用。

                                                           （　　）

（四）案例分析题

强生并购大宝

美国强生公司成立于 1887 年，是世界上规模较大的医疗卫生保健品及消费者护理产品公司之一。强生消费品部目前在中国拥有婴儿护理产品系列、化妆品业务等。强生于 1985 年在中国建立第一家合资企业，目前在中国的护肤品牌包括强生婴儿、露得清、可伶可俐等。

大宝是北京市人民政府为安置残疾人就业而设立的国有福利企业，始建于 1958 年，1985 年转产化妆品。1997 年开始，以价格便宜量又足的形象出击的大宝，曾一度在国内日化市场风光无比，连续八年夺得国内护肤类产品的销售冠军。2003 年在护肤品行业中大宝的市场份额是 17.79%，远高于其他竞争对手。

2008 年，强生凭 23 亿资金购买了大宝 100% 的股份，获得了大宝的所有权，强生与大宝二者同属化妆品系列。此次并购整合成功的关键点在于：首先，大宝品牌的知名度和美誉度都相当不错。也就是说，强生买了一个会赚钱的"好孩子"，即使不赚，也不可能赔本。其次，大宝产品定位低端，在二三级及农村市场拥有良好口碑，强生主要产品定位中高端，渠道网络也集中在大中城市，正好形成渠道资源的互补融合。借道大宝，强生可以更迅速、更有效地开拓中小城市及农村市场。第三，大宝的终端资源相当丰富，它在全国拥有 350 个商场专柜和 3 000 多个超市专柜。如此庞大的终端资源，不论是让大宝继续沿用，还是曲线变脸，铺上强生旗下其他品牌与产品，都是一笔巨大的市场财富。第四，强生是全资收购大宝，拥有了对于大宝品牌及其他资源的绝对支配权，也就从根本上避免了各种可能的问题纠纷。第五，品牌整合至关重要，大宝品牌将继续被保留。第六，人力资源整合方面，强生和大宝已经在员工安置问题上达成了协议。强生已经承诺几年内不会辞退大宝现有人员，并且拿出专款解决残疾员工的生活问题。

问一问：

请结合案例说一说现在消费者需求有哪些变化？此案例决策中体现了哪些知识点？

国际化战略管理与实施控制

唯一持久的竞争优势，就是比你的竞争对手学习得更快。

——佚名

【能力目标】

通过本模块的学习，能够具备对国际化战略管理的认知，并在今后能够加以运用。

【素质目标】

能够敏捷、高效地生产；强化企业文化，增强爱国主义教育。

【知识结构】

国际化战略管理与实施控制
- 互联网条件下的商业模式与战略
  - 战略
  - 互联网商业模式
- 国家化战略环境分析
  - 不同国家经营环境的差异
  - 国际经济环境的演进与挑战
- 组织文化与战略实施
  - 组织文化
  - 战略实施

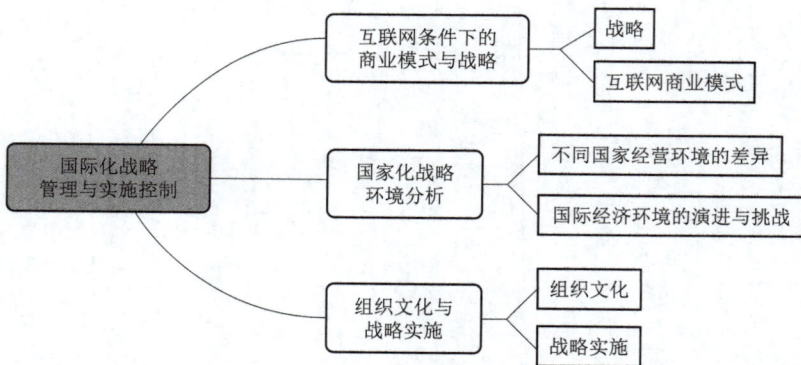

学习单元一　互联网条件下的商业模式与战略

【学习目标】

1. 了解互联网条件下的商业模式。

2. 理解企业战略的意义。

3. 掌握如何开展企业战略实施。

【学情分析】

1. 学生对战略知之甚少。

2. 学生在实际操作过程中动手能力不强。

3. 学生实际演练机会较少。

【单元导入】

　　阿里巴巴是中国最大的电商平台之一，创始人马云始终秉持着"为小企业创造机会"的理念。阿里巴巴的商业模式是 C2C（Consumer to Consumer）和 B2B（Business to Business），其中以 B2B 为主。它通过将卖家与买家紧密联系，对购买行为进行监控，为中小企业提供了一个无限尽可行的购买和销售平台。

　　阿里巴巴在商业模式上的成功之处是从宏观到微观都极为严密和细致。它的创新有无数个，比如引入宁波港的港口资源，引入越南等适合制造资源的国家，扩大其三方控制资源，也有一些入股控制模式，都是阿里巴巴从宏观到微观，打破传统电商模式的大胆尝试。

　　问一问：

　　阿里巴巴什么样的商业模式？

（资料来源：百度文案）

【应知应会】

　　互联网商业模式就是指以互联网为媒介，整合传统商业类型，连接各种商业渠道，具有高创新、高价值、高盈利、高风险的全新商业运作和组织构架模式，包括传统的移动互联网商业模式和新型互联网商业模式。

一、互联网条件下的商业模式与战略的实现

　　中国的互联网具有"中国特色"的运营模式，且这种运营方式对国外企业产生有力的挑战，可是在中国的在线市场上，较大的公司是通过规模、品牌认知度（新浪和搜狐）、网络效应（腾讯、盛大和网易）和能够用以收购关键目标和开发关键技术的雄厚财力，占据了主导地位。和全球领先的互联网企业依靠技术（雅虎，GOOGLE）和市场（EBAY）等方面的核心竞争力保持稳固地位不同，中国互联网企业的领先地位不断变化。

　　例如，在 MVAS 领域，TOM 2004 年的收入是新浪的 93%，而 2005 年则是新浪的 180%。在在线游戏领域，网易 2003 年、2004 年、2005 年的收入分别占盛大的 24%、46%、

70%，差距迅速减小。

在在线广告领域，搜狐 2003 年、2004 年、2005 年的收入分别是新浪的 72%、86%、83%，变动幅度较大。

所以，我们从中能够见到，中国的互联网企业的大多数竞争战略仍是低成本，似乎以为低成本就是战略；商业模式单一，多数为相互模仿，市场上充斥着大量的相同产品、服务、资讯内容。所以，我们有必要回顾一下战略的本质，以及探讨一下商业模式的构建。

(一) 战略是什么？

对于企业来说，首先要进行战略定位，企业的定位必须是基于企业的能力和远景，选择特定的产业，或是某个产业的价值链中一个最适合自己的位置。我们必须牢牢记住波特的一句话：企业最大的失误源于认为成长必须放宽限制于作出战略定位之后，我们必须构筑一条与众不同的价值链，以一套差异化的价值活动去深化企业的战略定位。

需要澄清的是，战略不等于运营效率。波特深刻地指出："运营绩效意味着，企业在进行相同的运营活动时，企业的绩效比对手更佳。而战略的本质在于选择和对手有所差别的活动，或是用和对手不同的方法去做事。"

总之一句话，战略的本质不同于国际化战略管理。

国际化战略管理是企业产品与服务在本土之外的发展战略。随着企业实力的不断壮大及国内市场的逐渐饱和，有远见的企业家们开始把目光投向全球海外市场。企业的国际化战略管理是公司在国际化经营过程中的发展规划，是跨国公司为了把公司的成长纳入有序轨道，不断增强企业的竞争实力和环境适应性而制定的一系列决策的总称。企业的国际化战略管理将在很大程度上影响企业国际化进程，决定企业国际化的未来发展态势。

(二) 生意模式是什么？如何构建与众不同的生意模式？

所谓的生意模式（Business Model），是一种企业营利的内在和逻辑。根据哈佛大学教授马格雷塔的观点，好的生意模式应该能回答德鲁克提出的四个经典命题。

(1) 谁是我们的顾客？

(2) 顾客重视的价值是什么？

(3) 我们怎么从这项生意中赚钱？

(4) 我们以适当的成本向顾客提供价值的内在经济逻辑是什么？

马格雷塔提出的生意模式，此处就不予展开论述（有兴趣可以参阅黄卫伟的《生意模式和实现方式》）。我们重点论述的是哈佛商学院阿普尔盖特的生意模式，形式如下。

(1) 概念——生意模式的概念，定义了市场机会、产品和服务、创造的收入。也就是说，概念具有某种战略意义。

(2) 价值——包括我们为顾客创造的价值、财务绩效及利益关联者的回报能力，指的是核心能力、运营模式、营销模式、组织和文化及资源。我们能够用这个生意模式模型来分析一下阿里巴巴的生意模式。

阿里巴巴为中小企业提供销售服务（明确的顾客确定），用阿里巴巴的话来说：让天下没有难做的生意；阿里巴巴强调共赢、合作的概念，阿里巴巴和各行业合作，和供应商合作，和个人网站合作，和媒体合作，和政府合作。阿里的定位就是为中小企业服务，在当今的中国，经济蓬勃发展，中小企业数量巨大，阿里巴巴定位于服务中小企业的目的是通过帮助中小企业成长来促进自身成长。

现代经济的竞争，不是企业和企业之间的一对一的竞争，而是价值链之间的竞争。网络知识经济中价值链建设的关键，在于对公司之间双向反馈的积极管理。这意味着必须仔细选择需要相互依靠的合作伙伴，也意味着不要试图取代生态系统中的所有产品。网络中的起主导作用的公司，应该允许其他独立参赛者借助整体网络的成功来锁定它们自己的产品。这样，通过让出利润的一部分，主导公司就能确保所有各方均信守联盟的承诺。阿里巴巴正是依靠这种双向反馈的积极管理，有效地构筑一条坚固的、差异化的价值链，并且在价值链中处于主导地位，这就有了战略的高度。

阿里巴巴的旗下公司淘宝网又宣布继续三年免费使用，很多人对马云的想法迷惑不解，其实，马云只是考虑利用经济生态系统的另一种战略，以联系（Linking）和杠杆作用（Leveraging）来完成他的商业模式而已，这意味着把建立于某经济生态系统（网络交易市场）的一个结点（淘宝）之上的用户群转移到相邻的结点（阿里巴巴等）或产品上，与此非常类似的是在围棋中所运用的那种战略：你逐一包围相邻的市场，把你的用户群转移过去，最终占据它们。这样做，每时每刻均在提高你在行业中的地位。就像微软公司把它于DOS系统之上的6 000万用户群转移给Windows，然后是Windows 95，然后通过提供便宜的升级产品和捆绑应用软件，进一步转移给微软网络系统（Microsoft Network）。

事实上，在以知识为基础的经济中，如果技术生态系统是战略的基本单位，那么参赛者之间的竞争就并非通过锁定它们自己的产品，而是通过建立网络——围绕一个生态系统组织起来的许多公司的松散联合，来放大基础技术的正反馈效应。

（3）价值——解决中小企业商机的寻找、发布问题，为中小企业提供一个低成本、人性化、快捷的交易平台。概念的定位决定了价值服务的方向，阿里的定位就是为中小企业服务，依据中国当下的国情，中小企业的老板文化层次往往不是很高，对计算机的操作不是很熟练，小企业的财务资源不是很充裕，这些也制约了企业上网的进程和广度，阿里针对这些情况，尽量开发一些操作简单的功能，让人一见就知道如何操作，一学就会，这符合当下企业的实际情况，而且大大减少了开发成本，不但满足了人们计算机操作能力不足的缺陷，同时能够用低成本满足中小企业的需求。

（4）能力——快捷的页面开发，人性化的平台设计和开发能力。能力是在概念的严格约束下，为实现价值而使用的各种手段的深度和广度。阿里巴巴有以下突出能力。

①页面——页面的设计简洁、大气、人性化，开发速度快。阿里巴巴的页面完美地做到了静态和动态的合理搭配、页面文字和图片的完美搭配，并且阿里巴巴页面很有层次感，符

合人们的审美观，同时他们的总体页面风格是简约的，体现了阿里网站所提倡的文化精神和操作简单化的精神。同时，阿里的信息更新快，信息比较真实，没有一些垃圾类和过期的信息，网站的内容和主题相一致，网站的版块布局体现了网站的主题。和易趣不同，阿里巴巴的页面上图像极为丰富，却和页面的整体融合为一体，不显得杂乱，这大大增强了页面的感染力和亲和力。

②功能——功能完善，操作简单。在阿里助手的页面，丰富了企业上网做宣传和推广的需要，企业资料介绍和管理页面做得很完善，功能强大，有条理。设置中有公司介绍，也有个人在论坛里的介绍，这样做的目的是把会员和企业完美地结合在一起，让会员在论坛里了解网站，或者让会员在公司资料里了解论坛和网站，起到互补的作用。论坛的功能极为强大，很个性化，如个人文集等。这样，通过了解，就能够成功地培育潜在顾客，并且通过长时间的培育，把潜在客户转化为论坛用户。同时阿里仍推出了诚信通服务和贸易通软件，以及个性化的论坛设置等。诚信通是阿里的一大特色和招牌，他们建立诚信通的目的就是打造网上诚信的交易环境，解决网络经济环境中诚信度不高的问题。贸易通是一个即时的网络工具，目的是方便商人们进行交流，商务洽谈，增强网络的黏性和快捷性。

二、互联网条件下的商业模式

（一）B2B 模式

B2B 是 Business-to-Business 的缩写，是企业对企业的电子商务模式，也可写成 BTB，它将企业内部网，通过 B2B 网站与客户紧密结合起来，通过网络的快速反应，为客户提供更好的服务，从而促进企业的业务发展。

B2B 是指进行电子商务交易的供需双方都是商家（或企业、公司），使用了互联网的技术或各种商务网络平台，完成商务交易的过程。电子商务是现代 B2B marketing 的一种具体主要的表现形式。

（二）B2C 模式

B2C 是 Business-to-Customer 的缩写，其中文简称为"商对客"。"商对客"是电子商务的一种模式，也就是通常说的商业零售，直接面向消费者销售产品和服务。这种形式的电子商务一般以网络零售业为主，主要在互联网开展在线销售活动。B2C 即企业通过互联网为消费者提供一个新型的购物环境——网上商店，消费者通过网络在网上购物、在网上支付。

B2C 电子商务网站由三个基本部分组成：为顾客提供在线购物场所的商场网站；负责为客户所购商品进行配送的配送系统；负责顾客身份的确认及货款结算的银行及认证系统。

（三）C2C 模式

C2C 是电子商务的专业用语，是个人与个人之间的电子商务。C 指的是消费者，因为消费者的英文单词是 Customer，所以简写为 C，而 C2C 即 Customer-to-Customer。

比如一个消费者一台计算机，通过网络进行交易，把它出售给另外一个消费者，此种交易类型就称为 C2C 电子商务。

（四）O2O 模式

O2O 即 Online – to – Offline，是将线下商务的机会与互联网结合在了一起，让互联网成为线下交易的前台。这样线下服务就可以用线上方式揽客，消费者可以用线上方式筛选服务，还有成交可以在线上结算，很快达到规模。该模式最重要的特点是推广效果可查，每笔交易可跟踪。

O2O 营销模式的核心是在线预付，在线支付不仅是支付本身的完成，是某次消费得以最终形成的唯一标志，更是消费数据唯一可靠的考核标准。对提供 Online 服务的互联网专业公司而言，只有用户在线上完成支付，自身才可能从中获得效益。

【测一测】

1. 互联网的商业模式有哪些？
2. 战略与国际化战略的区别是什么？

【教学视频】

互联网条件下商业模式与战略

学习单元二　国际化战略环境分析

【学习目标】

1. 了解国际化战略管理概念及国际竞争的环境。
2. 学会挖掘国际竞争力的驱动因素。
3. 掌握国际市场进入方式。

【学情分析】

1. 学生对国际化了解不够深入。
2. 学生对吃苦耐劳的精神认识不够。
3. 学生实际演练机会较少。

【单元导入】

海尔的国际化历程

2000 年海外市场份额：在欧洲，海尔空调市场份额达到了 10%；在美国，据美国 AHAM 机构统计，海尔冰箱在 12 L 以下容积段占 30% 以上的市场份额，在 230～280 L 容积段占 35% 的市场份额；在中东、亚太等市场，海尔的洗衣机、空调、冷柜等产品都占有一定的市场份额。

销售额 – 利润（Economic Value Added，EVA）的基本理念是：资本获得的收益至少要能补偿投资者承担的风险；也就是说，股东必须赚取至少等于资本市场上类似风险投资回报的收益率。

问一问：

海尔在不同地区的国际化有什么样的差异性？

（资料来源：百度文案）

【应知应会】

相对于在单一国家内经营的企业而言，经营业务跨越国界的企业可以称为国际企业。企业国际化经营是指企业在本土以外还拥有和控制生产、营销或服务的设施，进行跨国生产、销售、服务等国际性经营活动。国际企业的经营要面对更加多样的国别环境，以及影响企业跨国经营的国际环境。了解这些环境并对其变动作出评估和预测，是企业国际经营环境分析的重要内容。

一、不同国家经营环境的差异

不论企业是否跨国经营，它所使用的战略一定是环境驱动的。自然环境及在此基础上形成的文化、人口和市场环境在世界不同国家之间的差别非常显著。文化和生活方式是国家之间差异最明显的地方，市场和人口状况紧随其后。有时，在一个国家合适的产品设计在另一个国家却不适合，例如，美国的电力系统的标准是 110 V，但是在一些欧洲国家，电力系统的标准是 230 V，需要使用不同的用电设备和零部件。

（一）考察不同国家所拥有的区位优势

各国所具有的能够为企业带来竞争优势的有利环境因素可称为区位优势。自然资源、工资水平、生产率、通货膨胀率、能源费用、税率、外资政策和管制措施等方面的差别，可能会造成不同国家企业在制造成本方面的巨大差别。这些因素一方面影响企业的生产运营成本，对企业而言，在低成本国家建立生产基地将拥有明显的竞争优势。另一方面，它会形成各地独特的商业氛围，如诚信与社会协作网络等，这些都会影响企业经营的风险程度。例如，爱尔兰拥有世界一流的商业环境，提供非常低的公司税率，政府积极响应行业需求，制定了一套积极吸引高技术企业和国际企业的政策。这些政策是推动爱尔兰成为 20 世纪 90 年代欧洲最有活力、增长最快的国家的巨大动力。

在各国物质资料流通日益便利的同时，因自然资源带来的区位优势有所减弱，而东道国政府的各种管制措施和政策成为影响企业经营环境的主要因素。比如，有些东道国政府对外国公司在本国生产的产品设立了本地成分要求，对出口进行限制来确保充足的本地供应，规定进口货物及当地生产产品的价格，并对某些产品的进口征收关税和设立配额管制。此外，外来企业还可能面对一系列关于技术标准、产品认证、资金撤出等规定。这些因素影响企业国别市场的选择决策。

可以说，区位优势的差异是促使企业在全球寻找更优生产基地和市场的最原始动因。在现代，国际贸易壁垒的削弱、国际直接投资的发展、跨国并购的兴起、通信技术的数字革命和区域经济一体化的强劲趋势等正从根本上改变着国家的区位优势，为企业提供了许多新的机会，也对其提出了许多挑战。

企业进行国际化经营仍要按照 PEST 模型进行国别环境的分析。

（二）考察不同国家对外经济交往的状况

对国际环境的分析应超越国别范畴，分析国与国之间、地区与地区之间的联系，然后站在全球的角度对国际经营环境进行总体分析。

国与国之间的经济联系有三条纽带，即国际商务活动、国际企业、国际条约和组织。

1. 国际商务活动

企业国际化经营就是要从国际市场角度出发配置生产要素和销售商品或提供服务，因而了解国际商务活动、分析商务环境是制定国际化经营战略的重要前提。国际商务活动的内容非常广泛，主要包括国际贸易、国际金融等方面的内容。具体来说包括以下内容。

（1）国际收支状况与国际储。

（2）国际外汇市场。

（3）国际货币与资本市场。

（4）国际投资与资本流动。

（5）国际贸易与商品市场等。

国际商务活动把各国的商品及要素市场互相联系起来，这种联系显然对国际经营活动有重要影响。

在当代企业国际化经营中，不得不提的是国际汇率的影响。汇率的波动使企业成本问题变得非常复杂。汇率常常每年浮动 20%～40%，这个幅度的变化可能会完全抵消一个国家的低成本优势，还可能使原先高成本的地区转变成为一个有成本竞争力的地区。总体来说，一国货币升值对该国资本对外投资是有利的，而对该国向外出口是不利的。

2. 国际企业

国际企业实际上是国际商务活动的载体，通过其分支机构把上述商务活动的分工、协调、计划、管理等工作在组织上联系了起来。国际企业超越国家的界限，进行"无国界经营"，成为"无国界企业"。各国国际企业的发展状况、竞争优势、跨国经营的广度与深度等内容，也是企业在进行国际环境考察时需要了解的内容。

3. 国际条约和组织

国际条约和组织对国与国之间的政治、经济、社会生活等方面起着重要的协调和制约作用，对国际企业的经营管理活动有很大的影响。国际条约和组织可以按其区域范围划分为全球性和区域性的，按其所具有的功能可分成功能性和全面性的。

如世界贸易组织是全球性、功能性的国际组织，联合国是全球性、全面性的国际组织，欧洲联盟是区域性、全面性的国际组织。

国际企业一方面要受制于这些条约和组织，另一方面又要充分利用这些条约和组织来保护自己。例如，企业可以利用世界贸易组织中的反倾销条款防止其他厂商用倾销手段来夺取自己的市场。在进入特定国家市场之前，详细考察这一地区参与的国际条约和组织的情况是非常必要的。

二、国际经济环境的演进与挑战

（一）国际经济环境变革的主要驱动力量

20 世纪中期以来企业外部环境的变化，明显地受到了两种历史性力量的支配。一方面，全球经济的互动影响朝纵深方向发展，跨越国家和区域界限的经济活动明显增加，越来越多的企业步入了一个在共同轨道之上发展的巨大经济体系；另一方面，现代产业技术革命为企业提供了丰富的技术手段，使之在产品创新、生产过程创新等方面的成果日新月异。经济全球化加快了技术扩散进程，通信和运输技术的发展又促进了全球各地区经济的相互影响。这两种力量交织在一起，共同改变着企业的竞争条件。

1. 经济全球化与区域经济一体化力量

第二次世界大战以后发展起来的全球生产体系，在 20 世纪 70 年代末和 80 年代得以迅速发展，许多国家纷纷加入全球生产体系，促进了该体系的不断发展。首先，表现为全球国际企业母、子公司的数量迅速攀升；其次，国际直接投资额大幅度增长，投资总存量急速膨胀；最后，全球国际企业海外销售额不断扩大。迄今为止，多数国际企业的资产、产值和就业主要在母国，跨越国界和地区界限的生产与经营还有很大潜力，全球化将继续发展。

自 20 世纪 70 年代以来，伴随全球经济一体化进程，区域经济一体化趋势日益明显。这突出体现在地区一体化经济体内部的经贸自由化程度大大提高，区域内贸易与合作进一步增加。不同的区域经济一体化的迅速发展，在客观上推进了各国经济的合作与融合，为企业的国际化发展创造了更好的平台，也促进了全球经济一体化。

2. 现代产业技术革命的影响

人类生产力的每次飞跃均始于生产技术的划时代发展。发端于微电子技术的现代产业技术革命已经持续了几十年，由生产的自动化逐步转为智能化、信息化、网络化，并推动其他领域科学技术的快速发展。时至今日，现代产业技术革命的范围在扩大，步伐在加快，对企业的影响也日益深远，既为企业竞争带来了更多的不确定性，也为企业带来了前所未有的机遇。

现代产业技术的一个突出特征是具有很强的结合性，来自工业领域和科研领域的技术广泛结合后凝聚成推动经济发展的巨大力量。一项新科技成果问世后，很快会在许多领域得到应用，又成为许多企业技术创新的源泉。这种技术结合和扩散机制加快了企业技术创新的步伐，导致企业的技术环境更为复杂和动荡不定。

现代交通、通信技术的快速发展，使世界各国更加紧密地联系在一起，还大大改变了企业经营的布局。计算机技术和网络技术的发展，不仅创造了一个全新的产业，同时使企业有可能穿越大洲大洋进行快速有效率的国际化组织管理；即使是中小型企业，凭借新技术带来的低成本优势也可以参与国际化经营。

在市场和技术日益复杂多变的竞争环境中，企业的经营形态与重点发生变化。企业越是要快速回应外部的变动，越要依赖企业经营中的能动因素——人力资源。同时，在企业结构方面，越来越多的企业改变原有的金字塔结构，采用更加扁平与灵活的结构。在组织管理方面，大力采用能加快组织反应速度的各种辅助技术，提高企业的灵动性和反应力。

（二）国际经济环境的主要变化

经济全球化和地区经济一体化交织发展，推进了一个更加开放的全球环境的形成，以商品和服务为内容的各种国际经济合作广泛开展。各国之间对生产要素自由流动的限制大为降低，这就为企业在全球配置资源提供可能的条件。国际经济环境的变化主要包括以下几个方面。

1. 商品贸易自由化程度提高

世界贸易组织"乌拉圭回合"谈判结束以后，发达国家的进口关税水平已经降到4%以下，发展中国家的进口关税水平也下降到15%，并且各国均不同程度对开放本国市场作出具体承诺，自由贸易浪潮席卷全球，也带动世界贸易快速发展。

贸易自由化不仅为各国企业以出口的方式开展国际化经营、为开拓国际市场提供了便利条件，而且也对它们提出了新挑战，企业将面临越来越多的竞争对手，原有的某些优势如关税保护、政府扶植和某些特权都将逐渐丧失。

2. 全球化的金融大市场正在形成

金融市场全球化趋势加快，国际金融业务猛增，国际巨额资本流动迅速。1995年全球金融服务贸易谈判的成功不仅使金融业和保险业的市场准入拓宽标准，而且也使全球金融市场资本流通渠道更为广阔和畅通，在很大程度上推动了全球化金融市场的形成。随着互联网络的延伸，全球外汇市场每天24小时都可以进行交易，人们形容全球外汇市场的资金以"光的速度"从一个地方转移到另一个地方。金融市场规模扩大、资本流速加快、金融市场的全球化都有助于在世界范围内优化资源配置，促进世界经济和贸易发展。

但是，金融市场的放大作用和快速的传导机制也使得风险越来越大，特别是金融衍生品交易正在迅猛发展，投机因素的影响越来越大，对企业经营管理能力提出了更高的要求。

3. 市场全球一体化

市场全球一体化是指在历史上互相分隔的各国国内市场正在汇合成一个巨大的全球市场。有人认为，不同国家消费者的偏好都朝着全球标准趋同，因而有助于创造一个全球市场，比如对可口可乐、李维斯牛仔裤、麦当娜的音乐的需求都是如此。这些企业通过在全球提供统一的标准产品，帮助创建全球市场，它们不仅是市场的受益者，更是市场一体化的有力推动者。

4. 生产全球一体化

生产全球一体化是指许多公司从全球不同地区寻找商品和服务来源的趋势。它们试图从各国在生产要素的成本和质量差异中得到好处。波音公司的大型喷气式民用客机 777 由 132 500 个主要零部件组成，由全世界 545 家供应商生产，其中由 8 家日本供应商制造飞机机身、门和机翼，由 1 家新加坡供应商制造机头起落架的舱门，由 3 家意大利供应商制造机翼阻力板。波音公司有这么多外国供应商，部分原因是这些供应商在各自的专业领域是世界上最好的，同时，这样做还有利于获取这些国家的重要订单。生产活动分散于全球并不局限于波音公司这样的大公司。许多小公司也采取这种生产方式。

【教学视频】

国际化战略环境分析

学习单元三　组织文化与战略实施

【学习目标】

1. 学会企业组织文化与战略。
2. 学会如何实施、控制及评价企业战略。

【学情分析】

1. 学生对企业组织文化了解不够深入。
2. 学生对吃苦耐劳的精神认识不够。

3. 学生实际演练机会较少。

【单元导入】

华为组织文化之困

华为的接班人问题成了任正非乃至整个华为的一个难题和困惑，究其更深层次的原因还在于华为独特的企业文化。

按照《华为基本法》的描述，华为文化就是华为公司的核心价值观："追求：电子信息领域的世界级领先企业，可持续发展。员工：高素质员工群体是最重要财富，集体奋斗。技术：在独立自主发展核心技术基础上，开放、合作。精神：敬业、创新、团结、企业家精神。文化：资源是会枯竭的，唯有文化是生生不息。责任：为产业报国、科教兴国，做不懈的努力。"这个基本法是企业文化的基石和主导。早有观察家分析指出，华为的企业文化的核心其实反映最深刻的就是任正非雷厉风行的性格和军事化的作风。在华为的发展历程中，任正非对危机特别警觉，在管理理念中也略带"血腥"，认为做企业就是要发展一批"狼"。因为狼有让自己活下去的三大特性：一是敏锐的嗅觉；二是不屈不挠、奋不顾身的进攻精神；三是群体奋斗。任正非还有些"狡猾"，他不满足于只像狼，而是要求华为的每个部门都要有一个"狼狈组织计划"，既要有进攻性的"狼"，又要有精于算计的"狈"。

正是这些"凶悍"的企业文化，使华为成为让跨国巨头都寝食难安的一匹"土狼"。华为的军事化管理还反映在其对于外界及传媒的刻意低调。从1987年任正非创办华为至今，没有一家媒体正面地采访过他。人们所看到的只是电信设备制造市场上呼风唤雨的华为，而种种关于任正非和华为的评说大多是分析和猜测的结果，但无可否认，任正非的作风始终是华为沉默的核心推动者，任正非不但不响应外界对他及华为的批评，也不准华为员工出去和别人辩论。作为华为的最高领导，任正非讲究"官兵平等"，就连华为的高层领导也不设专车，在公司吃饭和看病要和员工一样排队，付同样的费用。

军事化风格在华为的管理上更是表现得淋漓尽致。据介绍，创业初期，华为的每个员工的桌子底下都放有一张垫子，就像部队的行军床。除了供午休之用，更多是为员工晚上加班加点工作时睡觉用。这种做法后来被华为人称作"垫子文化"。有一次华为在深圳体育馆召开一个6 000人参加的大会，要求保持会场安静和整洁。历时4个小时之中，没有响一声呼机或手机。散会后，会场上没有留下一片垃圾，干干净净。这种"土狼文化"和军事化的管理在华为的创业期间确实是功不可没的。因为当时面对的是跨国巨头的激烈竞争，任正非本身并不是专业出身，也不拥有核心技术，但眼前却展现出一片广阔的市场，任正非认为别无选择："我们是一群饿狼，只有让狼性爆发才能生存。"但随着华为的壮大与国内通信市场饱和，华为实施"狼性文化"的环境已经改变，而任正非和他的华为依旧在维护着他的军事化作风和"狼性文化"。从《华为基本法》《活下去是企业的硬道理》《华为的红旗能打多久》《华为的冬天》《北国之春》到《迎接挑战、苦练内功，迎接春天的到来》，华为发展的每一个段历程都充满着任正非的理念，他的作风也就成了华为文化的主线。而专家学者在研究华为时发现，任正非始终是个绕不过去的门槛。他们很容易得出一个经典结论："一个好公司要想获得高速增长，没有一个好的企业家是不可能的，但一个好的公司不可能通过企业家能力获得持续发展，企业持续发展的动力源在于制度和文化。"对于外来人对华为文化带来的冲击，任正非说："华为大部分员工受过高等教育，容易形成自己的思想和见解，如果认识不统一，就可能产生许多错误的导向，产生管理上的矛盾。"所以他相当注重"文化同化"，他断言："既然文化可以灌输，个性就可以改造。"强制灌输文化需要相关的制度保障，任正非心中有一条"铁律"："不认同华为文化的人，不可能进入中级岗位。"尽管华为的一位顾问对记者解释说，华为的管理制度不健全，这种文化实质上是起到弥补漏洞的作用．但部分离开华为的员工则认为这种"文化统一"的制度实质上抹杀了员工的个性，对华为的发展并不是件好事情。

问一问：

你认为组织文化在华为发展历程中起到哪些作用？

（资料来源：百度文案）

【应知应会】

一、组织文化概述

（一）组织文化的概念

组织文化广义上是指企业在建设和发展中形成的物质文明和精神文明的总和，包括组织管理中硬件和软件、外显文化和内隐文化两部分。

组织文化狭义上是指组织文化是组织在长期的生存和发展中所形成的为组织所特有的、且为组织多数成员共同遵循的最高目标价值标准、基本信念和行为规范等的总和及其在组织中的反映。

具体地说，组织文化是指组织全体成员共同接受的价值观念、行为准则、团队意识、思维方式、工作作风、心理预期和团体归属感等群体意识的总称。

（二）组织文化的特征

1. 组织文化的意识性

大多数情况下，组织文化是一种抽象的意识范畴，它作为组织内部的一种资源，应属于组织的无形资产之列。它是组织内一种群体的意识现象，是一种意念性的行为取向和精神观念，但这种文化的意识性特征并不否认它总是可以被概括性地表述出来。

2. 组织文化的系统性

组织文化由共享价值观、团队精神、行为规范等一系列内容构成一个系统，各要素之间相互依存、相互联系。因此，组织文化具有系统性。同时，组织文化总是以一定的社会环境为基础的，是社会文化影响渗透的结果，并随社会文化的进步和发展而不断地调整。

3. 组织文化的凝聚性

组织文化总可以向人们展示某种信仰与态度，它影响着组织成员的处世哲学和世界观，而且也影响着人们的思维方式。因此，在某一特定的组织内，人们总是为自己所信奉的哲学所驱使，它起到了"胶粘剂"的作用。良好的组织文化同时意味着良好的组织气氛，它能够激发组织成员的士气，有助于增强群体凝聚力。

4. 组织文化的导向性

组织文化的深层含义是，它规定了人们行为的准则与价值取向。它对人们行为的产生有着最持久最深刻的影响力。因此，组织文化具有导向性。英雄人物往往是组织价值观的人格化和组织力量的集中表现，它可以昭示组织内提倡什么样的行为，反对什么样的行为，使自己的行为与组织目标的要求相互匹配。

5. 组织文化的可塑性

某一组织，其组织文化并不是生来具有的，而是在组织生存和发展过程中逐渐总结、培育和积累而形成的。组织文化是可以通过人为的后天努力加以培育和塑造的，而已形成的组织文化也并非一成不变，是会随组织内外环境的变化而加以调整的。

6. 组织文化的长期性

长期性是指组织文化的塑造和重塑的过程需要相当长的时间，而且是一个极其复杂的过程，组织的共享价值观、共同精神取向和群体意识的形成不可能在短期内完成，在这一创造过程中，涉及调节组织与其外界环境相适应的问题，也需要在组织内部的各个成员之间达成共识。

（三）组织文化的结构

组织文化的结构划分有多种观点，组织文化划分为物质层、行为层、制度层和精神层四个层次。

1. 物质层

物质层是组织文化的表层部分，它是组织创造的组织的物质文化，是一种以物质形态为主要研究对象的表层组织文化，是形成组织文化精神层和制度层的条件。优秀的组织文化是通过重视产品的开发、服务的质量、产品的信誉和组织生产环境、生活环境、文化设施等物质现象来体现的。

2. 行为层

行为层即组织行为文化，它是组织员工在生产经营、学习娱乐中产生的活动文化。包括组织经营活动、公共关系活动、人际关系活动、文娱体育活动中产生的文化现象。组织行为文化是组织经营作风、精神风貌、人际关系的动态体现，也是组织精神、核心价值观的折射。

3. 制度层

制度层是组织文化的中间层次，把组织物质文化和组织精神文化有机地结合成一个整体。主要是指对组织和成员的行为产生规范性、约束性影响的部分，是具有组织特色的各种规章制度、道德规范和员工行为准则的总和。它集中体现了组织文化的物质层和精神层对成员和组织行为的要求。制度层规定了组织成员在共同的生产经营活动中应当遵守的行为准则，主要包括组织领导体制、组织机构和组织管理制度三个方面。

4. 精神层

精神层即组织精神文化，它是组织在长期实践中所形成的员工群体心理定式和价值取向，是组织的道德观、价值观即组织哲学的综合体现和高度概括，反映全体员工的共同追求和共同认识。组织精神文化是组织价值观的核心，是组织优良传统的结晶，是维系组织生存发展的精神支柱。主要是指组织的领导和成员共同信守的基本信念、价值标准、职业道德和精神风貌。精神层是组织文化的核心和灵魂。

（四）组织文化的导向功能

所谓导向功能，就是通过组织文化对企业的领导者和职工起引导作用。

1. 经营哲学和价值观念的指导

经营哲学决定了企业经营的思维方式和处理问题的法则，这些方式和法则指导经营者进行正确的决策，指导员工采用科学的方法从事生产经营活动。企业共同的价值观念规定了企业的价值取向，使员工对事物的评判形成共识，有着共同的价值目标，企业的领导和员工为他们所认定的价值目标去行动。美国学者托马斯·彼得斯和小罗伯特·沃特曼在《追求卓越》一书中指出："我们研究的所有优秀公司都很清楚他们的主张是什么，并认真建立和形成了公司的价值准则。事实上，一个公司缺乏明确的价值准则或价值观念不正确，我们则怀疑它是否有可能获得经营上的成功。"

2. 企业目标的指引

企业目标代表着企业发展的方向，没有正确的目标就等于迷失了方向。完美的组织文化会从实际出发，以科学的态度去树立企业的发展目标，这种目标一定具有可行性和科学性。企业员工就是在这一目标的指导下从事生产经营活动的。

3. 约束作用

组织文化的约束功能主要是通过完善管理制度和道德规范来实现。

（1）有效规章制度的约束，企业制度是组织文化的内容之一。企业制度是企业内部的法规，企业的领导者和企业职工必须遵守和执行，从而形成约束力。

（2）道德规范的约束，道德规范是从伦理关系的角度来约束企业领导者和职工的行为。如果人们违背了道德规范的要求，就会受到舆论的谴责，心理上会感到内疚。例如，同仁堂药店"济世养生、精益求精、童叟无欺、一视同仁"的道德规范约束着全体员工必须严格按工艺规程操作，严格质量管理，严格执行纪律。

4. 激励作用

共同的价值观念使每个职工都感到自己存在和行为的价值，自我价值的实现是人的最高精神需求的一种满足，这种满足必将形成强大的激励。在以人为本的组织文化氛围中，领导与职工、职工与职工之间互相关心，互相支持。特别是领导对职工的关心，会让职工感到受人尊重，自然会振奋精神，努力工作。从而形成幸福企业，另外，企业精神和企业形象对企业职工有着极大的鼓舞作用，特别是组织文化建设取得成功，在社会上产生影响时，企业职工会产生强烈的荣誉感和自豪感，他们会加倍努力，用自己的实际行动去维护企业的荣誉和形象。

5. 调适作用

调适就是调整和适应。企业各部门之间、职工之间，由于各种原因难免会产生一些矛盾，解决这些矛盾需要各自进行自我调节；企业与环境、与顾客、与企业、与国家、与社会之间都会存在不协调、不适应之处，这也需要进行调整和适应。企业哲学和企业道德规范使经营者和普通员工能科学地处理这些矛盾，自觉地约束自己。完美的企业形象就是进行这些调节的结果。调适功能实际也是企业能动作用的一种表现。

6. 辐射作用

组织文化关系到企业的公众形象、公众态度、公众舆论和品牌美誉度。组织文化不仅在企业内部发挥作用，对企业员工产生影响，它也能通过传播媒体、公共关系活动等各种渠道对社会产生影响，向社会辐射。组织文化的传播对树立企业在公众中的形象有很大帮助，优秀的组织文化对社会文化的发展有很大的影响。

（五）组织文化建设

1. 制定组织文化系统的核心内容

企业价值观和企业精神是组织文化的核心内容。第一，企业价值观体系的确立应结合本企业自身的性质、规模、技术特点、人员构成等因素。第二，良好的价值观应从企业整体利益的角度来考虑问题，更好地融合全体员工的行为。第三，一个企业的价值观应该凝聚全体员工的理想和信念，体现企业发展的方向和目标，成为鼓励员工努力工作的精神力量。第四，企业的价值观中应包含强烈的社会责任感，使社会公众对企业产生良好的印象。

2. 进行组织文化表层的建设

进行组织文化表层的建设主要是指组织文化的物质层和制度层的建设。组织文化的表层建设主要是从企业的硬件设施和环境因素方面入手，包括制定相应的规章制度、行为准则，设计公司旗帜、徽章、歌曲，建造一定的硬件设施等，为组织文化精神层的建设提供物质上的保证。

3. 组织文化核心观念的贯彻和渗透

（1）员工的选聘和教育。

（2）英雄人物的榜样作用。

（3）礼节和仪式的安排和设计。

（4）组织宣传口号的设计。

二、战略实施概述

（一）战略实施的概念

战略实施是战略管理过程第三阶段的活动。把战略制定阶段所确定的意图性战略转化为具体的组织行动，保障战略实现预定目标。新战略的实施常常要求一个组织在组织结构、经营过程、能力建设、资源配置、企业文化、激励制度、治理机制等方面作出相应的变化和采取相应的行动，也涉及对被实施的战略进行评估。

（二）战略实施的原则

企业在经营战略的实施过程中，常常会遇到许多在制定战略时未估计到或不可能完全估计到的问题，在战略实施中有三个基本原则，可以作为企业实施经营战略的基本依据。

1. 适度合理性

由于经营目标和企业经营战略的制定过程中，受到信息、决策时限及认识能力等因素的限制，对未来的预测不可能很准确，所制定的企业经营战略也不是最优的，而且在战略实施的过程中由于企业外部环境及内部条件的变化较大，情况比较复杂，因此只要在主要的战略目标上基本达到了战略预定的目标，就应当认为这一战略的制定及实施是成功的。在客观生活中不可能完全按照原先制定的战略行事，因此战略的实施过程不是一个简单机械的执行过程，而是需要执行人员大胆创造，大量革新，因为新战略本身就是对旧战略及旧战略相关的文化、价值观念的否定，没有创新精神，新战略就得不到观测和实施。因此，战略实施过程也可以是对战略的创造过程。在战略实施中，战略的某些内容或特征有可能改变，但只要不妨碍总体目标及战略的实现，就是合理的。

另外，企业的经营目标和战略总是要通过一定的组织机构分工实施的，也就是要把庞大而复杂的总体战略分解为具体的、较为简单的、能予以管理和控制的问题，由企业内部各部门以至部门各基层组织分工去贯彻和实施，组织机构是为适应企业经营战略的需要而建立的，但一个组织机构一旦建立就不可避免地要形成自己所关注的问题本位利益，这种本位利益在各组织之间及与企业整体利益之间会发生一些矛盾与冲突，为此，企业的高层管理者要做的工作是对这些矛盾冲突进行协调、折中、妥协，以寻求各方面都能接受的解决办法，而不可能离开客观条件去寻求所谓绝对的合理性。只要不损害总体目标和战略的实现，还是可以容忍的，即在战略实施中要遵循适度的合理性原则。

2. 统一领导，统一指挥

对企业经营战略了解最深刻的应当是企业的高层领导人员，一般来讲，他们要比企业中下层管理人员及一般员工掌握的信息要多，对企业战略的各个方面的要求及相互联系的关系了解得更全面，对战略意图体会最深，因此，战略的实施应当在高层领导人员的统一领导、统一指挥下进行，只有这样其资源的分配、组织机构的调整、企业文化的建设、信息的沟通及控制、激励制度的建立等各方面才能相互协调、平衡，才能使企业为实现战略目标而卓有成效的运行。

3. 权变

企业经营战略的制定是基于一定的环境条件的假设，在战略实施中，事情的发展与原先的假设有所偏离是不可避免的，战略实施过程本身就是解决问题的过程，如果企业内外环境发生重大的变化，以至原定战略的实现成为不可能，显然这时就需要把原定的战略进行重大的调整，这就是战略实施的权变问题。其关键就是在于如何掌握环境变化的程度，如果当环境发生并不重要的变化时就修改了原定的战略，这样容易造成人心浮动，带来消极后果，缺少坚韧毅力，最终只会导致一事无成。如果环境确实已经发生了很大的变化，却仍然坚持实施既定的战略，将最终导致企业破产，因此，关键在于如何衡量企业环境的变化。

权变的观念应当贯穿于战略实施的全过程，从战略的制定到战略的实施，权变的感念要求识别战略实施中的关键变量，并对它作出灵敏度分析，提出这些关键的变量的变化超过一定的范围时，原定的战略就应当调整，并准备相应的替代方案，即企业应该对可能发生的变化及其造成的后果，以及应变替代方案，都要有足够的了解和充分的准备，以使企业有充分的应变能力。当然，在实际工作中，对关键变量的识别和启动机制的运行都是很不容易的。

（三）战略实施模式

在企业的战略经营实践中，战略实施有指挥型、变革型、合作型、文化型、增长型五种不同的模式。

1. 指挥型

指挥型的特点是企业总经理考虑的是如何制定一个最佳战略的问题。在实践中，计划人员要向总经理提交企业经营战略的报告，总经理看后得出结论，确定了战略之后，向高层管理人员宣布企业战略，然后强制下层管理人员执行。

2. 变革型

变革型的特点是企业经理考虑的是如何实施企业战略。在战略实施中，总经理本人或在其他方面的帮助下需要对企业进行一系列的变革，如建立新的组织机构、新的信息系统、变更人事，甚至是兼并或合并经营范围，采用激励手段和控制系统以促进战略的实施，以进一步增强战略成功的机会。

3. 合作型

合作型的特点是企业的总经理考虑的是如何让其他高层管理人员从战略实施一开始就承担有关的战略责任。为发挥集体的智慧，企业总经理要与企业其他该层管理人员一起对企业战略问题进行充分的讨论，形成较为一致的意见，制定出战略，再进一步落实和贯彻战略，使每个高层管理者都能够在战略制定及实施的过程中作出各自的贡献。

该模式的缺点是由于战略是不同观点、不同目的的参与者相互协商折中的产物，有可能会使战略的经济合理性有所降低，同时仍然存在着谋略者与执行者的区别，仍未能充分调动全体管理人员的智慧和积极性。

4. 文化型

文化型的特点是企业总经理考虑的是如何动员全体员工都参与战略实施活动，即企业总经理运用企业文化的手段，不断向企业全体成员灌输着以战略思想建立共同的价值观和行为准则，使所有成员在共同的文化基础上参与战略的实施活动。这种模式打破了战略制定者与执行者的界限，力图使每一个员工都参与制定实施企业战略，因此使企业各部分人员都在共同的战略目标下工作，使企业战略实施迅速、风险小，企业发展迅速。

5. 增长型

增长型的特点是企业总经理考虑的是如何激励下层管理人员制定实施战略的积极性及主动性，为企业效益的增长而奋斗。即总经理要认真对待下层管理人员提出的一切有利企业发展的方案，只要方案基本可行，符合企业战略发展方向，在与管理人员探讨了解决方案中的具体问题的措施以后，应及时批准这些方案，以鼓励员工的首创精神。采用这种模式，企业战略不是自上而下地推行，而是自下而上地产生。

【教学视频】

组织文化与战略实施

【模块小结】

该模块主要包括互联网条件下的商业模式与战略、国际化战略管理与实施、组织文化与战略实施，主要是对这些项目的概念进行大概的分析和细化。

【课外阅读——"二十大时光"】

深刻领会党的二十大关于加强社会主义文化建设的战略部署

【思考与练习】

1. 组织文化的特征是什么？
2. 组织文化的作用是什么？

思考与练习答案

参 考 文 献

[1] 单宝玲. 现代企业管理原理［M］. 天津：天津大学出版社，1999.

[2] 于卫东. 现代企业管理［M］. 2 版. 北京：机械工业出版社，2010.

[3] 马春莲，赵智磊. 现代企业管理实务［M］. 北京：机械工业出版社，2014.

[4] 熊勇清. 组织行为学［M］. 长沙：湖南人民出版社，2006.

[5] 席酉民. 经济管理基础［M］. 北京：高等教育出版社，1998.

[6] 丁传奉，陈时禄，吴戈. 管理基础与实践［M］. 北京：北京理工大学出版社，2012.

[7] 刘晓欢. 企业管理概论［M］. 北京：高等教育出版社，2005.

[8] 魏杰. 企业前沿问题：现代企业管理方案［M］. 北京：中国发展出版社，2001.

[9] 高立军. 管理学基础［M］. 天津：天津大学出版社，2012.

[10] 张先治，陈友邦，秦志敏. 财务分析习题与案例［M］. 9 版. 大连：东北财经大学出版社，2019.

[11] 池国华. 财务分析［M］. 2 版. 北京：中国人民大学出版社，2021.

[12] 周三多，陈传明，刘子馨，等. 管理学：原理与方法［M］. 7 版. 上海：复旦大学出版社，2018.

[13] ［美］彼得·德鲁克. 管理的实践［M］. 齐若兰，译. 北京：机械工业出版社，2018.

[14] 陈志军，张雷，等. 企业战略管理［M］. 北京：中国人民大学出版社，2016.

[15] 徐君. 企业战略管理［M］. 3 版. 北京：清华大学出版社，2019.

[16] 肖智润. 企业战略管理：方法、案例与实践［M］. 2 版. 北京：机械工业出版社，2018.

[17] ［美］迈克尔·波特. 竞争优势［M］. 陈丽芳，译. 北京：中信出版社，2014.

[18] 王关义，刘益，刘彤，等. 现代企业管理［M］. 5 版. 北京：清华大学出版社，2019.

[19] 郭彬. 创造价值的质量管理实战［M］. 北京：机械工业出版社，2014.

[20] 孙亚洲，兰秀建，李留法，等. 市场营销理论与实务［M］. 北京：中国人民大学出版社，2017.

[21] 彭石普. 市场营销——理论、实务、案例、实训［M］. 2 版. 大连：东北财经大学出版社，2011.